산티아고
가이드북

Title of original English edition :
A pilgrim's guide to Camino de Santiago by John Brierley ⓒ 2006/2009 ; original edition published by Findhorn Press Ltd., 305a The Park Findhorn Forres IV36 3TE, Scotland, U.K. All rights reserved.

Korean Translation copyright ⓒ 2010 Nexus Press Ltd., Seoul.
The Korean edition was published by arrangement with Findhorn Press Ltd., Scotland, U.K. through Literary Agency Greenbook, Korea.

이 책의 한국어판 저작권과 판권은 저작권에이전시 그린북을 통한 저작권자와의 독점 계약으로 (주)넥서스에 있습니다. 저작권법에 의해 한국 내에서 보호를 받는 저작물이므로 무단 전재와 무단복제, 전송, 배포 등을 금합니다.

옮긴이 신선해
연세대학교 국어국문학, 심리학을 전공하고 졸업 후 2년간 편집기획자로 근무했으며, 현재는 전문 번역가로 활동 중이다. 역서로는 《내 생에 꼭 한 번 가봐야 할 섬 여행》《내 생에 꼭 한 번 가봐야 할 걷기 여행》《여자끼리 떠나는 세계여행》《비바 라스베가스》 등이 있다.

산티아고 가이드북

지은이 존 브리얼리
옮긴이 신선해
펴낸이 임상진
펴낸곳 (주)넥서스

초판 1쇄 발행 2010년 6월 25일
초판 19쇄 발행 2023년 4월 1일

출판신고 1992년 4월 3일 제311-2002-2호
주소 10880 경기도 파주시 지목로 5
전화 (02)330-5500 팩스 (02)330-5555

ISBN 978-89-6000-800-7 13980

저자와 출판사의 허락 없이 내용의 일부를
인용하거나 발췌하는 것을 금합니다.

가격은 뒤표지에 있습니다.
잘못 만들어진 책은 구입처에서 바꾸어 드립니다.

www.nexusbook.com

존 브리얼리 지음 | 신선해 옮김

넥서스BOOKS

Contents

프롤로그 - 산티아고로 향하며 · 006
한눈에 보는 산티아고 가이드 · 008

Part 1. 우리가 떠나야만 하는 이유
01 나는 왜 떠나는가? · 012
02 떠나기 위한 질문들 · 014

Part 2. 떠나기 전에 알아야 할 것들
01 언제 갈 것인가? · 018
02 다른 이들은 언제 가는가? · 019
03 얼마나 걸릴 것인가? · 021
04 어떻게 갔다가 돌아올 것인가? · 022
05 순례자 여권과 절차 · 024
06 순례자 호스텔 및 기타 숙소 · 025
07 비용 및 기타 유의사항 · 029

Part 3. 떠나기 위해 준비해야 할 것들
01 신체 단련 – 내 몸 상태는 어떠한가? · 034
02 장비와 의류 – 양보다 질을 우선시하라 · 035
03 기본 언어 – 순례자에겐 필수 사항 · 040
04 카미노의 역사 – 과거, 현재, 그리고 미래 · 051

Km. 714

Part 4. 산티아고로 향하는 33day

※ 산티아고 지도 · 062
※ 생장 피드포르 · 064

1. 산티아고를 향한 첫 발걸음(1day~11day) · 070

1day 생장 피드포르—론세스바예스 . 072 2day 론세스바예스—라라소아나 . 082 3day 라라소아나—시수르 메노르 . 090 4day 시수르 메노르—푸엔테 라 레이나 . 104 5day 푸엔테 라 레이나—에스테야 . 114 6day 에스테야—로스 아르코스 . 126 7day 로스 아르코스—로그로뇨 . 134 8day 로그로뇨—나헤라 . 144 9day 나헤라—산토 도밍고 데 라 칼사다 . 154 10day 산토 도밍고 데 라 칼사다—벨로라도 . 162 11day 벨로라도—산 후안 데 오르테가 . 172

2. 영혼을 향한 인내의 발걸음(12day~22day) · 180

12day 산 후안 데 오르테카—부르고스 . 182 13day 부르고스—오르니요스 델 카미노 . 196 14day 오르니요스 델 카미노—카스트로헤리스 . 204 15day 카스트로헤리스—프로미스타 . 212 16day 프로미스타—카리온 데 로스 콘데스 . 220 17day 카리온 데 로스 콘데스—테라디요스 데 로스 템플라리오스 . 228 18day 테라디요스—에르마니요스 . 234 19day 에르마니요스—만시야 데 라스 물라스 . 246 20day 만시야 데 라스 물라스—레온 . 254 21day 레온—비야르 데 마사리페 . 264 22day 비야르 데 마사리페—아스토르가 . 274

3. 깨달음을 향한 마지막 발걸음(23day~32day) · 288

23day 아스토르가—라바날 델 카미노 . 290 24day 라바날 델 카미노—몰리나세카 . 298 25day 몰리나세카—비야프랑카 델 비에르소(폰페라다 경유) . 306 26day 비야프랑카 델 비에르소—오세브레이로 . 322 27day 오세브레이로—트리아카스텔라 . 336 28day 트리아카스텔라—사리아 . 342 29day 사리아—포르토마린 . 352 30day 포르토마린—팔라스 데 레이 . 360 31day 팔라스 데 레이—리바디소(아르수아) . 368 32day 리바디소—아르카 도 피노 . 376

4. 마침내 산티아고(D-DAY) · 384

33day 아르카 도 피노—산티아고 . 386

에필로그—집으로 돌아오며 · 394

※ 『산티아고 가이드북』 도우미 · 396

지도 보는 법 · 398
유용한 주소 · 405
추천 도서 · 407

Prologue

산티아고로 향하며

'성 야고보의 길el camino de Sant Iago'에 오른 걸 환영한다. 산티아고 데 콤포스텔라Santiago de Compostela로 향하는 다른 길들과 달리 프랑스 길(카미노 프란세스Camino Francés)의 표지판은 매우 광범위하다. 하지만 길을 잃었다고 생각하는 순간 나타나는 노란색 화살표flacha amarillo가 길을 걷는 내내 편리한 길잡이 역할을 해줄 것이다. 정확한 지도와 여행 안내서 역시 도움이 될 것이다.

나는 여행 안내서들이 대체로 너무 크거나(여행 중에 다른 곳에서도 구할 수 있는 정보들로 가득 차 있다) 너무 작다는(정보가 부실하다) 사실을 발견했다. 게다가 구간별 거리도 천차만별이다. 어디서부터 어디까지의 거리인지도 세세하게 나와 있지 않아 불편하기 짝이 없는 경우도 많다. '부르고스Burgos 12km'라는 표시는 부르고스의 어느 지점을 말하는지 콕 짚어주지 않으면 아무런 의미가 없다. 가령 새로 생긴 알베르게는 도시 외곽의 시작점에서 7.8km로, 하루 종일 걷다가 날이 저문 후에 찾아가기에는 굉장히 먼 거리이다! 그렇지만 내가 '색다른' 안내서를 쓰고자 결심한 결정적인 이유는 물리적인 길 찾기를 위한 표지판만이 있을 뿐 '내면의' 길을 찾아갈 때 참고할 만한 지표가 전혀 없었기 때문이다.

나는 당신이 이 여행을 통해 영적인 목적을 찾기 바란다. 그 목적을 빨리 찾아야 여행을 떠나기 '전에' 당신의 여행 동기에 관해 심사숙고할 시간을 벌 수 있다. 이것은 특정한 '길'을 따라야 한다는 압박감을 느끼기 위한 전략이 아니다. 무엇이 진정 당신의 심금을 울리는지 알기 위한 것이다. 마음의 울림을 신뢰하는 법을 배워보라.

나는 '내면'과 '외면'의 여행을 똑같이 중요하게 여긴다. 그래서 이 두 가지 유형의 균형을 잡고자 부단히 노력했다. 하루를 마치며 고단한 머리를 뉘일 곳을 찾는 것이건, 결정적으로 기댈 곳이 있다는 느낌을 받고 영혼의 깨달음이라는 미스터리를 향해 과감히 뛰어들 용기를 얻는 것이건, 원하는 것이 없다면 여행 자체가 근본적으로 목적 없는 방황에 불과하다. 물음의 길을 한 걸음 한 걸음 밟을 때, 무조건적인 믿음을 요하는 순간이 반드시 올 것이다. 그곳에서 우리는 천 년간 전해져온, 구시대의 든든한 신조를 버려야 한다. 그곳에 닿을 때, 우리는 익숙하고 안전한 것들과 결별하고 미지의 세계와 조우해야 한다. 그 때는 오직 믿음만이 우리를 지탱해주리라.

　전통적인 순례 방식은 걷기이다. 자전거나 말을 타고도 증서 compostela를 받을 수 있지만, 외부 풍경의 아름다움과 내면 여행의 정수를 놓칠지도 모른다. 순례에는 그만큼의 시간이 걸린다. 가능하면 혼자 여행하기를 권한다. 현지 주민들과 양치기를 만날 기회가 늘어나고, 그들의 지혜와 그곳에 얽힌 이야기들을 체득할 수 있기 때문이다. 길 위에서 현지어를 익히고 다른 순례자들도 만나게 될 것이다. 그러나 무엇보다도, '자기 자신'과 조우하고 당신은 결코 혼자가 아님을 깨닫게 될 것이다. 바로 이것이 순례의 주된 목적, 어쩌면 인생의 목적이라고 나는 확신한다.

고맙게도 지금은 우리의 시간입니다.
역경이 도처에서 다가오는 이 시간,
인간이 내디딘 발걸음 중 가장 길고 긴 발걸음을
우리기 내딛기 전에는 결코 우리를 떠나지 않을 역경이.

이제 모든 일은 영혼의 규모가 되었습니다.
가장 중요한 사업은 신에게로 가는 탐험이지요.
그런데 당신은 지금 어디를 향해 가나요?
깨어나는 데는 수천 년을 여러 번 반복할 만큼 오랜 시간이 걸립니다.
하지만 부탁이니 제발 깨어나지 않으시렵니까?
　　　　　　　　　-크리스토퍼 프라이 '갇힌 이들의 잠 A Sleep of Prisoners' 중에서

부디 당신이 선택한 길을 따라 걷는 여행에 축복이 함께 하기를. 거칠건 평탄하건, 길건 짧건 – 어떤 여정을 선택했건 간에, 당신은 사랑받고 있으며 당신의 목적지가 예정되어 있음을 믿길 바란다. 계속 전진하라 Ultreya!

한눈에 보는 산티아고 가이드

준비
- **언제?** 봄에는 비가 자주 내리고 바람도 불지만 비교적 한가하고 이른 봄꽃이 피기 시작한다. 여름은 혼잡하고 더우며 알베르게도 자주 꽉 차버린다. 수확기인 가을은 쾌청한 날씨일 때가 많고 시골의 명절 분위기를 만끽할 수 있다. 겨울은 고독한 기운이 감돌고 추우며 일부 알베르게는 영업을 하지 않는다.
- **기간은?** 이 길은 총 33구간으로 나뉘며, 각 구간은 도보로 평균 하루가 걸린다. 그러나 자신의 속도를 파악하고, 필요하다면 중간 지점의 알베르게에서 묵도록 한다. 심신을 정화하고, 당신의 삶 속을 파고드는 광활함을 받아들여라. 5주가 가장 무난하지만, 자신이 정한 일정에 따라 코스를 늘리거나 줄이는 게 좋다.

내면의 준비 – 나는 왜 이 길을 떠나는가?
이 순례의 목적을 되새기고 자신을 돌아보는 질문을 생각해볼 시간을 가져본다. 기본부터 시작하자. 자신은 영혼의 여행을 하는 한 인간이 아니라 인간의 여행을 하는 영적인 존재라는 사실부터. 우리는 어떤 교훈을 얻기 위해 이 땅에 태어났으며, 이 순례 여행을 통해 그 교훈이 무엇인지 찾아낼 수 있다. 도움을 청하고 기대하라. 바로 지금 그곳에서, 당신을 기다리고 있으니. 그러나 무엇을 어떻게 준비하건 간에 제발 부탁하건대, 떠나라!

외면의 준비 – 무엇을 챙기고 무엇을 남길 것인가?
- **신발**: 미리 신고 다니면서 출발 전에 길을 들인다.
- **판초 혹은 우의**: 스페인에서는 연중 언제든 폭우가 쏟아질 수 있다.
- **모자**: 일사병에 걸리면 고통스러울 뿐 아니라 위험할 수도 있다.
- **배낭**: 배낭의 무게가 10킬로그램이 넘을 경우, 다시 한 번 짐 정리를 한다.

챙길 필요 없는 것
- 책은 필요 없다(이 책 한 권이면 족하다 — 필요한 지도는 모두 여기에 있다).
- '여분'은 챙기지 마라. 스페인에도 상점이 있으니 더 필요할 경우 사면 된다.
- 카메라: 기억이 아닌 순간에 더욱 집중하게 될 것이다.
- 시계: '자연 시계'에 얼마나 빨리 적응하는지 알게 되면 스스로도 놀라리라.
- 휴대폰: 타인이나 문명에 대한 의존에서 벗어나 진정한 자유를 만끽하라.

언어
- 지금 배워두라. 떠나기 전에!

순례자 여권, 서약, 기도
- 순례의 시작점에서 가까운 순례자협회에서 순례자로 등록하고 여권 *credencial*을 발급 받는다.
- 동료 순례자들을 배려하고 호스트들에게 감사한다.

Santiago

Part.1 우리가 떠나야만 하는 이유

1. 나는 왜 떠나는가?

'카미노 데 산티아고'로 여행을 준비하는 사람들은 대부분 종교적이거나 내면적인 이유를 목적으로 삼으면서도, 정작 여행에 앞서 마음의 준비를 하는 사람은 거의 없다. 세속의 삶이 요구하는 것들이 마음의 준비에 필요한 시간을 앗아가기 때문이다. 우리는 지친 몸과 나태한 영혼을 이끌고 카미노로 향하면서 모든 게 잘 될 거라고만 믿는다. 물론, 모든 게 잘 될 것이며 우리 육체와 정신의 근육은 원기를 회복할 것이다. 다만 간단한 준비 운동으로 회복 기간을 앞당길 수 있다는 점을 명심하자. 순례 여행은 오랜 시간 동안 길을 걷는 것이기에, 몸과 마음 모두에 주의를 기울여야 한다.

순례자 길에 서 있을 때 우리는 내면의 깊이를 확장시킬 수 있다. 그리하여 속세에서 벗어나 우리의 근원이 존재했던 곳으로 돌아가게 된다. 현실에서 바쁘게 살아가는 와중에도 우리가 왜 이러한 여행을 준비하는지를 늘 생각해야 한다. 적어도 외면의 준비에 들이는 시간만큼 내면의 준비에도 시간을 할애해보라. 그러면 내면과 외면의 상태에 균형을 맞춰 둘 모두에게 똑같이 주의를 기울일 수 있다. 우리는 때때로 현실에서 벗어나 나 자신을 찾아 떠나고 싶은 마음이 생긴다. 생명을 위협하는 질병에 걸렸거나, 사랑하는 사람이 죽었거나, 실직했거나, 결혼이 깨졌거나, 하다못해 뚜렷한 이유 없이 삶에 만족하지 못하거나……. 이러한 사건들은 모두 우리 안에 숨어 있던 욕망, 즉 우리 삶의 정황과 진의를 이해하고자 하는 욕망을 일깨운다. 하지만 배우자 혹은 연인을 찾아내거나, 직업을 바꾸거나, 이사를 한다고 해서 근본적인 고독감이 사라지지는 않는다. 물론 나 자신이 누구인지를 찾아가는 과정에서 외부 환경은 변화할 수도 있다. 그러나 환경이 변화하더라도 공통된 목적을 향해 나아가는 것은 결국 자기 자신에게 달려 있다.

사람들의 심리적, 영적, 감정적, 신체적 조건은 각기 다르다. 나를 찾는 과정에서 순례 여행이 좋은 방법인 것만은 확실 하지만, 일단 어느 정도 균형 잡힌 마음 상태에서 여행을 시작하는 것이 현명하다. 자신에게 심리 치료나 상담, 기타 도움이 필요하다고 느껴진다면, 그렇게 하라.

기존에 소중하게 간직해온 신념 체계가 무너지기 시작하면 분명 성가신 장애물로 작용할 것이다. 정신과 감정 상태를 점검해보는 것도 유용하다. 아니, 꼭 필요한 일이니 내면의 질문과 대면하기에 앞서 수행하도록 하라.

개인적으로 겪었던 잊지 못할 경험을 묘사해달라는 질문 앞에서, 놀랍도록 많은 사람들이 자연 속에 홀로 있었던 때를 언급한다. '바다 위로 떠오르는 태양, 갓 내린 눈 위에 찍힌 동물 발자국, 보름달 아래에서의 산책…….' 관점의 전환을 창조한 것은 태양이나 달이 아니지만, 이들 자연이 더욱 넓고 큰 시야에 눈 뜨게 하고 뭔가 성스러운 기억을 주는 것은 사실이다. 카미노가 우리 삶 속의 신성성을 일깨우고 우리의 영적인 유산을 되살리고자 하는 소망을 되새기게 할 수 있는 까닭도 바로 이런 데 있다.

전설의 도시 산티아고로 향하기에 앞서 명심해둘 게 있다. 『기적 수업(A Course In Miracles: 심리학자 헬레 슈크만의 저서로 1,500여 페이지에 달하는 방대한 분량에, 독학으로 영적 심리 치유를 할 수 있게 구성되었다. 전 세계 영성가에게 지대한 영감을 주고 있다. – 옮긴이)』에서 이르듯, 진정한 신전은 건물이나 구조물이 아니라는 것이다. 진정한 신성은 마음속 신전 안에 지은 제단에 존재하며, 내면의 신전이 지닌 진짜 미덕은 물리적인 눈으로 볼 수 있는 게 아니다. 건물의 아름다운 외형에만 집중한다면 영적인 시각을 사용할 의지가 없음을 드러내는 표시이리라. 카미노와 마을, 도시들로 이루어진 '기나긴 신전'을 따라 걸으며, 우리는 시각적으로 경탄을 금치 못할 만한 종교계 건물 몇몇과 마주치게 된다. 그러나 그런 건물들은 세계 어디에서나 볼 수 있는 것이다. 그러니 메신저와 메시지를 혼동하지 말라. 좀처럼 포착하기 어려운 '내면의 제단'을 찾는 일에 집중해야 할 것이다.

규모가 큰 마을과 도시에서는 삶과 그 방향을 반추할 만한 안전한 환경만을 기대하기는 어렵다. 그러나 카미노에 있는 사람들은 수세기 동안 순례자들을 환영해왔다. 중세의 순례자들에게 필요한 것들은 병원기사단(오늘날 알베르게 관리인)이 관리했다. 알베르게 관리인을 뜻하는 스페인어 오스피탈레로스 hospitaloros는 같은 뜻의 영단어 월든 warden보다 '환영, 환대'의 의미를 더 많이 담고 있다. 바로 이것이 카미노의 본질을 설명하는 차이다. 셀 수 없이 많은 이들이 원대한 목적을 가슴에 품고 이 길을 건넜고, 이처럼 숭고한 의도와 선의가 이 길에 새겨져 있기에 우리들 모두가 길을 따라 걸을 수 있는 것이다.

물론 어느 규칙에나 예외는 있는 법이다. 우리는 공포로 점철된 세상에서 살고 있다. 게다가 스페인은 어디에나 무장한 경찰과 군대가 있으며 집집마다 경비견을 두고 있다. 그렇지만 범죄라는  건 대국적인 견지에서 봐야 한다. 그리고 우리에게 주어진 순례 길을 걸을 자유와 시간과 돈이라는 특권이 극소수 사람들의 분노를 살 수 있음도 알아야 한다. 그들은 순례자를 할 일 없는 부자로 보고 좀도둑의 목표물로 삼을 수도 있다. 따라서 그런 이들의 공격은 도움과 이해와 호의를 바라는 울부짖음이지, 공격을 위한 공격이 아님을 명심해야 한다.

2. 떠나기 위한 질문들

아래의 자기 평가 질문지는 자신의 삶과 그 방향을 반추해볼 용기를 주기 위해 고안되었다. 이 시간, 끊임없이 진행 중인 자기 삶의 한 순간을 사진으로 찍어둔다고 생각하라. 바쁜 일상 속에서 우리는 어디로 가고 있는지, 삶이라는 드라마에서 내 역할이 어떻게 변화하는지, 파악하는 데 실패하는 경우가 많다.

이 질문지는 직관적인 반응을 이끌어내는 것이 목적이므로 빠르게 대답하는 편이 좋다. 그 다음에는 좀 더 깊이 생각해보고 그러한 사유가 앞선 대답들을 지지하는지, 변화시키는지, 다른 통찰을 안겨주는지 체크해보라. 이 질문지는 3개월 정도 지나 여행을 다녀온 후에 한 번 더 체크해 보면 좋다. 결과를 비교해보면 카미노를 걷는 동안 얻었던 통찰을 계속 따르고 있는지, 아니면 모든 것을 까마득히 잊고 말았는지 확인할 수 있는 지표가 될 것이다.

- 순례와 장기 도보 여행이 어떻게 다르다고 생각하는가?
- 내 인생의 최우선 목적은 무엇인가?
- 나는 그 목적을 이루기 위해 얼마나 의식적으로 노력하고 있는가?
- 목표를 이루기 위한 올바른 방향을 어느 정도 알고 있는가?
- 긍정적인 변화를 막는 장애물이 무엇인지 어떻게 파악할 것인가?
- 바쁜 일상을 잠시 쉬어 가고 싶다는 소망을 언제 처음 깨달았는가?
- 무엇에 자극을 받아 카미노로 가기로 결정했는가?
- 그 자극은 무엇에서 온 것인가?
- 변화가 일어나지 못하게 막는 장애물이 무엇인지 목록을 작성해보라.
- 신체적·감정적·영적인 수준에서 필요한 도움은 무엇일까?
- 나만의 잠재력을 일깨우는 과정에 어떤 기쁨과 난관이 있는가?
- 그 잠재력을 충족시키기 위한 다음 단계는 무엇인가?

다음의 것들을 나는 얼마나 잘 알고 있는가? 그 정도에 따라 1부터 10까지 점수를 매기고, 카미노에서 돌아온 후에 다시 매긴 점수와 비교해보자.

- 내면 세계에 대한 자각
- 나에게 영감을 주는 것과 내 열정에 따라 살아갈 능력에 대한 자각
- 내 직관이 옳은 방향을 선택한다는 자신감
- 장애물과 방어 패턴을 인지하는 능력
- 타인에게 편하게 도움을 구하고 받는 능력

Santiago

Part.2
떠나기 전에 알아야 할 것들

1. 언제 갈 것인가?

봄 *spring* 평화롭고 조용한 곳을 선호한다면, 순례자나 관광객이 적은 3~4월 봄철이 좋다. 알베르게도 영업을 하고 항공기와 배도 제한적으로나마 운항할 것이다. 일찍 만개한 봄  꽃과 청량한 날씨를 친구 삼아 걸을 수도 있다. 단, 밤에는 꽤 쌀쌀하고 특히 산지와 갈리시아 쪽은 비가 매우 잦으니, 우산이나 우비, 보온용 플리스 담요는 꼭 챙겨야 한다.

여름 *summer* 여름철에는 굉장히 무더우며 숙박 시설뿐 아니라 물도 부족하다. 7월과 8월은 붐비는 사람들로 거의 아수라장이다. 우연히 성년('성 야고보의 날'인 7월 25일이 일요일인 해)에 방문하기라도 하면 성찰의 시간을 기대하고 온 이들에게 악몽으로 남기 십상이다. 1년간 산티아고에 도착하는 순례자 수의 절반가량이 7~8월에 집중되어 있다. 그러나 요즈음은 5, 6월과 9월에도 사람들이 많이 몰려든다.

가을 *fall* 9월 말에서 10월까지, 가을철은 봄보다 날씨가 좋은 편이고 여름의 찌는 듯한 더위도 한풀 꺾인 후이며 눈이 오기 전이다. 알베르게도 대부분 영업을 한다.

겨울 *winter* 도보 여행 경험이 많다면, 그윽한 분위기를 풍기는 겨울철에 가장 신비로운 경험을 만끽할 수 있다. 항공편도 별로 없고 대부분의 알베르게는 영업을 하지 않지만 비용도 한결 저렴하고 카미노 대부분을 혼자 독점할 수 있어 좋다. 방수가 되는 따뜻한 옷은 꼭 챙겨가도록 하자. 낮이 짧으므로 하루 동안 걸을 수 있는 거리도 짧아질 것임을 기억하자.

스페인 북부, 특히 갈리시아의 날씨는 종잡을 수가 없다. 여름철 낮 기온은 섭씨 32도가 넘고 밤에는 후덥지근하다. 고원 지대에는 그늘이 거의 없어 열기 속에서 몸을 움직이면 체내의 수분이 많이 빠져나가므로 이를 보충해줄 물을 충분히 확보해야 한다. 겨울에는 고도가 높은 지대가 영하의 기온과 눈으로 막힐 때가 많다. 여름과 겨울 사이의 계절에는 모든 조건이 그 중간이라고 보면 된다. 내가 경험한 최악의 날씨는 갈리시아에 9일간 내리 비가 왔던 5월이었다. 세찬 폭풍우가 휩쓸면서 기온도 뚝 떨어졌다. 반면 11월 초에는 따뜻하고 건조해서 쾌적한 날씨를 만끽할 수 있었다. 그

러니 어떠한 경우에도 대처할 수 있도록 준비해야 한다. 도보 거리를 계획할 때는 낮의 길이가 중요한 요인이 된다. 여름에는 시간을 효율적으로 활용할 수 있다. 한 걸음도 더 못 걷겠다 싶은 순간까지도 해가 지지 않는다. 반면 겨울에는 낮이 8시간으로 줄어든다.

2. 다른 이들은 언제 가는가?

다음의 그래프가 당신의 결정에 도움을 줄 것이다. 산티아고를 찾는 사람들이 모두 순례자 사무소에 보고를 하거나 증서를 발급받는지는 확실치 않으나, 다음의 그래프는 일반적인 경향을 보여주는 좋은 지표이다. 전체 순례자의 80%가 프랑스 길을 통해 산티아고에 도착하며(95%였던 5년 전에 비해 줄었다), 7~8월 두 달간 이곳을 찾는 순례자가 전체의 41%를 차지한다.

순례자 수는 지난 10년간 10배로 증가하여 2007년 한 해 동안 138개국에서 온 11만 4천26명의 순례자가 증서를 발급받았다. 성년만 계산해도 순례자 수는 10배로 뛰었다. 가까운 성 야고보의 해 Año Santo Jacobeo는 2010년이다. 일러두건대, 다음의 그래프는 오직 도보로, 자전거로, 말을 타고, 혹은 휠체어에 몸을 싣고 여행하는 순례자들만 포함한 것이다. 자동차로, 기차로, 비행기로 도착하는 이들의 수는 수백만을 넘

나든다.

첫 번째 그래프는 2007년까지 12년 동안 순례자 증서를 발급받은 이들의 수를 연별로 나타낸 것이다. 성년에 해당하는 노란색 막대기는 눈에 띄게 높이 솟아 있는데, 2010년 성년에는 카미노의 현대 사상 최초로 25만 명을 넘을 것으로 예상된다.

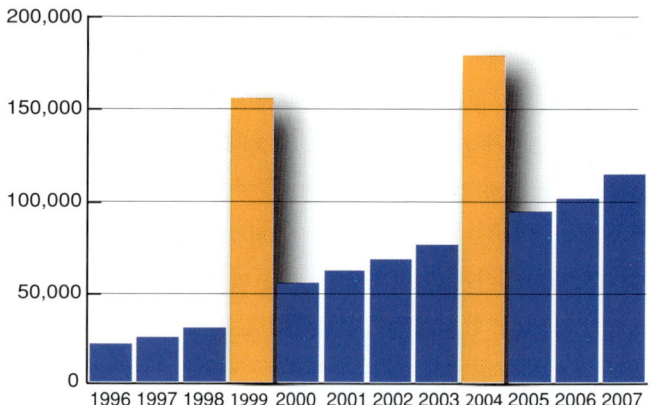

〈연도별 산티아고 방문 순례자 현황〉

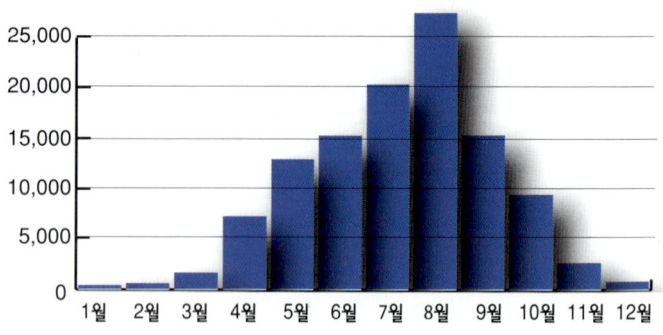

〈월별 산티아고 방문 순례자 현황〉

3. 얼마나 걸릴 것인가?

순례 기간은 여러 가지 요인에 따라 달라진다. 건강 상태도 그때그때 다를 수 있다. 날씨, 우회 루트(계획된 것이든 우발적인 것이든), 여러 가지 자극 요인, 시간 제한 등의 변수를 추가한다면 경우의 수가 어마어마하게 늘어날 것이다. 한 번은 피니스테레 Finisterre에서 아주 활달한 순례자를 만났다. 그는 세비야 Seville에서 출발해 막 피니스테레에 도착한 참이었는데, 하루에 50km 이상씩 19일간 총 1000km나 걸었다고 고백했다. 그는 사실을 증명해 보이겠다며 나에게 순례자 여권을 자랑스럽게 보여주었다. 나와 함께한 시간도 잠시, 그는 다시 부지런히 언덕 아래로 향했다.

많은 이들이 최단 시간에 여행을 완수하는 것을 가장 중요한 점으로 삼는다. 자신의 목적을 이루었는지 판단할 수 있는 것은 스피드나 완주 시간이 아니라 오직 자기 자신뿐이다. 당신의 여행 목적이 순례 자체에 있다면 스피드에만 매달리지 않는 것이 좋다.

통계 자료는 별로 없지만, 내가 경험한 바로는 대부분의 사람들이 4주에 걸쳐 프랑스 길을 완주한다. 4주는 최소한의 기간을 의미한다. 하루 평균 27km를 우회 없이, 쉬지 않고, 과로하지 않고, 발을 삐지도 않고, 다른 여행 계획도 모두 배제한 상태에서 완주가 가능한 기간이기 때문이다. 거기에다 숙소를 찾고, 샤워를 하고, 다리를 주물러주고, 양말을 빨고, 식사를 하는 것까지 더하면 예배하고, 명상하고, 일기를 쓰고, 순례의 목적을 반추해볼 시간은 거의 없을 것이다.

자신에게 알맞은 페이스를 찾되, '우아하게' 산티아고에 닿을 수 있도록 기간을 넉넉하게 5주 정도로 잡길 권한다. 하루에 24km씩 걷고 이틀을 쉴 수 있는 기간이다. 나는 매년 그리스도가 살았던 곳을 걷는 아이디어가 참 근사하다고 생각한다. 삶의 속도를 늦추어 자기 성찰이라는 내면의 연금술을 부릴 수 있게 되니까. 6주(40일간의 낮과 밤)라는 시간은 더욱 깊은 경험을 허락한다. 그 정도면 산티아고에서 피니스테레로, 그곳에서 묵시아 Muxía(카미노 피니스테레 Camino Finisterre 참고)를 경유하여 다시 산티아고로 돌아올 수 있으며, 그 길에서 배운 교훈과 통찰을 통합할 시간도 충분하다. 표지판이 있는 루트를 택할 경우 아예 프랑스에서 출발할 수도 있고, 심지어 러시아의 상트페테르부르크 St. etersburg에서 출발하는 루트도 있다. 그러나 대부분의 순례자들은 2주를 기준으로 이동하여 두세 번 다시 이곳으로 와서 카미노 전체를 완주한다. 스페인 내의 대중 교통망(기차나 버스) 또한 저렴해 믿고 이용할 수 있다.

사실 이 세상의 모든 시간이 우리의 것이지만, 우리들 대부분은 그 사실을 믿지 않는다(특히 우리의 직원, 고용주, 사업 동료, 직장 동료들이).

"꿈 깨고 현실 세계로 돌아오라구!"

우리가 항상 듣는 말이 아니던가? 그런데 도대체 '현실 세계'라는 게 어디란 말인가? 스스로 솔직해진다면 우리에겐 항상 시간이 있다. 그러나 설령 그 사실을 안다고 해도, 아마 시간을 들여 자신의 삶의 방향을 반추해보는 것은 두려운 모양이다. 한 해의 여름을 온통 순례에 쏟기로 결심하고 만반의 준비를 갖춘 채 떠났다가 며칠 만에 돌아오는 사람들도 꽤 많다. 자신의 삶을 들여다보는 시간을 갖고 내면의 목소리가 일러주는 대로 변화하는 일을 감당해내지 못한 탓이다. 우리네 삶이 그러하듯, 순례 역시 저마다 다른 차원에서 경험하게 된다. 누군가에게 당연한 것이 다른 누군가에겐 너무도 낯설 수 있다. 우리에겐 각자 가야 할 이유가 있다. 이유가 무엇이건 간에, 미루지 말고 당장 시작하라. 삶의 중요한 전환점이 될지도 모르니까.

4. 어떻게 갔다가 돌아올 것인가?

❶ **일정 및 가격은 수시로 바뀌고 겨울철에는 운항에 제한이 있다는 것을 명심할 것!**

- **유럽의 다른 나라에서 출발할 경우** | 유럽 전역에 철로망과 버스망이 얽혀 있고 요금도 다양하다. 저가 항공사 역시 유럽 내에서 수많은 항공편을 운영한다. 적절한 웹사이트를 찾아 검색해보라.

- **산티아고에서 돌아오기** | 기차, 버스, 항공기 서비스가 늘어나 산티아고에서 출발하는 것이 한결 쉬워졌고 일부는 과거에 비해 요금도 저렴해졌다. 요금은 천차만별이지만 국제 항공사와 저가 항공사 간의 경쟁이 치열해져 유류비를 최소화할 수 있게 되었다.

일반적으로 일찍 예약할수록 티켓 값도 저렴하다. 그러나 때에 따라 마지막 순간의 판촉용 티켓을 구입하는 게 더 유리할 수도 있다.

- **항공편 |** 항공권에 대한 개념을 잡는 데만 해도 상당 시간이 소요되는 것이 현실이다. 발품을 팔아 항공 정보를 얻으려면 항공권 금액을 비교할 수 있는 사이트 〈www.tourcabin.com〉를 참고하는 것이 좋고, 정보를 찾을 만한 시간적 제약이있을 경우 여행사를 이용한다. 참고할 만한 유명 여행사 사이트로 탑항공 〈www.toptravel.co.kr〉, 투어익스프레스 〈www.hcrs.tourexpress.com〉, 인터파크투어 〈www.tour.interpark.com〉, 온라인투어 〈www.onlinetour.co.kr〉, 와이페이모어 〈www.whypaymore.co.kr〉, 토파즈 〈www.topas.net〉 등이 있다.

- **기차 |** 스페인 철도 회사인 RENFE의 웹사이트(영문 서비스 제공)에서 예약할 수 있다. 웹사이트 주소는 〈www.renfe.es/horarios/english〉이다. 레일 유럽 웹사이트 〈www.raileurope-korea.com〉에서도 가능하다.

- **버스 |** 스페인 버스 업체인 알사(Alsa)가 유럽 전역을 잇는 내셔널익스프레스와 제휴하고 있으므로 〈www.nationalexpress.com〉에서 예약할 수 있다(홈페이지 오른쪽 상단의 스페인 국기 모양 버튼(스페인어 서비스)을 클릭할 것).

- **탄소 중립 여행 |** 모든 여행이 환경에 영향을 미치지만, 항공기 여행의 영향이 가장 크다. 그러나 탄소를 흡수하는 수목 지대에서 생산되는 양만큼 벌충하면 온실가스 배출의 악영향을 최소화할 수 있다. 〈www.jpmorganclimatecare.com〉에서 각 출발지에서 항공기, 기차, 자동차가 배출하는 탄소량을 계산해주고, 이를 상쇄시키려면 어떻게 해야 히는지도 알려준다. 시울-산티아고 왕복 항공편는 2.93톤의 이산화탄소를 생산한다. 탄소 중립이 모든 문제를 해결하는 것은 아니지만 해결책을 찾는 데 도움이 되는 것은 분명하다. 핵심은 인식의 수준을 높이는 것이지, 죄책감을 느끼며 여행하는 것이 아니다.

5. 순례자 여권과 절차

알베르게에 묵고 순례자 증서(산티아고 순례를 마쳤다는 증서)를 받으려면 사리아 Sarria에서 출발하여 정해진 길을 100km 이상 걸었다는 증거를 제시해야 한다. 고무도장 sello이 찍힌 순례자 여권이 그 증거가 된다. 원래는 알베르게의 관리인 hospitaleros이 찍은 도장만 인정되지만, 해당 루트에 있는 성당, 교회, 알베르게, 술집, 시청에서 도장을 받아도 된다.

순례자 여권이나 기록은 순례를 떠나기 전에 런던의 성 야고보 협회 Confraternity of St. James나 론세스바예스 Ronc esvalles의 순례자 사무소에서 받을 수도 있다. 이들 협회는 순례자 길과 그곳의 편의 시설을 준비하고 유지하는 데 많은 기여를 한다. 따라서 최선을 다해 이들 협회의 활동에 가담하고 후원해야 할 것이다. 신속한 처리를 위해 일부 협회는 인터넷 신청 서비스를 제공하기도 하지만, 여권 신청은 늦지 않게 하는 것이 좋다.

6. 순례자 호스텔 및 기타 숙소

알베르게 즉 순례자 호스텔 albergues de peregrinos은 레푸히오스 refugios 혹은 오스탈레스 hostales로 불리기도 한다. 알베르게는 카미노 순례자들에게만 개방된다. 순례자들의 편의를 위해 10~20km 간격으로 존재하는데, 간혹 간격이 더 길어지기도 하지만 더 짧은 경우는 없다. 모든 알베르게가 카미노 위에 있거나 카미노 옆에 붙어 있다. 일반적으로 순례자 여권을 지닌 이들이 묵을 수 있는 유스호스텔 albergues juvenil도 알베르게에 속한다. 순례자들은 주로 2층 침대에서 잠을 자는데, 잠자리 공간 확보를 위해 바닥 suelo에도 매트리스 colchonetas가 많이 깔려 있다. 2008년에는 빈대가 카미노의 여러 알베르게를 습격했다. 현재 이 문제를 해결하기 위한 공동의 노력이 진행 중이다. 그러나 개인용 베개 커버를 꼭 챙겨 가길 권한다. 좁은 공간에서 잠을 청할 때 빈대로 인한 피해를 예방하는 데 유용한 준비물이다.

대부분의 알베르게가 4월(부활절)부터 10월까지 영업한다. 지금은 상당수가 연중 내내 영업하지만(크리스마스 등의 공휴일이나 보수 기간을 제외하고), '영업 중지 알베르게' 목록에 있는 곳도 문을 열어두고 있을 수 있고 그 반대의 경우도 있다. 그러므로 예기치 못한 상황에 대비하도록 하라. 알베르게 수요가 높아지면서 매년 여러 새로운 알베르게가 문을 열고 있으며, 기존의 알베르게들도 영업 기간을 늘리는 추세이다. 물론 겨울보다 여름에 숙소 찾기가 훨씬 더 어렵다. 이 책에는 긴급 상황에 필요한 이름과 전화번호(바쁜 관리인은 느긋하게 연락한 당신에게 고마워하지 않을 것이다)가 실려 있고, 비수기의 순례자들이 알베르게 영업 여부를 알 수 있도록 각 알베르게의 영업 기간도 알려준다. 알베르게는 일반적으로 사전 예약이 불가능하다.

- **지방자치단체 호스텔(albergue municipal)** | 기본적인 시설만 갖춘 알베르게로, 지역 당국이 소유하고 운영한다. 관리인이 바로 옆집에 거주하는 경우가 많다. 프랑스 길의 지자체 호스텔은 모두 갈리시아 정부 호스텔(albergues Xunta de Galicia)이다.

- **교구 호스텔(albergue parroquia)** | 일반적으로 지역 교구가 소유하며 교구 사제가 운영한다. 정기적으로 단체 순례 여행을 운영하는 곳도 있으며, 지자체 호스텔보다 더 많은 정보와 더 편안한 환경을 제공하는 편이다. 일부는 공동 식사를 제공하기도 한다.

- **수도회 혹은 수녀회 호스텔(monasterio o convento)** | 스페인어로는 모나스테리오(monasterio)와 콘벤토(convento)가 혼용되기 때문에 수도회(수도사 공동체)와 수녀회(수녀들의 공동체)를 구분하기가 어렵다. 수도회는 그냥 '콘벤토'라 표기하고, 수녀회는 '콘벤토 데 몬하스(convento de monjas)'로 풀어서 표현한다. 각각 분위기가 현저히 다르므로 미리 세부 사항을 확인해두어야 한다.

- **협회 호스텔** | 스페인의 지역 단체 혹은 다른 국가 단체가 소유하고 운영하며, 지방 당국과 제휴하는 경우도 있다. 순례자들에게 필요한 것들을 특히 잘 갖추고 있으며 직원들도 대개 순례 봉사자 출신이다.
- **네트워크 호스텔**(red de albergues) | 각기 분산되어 있으나 자체적으로 네트워크를 구축하여 협회의 성격을 띤 사설 알베르게들을 말한다. 대체로 개인이 소유하고 운영하지만 최근 협회 관리단에게 넘어가는 경우가 늘면서, 믿고 이용할 수 있는 곳이라는 인식이 크게 높아졌다. 협회 호스텔에서처럼 형제애·자매애를 느낄 수 있는 분위기일 뿐 아니라, 세탁 및 건조기, 인터넷, 석식 및 조식 제공 등 추가적인 서비스를 제공하기도 한다.
- **사설 호스텔**(albergues privado) | 위에 설명한 네트워크 호스텔과 유사하지만 전체 규약이나 규칙은 없다. 다른 부류의 알베르게보다 훨씬 자유롭고(상업적인 이유로), 편의 시설과 서비스도 훌륭하며(대부분이 세탁 및 건조기를 보유하고 있다), 영업 시간도 더 융통성이 있다.

🕆 **영업 시간** 알베르게마다 다르지만 일반적으로 청소를 마친 후 이른 오후부터 순례자들을 맞이한다. 그러니 오후 4시 이전에는 들어갈 수 없다고 보는 게 좋다. 좀 더 일찍 문을 여는 사설 알베르게도 마찬가지. 많은 알베르게가 오후 6시경에 도착하는 도보 여행자들에게 맞춰 자리를 마련해두는 정책을 시행하고 있다. 알베르게가 문을 닫고 불을 끄는 시간은 대체로 밤 10시경이다. 아침에는 대부분이 일어나 움직이기 시작하는 6시 30분부터 7시 30분 사이가 가장 분주하다. 거의 모든 알베르게가 마지막까지 뭉그적거리던 순례자가 길을 떠난 오전 8시 30분에 영업을 마치고 청소를 시작한다. 조식 제공 여부 등의 특이사항은 도착할 때 공지되지만, 게시판을 훑어보는 습관을 들이는 것이 좋다.

관광 안내소와 박물관의 개장 시간은 대개 오전 10시~오후 1시이고, 하루 중 가장 뜨거운 시간대인 시에스타 siesta가 지난 후인 오후 4시~7시에 다시 문을 연다. 상점 영업 시간은 일반적으로 약간 더 긴 편이다.

교회를 비롯한 공공건물은 월요일에 문을 닫는 경우가 있으니 미리 확인해두자.

✝ **관리인** 모든 알베르게가 제 시간에 문을 열고 밤에는 문을 닫고 불을 끄는 일을 맡은 사람을 한 명 이상 두고 있다. 알베르게에서 거주하는 상주 관리인은 대개 자원봉사자로, 이전에 순례자 길을 걸었던 경험이 있어 순례자들에게 무엇이 필요한지 잘 안다. 알베르게에 출퇴근하는 관리인은 인근 지역 주민으로 쇼핑 장소, 식당, 미사 시간 등의 현지 정보를 제공해줄 수 있다. 비상주 관리인은 일반적으로 오후 4시부터 8시까지 근무하는데, 잠자리 공간을 배정해주고 숙박료를 받고 순례자 여권에 도장을 찍어주는 일을 한다.

✝ **편의 시설** 청결의 정도는 천차만별이지만, 뜨거운 물이 나오는 샤워 시설 정도는 이제 어디나 갖추고 있다. 단, 뜨거운 물이 무한정 나오는 샤워기는 아님을 잊지 말 것. 오후에 일찌감치 도착한 무리의 맨 마지막 사람이라면 차가운 물로 씻을 각오를 해야 한다. 반대로 저녁 무렵에 마지막으로 도착했다면 물이 다시 데워져 있을 것이다. 자동 세탁기 lavadora를 제공하는 알베르게가 점점 늘어나는 추세이지만, 보통은 건조기 secadora를 추가로 들여놓는 경우가 많다(실용성이 떨어지는 회전식 건조기 centrífuga와 혼동하지 말자). 비가 며칠씩 내리 올 수 있는데, 이럴 때 건조기가 있다면 이루 말할 수 없이 편리하다. 대부분의 알베르게가 취사도구, 냄비, 팬, 기본 식칼 등을 갖춘 주방과 식사 공간으로 활용할 수 있는 라운지나 거실을 갖추고 있다.

✝ **평점** 편의 시설 및 서비스 수준은 끊임없이 바뀌므로 안내서의 평점만 믿고 찾았다가 낭패는 보는 경우가 많다. 갈리시아 당국이 별점 제도를 도입하여 운영 중인데, 샤워 시설, 화장실당 침대 수가 10개 이하인 알베르게에 별 두 개를 책정한다. 그러나 이용 가능한 잠자리 공간과 객실 수를 알려주는 안내 책자가 인쇄될 무렵이 되면 실제 상황과는 달라지기 십상이다. 구획 구분이 별로 없다는 것은 순례자 한 명이 몇 명의 룸메이트와 동침하게 될지 알려주는 지표가 된다. 한마디로 하나의

공동 침실 안에 120개의 침대가 놓일 수도 있다는 것! 진정한 순례자라면 크고 작은 친절과 자비에 대한 감사의 마음이 저절로 자라게 마련이다. 이런 마음은 고단한 머리를 뉘일 장소를 마련했을 때 가장 선명하게 샘솟는다. 기나긴 하루의 끝자락에서, 혹은 밖에서 세찬 폭풍 tormenta을 만났을 때, 피곤하고 지친 몸이 쉴 곳이 있다면 진심 어린 감사의 마음이 솟구칠 수밖에 없으리라. 제아무리 누추한 곳이라도, 접대가 소홀하다 해도 순례자의 길에서 만나는 숙소란 본래 감사하기 그지 없는 곳이다.

알베르게의 수준을 알아보는 최선의 방법은 본인이 직접 찾아가보는 방법과, '순례자 방명록'에 적힌 동료 순례자들의 코멘트를 훑어보는 것이다. 진정한 순례자라면 알베르게에서 꼭 묵어야만 한다고 생각하는 이들이 있다. 중세 시대의 순례자들은 공식적인 알베르게이건 아니건 상관없이 묵을 수 있는 숙박 시설은 모두 이용했다. 실제로 중세의 상인과 여인숙 주인들의 생계 유지에 순례자 손님들이 한몫했고, 지금도 사정은 다르지 않다. 인증 받은 알베르게에 들어가 동료 순례자들을 만나고 이런저런 소식을 공유하는 것은 좋은 일이다. 그러나 오직 알베르게에만 의지하지는 말기를 바란다.

알베르게가 꽉 찼을 경우에는 인근 지역에서 다른 숙박 시설을 찾아보면 된다. 이들의 편의 시설 및 서비스 수준과 숙박료(대개 1인당이 아닌 객실당으로 계산함) 역시 천차만별이다. 스페인 관광청이 모든 공식 숙소를 분류해두고 있는데, 각 항목의 'r' 표시는 레시덴시아 residencia를 가리킨다. 레시덴시아는 조식 외의 식사 서비스와 취사 시설이 없는 숙박업체다. 보통 별점을 얼마나 받았느냐에 따라 숙박료가 결정된다. 숙박료는 시즌별(성수기에는 25% 가산됨), 지역별(시내는 25% 비쌈)로도 차이가 난다. 규모가 작은 호스텔과 호텔, 특히 교외에 있는 숙박 시설은 순례자 할인을 해주기도 하지만 예약하기 전에 리셉션에 요청해야 한다.

비수기에는 숙박료가 공식적으로 명시된 것보다 싼 경우가 많다. 가장 저렴한 부류(15유로부터)의 숙박 시설은 갈리시아 당국의 별점 카테고리에서도 찾아볼 수 없는 게스트 하우스인데, 폰다 fondas, 오스페다헤 hospedajes, 오스페데리아 hospederías 등의 여러 명칭으로 불리며 객실에는 간단히 침대 camas만 놓여 있다. 그 윗단계의 숙박 시설(25유로 이상)로는 별점이 한 개 이상인 펜시온 pensiónes과 오스탈 hostales, 그리고 소박한 시골 오텔 hoteles이 있다. 중간 가격대의 숙박 시설(40유로 이상)은 수준 높은 서비스를 제공하는 고급 B&B로, 전원주택 casa rural, CR, 전원 관광 turismo rural, TR, 농촌 관광 agrícola turismo 등으로 다양하게 불린다. 그밖에도 도시 외 지역의 별점 하나짜리 호텔(25유로 이상)부터 시내의 별점 다섯 개짜리 호텔(150유로 이상)까지 다양한 숙박 시설이 있다.

7. 비용 및 기타 유의 사항

지자체 호스텔의 평균 1박 요금인 5유로에 음식과 음료를 살 돈까지 하루에 기본 25유로 정도를 책정해야 한다. 일부 알베르게는 약간의 기부금만 받고 공동 식사를 제공하며, 대부분은 간단한 요리를 할 수 있는 주방이 마련되어 있다. 거의 모든 지역에 식당이 하나 이상은 있고, 대개 9유로 내외의 '순례자 특별 메뉴'를 제공한다. 훌륭한 스페인 요리와 고급 와인을 맛보고 싶다면 기본 비용의 두 배까지 들 것을 각오해야 한다. 몇몇 교구 호스텔은 '줄 수 있는 만큼 주십시오. 줄 것이 기도뿐이라면 그것으로도 충분합니다.'라는 철학하에 아직도 기부금만 받는 것을 원칙으로 한다. 개개인의 상황에 대한 신뢰를 악용하지 않도록 주의하자. 정말 한 푼도 없는 거지가 아닌 이상, 기본 운영비에 보탬이 되도록 최소 5유로 정도는 놓아두길 바란다. 사설 호스텔의 평균 숙박료는 9유로 안팎인데, 인터넷과 세탁 및 건조기 등의 편의 시설을 무상으로 이용할 수 있다. 저녁 및 아침 식사 서비스는 명목상 약간의 추가 요금을 요구하기도 한다.

❶ **지불 방식** 모든 알베르게, 작은 펜션과 B&B, 현지 상점들이 기본 요금만 현금으로 받는다. 즉 아무리 작은 마을이라도 대부분의 국제 은행 직불 및 신용 카드를 인식하는 자동 현금 인출기 cajeros automáticos를 보유하고 있다. 여행자 수표는 환전이 어렵고 은행 영업 시간에만 이용 가능하므로 불편하다.

아침 일찍 출발할 계획이라면 전날 밤에 미리 계산을 하는 것이 좋다.

🟠 **외식 순례자** 기본 메뉴 menú del día의 식대는 대개 9유로 이상이다. 세트 메뉴 외의 것을 주문할 경우 식대는 천차만별로 올라간다. 타파스 (tapas: 여러 카페와 술집에서 언제든 즐길 수 있는 간단한 스낵류)나 좀 더 푸짐한 라시오네스 raciones는 맛이 좋은 반면 비싼 게 흠이다. 채식주의자들은 육식 천국인 스페인 여행이 정말 힘들 것이다. 스페인은 채식주의자에게 가혹한 나라다. 채소 수프도 육수로 만들 정도다. 그러니 치즈 오믈렛을 먹다가 햄 조각이 튀어 나와도 당황하지 말길. 아침 식사는 커피 café나 코냑 coñac이 전부다. 크루아상이 곁들여 나오는 경우는 거의 없다. 주의해야 할 또 하나의 문화적 차이는 바로 식사 시간이다. 하루의 메인 이벤트로 통하는 점심 식사 almuerzo가 오후 3시까지 이어지고, 저녁 식사 cena는 보통 오후 9시에나 시작된다. 대안을 생각하고(타파스가 있다), 분명히 말하고(스페인어로), 알베르게에서 자신이 원하는 식사를 원하는 시간에 만들어 먹는 방법이 도움이 될 것이다.

🟠 **자연 존중** 자연 환경에 해를 끼치지 않고 살아가는 방식에 대한 여러 가지 본보기가 존재한다. 가령 도보 여행을 하면 당신이 그 길을 지나갔다는 사실을 아무도 모른다. 그보다 더 좋은 방법은 매일 걸으면서 눈에 보이는 쓰레기를 줍는 것이다. 그러면 당신이 걸을 때보다 더 좋은 길이 된다. 이런 행위를 하는 것에 우월감을 느낀다면, 살면서 다른 곳에 있을 때 별 생각 없이 아무렇게나 버렸던 쓰레기들을 스스로 치우는 모습을 그려보라. 애정을 갖지 않았던 곳에서 경험한 부정적인 생각이나 관계도 심리적으로 정화하고자 노력하게 된다. 그 방법은 간단하다. 마음속에 자리한 부정적인 것들을 털어내고 사랑이 가득한 생각들로 그 자리를 채우면 된다. 이토록 간단한 실천이 물리적인 환경과 심리적인 환경을 모두 깨끗하게 유지할 수 있도록 돕는다.

🟠 **동료 순례자 존중** 샤워기나 주방 같은 편의 시설은 온수 공급에 제한이 있고, 여러 가지 도구와 전반적인 시설도 (특히 여름 성수기에) 빠듯하기 십상이다. 자신에게 필요한 것은 물론이고 다른 이들에게 필요한 것도 세심하게 살펴서 공정하게 사용되도록 만전을 기해야 한다. 숙소에 남들보다 일찍 도착하여 가장 상태 좋은 침대를 차지하게 되었다면

나중에 들어오는 사람들을 눈여겨 살펴보라. 당신이 아래쪽 침대를 사용하지만 나중에 도착한 사람이 다리를 다쳤다면 아래쪽 침대를 양보하고 위쪽으로 올라갈 수 있는 마음을 갖자.

자신의 심리 반응을 관찰하되 오로지 자기 자신에게만 판단의 잣대를 들이대지는 말자. 자각이야말로 변화의 출발점이다.

Part.3
떠나기 위해 준비해야 할 것들

1. 신체 단련 – 내 몸 상태는 어떠한가?

웬만큼 건강한 사람이라면 심한 고통에 시달리지 않고 이 여행을 무사히 마칠 수 있다. 80번째 생일을 기념하여 세비야에서 산티아고에 이르는 1000km 길을 걷는 일본인도 있다. 그러나 질병을 앓았거나 건강이 염려되는 상태라면 먼저 건강 검진을 받아보길 권한다. 무거운 배낭을 짊어지고 꾸준히 걷는 데 몸이 적응하려면 며칠이 걸린다. 처음부터 무리하지 않도록 몸과 마음에 적응할 시간을 주어라. 인대가 늘어나거나 접질리거나 물집이 잡히는 등 대부분의 부상은 순례 여행 초기에 가장 빈번하게 발생한다는 사실을 주지하라.

떠나기에 앞서 운동으로 신체를 단련시키는 것은 매우 바람직한 일이다. 이 조언을 받아들이고 실천하는 순례자가 10%만 넘어도 나는 기뻐서 팔짝 뛸 것이다. 그만큼 실천하는 이가 드물다는 얘기다. 당신이 내 조언을 무시하는 90%에 속한다면, 제발 부탁하건대, 첫 주에는 천천히 전진하길. 처음 며칠 동안 지나치게 무리한 탓에 신체적인 문제는 물론이고 정신적으로도 피폐해져 순례를 지속할 수 없게 되어버리는 순례자가 너무도 많다. 가벼운 지팡이를 제대로 사용하면 체력 소모를 현저히 줄일 수 있다. 한 쌍으로 장만하는 게 좋은데, 양손에 각각 하나씩 짚고 걸으면 균형이 잘 맞을 뿐 아니라 효과도 두 배다. 이번 순례길은 물론이고 다음번에도 유용할, 아주 훌륭한 투자였음을 금세 알게 될 것이다.

비슷한 맥락에서 여행 중에 짊어져야 할 무게도 중요하다. 짐의 무게뿐 아니라 체중도 문제가 된다. 정상 체중보다 13kg가량 더 나가는 사람이 또 13kg의 배낭을 짊어지고 다닌다면, 26kg의 무게가 모두 몸을 짓누르는 꼴이 된다. 순례 여행을 하다 보면 싫어도 살이 빠지기 마련이지만, 과체중인 사람이라면 출발 전에 체중 감량을 해두는 게 좋다.

2. 장비와 의류 – 양이 아닌 질을 우선시하라

　순례 여행은 계획 단계에서 이미 시작된다. 그러니 좋은 여행이 되도록 신의 가호를 빌면서, 물건을 살 때도 주의를 기울이는 것부터 시작하라. 순례 중에 해야 할 일 중 하나는 무의식적인 행동을 의식하는 것이다. 무의식적인 소비로 인해 얼마나 많은 인적 자원과 천연자원이 착취당하는지 알고 있는가? 많이 알아보고, 당신의 목소리와 돈을 세상에 긍정적인 변화를 이끌어내기 위해 성심을 다해 애쓰는 기업들에 보탬이 되도록 사용하라. 착취적인 기업이나 공포정치 체제의 국가에서 만든 장비를 갖고 평화를 위해 순례길을 걷는다는 건 어불성설이다. 우리는 언행일치를 위해 부단히 노력해야 한다.

무엇을 챙길 것인가?

　당신은 분명 너무 많이 가져갈 것이다. 모두가 다 그러니까! 버릴 준비를 하라. 필요 없는 물건들은 빼버려라. 가져가기로 선택한 물건들은 여행 중 언제, 어떻게 쓰일 것인지 확실히 인지하고 있어야 한다. 본인 체중의 10%, 아무리 많아야 10kg을 넘지 않는 것을 목표로 삼아라. 짐을 메고 걸어 다니면 무릎과 발이 그 충격을 흡수하게 되므로, 필요 이상을 가져갈 경우 가장 먼저 부상을 입기 쉬운 부위도 무릎과 발이다. 가볍고 부피가 작은 것, 땀을 쉽게 닦아내거나 배출시킬 수 있는 것, 세탁이 쉽고 빨리 마르는 것 위주로 준비해야 한다.

발끝부터 훑어보는 필수 장비

- **워킹 슈즈·부츠** | 발목을 든든하게 지탱해주고, 통기가 잘 되며, 가벼운 것이어야 한다. 겨울철에 여행할 경우에는 방수 기능이 있는 것을 고르도록.

- **샌들** | 부츠를 말리고 통풍시키는 동안 신을 샌들이나 가벼운 신발을 구비해둬라.

- **양말** | 걸어 다니는 와중에도 종종 양말을 갈아 신고 발을 마사지해줄 수 있도록 여러 켤레를 챙기는 것이 좋다.

- **긴 바지·반바지·치마** | 거의 1년 내내 반바지가 가장 이상적이다. 비를 맞으며 걸었을 때에도 천보다는 다리가 훨씬 빠르게 마르기 마련이다. 스페인의 시골 지역은 여전히 전통을 고수하므로, 교회 등지를 방문할 경우 여성은 사롱(sarong: 말레이 제도 사람들이 허리에 두르는 넓은 천 – 옮긴이)으로 맨다리를 감싸주는 게 좋다. 사롱은 시원할 뿐 아니라 세탁과 건조도 쉽다.

- **플리스 |** 가벼운 플리스 소재의 의류는 아주 유용하다. 여행 시기가 겨울과 가까울수록 두터운 옷가지가 더 많이 필요할 것이다. 한겨울에 여행할 계획이라면 영하의 기온에서 버틸 수 있도록 보온성이 좋은 의류와 침낭을 갖춰야 한다. 특히 지대가 높은 곳에서는 눈이 오고 얼음이 얼 수 있음을 주지할 것.

- **방수 기능 |** 계절의 변화가 뚜렷하긴 해도 스페인 북부 특히 갈리시아 지방의 날씨는 예측이 어렵기로 악명 높다. 가벼운 방수 및 방풍 재킷과 바지가 시중에 많이 나와 있다. 좀 더 저렴하게 몸 전체와 배낭까지 덮을 수 있는 비닐 우의를 마련하는 것도 방법이다. 평소에는 말아두었다가 비가 오면 펼쳐서 걸치면 된다. 딱 붙는 비닐이나 나일론 소재의 옷은 땀을 배출시키지 못하지만 우의는 몸에 헐겁게 걸쳐지므로 땀 때문에 꿉꿉할 일이 없다.

- **모자 |** 여름철 가장 주의를 기울여야 할 점은 햇빛으로부터 피부를 보호하는 것이다. 챙이 넓은 모자를 착용하여 머리와 목, 기타 노출된 부위를 보호하라. 일사병에 걸리면 몹시 고통스럽고, 심한 경우 위험할 수도 있다.

- **배낭 |** 50리터짜리도 충분하다. 70리터가 넘는 큰 배낭을 마련했다가는 쓸데없는 물건을 잔뜩 챙기는 우를 범하기 쉽다. 반드시 허리끈이 있는 것을 택해야 하는데, 배낭이 어깨부터 엉덩이까지 딱 붙어서 무게를 분산시키고 짊어지기 용이하게 해준다. 비 오는 날에도 물건이 끄떡없도록 조그만 방수용 주머니도 여러 개 필요할 것이다.

- **침낭 |** 알베르게에서는 필수 용품이다. 여름에 여행한다면 가벼운 1~2계절용 침낭이면 충분할 것이다. 지퍼가 있으면 아주 더울 때 손쉽게 열어둘 수 있다. 대부분의 알베르게 특히 산악 지역의 알베르게는 담요를 보유하고 있다.

- **상비약 |** 모든 알베르게가 의무적으로 구급약통을 구비해두고 있고 약국(farmacia)도 곳곳에 있다. 그러나 일부 상비약은 개개인이 챙겨 가야 한다. 예방이 치료보다 중요하긴 하지만, 단련된 발이 아닌 다음에야 100% 물집이 잡힌다. 뭘 챙겨가건 간에 특정 부위가 화끈거린다 싶으면 곧바로 바르거나 붙여라(통통한 물집으로 자리 잡힐 때까지 기다리지 마라!). 많은 이들이 압박감을 줄인답시고 신발 끈을 느슨하게 푸는 우를 범하는데 이는 오히려 상처를 악화시킬 뿐이다. 신발이 헐거워 마찰이 생기기 때문에 물집이 잡히는 것이다. 잘 맞는 신발을 편안하게 조여 신도록 하라.

- **위생 용품 |** 일반적으로 챙기는 것 외에도 바늘과 실, 쪽가위를 챙겨 가면 옷을 수선하기도 편하고 물집 안의 물을 바늘과 실을 통해 안전하게 뺄 수 있다.

- **물통 |** 대부분 사람들이 배낭에 넣고 빼기 힘든 1리터 물통 하나보다 1/2리터 물통 두 개를 챙기는 것을 선호한다. 순례 여행에서 물은 생명수나 다름없다. 연구에 따르면 하루에 최소 2리터의 물을 마실 경우 오랜 도보 여행에 따르는 피로와 물집, 기타 여러 증상을 현저히 줄이고 탈수도 예방한다고 한다. 곳곳에 음용이 가능한 식수대(fuente)[F]가 있으므로 물통을 채울 수 있다. 특히 여름에는 식수대가 말라 있는 경우가 많으니 기회가 올 때마다 물통을 채워야 한다. 큰 시내의 물은 화학물을 첨가하여 물맛이 확연히 다르다. 따라서 산지와 시골 마을에서는 시내에서 받은 물통을 비우고 더 깨끗한 물로 채우는 게 좋다.

❶ 기타 준비물

- **지팡이 |** 꼭 필요한 건 아니지만, 몸이 받을 부담을 현저히(제대로 사용할 경우 25%까지) 줄여주므로 챙겨 가면 매우 좋다. 표면이 고르지 못한 땅을 걸을 때 안정적으로 걷게 도와주며 시골길 여기저기에서 불쑥 튀어나오는 개들과 마주할 때도 유리하다. 양쪽 균형이 맞게끔 한 쌍으로 된 것을 준비하는 것이 좋다. 손목에 무리가 가지 않도록 손잡이가 달린 것으로 고른다.

- **수면용 매트 |** 편안히 누워 별을 구경하는 자유를 만끽하고 싶다면 아주 유용하다. 특히 성수기에는 수면용 매트가 더 절실한데, 아무래도 잠자리 선정에 선택지가 더 넓어지기 때문이다. 수면용 매트만 있다면 어디나 바닥이 되어준다.

- **조리 도구 |** 대부분의 알베르게가 기본적인 주방 시설을 갖추고 있다. 그러나 주로 직접 요리해 먹을 계획이라면 각자 조리 도구를 준비하길 권한다. 뚜껑이 있는 작은 크기의 용기가 있다면 부드러운 과일(토마토 등)과 샌드위치를 싸서 다니기에 편하다.

- **캠핑 용품 |** 텐트를 짊어지고 다닐 필요는 없다. 하지만 캠핑을 즐기고 이곳에서도 경험하고자 한다면 텐트를 챙겨야 할 것이다. 이곳에는 야영장이 별로 없고 야영장 간 거리도 매우 멀다. 또한 야영에 필요한 설비를 갖춘 알베르게도 거의 없다.

- **책 |** 아주 신중하게 심사숙고하라. 책은 무게가 상당한데다 막상 읽을 시간도 없으니까. 몇 번이고 다시 읽어도 될 만한, 읽으면 기분이 좋아지고 영감이 샘솟는 책을 골라가도록. 좋아하는 시를 엮어 제본해서 가져가는 것도 좋은 아이디어다. 길을 걸으며 만나는 수많은 예술 작품들의 유래나 상세한 정보가 담긴 소책자를 관광 안내소에서 무료로 구할 수 있다. 유적지 입장료에 이러한 소책자의 가격이 포함된 경우도 있다.

- **카메라 |** 휴대용 디지털 카메라를 챙겨 가면 돌아와서 여행에서의 경험을 친구나 가족들과 나눌 수 있다. 그러나 명심하라. 내면의 경험은 사진으로 찍을 수 없다는 사실을. 그러니 카메라 때문에 진정한 여행의 묘미를 놓치지 말라!

- **쌍안경 |** 휴대용 쌍안경이 있으면 정교한 기념비나 건물들을 자세히 관찰하는 데 도움이 된다. 다른 길을 찾거나 표지판을 보는 데도 유용할 수 있다. 카메라보다는 쌍안경을 챙기라고 권하고 싶지만, 그보다 더 좋은 것도 있다.

- **단안 망원경 |** 쌍안경보다 무게가 반으로 줄어든다. 사용하기 편하고, 초점 맞추는 데 애먹을 일도 없으며, 주머니에 쏙 들어간다. 카메라와 쌍안경을 바리바리 챙기느니 단안 망원경 하나만 단출하게 챙기면 더 편하다.

- **휴대폰 |** 그냥 두고 가라. 순례 여행의 경험이 더욱 강렬해질 것이다. 또한 동료 순례자들에게 괜한 폐를 끼치기 싫다면, 두고 떠나라.

다음 페이지의 '체크리스트'는 순례 여행에서 물건을 사거나 돌려줄 때 도움이 되도록 스페인 단어를 병기했다. 시즌에 따라 필요한 물건이 다르므로 '필수 목록'은 아님을 주지하라. 자신에게 꼭 필요한 아이템에 표시를 하고, 배낭에 챙겨 넣을 때마다 하나씩 지워라.

체크리스트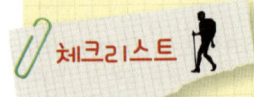

체크리스트	리스타(Lista)	
의류	**로파스(Ropas)**	
모자(선캡)	솜브레로(sombrero)	☐
선글라스	가파스 데 솔(gafas de sol)	☐
셔츠	카미사스(camisas)	☐
티셔츠	카미세타스(camisetas)	☐
여행용 조끼	차케타 데 비아헤(chaqueta de viaje)	☐
재킷	차케타(chaqueta-)	☐
방수	추바스케로(chubasquero)	☐
통풍	트란스피라블레(transpirable)	☐
팬티	칼손시요스(calzoncillos)	☐
반바지	판탈로네스 코르토스(pantalones cortos)	☐
손수건	파뉴엘로(pañuelo)	☐
양말	칼세티네스(calcetines)	☐
신발	**사파토스(Zapatos)**	
등산용 부츠	보타스 데 몬타냐(botas de montaña)	☐
워킹 슈즈	사파토스 데 안다르(zapatos de andar)	☐
가죽 샌들	산달리아스 피엘(sandalias piel)	☐
사이즈	**타마뇨(Tamaño)**	
더 큰	마스 그란데(mas grande)	☐
더 작은	마스 페케뇨(mas pequeño)	☐
더 싼	마스 바라토(mas barato)	☐
더 비싼	마스 카로(mas caro)	☐
모델	모델로(modelo)	☐
필수 서류	**도쿠멘토스 에센시알레스(ocumentos esenciales)**	
여권	파사포르테(pasaporte)	☐
순례자 여권	크레덴시알 데 페레그리노(credencial de peregrino)	☐
지갑	모네데로(monedero)/ 카르테라(cartera)	☐
현금	디네로 엔 에펙티보(dinero en efectivo)	☐
신용 카드	타르헤타 데 크레디토(tarjeta de crédito)	☐
여행 티켓	파사헤 데 비아헤(passaje de viaje)	☐
일기장	디아리오(diario)	☐

| 긴급 연락처 | 디렉시온 데 에메르헨시아 (dirección de emergencia) | ☐ |
| 전화번호 | 누메로스 데 텔레포노 (números de teléfono) | ☐ |

배낭　　モ칠라 (Mochila)

방수 커버	프로텍시온 데 모칠라 (protección de mochila)	☐
침낭	사코 데 도르미르 (saco de dormir)	☐
수건	토아야 (toalla)	☐
물병	보테야 데 아과 (botella de agua)	☐
주머니칼	나바하 (navaja)	☐

위생 용품　　아르티쿨로스 데 토카도르 (Artículos de tocador)

비누	하본 (abón)	☐
샴푸	참푸 (champú)	☐
칫솔	세피요 데 디엔테스 (cepillo de dientes)	☐
치약	덴티프리코 (detífrico)	☐
헤어브러시	세피요 데 펠로 (cepillo de pelo)	☐
빗	페이네 (peine)	☐
배수구 마개	타폰 데 프레가데로 (tapón de fregadero)	☐
면도 크림	에스푸마 데 아페이타르 (espuma de afeitar)	☐
면도칼	마키니야 데 아페이타르 (maquinilla de afeitar)	☐
세안용 가제수건	관테 데 아세오 (guante de aseo)	☐
선크림	크레마 솔라르 (crema solar)	☐
애프터 선크림	레체 솔라르 (leche solar)	☐
모이스처라이저	크레마 이드라탄테 (crema hidratante)	☐
화장지	파펠 이히에니코 (papel higiénico)	☐
티슈	파뉴엘로스 데 파펠 (pañuelos de papel)	☐
생리대	살바 슬립스 (salva-slips)	☐
탐폰	탐포네스 (tampones)	☐

상비약　　보티킨 (botiquín)

진통제	아날헤시코 (analgésico)	☐
아스피린 / 해열제	아스피리나 (aspirina) / 파라세타몰 (paracetamol)	☐
반창고	에스파라드라포 (esparadrapo)	☐
수포 전용 반창고	아포시토 파라 암포야스 (apósito para ampollas)	☐
콤피드	콤피드 (compeed)	☐
소독약	크레마 안티셉티카 (crema antiséptica)	☐
소염제(연고)	포마다 파라 돌로레스 무스쿨라레스 (pomada para dolores muscul ares)	☐
유사 요법	레메디오스 오메오파티코스 (remedios homeopáticos)	☐

처방약	메디시나 프레스크립시온(Medicina prescripción)	
천식 흡입기	인알라도르 파라 엘 아스마(inhalador para el asma)	☐
알레르기 약	메디시나 파라 라스 알레르히아스 (medicina para las alergias)	☐
설사약	파스티야스 파라 라 디아레아(pastillas para la diarrea)	☐
기타/의사	오트로스(otros)/메디코(médico)	☐

기타 물품	악세서리오스 옵시오날(Accesotios opcional)	
지팡이	바스토네스 데 카미나르(bastones de caminar)	☐
순례자 조가비	콘차 데 페레그리노(concha de peregrino)	☐
단안 망원경	카탈레호(catalejo)	☐
쌍안경	프리스마티코스(prismáticos)	☐
카메라	카마라(cámara)	☐
회중전등	린테르나(linterna)	☐
손목시계	렐로 데 풀세라(reloj de pulsera)	☐
알람시계	데스페르타도르(despertador)	☐
우의	폰초(poncho)	☐
수면용 매트	에스테리야(esterilla)	☐
빨래집게	핀사스 파라 라 로파(pinzas para la ropa)	☐
빨랫줄	쿠에르다 파라 텐데르 로파(cuerda para tender ropa)	☐
수저	쿠비에르토스(cubiertos)	☐
조리용 칼	쿠치요(cuchillo)	☐
포크	테네도르(tenedor)	☐
스푼	쿠차라(cuchara)	☐
머그/컵	토사(toza)/바소(vaso)	☐

3. 기본 언어(LENGUAJE) – 순례자에겐 필수 사항!

　스페인, 특히 지방에 사는 사람들은 자신의 민족성과 언어를 자랑스러워한다. 여행지에서 만나는 모든 사람이 당연히 영어로 얘기할 것이라고 짐작하는 것은 대단한 실례다. 여행지에서 상점에 들어가거나 지나가는 사람에게 길을 물어볼 때 현지 언어를 사용하지 않는 것은 분명 경우에 어긋난다. 순례자라면 당연히 단 몇 가지라도 기초 문장을 숙지하여 사용해야 한다. 스페인 지방 지역에서는 영어가 널리 쓰이지 않는다.

여행을 떠나기 한두 달 전에 어학용 CD를 입수하여 매일 몇 분씩이라도 스페인어(전 세계에서 세 번째로 많이 쓰이는 언어)를 학습하는 시간을 갖는 것이 바람직하다. 반드시 조그만 사전과 기본 회화 책을 챙겨보자. 아래에 기초적인 순례 용어와 문장을 소개한다. 작은 일반 회화 책에는 실리지 않았을 법한 표현들이다.

모든 지명과 방향은 당연히 스페인어(갈리시아 지방은 갈리시아 언어)로 표기하므로, 모든 지도가 그에 따라 준비되었다. 모국이 아닌 다른 나라에서는 당신도 손님임을 주지시키기 위해, 널리 통하는 일부 문장과 단어들 또한 책 내용 중간 중간에 삽입했다. 스페인을 처음 방문하는 이들을 위해 영어와 스페인어 간의 유사성이 있는 단어들도 포함시켰다. 전문 통역사처럼 정확한 단어를 구사할 정도는 못 되어도, 그때그때 필요한 단어를 손쉽게 끄집어내는 데 도움이 될 것이다. 특정 단어나 문장에는 영어와 스페인어도 병기하였다. 다음의 기본 규칙을 익히면 스페인어 실력 향상에 도움이 될 것이다.

명사는 남성형과 여성형으로 구분된다. 대부분은 성별이 분명하지만, 그렇지 않은 것도 있다. 시행착오를 통해 익히는 수밖에 없다. 기본적으로 철자가 'e'로 끝나는 단어는 남성형, 'a'로 끝나면 여성형인 경우가 많다. 영어의 정관사 'the'에 해당하는 스페인 단어는 'el' 혹은 'la'이고, 복수일 때는 'los' 혹은 'las'가 되며, 명사 끝에 's'나 'es'가 붙는다. 그 남자(the man → el hombre), 그 남자들(the men → los hombres), 그 여자(the woman → la señora), 그 여자들(the women → las señoras).

모음은 정확히 발음한다. 가령 'Melide'라는 단어는 '멜-리-데'라고 발음한다. 'U'의 발음은 '우'로, 'una(하나, 1)'는 '우나'라고 읽는다. 강세는 끝에서 두 번째 음절에 주되, 따로 강세 표시를 하는 단어는 제외다. 가령 'Nájera'는 '나-헤-라'라고 발음하되 강세는 '헤'가 아닌 '나'에 둔다.

자음은 영어와 비슷하다. 'c'는 영단어 'then'에서처럼 'th' 발음을 한다. 즉 혀를 이와 이 사이에 대고 내는 'ㅅ(e)' 혹은 'ㄷ(a)' 발음이다. '중앙(center → centro)'은 '센-트로', '너, 당신(you → usted)'은 '우-스테드'로 발음한다. 여기서 강세는 기본 규칙의 예외로, 마지막 음절에 둔다. 'g'와 'j'는 목구멍을 떨면서 내는 'ㅎ' 발음이다. '긴급한(urgent → urgente)'의 발음은 '우르-헨-테', '정원(garden → jardín)'은 '하르-딘(강세 표시가 있는 마지막 음절에 강세를 둔다)'이다. 'h'는 무조건 묵음이다. '호텔(hotels → hoteles)'은 '오-텔-레스'로 발음한다. 'll'은 모음 '이'가 끼어든 발음이다. '꽉 찬(full → lleno)'은 '예-노'로 발음하고, 'ñ'은 '니'가 끼어든 것으로 '내일(tomorrow → mañana)'은 '마-냐-나'로 발음한다. 'qu'는 'ㅋ'으로 발음하는데 '15(fifteen → quince)'는 '킨-세'로 발음한다. 'v'의 발음은 영어의 'v'와 'b' 중간쯤이다. '여행(journey → viaje)'의 발음은 '비-아-헤'이다.

동사는 다소 복잡하지만 세 가지 기본 형식을 따른다. 첫 번째로 '-ar'로 끝나는 동사인 '말하다(speak → hablar)'의 경우, 1인칭은 'hablo', 2인칭은 'hablas', 3인칭은 'habla', 1인칭 복수는 'hablamos', 2인칭 복수는 'habláis', 3인칭 복수는 'hablan'으로 발음한다. '-er'로 끝나는 동사에서 '먹다(eat → comer)'의 경우, 1인칭은 'como', 2인칭은 'comes', 3인칭은 'come', 1인칭 복수는 'comemos', 2인칭 복수는 'coméis', 3인칭 복수는 'comen'으로 발음한다. '-ir'로 끝나는 동사, '살다(live → vivir)'의 경우, 1인칭은 'vivo', 2인칭은 'vives', 3인칭은 'vive', 1인칭 복수는 'vivimos', 2인칭 복수는 'vivís', 3인칭 복수는 'vivan'으로 발음한다.

🟠 자주 쓰이는 어휘

인사 사루도스(Saludos)

예	시(Sí)
아니오	노(No)
부탁합니다	포르 파보르(Por favor)
고맙습니다	그라시아스(Gracias)
잘 지내죠?	케 탈(Qué tal)?
즐거운 여행 하세요	부엔 비아헤(Buen viaje)
안녕하세요! 요즘 어떠세요?	올라(Hola)! 코모 에스타(¿Cómo està)?
좋은 하루 보내세요	부에노스 디아스(Buenos días)
즐거운 저녁시간 보내세요	부에나스 타르데스(Buenas tardes)
안녕히 주무세요	부에나스 노체스(Buenas noches)
날씨 참 좋네요!	케 디아 마스 에스플렌디도(Qué día mas espléndido)!
굿바이! 다음에 또 봅시다	아디오스(Adiós)! 아스타 루에고(Hasta luego)

환영 비엔베니다(Bienvenida)

이름이 뭐예요?	코모 테 야마스(¿Cómo te llamas)?
제 이름은 …입니다	메 야모 …(Me llamo …)
어디에서 사세요?	돈데 비베스(¿Dónde vives)?
저는 런던에서 삽니다	비보 엔 론드레스(Vivo en Londres)
일본인이세요?	에레스 하포네스(-사)(¿Eres Japonés(a))?
저는 한국인입니다	소이 코레아노(-나)(Soy Coreano(Coreana))
저는 미혼입니다	에스토이 솔테로(-라)(-사)(Estory Soltero(a)?
저는 결혼했습니다	에스토이 카사도(-다)(Estoy casado(a))
저에겐 아들이 둘 있습니다	텡고 도스 이호스(-아스)(Tengo dos hijos(as))
저에겐 아이가 없습니다	노 텡고 이호스(No tengo hijos)
휴가(순례)차 왔습니다	에스토이 아키 데 바카시오네스 (페레그리나시온)(Estoy aquí devacaciones(peregrinación))

실례합니다!	디스쿨페(Disculpe)!
뭐라고 하셨지요?	코모 디세(¿Cómo dice)?
별로 중요한 건 아니에요	노 임포르타(No importa)
제 말을 이해하셨나요?	엔티엔데(¿Entiende)?
이해가 잘 안 되는데요!	노 엔티엔도(No entiendo)!
전 스페인어를 잘 못합니다	아블로 무이 포코 에스파뇰(Hablo muy poco español)
영어를 할 줄 아시나요?	아블라 우스테드 잉글레스(¿Habla usted Inglés)?
저것은 어떻게 발음하죠?	코모 세 프로눈시아 에소(¿Cómo se pronuncia eso)?
적어 주시겠어요?	에스크리바멜로, 포르 파보르(¿Escríbamelo, pro favor)?
이게 무슨 뜻이죠?	케 시그니피카 에스토(¿Qué significa esto)?

어디에 있나요	돈데 에스타(Dónde està)?
여기에	아키(Aquí)
저기에	아이이(Allí)
왼쪽에	아 라 이스키에르다(a la izquierda)
오른쪽에	아 라 데레차(a la derecha)
은행 밖에	푸에라 델 방코(Fuera del banco)
카페 옆에	알 라도 델 카페(Al lado del café)
센터 근처에	세르카 델 센트로(Cerca del centro)
시장 맞은편에	엔프렌테 델 메르카도(Enfente del mercado)
어디로 가세요?	아 돈데 바스(¿A dónde vas)?
알베르게는 어디에 있나요?	돈데 에스타 엘 알베르게 데 페레그리노스 (¿Dónde está el alberque de peregrinos)?
화장실은 어디에 있나요?	돈데 에스탄 로스 세르비시오스 (¿Dónde están los servicios)?
환전은 어디에서 할 수 있나요?	돈데 세 푸에데 캄비아르 디네로 (¿Dónde se pued cambiar dinero)?

공항으로 가는 택시는 어디에서 타나요?	
돈데 세 코헤 엘 탁시 알 아에로푸에르토(¿Dónde se coge el taxi aeropuerto)?	

레온 중심가는 어떻게 가나요?	
코모 세 바 알 센트로 데 레온(¿Cómo se va al centro de León)?	

지금 몇 시인가요? 케 오라 에스(¿Qué hora es)?

지금 몇 시인가요?	케 오라 에스(¿Qué hora es)? (Por favor)
정오입니다	에스 메디오디아(Es mediodía)
1시 5분입니다	에스 라 우나 이 싱코(Es la una y cinco)
2시 10분입니다	콰트로 이 도스(Cuatro y dos)
3시 30분입니다	트레스 이 메디아(Tres y media)
4시 15분입니다	콰트로 이 콰르토(Cuatro y cuarto)
5시 20분 전입니다	싱코 메노스 베인테(Cinco menos veinte)
오늘	오이(hoy)
어제	에이에르(ayer)
내일	마냐나(mañana)
모레	파사도 마냐나(pasadomañana)
지난주	라 세마나 파사다(la semana pasada)
이번 달	에스테 메스(este mes)
내년	알 아뇨 케 비에네(al año que viene)
매년	토도스 로스 아뇨스(todos los años)

오늘이 무슨 요일입니까? 케 디아 에스 오이(¿Qué día es hoy)?

월요일	루네스(Lunes)
화요일	마르테스(Martes)
수요일	미에르콜레스(Miércoles)

목요일	후에베스 *(Jueves)*
금요일	비에르네스 *(Viernes)*
토요일	사바도 *(Sàbado)*
일요일	도밍고 *(Domingo)*
오늘 날짜가 어떻게 됩니까?	케 페차 에스 오이 *(¿Qué fecha es hoy?)*
4월 10일입니다	에스타모스 아 디에스 데 아브릴 *(Estamos a diez de abril)*
9월 25일, 토요일입니다	사바도, 베인테 싱코 데 셉티엠브레 *(Sàbado, veintee cinco de septiembre)*
봄	프리마베라 *(primavera)*
여름	베라노 *(verno)*
가을	오토뇨 *(otoño)*
겨울	인비에르노 *(invierno)*
1월	에네로 *(enero)*
2월	페브레로 *(febrero)*
3월	마르소 *(marzo)*
4월	아브릴 *(abril)*
5월	마요 *(mayo)*
6월	후니오 *(junio)*
7월	훌리오 *(julio)*
8월	아고스토 *(agosto)*
9월	셉티엠브레 *(septiembre)*
10월	옥투브레 *(octubre)*
11월	노비엠브레 *(noviembre)*
12월	디시엠브레 *(diciembre)*

숙박　　　　　　　　　아비타시온(Habitación)

빈 방이 있나요?	티에넨 알구나 아비타시온 리브레 *(¿Tienen alguna habitación libre)?*
하룻밤 묵고 싶습니다	케리아 우나 아비타시온 파라 우나 노체 *(Quería una habitación para una noche)*
방에 문제가 있어요	라 아비타시온 티에네 운 프로블레마 *(La habitación tiene problema)*
너무 더워요(추워요)	아세 데마시아도 칼로르(프리오) *(Hace demasiado calor(frío))*
온수가 안 나옵니다	노 아이 아구아 칼리엔테*(No hay agua caliente)*
세탁은 어디서 하나요?	돈데 푸에도 라바르 미 로파*(¿Dónde puedo lavar mi ropa)?*

의사/ 치과의사　　　　메디코(Médico)/ 덴티스타(Dentista)

치과(병원)에 가야겠어요	네세시토 운 덴티스타(메디코) *(Necesito un dentista(medico))*
병원이 어디에 있습니까?	돈데 에스타 엘 센트로 데 살루드 *(¿Dónde está el centro desalud)?*
물집이 잡혔어요	텐고 암포야스*(Tengo ampollas)*
간염에 걸렸습니다	텐고 텐디니티스*(Tengo tendinitis)*
다리/무릎/발/발가락이 아파요	미 피에르나/ 로디야/ 엘 데도/ 델 피에 메 두엘 *(M pierna rodilla/ el dedo/ de pie me duele)*
발목이 부었습니다	미 토비요 에스타 인차도*(Mi tobillo está hinchado)*
허리에 경련이 일어나네요	미 에스팔다 티에네 우나 콘트락투라 *(Mi espalda tiene unacontractura)*
약국이 어디에 있습니까?	돈데 에스타 라 파르마시아*(¿Dónde està la farmacia)?*

음식 　　　　　　　　　코미다(Comida)

아침 식사	데사유노(desayuno)
점심 식사	라 코미다(la comida)
간식	타파스(tapas)
저녁 식사	세나(cena)

육류/생선 　　　　　　카르네(carne)/페스카도(pescado)

비프 스테이크	비스텍(bistec)
송어	트루차(trucha)
필레 스테이크	필레테(filete)
연어	살몬(salmón)
돼지고기	세르도(cerdo)
서대	렝구아도(lenguado)
양고기	코르데로(cordero)
대구	메를루사(merluza)
송아지 고기	테르네라(ternera)
새우	감바스(gambas)
고기 조각	출레타스(chuletas)
오징어	칼라마레스(calamares)
햄	하몬(jamón)
홍합	메히요네스(mejillones)
닭고기	포요(pollo)
해산물	마리스코스(mariscos)

채소류	베르두라스 *(verduras)*
토마토 샐러드	엔살라다 데 토마테 *(ensalada de tomate)*
디저트	포스트레스 *(postres)*
과일	프루타 *(fruta)*
샌드위치	보카디요 *(bocadillo)*
치즈	케소 *(queso)*
적포도	주비노 틴토 *(vino tinto)*
백포도	주비노 블랑코 *(vino blanco)*
물	아구아 *(agua)*
우유	레체 *(leche)*
배가 고파요	텡고 암브레 *(Tengo hambre)*
저녁/아침 식사 시간은 언제입니까?	아 케 오라 에스 라 세나/엘 데사유노 *(¿A qué hora es la cena/ el desayuno)?*
채식 식당이 있습니까?	아이 운 레스타우란테 베헤타리아노 *(¿Hay un restaurantev egetariano)?*
오늘의 메뉴는 무엇입니까?	쿠알 에스 엘 플라토 델 디아 *(¿Cuàl es el plato del día)?*
영어로 된 메뉴가 있나요?	티에네 운 메뉴 엔 잉글레스 *(¿Tiene un menú en Inglés)?*
음식이 식었네요/ 너무 뜨거워요	라 코미다 에스타 프리아/ 무이 칼리엔테 *(La comida está fría/ muy caliente)*
음식은 어디에서 사면 되나요?	돈데 푸에도 엔콘트라 우나 티엔다 파라 콤프라 코미다 *(¿Dónde puedo encontrar una tienda para comprar comida)?*

기차/ 버스	트렌 *(tren)*/아우토부스 *(autobús)*
운행 시간표가 있나요?	엔살라다 데 토마테 *(¿Tienen un horario)?*
레온에는 언제 도착하나요?	아 케 오라 예가모스 아 레온 *(¿A qué hora llegamos aLeón)*
편도/왕복 티켓은 얼마입니까?	콴토 쿠에스타 엘 비예테 데 이다/ 이 부엘타온 *(¿A qué hora llegamos aLeón)*

신발 / 사이즈

한국어	스페인어
전 사이즈 8을 신습니다	칼소 엘 쿠아렌타(Calzo el cuarenta)
신발류/ 신발 끈	칼사도(calzado)/ 엘 코르돈(el cordón)
구두 수선공/ 신발 매장	사파테로(zapatero)/ 사파테리아(zapatería)

사파토(zapato)/ 타야(talla)

의류/ 사이즈

로파(ropa)/ 타야(talla)

한국어	스페인어
제 옷 사이즈는 40입니다	미 타야 에스 라 쿠아렌타 (Mi talla es lacuarenta)
더 큰/ 작은 사이즈가 있나요?	티에네 우나 타야 마요르/메노르 (¿Tiene una talla mayor/ menor)?
큰/ 작은	그란데(grande)/ 페케뇨(냐)(pequeño/a)

책(제한적)

리브로스(Libros(cupo lim.))

회화 책	리브로 데 프라세스(libro de frases-)
스페인어	에스파뇰(Español)
프랑스어	프란세스(Francés)

지도 → 마파(mapa) 계획 → 플라노(plano)

옵션 → 옵시온(opción)	네거리 → 크루세(cruce)
성 → 카스티요(castillo)	교회 → 이글레시아(iglesia)
예배당 → 에르미타(ermita)	성당 → 카테드랄(catedral)
길가 십자가 → 크루세이로(cruceiro)	식수대 → 푸엔테(fuente)
다리 → 푸엔테(puente)	오르막 → 알토(alto)
강 → 리오(río)	광장 → 라 플라사 데 라 시우다드 (la plaza de la ciudad)
유적 → 루이나스(ruinas)	번화가 → 센트로 데 시우다드(centro de ciudad)
일출→ 살리다 델 솔(salida del sol)	일몰 → 푸에스타 델 솔(puesta del sol)
거리 → 카예(calle)/ 'c/'로 표기	노란 화살표 → 플레차 아마리(flecha amarillo)

4. 카미노의 역사 – 과거, 현재, 그리고 미래

❶ 과거(past) – 아는 만큼 보이는 역사

홍적세(洪積世, Pleistocene Age): 기원전 100만 년

유럽에서 발견되는 초기 인류의 유적이 카미노와 바로 이어지는 작은 언덕에 남아 있다. 여기서 기원전 90만 년경에 살았던, '호모 안테세소르 Homo Antecessor'로 통하는 우리 선조들의 발자취를 따라갈 수 있다. 초기 인류 공동체의 생활 방식을 이  해하는 데 큰 기여를 하는 아타푸에르카 Ataperca의 이 독특한 유적은 1998년 유네스코에 의해 세계문화유산으로 지정되었다.

후기 구석기 시대(Late Paleolithic period): 기원전 1만 년

이 시대의 중앙 유럽에는 사냥과 채집으로 생활하는 씨족, 호모 사피엔스 Homo Sapiens가 출현했다. 그들은 스페인의 북서부 경계를 이루는 칸타브리안 산맥 Cantabrian mountains에 정착했는데, 알타미라 Altamira 동굴 생활을 했던 선조들의 벽화가 아직도 잘 보존돼 있다. 이들 동굴은 '구석기 시대의 시스틴 예배당'으로 묘사되어 왔으며, 1985년에 유네스코 지정 세계문화유산으로 등록되었다(알타미라 동굴들은 산탄데르에서 서쪽으로 30km 지점에 위치해 있다).

거석문화 시대(Megalithic period): 기원전 4천 년

이 시대는 '고인돌' 혹은 '마모아스 Mamoas'라 불리는 거대한 석조물로 가장 잘 알려져 있다. 이들 석조물은 고대인들의 초기 '예배당'이다. 동지 때의 태양과 일직선을 이루고, 태양 숭배와 연관 있다. 갈리시아 지방의 카미노를 따라 걷다보면 대표적인 고인돌을 여럿 만날 수 있다. 거석문화는 종교적인 성향이 매우 깊어 후손들에게 강력한 영향을 미쳤다.

초기 청동기 시대(Early Celtic period): 기원전 1천 년

스페인 북서부와 포르투갈에 정착한 중앙 유럽의 켈트 족은 이베리아인과 혼인하여 '켈티베리아 부족'을 이루었다. 켈트 족 마을 Castros 유적은 스페인 시골 지역, 특히 갈리시아 지방에 산재해 있고, 다른 지역에도 존재한다. 주로 작은 언덕이나 지대가 높은 곳에 원형으로 조성된 요새형 마을이다. 이 지역에는 광물이 풍부하여 기술력이 발달했고 이 시대의 청동 및 금 가공품이 오늘날 수많은 박물관을 빛내고 있다.

초기 로마 시대(Early Roman period): 기원전 200년

고대 로마인들이 이베리아 반도에 거주하기 시작한 것은 기원전 200년경부터다. 로마인은 풍부한 광물 자원에 이끌려 이곳으로 이주했다. 데시무스 브루투스 Decimus Junius Brutus는 미뇨 Miño 계곡 주변에 거주하던 켈티베리아 부족민 루시타니 족 Lusitani의 거센 저항을 뚫은 최초의 로마 장군이다. 브루투스는 당시 영적으로 심원한 의미가 있는 곳으로 알려진 세계의 끝, 즉 피니스테레 finis terrae를 향해 고군분투했다고 한다.

초기 그리스도교 시대(Early Christian period): 기원후 40년

성 야고보가 갈리시아에서 목회했다는 역사적 증거는 없지만, 이 사실을 뒷받침할 만한 일화들이 전해진다. 그리스도가 십자가에 못 박히고 몇 년이 지난 후, 성 야고보가 배를 타고 갈리시아(파드론과 피니스테레로 추정)로 와서 그곳의 이교도들을 상대로 사역을 시작했다고 한다. 그와 그의 추종자들은 피니스테레가 중요한 곳임을 알았을 것이다. 드루이드교와 그 의식이 처음 생겨난 곳 중 하나였기 때문이다. 초기 그리스도교 교회는 그런 지역을 찾아 그리스도의 메시지를 접목시키는 관례를 따랐다. 그러나 성 야고보의 포교 활동은 실패에 가까웠던 것으로 보이며, 그는 42년에 예루살렘으로 돌아오자마자 헤롯 왕에게 참수형을 당했다. 성 야고보가 순교한 후, 제자들은 그의 시체를 수습하고 파드론을 경유하여 '세계의 끝 Finis Terre'에

묻었다. 이교도 여왕이었던 루파 Queen Lupa는 두지움(Dugium, 오늘날 피니스테레의 두요 Duyo)에서 활동하던 로마 사절단과 공모하여 성 야고보의 시체와 그의 제자들을 없앨 계획을 세웠다. 그러나 성경에 나오는 '홍해의 기적' 이야기처럼, 성 야고보의 제자들이 탐브레 Tambre 강 위로 난 다리를 건너자마자 다리가 무너져 내렸다고 한다. 그들은 리브레돈 Libredon으로 와서 성 야고보를 묻었다. 이 시대는 스페인에서의 성 야고보(산티아고) 이야기가 시작되는 때였으나, 이렇듯 놀라운 사건들마저도 세월의 흐름에 점차 묻히다가 마침내 역사의 뒤안길로 사라져버렸다.

중세 시대(The Middle Age): 476~1453년

813년 펠라요 Pelayo라는 이름의 수도사가 '밝은 빛' 혹은 '별'에 이끌려 리브레돈 들판으로 온 일화에서 산티아고 이야기가 다시 등장한다. 펠라요가 이끌려 온 들판이 바로 성 야고보가 묻힌 곳이었다. 성 야고보 Sant Iago가 있는 별 stella들의 들파 compos, 즉 '산티아고 데 콤포스텔라 Santiago de Compostela'다. 한편 이 지명이 '매장(埋葬)'을 뜻하는 라틴어 'componere'에서 유래했다고 주장하는 이들도 있다. 이곳이 초기 켈트 족 유적 위에 지은 로마인들의 묘지였다는 증거가 있다는 것이다. 어느 쪽이 진실이건 간에, 이리아 플라비아 Iria Flavia(과거의 파드론)의 주교 테오도미루스 Theodomirus는 그 순간을 놓치지 않고 12사도 중 한 명의 무덤을 발견했음을 '확인'했다. 이렇게 성 야고보의 이야기는 그리스도교가 다시 스페인을 정복하려는 완벽한 시점에 재등장했다. 그리스도교는 844년 클라비호 Clavijo 전투를 시작했고 1212년 라스 나바스 데 톨로사 Las Navas de Tolosa에서 승리했다. 특히 결정적인 순간마다 성 야고보가 나타나 전세를 역전시키곤 했다. 그리하여 성 야고보는 무어인 처단자 Santiago Matamoros의 이미지를 갖게 되었다. 빛나는 갑옷을 두르고 백마 위에 올라탄 채 칼을 휘두르며 무어인의 목을 베는 용맹한 기사의 이미지. 이러한 성공에 힘입어 성

야고보는 스페인의 수호성인이 되었고 그 자리는 지금까지 지켜지고 있다. 산티아고 순례에 관한 최초의 기록 또한 이 시기에 이루어졌다. 고테스칼코 주교가 950년에 이곳을 여행한 기록이 있고, 1072년에는 알폰소 6세가 발카르세 Val Carce를 거쳐 갈리시아로 들어가는 모든 순례자들의 통행료를 폐지했다.

12~14세기에는 산티아고 데 콤포스텔라의 중요성과 명성이 높아졌던 시기이다. 심지어 가끔은 순례자들이 로마로 도피하는 통로로 이용하기도 했으며, 십자군이 무너지고 예루살렘 순례가 위험해지면서 더욱 주목을 받게 되었다. 중세 시대 수만 명의 순례자들이 매년 이 위험한 여정의 고통을 감내한 것은 실로 놀라운 일이 아닐 수 없다. 비교적 접근이 쉽다는 점과 멋진 성당 지하에 성인의 유품이 있다는 점, 그와 관련한 기적이 일어났다는 점 등이 이곳의 인기에 한몫했음은 분명하다. 현재는 '카미노 데 산티아고'가 확실히 구축되었는데, 오늘날 우리는 순례자 야고보 Santiago Peregrino라는 더 온화한 이미지를 엿볼 수 있다. 성경책, 햇빛을 피하기 위한 챙 넓은 모자, 지팡이, 조가비 concha 등으로 묘사된 이미지이다. 조가비 표시, 즉 콘차는 오직 산티아고로 향하는 순례자의 표식이기 때문에, '콘체이로스 concheiros'라는 용어는 로마 순례자를 뜻하는 '로메로 romeros'나 예루살렘 순례자인 '팔머 palmers'와는 구분되어야 한다. 12세기 카미노 순례의 대표격인 인물은 '콤포스텔라 성년'을 최초로 선포한 교황 칼릭스투스 2세다. 푸아토 Poitou 근처의 파르트네-르-뷰 Parthenay-le-Vieux 출신인 프랑스의 수도사 에메릭 피코가 순례 여행을 한 것도 이 무렵이다. 그는 이 경험을 상세히 기록했는데, 5권 분량의 이 저서는 당시 교황에 대한 경의로 『코덱스 칼릭스티누스 Codex Calixtus』라 불렸다. 「성 야고보의 서(書) Liber Sancti Jacobi」로 알려진 제5권은 최초의 산티아고 순례자 지침서로, 생 장 피드포르 옆의 생 미셸 Saint Michel을 시작점으로 삼아 카미노를 총 13단계로 나누어 소개한다.

여러 가지 활동이 증가하자, 종교계와 기사들 사이에서도 순례자들을 보호하려는 갖가지 움직임이 일어났다. 또한 십자군이 그리스도교를 재건하려는 목적지가 예루살렘에서 벗어나 스페인으로 향하기 시작했다. 물론 그동안 카미노 데 산티아고에 대한 밀도 높은 조사가 이루어졌고 현재 우리가 걷는 루트의 형성에 기여한 역사적 사건들도 존재하지만, 이곳이 품고 있는 진정한 유산은 제대로 기록되지 못한 게 사실이다. 여러 가지 이유로, 당시 서구 그리스도교와 결탁한 템플 기사단(12세기 초 순례자 보호를 목적으로 결성된 기사단-옮긴이)은 카미노가 지닌 '숨은' 유산의 토대가 되었다. 그들의 비밀 입단식과 영지주의(정통파 직해주의와 달리 성서를 영적으로 해석하고 비유로 받아들이며 이원론을 내세워 정통파에서는 이단으로 분류된다-옮긴이)의 영향력이 서구 전역에 퍼지면서, 교황과 가톨릭 군주들 권력의 근간이 흔들리고 무너질 위험에 처했다. 이에, 교황 그레고리와 프랑스의 필립 왕은 힘을 합쳐 1307년 10월 13일 금요일, 대부분의 템플 기사들과 기사 단장 자크 드 몰레이 Jacques de Molay를 체포했고 훗날 처형했다. 이런 대학살의 역사는 '13일의 금요일'은 불길하다는 미신을 낳아 현 시대의 우리들 머릿속에도 잊지 못할 기억으로 남아 있다. 템플 기사단이 몰락함에 따라, 그들의 미스터리는 물론이고 순례자들이 다니던 길을 보호할 수단도 사라지고 말았다. 개중 가장 잘 보존된 템플 기사단 성이 폰페라다 Ponferrada의 카미노와 바로 연결되어 있다.

템플 기사단의 성

카미노를 따라 있는 템플 기사단의 영지는 대부분 당시 스페인에서 세력을 떨치던 성 요한 병원 기사단 Hospitallers of St. John에게 넘어갔다. 이 명망 높은 교단은 오늘날 우리가 여행하는 팜플로나, 부르고스, 레온, 산티아고 등 숱한 마을과 도시의 발전에 영향을 미쳤다. 순례자 병원 hospitals을 갖춘 작은 마을과 촌락의 번영에도 기여했다. 모두 산티아고를 향해 구불구불 뻗어 있는 여러 카미노 순례자들을 보호하고 먹고 잘 곳을 마련해주기 위해서였다. 이렇게 조성된 많은 카미노는 스페인 전역에 가톨릭 신앙이 다시 부흥하는 계기가 되었다.

가톨릭 군주 시대(The Catholic Monarchs): 1479~1808년
카스티야의 이사벨 1세와 아라곤의 페르난도 5세가 결혼함으로써, 스페인 '황금기'의 문이 열렸다. '가톨릭 여왕 이사벨 Isabel la Católica'은 스페인 역사상 가장 강력한 영향력을 행사한 군주로 알려져 있다. 그녀는 이베리아 반도를 지배하던 이슬람교도와 무어인들을 함락시키고 약 800년간의 레콩키스타(reconquista: 711~1492년까지 에스파냐의 그리스도교가 이슬람교에 대해 벌인 국토 회복 운동 - 옮긴이)를 마무리 지었다. 이 과정에서 엄중한 심문을 하고 유대인들을 스페인에서 축출해 모든 '이단적' 종파를 가차 없이 근절한 것으로 악명을 떨치기도 했다. 이사벨 여왕은 신대륙 '발견'에 재정적인 지원을 아끼지 않았고 그곳의 재물을 약탈했다. 1492년은 콜럼버스가 아메리카 대륙을 발견하고 그라나다 왕국이 그녀의 통치하에 들어오게 되었다. 이사벨 여왕은 그녀의 딸인 아라곤의 캐서린을 헨리 8세와 결혼시킨 일은 후회했겠지만, 자신의 손자인 카를 5세가 신성 로마 제국의 황제가 되어 포르투갈의 이사벨과 결혼한 사실은 분명 기뻐했을 것이다. 그녀가 계산에 넣지 않았던 것으로 보이는 이 결혼은, 국제적인 통치력을 행사하고 이미 풍부한 재물을 보유했던 그녀에게 포르투갈의 상당한 부까지 더해주었다.

카를 5세와 이사벨 사이에서 태어난 적자로서 유일하게 살아남아 1556년 왕위를 물려받은 이가 바로 스페인의 펠리페 2세(이자 포르투갈의 필립 1세)다. 펠리페 2세는 통일된 히스패닉 반도 최초의 왕이 되었다. 이 시기에 해외 영토에 대한 스페인의 영향력이 정점을 찍었다. 그러나 스코틀랜드의 메리 여왕이 영국 왕권을 이어야 한다는 주장을 옹호하는 실수를 범한 데 이어 1588년 '무적함대 Armada'까지 패퇴하는 불운까지 겹치자, 스페인은 점차 쇠락의 길에 들어서게 된다. 가톨릭 군주의 힘과 영향력은 다음 세기까지 쇠퇴일로를 걸었고, 1700년 펠리페 5세가 스페인 왕좌에 앉게 된 후 프랑크의 부르봉 왕가와 오스트리아의 샤를(영국의 지원을 받아 스페인 왕권을 주장함) 사이에 왕권 계승 전쟁이 벌어졌다. 스페인은 이 길고도 소모적인 논쟁으로 심각한 고통을 받았고, 히브랄타 Gibraltar 지역을 잃었다.

반도 전쟁과 제1공화국(The Peninsular War and the First Republic): 1808~1810년

1808년 나폴레옹 군의 침입을 받고 카를로스 4세가 권좌에서 물러난 후, 스페인의 상황은 더욱 악화되었다. 스페인의 저항 세력은 존 무어 경 휘하의 영국군의 지원을 받아 마침내 프랑스군을 몰아냈으며, 1810년 새로 결성된 의회 Cortes가 법령 제정을 준비했다. 그러나 스페인에 첫 공화국을 세우려는 노력은 그리 오래 가지 못했고, 곧바로 카를로스 전쟁과 일련의 군사 쿠데타로 점철된 한 세기를 보내야 했다.

프랑코 시대(The Franco Years): 1936~1975년

1936년, 프랑코 장군이 역사상 가장 피비린내 나는 내전을 이끌며 권세를 누렸다. 북동부의 공화파는 국제여단 International Brigade 내의 수천 자원자를 입대시켰으나, 독일 나치와 이탈리아 파시스트의 지원을 받은 프랑코 휘하의 남서부 독립군에 대적할 정도는 못 되었다. 도처에서 일어난 대학살의 역사는 파블로 피카소의 작품 게르니카 La Guernica에 생생하게 묘사되어 있다. 카미노 곳곳에 종전 기념비가 세워져 있다.

현대의 스페인(Modern Spain): 1975~2005년

프랑코가 세심하게 선택한 후계자 카레로 블랑코 제독은 1970년 바스크 분리주의자들에게 암살당하고 프랑코 자신은 1975년에 사망했다. 그 후 카를로스 왕이 권력을 이어 받아 정치 개혁론자인 아돌포 수아레스에게 정부 조직을 위임했다. 이런 개혁은 대중들에게 큰 인기를 끌었으나 수아레스의 민주적 방식은 군 세력의 지지를 얻지 못했다. 수아레스 정부는 새로운 헌법을 제정하였고, 1978년, 스페인은 명실상부한 민주 국가가 되었다. 이런 체제하에서 스페인은 마드리드의 중앙 정부를 중심으로, 각자 대표자를 선출하는 17개 자치주 autonomías로 나뉘었다. 카미노는 이들 아우토노미아 중 나바르, 라리오하, 카스티야 이 레온(부르고스, 팔렌시아, 레온 지역), 갈리시아(루고, 라 코루냐 지역)의 4개 주를 지난다. 민주화를 향한 과정에서 유일한 걸림돌로 1981년 군사 쿠데타가 일어났지만, 스페인 내각은 신속히 안정을 되찾고 민주제를 재확립했다. 이로써 프랑코 독재 시대는 영원히 막을 내리게 되었다.

1982년 사회노동당 PSOE이 총선에서 승리를 거둔 후, 당의 총수였던 펠리페 곤살레스는 1986년 스페인을 유럽경제공동체 EEC 멤버가 되도록 이끌었다. 1996년에는 우파인 국민당 Partido Popular, PP의 호세 마리아 아스나르가 서민층의 지지를 얻어 총리직을 물려받았고, 2000년 총선에서도 아스나르와 국민당이 대승을 거두었다. 그러나 2002년 11월,

대형 유조선 프레스티지 호가 피니스테레 해안에서 갑자스러운 폭풍을 만나 난파되었다. 생태계의 재앙이 된 이 사건으로, 갈리시아 어민들뿐 아니라 스페인 우파 정부도 생존의 위협을 받게 되었다. 갈리시아 대통령과 스페인 환경부는 환경 문제를 경시하는 태도를 보여 '다시는 이러지 말자 nunca mais'라는 국민의 목소리가 스페인 전역에 울려 퍼졌다. 이후에도 정부는 이라크 침공을 원조하여 국민의 원성을 샀으며 급기야 2004년 3월에는 마드리드에서 폭발물 테러가 발생하기도 했다. 이에, 호세 루이스 로드리게스 사파테로라는 젊은 지도자를 앞세운 사회 노동당이 다시 총선에서 승리를 거두었다. 새로운 정부는 국제 관계 정책을 신속히 바꾸었으며, 다소 갑작스럽지만 단호하게 보수 가톨릭에서 자유주의 세속 사회로의 이행을 단행하여 거센 논쟁을 일으키기도 했다. 한 신문은 '교회와 정부, 스페인의 영성을 두고 격한 충돌'이라는 헤드라인을 내세울 정도였다. 그러나 카미노만은 이처럼 격변하는 사회적·정치적 상황에 휘말리지 않아서, 온건적 변혁의 정신을 품고 조용히 그곳에 있다.

✝ 현재(present) - 풀어야 할 숙제

200년간 스페인을 지배한 유물론은 인류 역사상 유례없는 영적 불모의 상황을 낳았다. 통계에 따르면 교회에 다니는 신도들의 수뿐 아니라 성직자를 희망하는 이들의 수도 현저히 줄었다고 한다. 스페인은 최근까지도 신실한 종교 국가로 알려졌다. 그러나 얼마 전에는 스페인인 중 실제 가톨릭 신자는 20%에도 못 미친다는 설문 결과가 나왔다.

그러나 아이러니하게도, 같은 기간 카미노 데 산티아고를 방문한 이들의 수는 기하급수적으로 늘었다고 한다. 순례자의 수는 10년 동안 10배로 치솟았다. 이런 상황을 도대체 어떻게 해석해야 할까? 진정한 영적 경험을 향한 엄청난 갈망, 종교 생활에 활력과 생기를 불어넣고자 하는 욕구가 존재한다는 사실만은 분명해 보인다.

✝ 미래 전망(future) - 미래의 새 시대

오늘날 우리가 당면한 이례적인 상황과 대대적인 변화를 설명하는 주장은 많다. 우리는 저마다 이러한 징후들을 읽고 자기 자신의 밝은 미래에 도움이 되는 쪽으로 해석한다. 나는 요즘 각광받는, 인간 의식이 완전히 새로운 전성기를 맞이하고 있다는 생각에 찬성한다. 우리를 이끄는 집단적 이념이 없는, 아주 긍정적이고도 심원한 인간 의식. 우리는 영적으로 너무나 메말라 있어 이제는 '신성한 우물'에 얼굴을 박고 그 물을 벌컥벌컥 들이켜고 싶은 심정이 되었다. 이런 갈증은 더 이상 대체물이나 오염된 원천에서 나온 것으로는 해결될 수 없다.

옛 시대의 종말은 교훈을 안겨주고, 새 시대의 탄생은 언제나 설렘과 흥분을 안겨준다. 무언가가 분명 '이 땅에서 들썩이고' 있으며, 우리가 목격하는 것들은 아마 우리 삶과 직결된 새로운 영적 현실의 총체적인 출현일 것이다. 오늘날 산티아고는 관광지이자 순례지로서 번영을 누리고 있지만, 고대 길 자체는 상업화의 영향을 덜 받는다. 수세기 동안 잠들어 있던 엘 카미노는 이제야 기지개를 켜고 일어났다. 이 길의 잠재력은 어마어마하다. 우리는 길 위에서 방향을 틀 때마다 긍정적인 기운을 만난다. 성 야고보와 카미노의 영혼이 생생하게 살아서, 그 길을 걷는 이들 하나하나가 새롭고도 긍정적인 미래를 만들어갈 수 있도록 돕는다. 그 미래는 우리가 과거에 경험한 그 무엇과도 다르리라.

Santiago

Part.4
산티아고로 향하는 33day

생 장 피드포르

바스 - 나바르 지역에 남아 있는 고대 바스크 수도의 좁은 골목길은 유쾌한 중세 분위기를 간직하고 있다. 바스크어도 보존되어서 표지판과 지명이 프랑스어 혹은 바스크어로 표기되어 있다(스페인어와 바스크어의 경계를 넘나들기도 한다). 이 마을은 론세스바예스(프랑스어로는 롱스보Ronceveaux)로 향하는 길 어귀pied de port인 피레네 산맥 구릉 지대에 있다. 인구는 1천5백 명가량으로, 대부분은 여름철 이 작은 소수민 마을에 모여드는 관광객, 하이킹족, 순례자를 상대로 영업을 한다. 기능적인 관광 안내소(0559-370 357)가 위치한 중앙 광장Place du-Gaulle을 중심으로 호텔과 카페가 줄지어 있으므로 이곳에서 와인과 식사를 즐길 수도 있다.

생 장 피드포르는 명실 공히 카미노로 들어가는 입구이자, 전 세계인들이 순례를 시작하는 전통적인 기점이다. 스페인에서 출발하는 이들은 대개 론세스바예스(전체 루트를 거치고자 할 경우)를 기점으로 삼거나, 순례자 증서를 받을 수 있는 최소한의 요건으로 산티아고에서 100km 남짓 떨어진 갈리시아의 사리아에서 출발한다.

카미노 투어

일반적으로 중세의 거리, 뤼 드 라 시타델rue de la Citadelle('뤼rue'는 영어로 '스트리트street'에 해당하는 프랑스어로, '거리'를 뜻한다 - 옮긴이)을 방문하는 것으로 투어를 시작한다. 이곳은 프랑스까지 이어지는 성 야고보의 길 Chemin de Saint Jacques의 연장선이자 카미노의 일부이기도 하다. 이 고대의

포르트 생 자크

자갈길을 따라가다 보면 옛 성벽으로 향하는 여러 갈래의 길이 나타난다. 거리의 맨 끝에 다다르면 순례자 사무소 바로 옆에 박물관이 하나 있는데, 카미노 데 산티아고에서 출토한 공예품들이 13세기 주교 감옥La Maison des Evêques에 전시되어 있다. 마을의 최정상은 성 야고보 성문Porte St Jacques으로, 르 퓌Le Puy와 베즐레Bezelay, 파리에서 오스타바Ostabat를 경유해 마을로 들어오는 입구이다.

포르트 생 자크에서 가파른 비탈을 타고 내려오면 위풍당당하게 선 성채가 나타난다. 이곳에서 굽어보는 옛 마을과 내일 걷게 될 피레네 산맥의 경관은 고단함도 잊게 될 만큼 훌륭하다. 동쪽 경계에 있는 가파른 계단은 좁은 포르트 드 레쇼구에트*Porte de l'Echauguette*(프랑스어 '*porte*'는 영어로 '*gate*' 즉 '입구, 현관'을 뜻한다 - 옮긴이)로 이어진다. 여기서부터 니브 강이 펼쳐지고 다리 끝에 14세기에 지어진 성모마리아 성당*Notre Dame du Bout du Pont*이 있다. 아침이면 그녀의 보호를 뜻하는 아치문인 포르트 노트르담*Porte Notre Dame*의 아래를 지나 순례 길에 나설 당신과 동료 순례자들의 축복을 기원하기에 좋은 장소다. 성당에서 나와 나무로 된 인도교를 건너 1km쯤 천천히 우회하여 걷다보면 강 어귀의 고대 로마 다리인 퐁 이예라베리*Pont Eyeraberri*에 닿는다. 다리를 건넌 후 펠로타(*pelota*: 남미에서 하는 핸드볼 비슷한 구기 종목 - 옮긴이) 경기장인 프론톤*Frontón*과 뤼 데스파뉴*rue d'Espagne*를 거쳐 포르트 노트르담으로 돌아온다.

순례자 여권

뤼 드 라 시타델 9번지에 있는 순례자 사무소*Acceuill*(0559 - 3705 09)에서 순례자 여권*Carnet de Pelerin - Credencial del Peregrino*을 발급받을 수 있다. 순례자 사무소는 점심 시간을 제외하고 낮 시간과 늦은 저녁까지 문을 연다. 루트의 첫 단계에 필요한 전반적인 정보와 현지 날씨에 관한 정보를 제공하며, 여기에서 지자체 호스텔과 기타 숙박 시설을 알아볼 수도 있다.

숙박 시설

사설 알베르게, 게스트 하우스, 호텔 등 선택의 여지가 많다. 시끄러운 중앙 광장에서 떨어진 곳에 묵고 싶다면 올드 타운 쪽을 찾아보라. 도미토리 형식의 숙박 시설을 갖추고 순례자들을 맞이하는 집들이 늘고 있다(약 10유로).

지자체 호스텔*Municipal* 객실은 2개에 침대 18개를 보유했으며, 연중무휴다. 조그만 취사장과 라운지, 테라스와 각종 편의 시설을 갖추고 있다. 포르트 생 자크를 통과해 올드 타운에 들어서면 바로 보이는 건물이다. 위치는 뤼 드 라 시타델 55번지로, 마을에서 가장 높은 지대이다(숙박 가능 여부는 순례자 사무소에서 알아보라). 레스프리 뒤 슈맹*L'Esprit du Chemin*

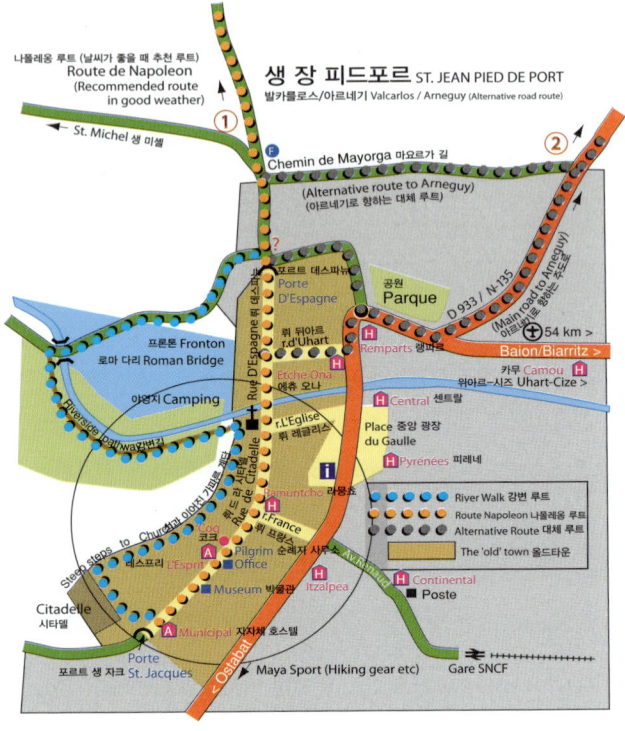

은 순례자 사무소 맞은편, 40번지에 위치하며 순례자들에게 저녁과 아침 식사, 다음날을 위한 점심 도시락을 제공하여 인기 만점인 숙소다 (0559-372 468). 오 샹 뒤 코크*Au Chant du Coq*는 레스프리 바로 위인 36번지에 위치한다. 침대 수에 따라 객실마다 숙박료에 차이를 둔다(0674-310 283). 라뭉초 호텔*Hôtel Ramuntcho*은 올드 타운에서 유일한 호텔로, 뤼 프랑스 24번지 즉 뤼 드 라 시타델 한중간에서 뤼 프랑스로 꺾이는 모퉁이에 위치한다. 발코니에서 경치를 감상하며 식사할 수 있는 훌륭한 식당이 있다(싱글룸은 50유로부터, 0559-373 517). 렝파르 호텔*Hôtel des Remparts*은 플로케 광장*Place Floquet* 16번지에 위치한다(5009-371 379). 에츄 오나 호텔*Hôtel Etche Ona*은 플로케 광장 15번지(0559-370 114)에 있고, 잇잘피아 호텔*Hôtel Itzalpea*은 트링케 광장*Place du Trinquet* 5번지(0559-370 366)에 있으며, 센트럴 호텔*Hôtel Central*은 중앙 광장 1번지, 광장 위쪽 끝에 위치한다(0559-370 022). 아주 다양한 식당이 많이 있으니 마을 주변

을 산책하면서 자신의 주머니 사정과 취향에 알맞은 식당을 찾아보도록 하자. 매우 즐거운 일이 될 것이다.

루트 선택

첫 단추를 끼우는 것이 가장 어려운 법이다. 이곳에서 우리는 엘 카미노와 스페인에 대한 진짜 첫 경험을 하게 된다. 하지만 걱정은 말라. 수백만 순례자들이 이미 잘 다져놓은 길이니까! 론세스바예스에 닿는 데는 두 가지 루트가 존재한다. 어느 루트를 선택할지는 두 가지 사실을 고려해봐야 할 것이다. 첫째는 날씨 상태, 둘째는 자신의 체력과 경험 수준이다. 어느 길을 택하건, 몸과 영혼의 근육을 강도 높게 사용해야 한다. 주로 앉아서 일하는 시간이 많은 요즘 사람들에겐 분명 무리가 올 것이고 시간이 지날수록 근육이 뭉치게 될 것이다. 이 단계에서 당신은 전체 순례 여정 중에서도 가장 가파른 오르막을 올라야 한다. 그러나 그 고통은 피레네 산맥의 장관을 보는 순간 모두 보상받을 수 있다. 그러니 채비를 단단히 하고, 음식과 물을 챙겨서 아침 일찍 출발하라. 밤이 되면 세상의 물질이 아닌 여행의 목적을 가슴에 품은 채, 머릿속을 깨끗이 비우고 단잠에 빠져들 수 있을 것이다. 순례의 목적이 여전히 모호하다면 끊임없이 자문해서 해답을 구하라.

① **나폴레옹 루트 – 24.7km, 경사로 감안 31.7km**(하루 동안 총 1,390m의 오르막을 걷는 데 걸리는 시간과 노력을 감안하여 6.9km를 더함) 가장 길고 험난하지만 가장 아름다운 장관을 감상할 수 있는 구간이다. 나폴레옹이 반도 전쟁 중에 부대를 이끌고 스페인을 드나들 때 즐겨 찾았던 길이자 중세 순례자들이 숲속에 숨은 산적을 피해 선택한 길이기도 하다. 날씨가 좋을 때 이 루트를 택하길 권한다. 이른 아침 태양이 빛날 때가 가장 아름답다. 대체 루트인 발카를로스 계곡에서는 한낮이 될 때까지도 햇빛이 숲을 뚫지 못한다. 가파른 비탈을 올라 고원에 닿으면 생 장 피드 포르 뒤로 펼쳐지는 환상적인 풍경에 그간의 피로가 싹 가실 것이다. 콜 데 벵타르테아*Col de Bentartea*('col'은 프랑스어로 '산길 혹은 고개'를 뜻한다. 스페인어로 '콜 데 벵타르테아'는 '*Collado do Bentartea*'이다 – 옮긴이)와 콜 데 레푀데르*Col de Lepoeder*를 지나는 마지막 구간은 완전한 자연 속의 산책길이다.

①-1 나폴레옹 루트에서 약간 벗어난 길 - GR65 생 장 외곽의 마요르가에서 시작하는 이 길을 아는 사람은 거의 없다. 대체 루트는 추천 루트보다 1km가 더 긴데, 오리송 봉*Pic Orrison*과 가까운 1000m 등고선과 이어진다. D-428의 아스팔트 도로는 대부분 피할 수 있지만, 표지판이 별로 없고 외딴 산길에서 길을 잃을 위험도 있다. 등산에 익숙한 사람이 이 루트를 선택하고자 한다면, IGN 1:25 지도인 1346 OT를 구하도록 하자. 생 장이나 다른 지역의 지도 파는 곳에서 구입할 수 있다. 지도를 구할 수 없다면, GR65는 잊어버리고 메인 루트만 잘 따라가라.

마찬가지로 노련한 등산가가 아니라면, 겨울철 낮의 길이가 줄어들고 날씨가 극한으로 치달을 때나 계절과 상관없이 날씨가 궂거나 일기예보가 좋지 않을 때는 나폴레옹 루트에 도전하지 마라. 늦가을과 초봄에는 소낙눈이 잦아 표지판을 가리는 경우가 많다. 또한 1년 내내 산안개 때문에 시야가 확보되지 않을 수 있다. 산안개는 새벽 안개와 구분되어야 하는데, 새벽 안개는 보통 고지에 닿기 몇 시간 전에 모두 사라진다. 산안개는 물론이고 새벽 안개도 흩어져 안전하다는 확신이 들 때만 이 루트를 선택하라. 확실치 않거나 마음이 개운치 않다면, 현지 일기 예보에 관한 정보를 상시 업데이트해두는 순례자 사무소에 문의하자.

오리송 부근에는 편의 시설이 없고 식수반도 너무 멀리 있거나 아예 없으니 음식과 물을 반드시 챙겨야 한다. 날씨가 아주 불안정하다면 험난한 길이지만 N-135 쪽을 택하는 편이 더 나을 것이다.

② 발카를로스 루트 - 24.4km, 경사로 감안 29.3km(하루 동안 총 990m의 오르막을 감안하여 4.9km를 더함). 성 로마제국의 샤를마뉴 대제가 스페인으로 진군할 때와 초라하게 후퇴할 때 카를로스 계곡*Valcarlos*을 이용했다. 주도로를 아예 만나지 않을 수는 없지만, 아르네기에 닿기 전 6km와 발카를로스 다음의 10km 정도는 덜 걸어도 된다. 대체 루트가 주도로와 나란히 나 있는데, 아르네기로 향하는 시골길을 따라간다. 그러나 표지판이 명확하지 않고 샛길이 많아 정신을 바짝 차리지 않으면 늦어지기 십상이다. 발카를로스부터 6km 이어지는 길은 도로에서 벗어나 곧바로 소나무와 너도밤나무 숲으로 싸인 이바녜타*Ibañeta* 고개로 직행한다. 아주 가파른 산길이지만 구불구불 돌아가는 주도로에 비해 훨씬 빠르게

질러갈 수 있다.

②-1 **발카를로스 루트의 변형 – 27.5km**(경사로 감안 32.0km, 하루 오르막이 총 890m이므로 4.5km를 더함) 론세스바예스까지 쭉 주도로를 따라 걷는 방법이 있다. 이 대체 루트는 가장 긴데, 상점과 술집, 호텔 등이 있는 아르네기와 발카를로스의 마을들을 거쳐 간다. 그러나 이 도로는 스페인으로 들어가는 주요 루트이며 국도(N)로 만들어졌기 때문에 개인적으로는 추천하고 싶지 않다. 오늘날 유례없이 많은 관광 차량들이 이 도로를 점유하여 번잡한 곳이 되고 말았고, 특히 비가 오거나 바람이 많이 불면 위험하기까지 하다. 교통사고의 위험과 소음은 둘째 치고라도, 이른 아침에는 공기가 몹시 차다. 햇빛이 숲을 뚫고 들어오지 못하기 때문에 한낮이 되기 전까지 굉장히 춥다.

다음날을 위한 외면의 준비

아침 일찍 출발해야 당일 론세스바예스에 닿을 수 있으므로, 전날 저녁에 미리 점심 두사락을 준비해야 한다. 나폴레옹 루트나 발카를로스 루트 모두 편의 시설이 별로 없는데다, 새벽부터 문을 여는 매점이나 식당도 없다.

뤼 데스파뉴에는 식료품 매점이 몇 군데 있다. 뤼 뒤아르로 꺾이는 지점에 슈퍼마켓 르 를레 데 무스크테르*Le Relais des Mousquetaires*가 있고, 거리 입구 앞에 불랑제리 이리아르*Boulangerie Iriart*(오전 7시쯤 오픈)가 있다. 마을을 떠나기 전에 물병을 가득 채우고 중간 중간 식수대를 만날 때마다 물을 보충하자.

다음날을 위한 내면의 준비

여기서 다시 한 번, 이번 순례의 목적에 대해 숙고하는 시간을 가져보자. 교회의 고요한 예배당을 찾거나, 강변을 홀로 걸어도 좋다. 일기장이나 자기 평가 질문지를 다시 들여다보고, 지금까지 걸어온 인생 여정을 곰곰이 돌이켜보는 것도 좋다. 그리고 바로 지금 당신의 목적을 되새기자. 당신은 아직 헤수스 하토*Jesús Jato*를 만나지 못했겠지만, 여하튼 그의 말을 마음에 새기며 걸을 수는 있을 것이다.

'카미노는 명상을 위한 시간이지, 단순히 관광을 위한 길이 아니다.'

산티아고로 향하는 첫발걸음
(1day~11day)

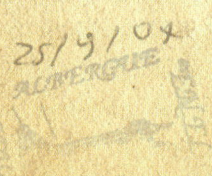

'산티아고 데 콤포스텔라'까지 796.0km(494.6마일)

생장 피드포르에서
론세스바예스까지 - 25.1km

길/트랙	12.4km	49%
부도로	12.7km	51%
주도로	00.0	
Total km 총 거리	25.1km(15.6마일)	
경사로 감안 거리	32.0km(경사로 1,390m=6.9km로 계산)	
Alto ▲ 최고점	콜 데 레푀데르 1,450m(4,757피트)	

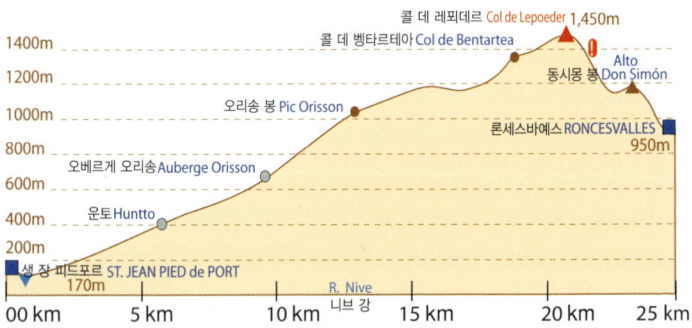

Road Point 전체 여정에서 가장 힘든 축에 속하는 구간에서 시작하긴 하지만, 분명 아직은 에너지와 모험심으로 가득 찬 상태일 것이다. 이런 기대감과 흥분에 속지 마라. 당신의 신체는 아직 적응을 마치지도, 제대로 훈련되지도 못한 상태다. 초기 단계에서는 체력이 허락하는 한에서 가볍고 편하게 걸어야 한다. 불과 160km만 더 가면 로그로뇨에 병원 및 의료 시설이 있는데, 첫 구간에서 무리한 나머지 순례 여행 자체를 포기할 수밖에 없게 된 부상자가 득시글하다. 동행이 있다면, 상대의 속도를 무리하게 따라가려 하지 말고 자신에게 알맞은 속도를 찾아라. 혹시 뒤처지더라도 나중에 따라 잡으면 된다. 오히려 그동안 새로운 친구를 사귀고 길 위에서 풍부한 우정을 쌓을 수 있을 것이다. 위급 상황에는 112로 전화하면 된다. 운토(5.2km)와 오리송(8.0km) 사이에 카페와 식당을 갖춘 중간 숙박 시설도 있으니, 속도를 조절하고 체력을 아낄 수 있도록 잠시 쉬어가도록 하자.

생 장을 떠나며

soul road 🟤🟤
마음을 나누면 미소로 보답 받을 수 있다. 두 눈이 영혼의 창이라면, 말은 빛을 가리는 커튼과 같다. 론세스바예스에 닿았을 때 동료 순례자들과 나누는 것은 당신이 길 위에서 깨달을 것과 닮았다.

Looking Point 주위의 장엄한 자연 환경을 한번 둘러보라. 썩어 먹잇감이 된 양이나 다른 동물들이 없는지 살피며 산의 온한 기류를 타고 솟구치는 대머리 독수리들을 보라. 이 위풍당당한 새들은 날개 길이가 3미터에 이르며, 이 지역에 1,800쌍의 무리가 서식하고 있다. 세계에서 가장 큰 서식지이다. 이밖에 솔개나 말똥가리, 혹은 더 작고 빠른 새매나 송골매와 같은 다양한 맹금류도 볼 수 있다. 이 지역은 수많은 철새들의 주요 비행 경로이다. 이 새들은 모두 이바네타에 있는 조류학 정보 센터에 알을 낳는다. 구릉지에서는 평소엔 보기 힘든 야생마와 조우할 수도 있다. 자유롭게 뛰노는 한 떼의 조랑말들(목에 걸린 고삐로 구별 가능하다)과 마주치는 건 흔한 일이다. 고지대 목장에서 노니는 얼굴 까만 양들은 마네크*Manech*다. 이 양들에게서 얻는 젖은 품질이 좋아 그 젖으로 만든 오사우 이라티*Ossau Iraty* 치즈는 대회에서 상을 탔을 정도다. 계절에 따라서 이곳에서부터 피니스 테레*finis-terre* 즉 '세계의 끝'으로 이어지는 카미노 전체가 꽃으로 뒤덮인 광경을 볼 수도 있다. 산나리와 시리도록 파란 붓꽃을 비롯해서 수많은 야생화들이 다양한 색상과 자태를 선보인다.

순례자 사무소와 교구 교회(0.3km)를 지나 자갈로 포장된 뤼 드 라 시타델을 따라 내려가다 아치 길을 지나 니브 강을 건넌다. 이곳은 해발 165m로, 첫 번째 단계의 가장 낮은 지점이다. 오늘 오후까지 우리는 콜 데 레푀데르를 지나 해발 1,450m 지점까지 올라갈 것이다. 자갈이 깔린 뤼 데스타류를 0.2km 정도 걸어가자.

0.5km 포르트 데스파뉴 *Porte D'Espagne* [?] 스페인으로 가는 고대의 관문이자 우리가 가기로 한 루트이다. 나폴레옹 루트를 경유하는 추천 루트로 가려면 식수대*Fuente* [F](오른쪽)를 지나 0.2km를 계속해서 직진하면 된다. 아직 물통에 물을 채우지 않았다면, 이곳에서 물을 채우도록 하자. 생 미셸*St. Michel* 쪽 표지판은 무시하고 생 자크 길*Chemin de Saint Jaques*(바스크어로는 *Jondoni Jakobe Bidea*)로 계속해서 진행한다. 지선 도로인 D-428을 따라 난 이 길은 오탕체네아*Othantzenea*(비야 에체아 칼라바이네아*Villa Etchea Kalavainea*)에서 왼쪽으로 꺾인다. 조금만 더 걸으면 에체베스테아이다.

3.1km 에체베스테아 *Etchebestea* 표지판에 없지만, 이곳에서는 생 미셸에서 시작된 길이 왼쪽에서부터 합쳐진다. 아스팔트 길을 따라 오르막 길로 계속 가라(숲길은 모두 무시한다).

2.0km 운토 *Huntto* 페르메 이튀르뷔리아*Ferme Ithurburia* (0559 - 371 117)는 위르티아그 부인*Mme. Ourthiague*이 다양한 식사 메뉴를 제공하고 침대가 20개 구비된 숙박 시설이다. 조금만 더 가서(0.3km) 왼쪽으로 꺾어 풀숲으로 난 길을 가다보면 다시 일반 도로(1.1km)와 만난다. 이 지점에서 오른쪽에는 식수대[F], 왼쪽에는 전망대가 있다. 계속해서 아스팔트 길을 따라 걸으면 오리송(1.0km)이다.

2.4km 오리송 *Orisson* 오리송 *Orisson* (0681 - 497 956)은 새로 생긴 네트워크 호스텔로, 장 자크 에샨디*Jean-Jaques Etchandy*와 그의 가족들이 운영한다. 방 2개에 18개의 침대가 있으며 연중무휴다. 주방은 없지만 전망이 근사한 바와 식당이 있다. 이제

오리송의 오베르주

해발 1000m 지점을 통과해 다음 목적지로 간다.

3.8km 오리송 봉 *Pic D'Orisson* (1,100m) 왼쪽 100m 지점에 성모 마리아 *Vierge d'Orisson/ Vierge de Biakorri* 상이 서 있고, 그 뒤를 아름다운 산과 계곡이 병풍처럼 둘러싸고 있다. 근처에 고대의 샤토 피뇽*Chateau Pignon* 유적이 있는데, 중세 시대에는 순례자 호스텔로 이용되었다. 아스팔트 길을 따라가다 길이 갈리는 곳(1.7km)에서 아르네기로 향하는 D-128 길에 오른다. 계속하여 1.9km를 더 직진하다가 기념 십자가[!] 옆에서 한 번 더 오른쪽으로 꺾는다.

3.6km 십자가 *Cruceiro* 모던한 길가 십자가를 지나치면 거친 풀숲을 가르며 난 길이 나타나고, 레이자 아테카 봉*Pic de Leizar Atheka*과 콜 데 벵타르테아로 이루어진 산등성이가 눈앞에 펼쳐진다. 바로 이 지점에서 아스팔트 도로와는 작별을 해야 한다(단, 날씨가 별로 좋지 않고 이 길로 가는

데 자신이 없으면 다른 선택도 있다. 생 장의 오리송 알베르게로 되돌아가거나 아르네기로 이어진 D-128로 가는 방법이다. 비상시에는 산길을 50m만 가면 오른쪽에 작은 산장이 나온다). 등성이로 난 산길을 통과해(0.5km, 오른쪽에 대피소) 습지 숲길로 접어들면 철조망이 있는 곳(0.6km)에서 왼쪽으로 꺾는다. 심하게 침식된 도랑을 따라 난 철조망은 돌로 된 표지(No. 199)를 지나 스페인 국경에 해당하는 가축 탈출 방지용 도랑(0.5km)까지 계속 이어진다.

1.6km 국경 Frontera 도랑을 넘어서면 스페인이다. 돌로 된 국경 표지(왼쪽 전방)는 이제 우리가 나바르Navarre에 있다는 사실을 확인시켜 준다(현재의 길을 가로질러 왼쪽으로 난 길이 있다. 대서양에서 지중해까지 뻗은 피레네 산맥을 넘는 장거리 루트인 GR-10이다. 이 길로 잘못 들지 않도록 주의하라). 오른쪽으로 돌아 GR-65로 가서 지금은 폐허가 된 고대의 국경 초소(왼쪽)를 지난다. 카미노는 이제 여기저기 산림(대체로 너도밤나무)이 있는 무난한 오르막길로 접어든다. 이 넓은 길은 정상까지 이어진다.

4.1km 콜 데 레푀데르 Col de Lepoeder(해발 1,450m) 이곳에서 처음 맞이하게 되는 것은 남쪽으로 펼쳐진 나바르 지역이다. 론세스바예스의 수도원 지붕과 골짜기 아래 부르구에테Burguete 마을이 내려다보인다(너무 피곤하거나 시간이 늦어 해가 지려 하거나 길이 젖어서 미끄럽다면, 경사가 덜한 길을 택할 수도 있다(하지만 더 멀다). 오른쪽으로 꺾어 내리막 아스팔트 길을 따라 4.0km를 가면 이바네타에 닿고, 계속하여 1.6km를 더 가면 론세스바예스에 도착한다). 가파른 내리막길을 따라 걸어가면 웅대한 너도밤나무 숲을 지나는데, 이 숲은 유럽에 남아 있는 가장 큰 너도밤나무 숲 중 하나다. 동 시몽 봉Alto Don Simon의 언덕을 돌면 론세스바예스다.

4.0km 론세스바예스 Roncesvalles 알베르게, 유스호스텔, 호텔 2개, 수도원, 대성당, 서점, 박물관, 여행자 안내소 등이 있다.

대체 루트

발카를로스와 푸에르토 데 이바네타 경유
(날씨가 나쁘거나 흐릴 때는 이 길이 더 낫다)

	길/트랙	7.3km	31%
	부도로	11.4km	47%
	주도로	5.3km	22%
Total km	총 거리	24.0km(14.9마일)	
Alto ▲	경사로 감안 거리	28.9km(경사로 990m=4.9km로 계산)	
	최고점	이바네타 고개 1,055m(3,460피트)	

Looking Point 험난한 등산길이고 트인 경관도 별로 없다. 하지만 바람과 비를 피할 수 있는 은신처가 많다. 주도로는 도로변에 상점과 호텔들이 있어(아르네기와 발카를로스 사이) 안심이 되는 대신 너무 번잡해서 시끄럽고 위험도 많다. 아스팔트 도로도 거칠기 짝이 없는데, 이런 길로 가면 발이 너무 지친다. 이 여행의 거의 반은 번잡스러운 국도 N-135를 직접 걸어가거나 그 길과 나란히 가야 한다는 사실을 유념하자, 아르네기(8.5km)와 발카를로스(11.8km) 사이에 중간 숙소가 있다. 응용 루트는 별로 추천하지 않는다. 론세스바예스까지 27.5km 거리를 내리 주도로의 아스팔트 길을 걸어야 한다(총 오르막 890m까지 감안하여 계산하면 32km다). 많은 순례자들이 의도치 않게 이 루트로 가게 되는데, 생 장 바로 밖에서 오른쪽으로 꺾어 더 한적한 시골 길로 접어들어야 한다는 것과 발카를로스에 다다라서 왼쪽으로 꺾어 숲길로 가야 한다는 사실을 놓쳐서 그렇다.

생 장의 알베르게를 떠나며

순례자 사무소와 교구 교회를 지나 자갈로 포장된 뤼 드 라 시타델을 따라 내려간다. 그리고 아치 길을 지나 니브 강을 건넌 후 자갈이 깔린 뤼 데스파뉴로 간다. 여기서 두 가지 선택을 할 수 있다. 르 클레 데 무스크테르 슈퍼마켓에서 왼쪽으로 꺾어 뤼 뒤아르를 타고 로터리로 가거나, 0.2km를 더 걸어서 포르트 데스파뉴까지 가는 것이다.

0.5km 데스파뉴[?] 오른쪽으로 꺾어 로터리로 가거나, 직진해서 마요르가로 접어든다. 어떤 옵션을 택하건 생 장 외곽을 지나면 팜플로나*Pamplona, Pampelune*로 가는 주도로 D-933(국경을 넘으면 N-135)과 만난다.

1.4km 푸엔테 *Puente*[!](알베르게에서 1.9km) 교외 지역을 벗어나면 주도로는 왼편으로 급히 꺾어져 고속 도로 진입로(오른쪽)와 이어진다.[!] 여기서 정신 바짝 차릴 것! 길에서는 잘 보이지 않지만 빨갛고 하얀 기둥에 '3t'라고 표시(3톤 무게 제한)된 푯말을 찾아라. 그 푯말을 기점으로 난 짧은 진입로가 바로 프티 니브*Petite Nive* 강을 건너는 콘크리트 다리*puente*로 들어서는 길이다. 안타깝게도, 수많은 순례자들이 그냥 주도로를 따라 힘들게 터벅터벅 걷는다. 여기에 이렇게 한적한 루트가 있다는 사실은 알지 못한 채 말이다.

이제는 시끄러운 N-135 도로에서 떨어져 있으면서도 방향은 같은, 유쾌하게 굽이치는 시골 길에 들어섰다. T자형 교차로(0.5km)에서 왼쪽으로 꺾어서 계속 가라. 그리고 U 커브(1.9km)에서 왼쪽으로 간다. 그 다음으로는 1.2km 가량을 가파르게 오르락내리락하는 길을 따라 가게 된다. 처음에 주도로 쪽으로 내려갔다가 다시 올라간다(온코로네 방면 표지판). 그리고 마지막으로 왼쪽으로 내려간 다음 오른쪽으로 꺾어 현대식 개발지를 통과하는 짧은 길로 들어서면 스페인 국경이다.

3.6km 푸엔테 *Puente* 이제 정말로 나바르에 들어섰음을 확인시켜주는 콘크리트 표지를 지나서 계속해서 가라. 프티 니브(왼쪽) 강변의 수목이 우거진 오솔길을 따라서 아르네기의 주도로와 만날 때까지 간다.

3.0km 아르네기 *Arneguy* 호텔과 식당 등 모든 시설들이 갖추어져 있다. 클레멘티아 *Clementia*(0559-371 354) 호텔과 캄프사 *Campsa* 주유소(왼쪽)를 지나 주도로(이제는 N-135 도로)를 따라 가면 발카를로스다.

3.3km 발카를로스 *Valcarlos* 지자체 호스텔이 중앙 광장 아래쪽에 있다. 종종 문이 닫혀 있을 때가 있는데, 그럴 경우에는 근처에 있는 시청에 이용 가능 여부와 출입에 대해 문의하면 된다. 성 야고보에게 봉헌된 성당 반대편에는 식수대[F]와 순례자 기념비가 있다. '무어인 처단자'의 모습을 형상화한 많은 성상 중 첫 번째 것이 있기도 하다. 다른 숙박 시설로는 광장과 접한 마이테나 호스텔 *Maitena*(948-790 210)과 카사 마르셀리노 호스텔 *Casa Marcelino*(948-790 063)이 있다. 마을 이름은 샤를마뉴 대제에게서 유래했다. 이바네타에서 후위대가 패배하고 롤랑마저 목숨을 잃은 후, 샤를마뉴는 본국으로 돌아가는 길에 이곳에 주둔하며 상처를 달랬다. 발카를로스에서 벗어나면 곧바로 식수대[F](오른쪽)가 있다. 이때부터 계속해서 주도로를 따라 가도록 한다. 그리고 도로 표지판 K-58을 지나서 왼쪽으로 꺾어 표지판 안내가 되어 있는 작은 길로 접어드는 것을 잊지 않도록 신경 쓰자.

6.1km 카미노 *Camino* 길이 꽤 구불거리는데, 처음엔 강을 따라 내려가고 그 다음엔 너도밤나무와 개암나무가 우거진 숲을 통과하며 2.2km 정도 가파른 오르막으로 이어진다. 그러다가 개 사육장 *Casa Borda Guardiano*이 있는 집 옆쪽에서 주도로와 만난다. 90m만 더 가서 왼쪽으로 다시 주도로를 벗어나자. 그리고 소나무 조림지 속을 1.5km가량 간다.

4.1km 푸에르토 이바네타 *Puerto Ibañeta*(1,055m) 1127년 이곳에 산티아고 순례자들을 위해 산 살바도르 *San Salvador* 성당 및 휴게소가 지어졌으나 얼마 지나지 않아 론세스바예스로 옮겨졌다. 지금은 길에 현대적인 예배당과 롤랑('롤랑의 노래'로 유명한)을 기리는 돌비석이 있다. 이 비석은 롤랑의 뿔나팔 *Oliphant*이 비통하게 울려 퍼졌던 지점을 표시하고 있다. 당시 샤를마뉴가 구하러 오기엔 너무나 늦어버린 시점이었다. 이곳엔 조류 관찰지도 있는데, 이 지역을 지나가는 수많은 종류의 새들에 대한 정보가 있다. 관찰소 옆 왼쪽으로 내려가 너도밤나무 숲 속으로 이어지는 길을 1.5km 마저 가도록 하자.

1.5km 론세스바예스 오레아가 *Roncesvalles Orreaga*

숙박 정보

알베르게

대성당(948-760 000)이 운영하는 곳이며 주도로에 있는 좀 엄숙한 고딕풍 건물 안에 자리 잡고 있다. 원래 중세에는 순례자들을 위한 병원이었다가 곧 상점과 전시관으로 바뀌었고, 더 최근에는 다시 순례자들의 알베르게로 전환되었다. 1년 내내 열려 있는 데(여름 시즌엔 자원봉사자들이 관리한다), 한 도미토리 안에 120개가 넘는 침대가 있다. 작은 주방과 식당이 있는 지하실에는 이용이 제한적인 샤워 시설과 화장실이 있다.

알베르게 - 콜레히아타

수석 사제가 운영하는 순례자 사무소에서 순례자 호스텔 입실 허가와 아주 유용한 순례자 여권*credencial del peregrino*을 얻을 수 있다. 입구는 주건물 앞의 아치 아래다. 문을 여는 시간은 10:00~13:30, 16:00~19:00(일요일은 18:00)이다. 만약 늦게 도착했는데 도미토리가 만원이라면, 순례자 사무실에서 근처에 마련된 초과 인원용 숙소를 개방해줄 것이다. 그 방에는 20개가 넘는 침대가 구비되어 있다. 그러니 순례자 사무실에서 어슬렁거리며 한껏 피곤한 모습을 보여주든가, 아니면 수도원 건물 사이를 돌아다녀 본다.

유스호스텔

이 수도원 밀집 지역(948-760 301/2)에서도 현대화된 구역의 도로에서 다소 떨어진 곳에 있다(좀 더 한적함). 모든 순례자들을 환영하기 때문에 호스텔 협회 회원이 아니더라도 상관없다. 연중무휴이고 작은 방에 총 78개의 침대(방당 평균 6개)가 마련되어 있다. 각 층의 개별 휴게실에 모든 편의 시설이 완비되어 있다.

기타 숙박 시설

카사 사비나 호스텔*Casa Sabina*(948-760 012)과 라 포사다 호스텔*La Posada*(948-760 225) 두 곳 모두 주도로의 수도원에서 가까운 곳에 있다.

한눈에 살피는 지역 정보

론세스바예스

바스크어로는 오레아가*Orreaga*이고, '가시 골짜기'라는 뜻이다. 여전히 중세의 분위기 속에 신비롭게 모습을 감추고 있다. 카미노로 통하는 또 다른 관문으로, 팜플로나를 경유하여 여행하는 스페인인 순례자들의 주요 진입로다. 과거에는 아우구스티누스회 수도사들이 산티아고 순례자들을 돌보던 가장 오래되고 명망 높은 순례자 구호 지역이었다. 12세기 이래로 론세스바예스는 '병들었거나 건강하거나, 가톨릭교도거나 유태인이거나, 이교도이거나 이단자거나 방랑자거나, 모든 순례자들'을 다 수용했다. 이러한 개방적인 정책은 오늘날까지 이어져, 한 사법 기관은 죄를 지은 자들을 구금하는 대신 그 자들이 카미노를 걸음으로써 회개할 수 있게끔 기회를 주자고 주장하고 있다. 스스로를 존중하는 마음을 찾고 갱생 의지를 갖게 하자는 것이다.

성모 마리아 왕립 대성당*Real Collegiata de Santa Maria*은 나바르의 산초 왕*Sancho Ⅶ el Fuerte*의 명령으로 건립되었지만, 1219년(산초 왕이 죽은 후)까지 봉헌되지 못했다. 이곳에는 14세기에 만들어진 아름다운 동상인 '론세스바예스의 성모 마리아*Nuestra Senora de Roncesvalles*'가 있고, 순례자들을 위한 책과 지도, 기념품 등을 파는 서점이 운영되고 있다. '샤를마뉴의 체스판*azedrez de Carlomagne*'으로 알려진, 에나멜과 은으로 세공한 유물이 포함된 흥미로운 박물관도 있다. 성당 바로 옆에는 수녀원*Claustro*이 붙어 있는데, 눈이 너무 많이 쌓여 무너졌다가 17세기에 재건축된 것이다. 서점 맞은편에 있는 눈에 잘 띄지 않는 문이 수녀원 입구다. 이 수녀원은 14세기에 참사 회의실*Sala Capitular*이었다. 1212년에 있었던 유명한 나바스 데 톨사*Navas de tolsa* 전투에서 무어인들에게 패배했을 때 산초 왕이 끊었던 쇠사슬이 바로 이곳에 있는데, 이 사슬은 나바르 정부의 문양에도 그려져 있다. 박물관과 수녀원을 돌아보려면 약간의 입장료를 내야 한다.

호스탈 라 포사다*Hostal La Posada* 옆에 12세기 로마네스크 양식으로 건립된 '성령의 예배당*capilla de Sancti Spiritus*'이 있다. 다른 이름으로 실로 데 카를로마그노*Silo de Carlomagno*라고도 하고, 죽임을 당한 샤를마뉴 군의 후위가 묻힌 곳이라고 알려져 있다. 중세의 순례자들이 묻힌 장소이기도 하다. 그 곁에는 아주 작은 13세기 고딕 양식의 성 야고보 예배당 *Capilla de Santiago*이 있다. 여기엔 (이바네타의 예배당에서) 옮겨 온 종이 있는데, 한때는 이 종이 이바네타 산길에 자욱이 낀 안개 속에서 순례자들을 인도했었다. 옆에는 론세스바예스 전투와 778년 롤랑의 죽음을 기리는 기념비가 있다.

해발 950m 지점에 있기 때문에 론세스바예스에 거주하는 인구는 100명이 채 안 된다. 유용하게 도움이 되는 투리스모(*Turismo*, 관광 안내소, 948-760 301)는 카사 사비나*Casa Sabina* 뒤에 있는 오래된 방앗간*antiguo molino* 안에 있다. 순례자 모임이 주중에는 8시, 주말에는 7시, 축제 기간에는 6시에 성모 마리아 성당*Iglesia de Santa Maria*에서 열려 어떤 신앙을 가진 순례자건 모두 축복을 비는 시간을 가진다. 모임 뒤에는 순례자들을 위한 간단한 저녁 식사(오후 6시 이전에 예약해야 한다)를 먹을 수 있는데, 카사 사비나와 라 포사다 두 곳 모두 가능하다.

나바르 주

매우 고립된 산간 지역이다. 이 지역은 특히 프랑스인들 때문에 파란만장한 역사를 지니고 있다. 나바르가 아무런 해를 끼치지 않겠다는 약속을 했음에도 샤를마뉴의 군대는 팜플로나의 성벽을 부수었고, 이에 대한 복수로 바스크인들은 론세스바예스에서 샤를마뉴 군의 후위를 학살했다. 이곳의 풍경은 외국 작가들의 글에도 생생하게 묘사되어 있는데, 대표적인 이가 어네스트 헤밍웨이*Ernest Hemingway*다. 그는 부르구에테와 팜플로나에 오랫동안 머물며 글을 쓰기도 했다.

1day note

"카미노를 다시 한 번 걷고 있다. 내가 뒤에 남겨놓았거나, 어쩌면 찾은 적도 없었을지도 모르는 뭔가를 찾아서. 이건 마치 집으로 돌아가는 여정과 같다."
— 론세스바예스의 순례자 책에 쓰인 임들, 어느 순례자의 글

순례길의 첫날, 당신이 느낀 것은 무엇인가?

'산티아고 데 콤포스텔라'까지   770.9km(479.0마일)

론세스바예스에서
라라소아냐까지 - 27.4km

	길/트랙	24.9km - - - - 91%
	부도로	1.0km - - - - 4%
	주도로	1.5km - - - 27.4%
Total km	총 거리	27.4km(17.0마일)
	경사로 감안 거리	28.7km(경사로 270m=1.3km로 계산)
Alto ▲	최고점	메스키리스 봉 955m(3,133피트)

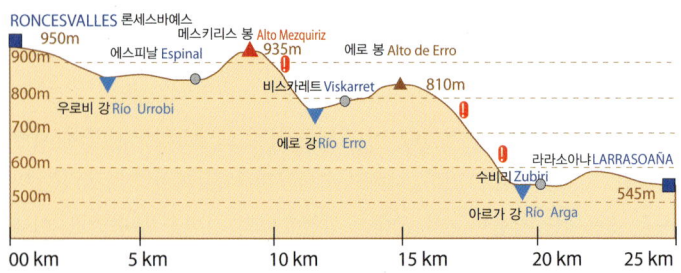

Road Point 생 장에서부터 걸어 왔다면 피레네를 넘느라 쌓인 피로로 온몸이 뻐근할 것이다. 순례 여행의 초반 며칠 동안은 무리하지 않도록 주의하자. 이 두 번째 단계는 비옥한 평야를 가로지르는 완만한 내리막길이다. 평야로는 에로 강*río Erro*이 남쪽으로 흐르는데, 강줄기는 우리가 로그로뇨*Logroño*에서 마주치게 될 에브로 강*río Ebro*과 합류한다. 에로 봉*Alto de Erro*은 산맥을 형성해 아르가*Arga* 강 계곡에서 갈라놓는다. 이곳에는 우거진 숲이 만드는 그늘이 많고 카미노를 따라 식수대도 충분하다. 이 카미노의 90%는 자연적으로 생겨난 작은 길이고 이 길은 N-135와 여기저기서 교차하며 구불구불하게 나 있다. 중간 중간 관문을 통과한 후에는 문을 닫도록 하고*cierren el portillo*, 수비리*Zubiri*로 향하는 가파른 내리막길에 주의하자. 길 위로 드러난 바위들이 매우 미끄러운데 특히 비가 올 때 심하다. 지쳤거나 시간이 너무 늦었을 경우엔 수비리에 있는 알베르게나 호텔에 묵는 것도 나쁘지 않다. 아니면 수비리에 있는 전통적인 순례자 숙소로 발걸음을 재촉하라.

론세스바예스를 떠나며

soul road 🐚🐚

예전에 순례자는 수풀이었지만, 지금은 동그란 돌 의자로 남은 곳에서 잠시 쉬어 보자. 이곳에서는 또 다른 소음이 숲의 정적을 깨우는 것을 들을 수 있다. 쏜살같이 달리는 차들이 내는, 귀를 찢을 듯한 소리는 소리다. 이 소리는 우리 같은 순례자들이 더 천천히, 더 자연에 가까운 속도로 여행해야 한다는 사실을 일깨운다. 그것만이 우리로 하여금 깨달음의 시간을 얻게 한다는 사실을 말이다.

계속해서 N-135 도로를 따라 내려가 카미노 정보 표지(0.2km)가 있는 곳에서 오른쪽으로 꺾어 주도로(건너편에 14세기 순례자 십자가가 있다)와 같은 방향으로 난 숲길로 들어선다. 도로와는 부르게테 외곽(2.1Km)에서 다시 만나게 된다. 그리고 0.9Km를 계속해서 걸어가 교외 지역을 통과해 나아가도록 한다.

3.0km 부르게테(아우리츠 *Auritz*) 나바르 전통 마을이다. 어네스트 헤밍웨이가 종종 머물렀던 부르게테 호텔*Burguete Hotel*(948-760 005)이 마을 어귀에 있다. 이곳에는 그가 1923년 7월 25일에 사인을 남긴 피아노가 아직 있다. 중심지에는 성 니콜라스(길을 걷는 순례자들의 수호자이다) 성당*Iglesia de San Nicholas de Barri*이 있다. [F] 근처에 론세스바예스에서 온 순례자들에게 아침 식사를 제공하는 것으로 유명한 카페 프론톤*Fronton*이 있다(이곳에 줄이 너무 길면 에스피날*Espinal*이나 비스카레트*Viskarret*로 가는 것도 고려해볼 만하다). 중심지에 있는 다른 숙소는 하운데아부레*Jaundeaburre*(948-760 078)이고, 외곽 지역 론세스바예스 아베니다에는 펜시온 이투리알데아*Pension Iturrialdea*(948-760 243)가 있다. 그리고 마을 반대편에는 고급 호텔인 로이수*Loizu*(948-760 008)가 있다.

광장을 100m 지나 스페인 중앙 은행*Banco Central Hispano* 옆에서 오른쪽[!]으로 돈다. 그리고 우로비*Urrobi* 강을 건너 농장 길로 접어든다. 작은 시내의 끄트머리에서 숲으로 들어선 다음, 언덕 꼭대기 부근에서 왼쪽으로 방향을 틀어 아래로 뻗은 다른 넓은 숲길로 간다.

3.5km 에스피날 *Espinal*(아우리스베리 *Aurizberri*) 또 다른 전통 마을이다. 들어서면 성 바르톨로뮤 교구 교회*Iglesia de San Bartolome*(왼쪽)와 토키 오나 *Toki Ona* 카페/바(오른쪽)가 있다. 오른쪽으로 돌아 중심가를 따라가면 카사 루랄*Casa Rural*과 아이세아*Haizea*(948-760 399)[F](왼쪽)를 지나게 된다. 여기서 왼쪽으로 꺾여(0.3km) 시골길과 합쳐지는 조용한 도로로 들어서자. 계속해서 어린 관목숲을 통과해 1.6km를 걸어가면 울창한 너도밤나무 숲길로 들어서는 오르막길을 걷게 된다. 마지막으로 벌판을 가로질러 내려가면 메스키리스 봉에 닿는다.

1.9km 메스키리스 봉 *Alto de Mezquiriz*(해발 930m) 성 모자상 옆에서 N-135[!]를 건너 주도로 방향으로 난 너도밤나무 숲속 가파른 내리막길을 따라간다(길이 험하므로 조심할 것 [!]). 다시 N-135를 가로지르기 전에 징검다리로 에로 강을 건너게 된다.

3.4km 헤레디아인 *Gerediain*(비스카레트 *Viskarret/Bizkarreta*) 아주 오랜 옛날부터 있었던 작은 마을로, 여기에 성 페테르*St. Peter* 성당이 있다. 『코덱스 칼릭스티누스』의 성지 순례 2단계가 시작되는 지점이기도 하다. B&B인 라 포사다 누에바*La Posada Nueva*(948-760 173)와 레푸히오 소로가인 *Refugio Sorogain*(948-392 025) 맞은편 광장에는 유명한 카페인 후안*Juan*이 있다. 마을을 벗어날 때 보면 어귀에 매우 좋은 상점(왼쪽)이 있다. 그곳을 지나 왼쪽으로 꺾어 오솔길로 접어든 다음, 나무가 빽빽한 숲으로 통하는 길과 만나는 지점에서 다시 왼쪽으로 돈다. 1.2km 더 간 뒤에 N-135를 가로지르고, 다시 0.8km를 걸으면 린소아인이다.

2.0km 린소아인 *Linzoain* 펠로타 경기장[F](오른쪽)을 지나 우거진 잡목림 쪽 좁은 길로 오른다. 나무들이 그늘을 드리우는 울창한 숲길은 산등성이와 파소스 데 롤단*Pasos de Roldan*를 따라 에로 봉이 나올 때까지 계속된다.

4.5km 에로 봉 *Alto de Erro*(해발 810m) 카미노 표지판(왼쪽)까지 N-135를 가로질러 간다. 예전엔 여관이었던 벤타 델 푸에르토*Venta del Puerto*(지금은 다 허물어져 가축 우리로 사용되고 있다)를 지나 숲으로 접어들어 가파른 바위로 난 길[!](비오는 날엔 위험하다)로 내려가면 라비아 다리다.

3.6km 라비아 다리 *Puente de la Rabia* 아르가 강에 놓여 있는 중세풍의 다리다. 공수병에 걸린 동물을 데리고 가운데 아치 주위를 세 번 돌면 병이 낫는다는 전설이 있기 때문에 이런 이름('*Rabia*'는 '공수병'을 뜻한다)을 얻었다. 성 라자로*San Lazarus*에게 봉헌된 예배당과 순례자를 위한 숙박 시설들이 마을 입구나 출구 어귀에 길을 따라 있다. 마지막으로 레이나 다리*Puente de la Reina*를 건너기 전까지 며칠 동안 여러 번 아르가 강을 건너게 된다.

아직 피곤하지 않다면 라라소아냐에 있는 알베르게까지 가보자. 가볍게 2시간 정도(5.6km) 더 가면 나온다. 번잡한 N-135 도로는 이 유서 깊은 마을을 우회한다. 그래서 이 마을은 더 조용하고 카미노의 영성이 함께하고 있다. 이렇게 하면 다음날 (아마도) 시수르 메노르*Cizur Menor*(다음 단계 참고)까지 가기 전에 팜플로나의 역사적인 도시를 돌아볼 시간을 벌 수 있다. 몸이 피곤하다면 수비리에서 묵어야 한다. 그럴 경우엔 오른쪽으로 돌아 강을 건너 수비리로 가도록 한다. 중세의 라비아 다리를 건너 콘크리트로 포장된 길[F](왼쪽)을 따라 쭉 간다. 개울을 건너 황량하기 짝이 없는 마그네시타스 공장 단지(당신 오른쪽 아래에 있을 것이다) 위쪽으로 올라간다. 그리고 아르가 강 계곡을 따라 오스테리스*Osteriz*, 일라라츠*Ilarratz*[F], 에스키로스*Esquirroz* 등의 촌락을 차례로 통과해서 걸어가면 라라소아냐 다리에 이른다.

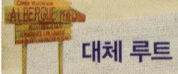

대체 루트

수비리 *Zubir* 살디코 *Zald iko*(609-736 420)는 벽돌로 된 연립주택 안에 있는 사설 호스텔이다. 다리와 성당 사이에 위치해 있다. 연중무휴로 운영하고 방 4개 안에 침대가 24개 마련되어 있다. 모든 시설이 잘 구비되어 있고 작은 뜰도 마련되어 있다.

성당을 지나 오른쪽으로 돌아 주도로로 들어서면 100m 전방 왼쪽에 두 번째 알베르게가 있다. N-135 도로 상에 있는 기초 지자체 호스텔로, 이전에는 학교 건물이었다. 역시 연중무휴이고 최소한의 시설이 있는 방이 44개(도미토리 2개) 있다. 뒤쪽에 있는 간이 오두막 내부에 추가 샤워 시설과 화장실이 있다.

알베르게-살디코

※기타 숙박 시설: 수비리 여관 Hosteria de Zubiri (948-304 329), 펜시온 고이카 Pension Goika (948-304 067), 펜시온 우소아 Pension Usoa (948-304 306, 살디코 알베르게 맞은편).

5.3km **라라소아냐 다리** Puente Larrasoaña 중세에 만들어진 다리다(만일 이 유서 깊은 순례자 마을에 묵거나 들를 생각이 아니라면 그냥 팜플로나로 직행할 것). 다리를 건너 오른쪽으로 꺾는다. 그러면 13세기에 지어진 성 니콜라스 성당을 지나게 되고, 다시 왼쪽으로 틀면 시청이 있는 마을 광장에 다다른다

0.2km **라라소아냐** Larrasoaña 유명한 지자체 호스텔이 있다(948-304 242). 1년 내내 문을 열고 52개가 넘는 잠자리가 있다. 한 도미토리 안에 침대가 28개 있고 위층에 있는 작은 방에도 매트리스가 있다. 작은 뜰을 비롯한 기본적인 시설들이 갖춰져 있

알베르게-라라소아냐

고, 근처에도 개조한 헛간이 있는데 여기에 추가로 침대가 40개(2층에 걸쳐서)가 설치되어 있다. 성수기에 제공되는 곳이다. 상당히 넓은 성당 포치(지붕이 있는 현관 입구-옮긴이)도 필요시엔 '방바닥과 지붕'을 제공한다. '카미노의 친구들' 회원인 활기 넘치는 읍장은 순례자들을 따뜻하게 맞이해준다. 예전에 나도 그와 함께 카미노를 상당히 많이 걸었는데, 그는 동료 순례자들에게 무엇이 필요한지를 오랜 경험으로 아는 사람이다.

※ 기타 숙박 시설: 엘 카미노 El Camino (948-304 250)는 산 니콜라스 카예 c/San Nicolas 16번지 즉 마을 가장자리에 위치하며, 순례자들의 유명한 만남의 장소로 이용되는 카

페 바가 있고 순례자 메뉴(2인 기준)가 나오는 식당도 있다. 오전 7시부터 아침을 먹을 수 있다. 주도로 방향으로 200m를 되돌아가면 엘 페레그리노 *El Peregrino*(948-304 554)와 비데아*Bidea*(948-304 288, 산 니콜라스 카예 100번지)가 있다.

한눈에 살피는 지역 정보

라라소아냐

이 흥미로운 마을(인구 2백 명)은 순례자의 길과 밀접한 관계를 유지해 오고 있다. 두 곳의 순례자 병원과 수도원(이제는 불분명한)이 있는 중세의 순례자 거점이었고 '비야 프랑카*Villa Franca*(프랑스에서 온 순례자들의 정착지)'라는 별명도 얻었다. 오늘날도 이 마을은 여전히 다양한 숙박 시설들로 편의를 제공하며 순례자들을 환영한다.

수비리

정신없는 N-135 도로가 주도로인 작은 마을이다(인구 250명). 마을 자체가 근처의 산업용 공장 시설인 마그네시타스 데 나바르*Magnesitas de Navarra*를 위해 있는 듯한 분위기다. 성 스테파노*San Esteban* 교구 교회와 [F]를 중심으로 식료품점과 은행, 빵집 등의 편의 시설들이 조금 있다.

2day note

"오른쪽 어깨에 생긴 멍과 균형을 맞추려고 하는지, 왼쪽 발에는 물집이 잡혀 버렸다. 오만이었을까, 아니면 잠시 정신을 놓고 있었기 때문일까? 걸음을 멈추고, 신발 끈을 조이고, 배낭을 고쳐 메라는 충고를 무시해버리다니. 1분만 할애했어도 이런 걸로 일을 막고 쓸데없는 고통으로 시간을 낭비하는 일도 없었을 텐데. 나는 어느 틈엔가 최대한 빨리 움직여야 한다는 강박관념에 휩싸여 있었다. 언제나 목적지에 가장 빠른 시간 내에 도착하려고 했다. 나는 잊고 있었던 것이다. 지금 이 순간을 실제로 행동할 유일한 시간이라는 사실을. 다른 건 모두 심리적인 시간이라는 것을."

03 day

'산티아고 데 콤포스텔라'까지 743.5km(462.0마일)

라라소아냐에서
시수르 메노르까지-20.9km

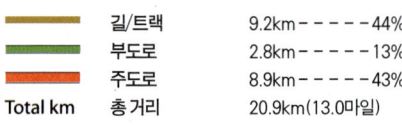

	길/트랙	9.2km	- - - - 44%
	부도로	2.8km	- - - - 13%
	주도로	8.9km	- - - - 43%
Total km	총 거리	20.9km(13.0마일)	
	경사로 감안 거리	22.7km(경사로 360m=1.8km로 계산)	
Alto	최고점	몬테 미라바예스 700m(2,296피트)	

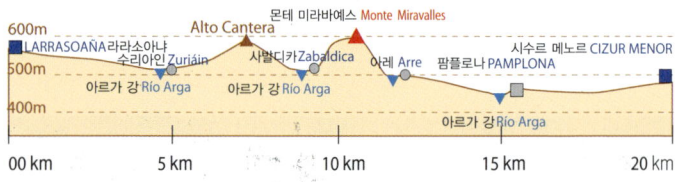

Road Point 이 구간의 반은 아르가 강과 교차되는 조용한 길이다. 나머지 반은 팜플로나 시로 난 번잡한 주도로를 따라 간다. 강둑에 나무들이 줄지어 서 있어 그늘이 충분하고, 길에는 식수대도 많다. 비교적 조용한 카미노를 걷다가 갑자기 밀려오는 도시의 소음과 북적거림을 만나게 되니 이에 대비하는 것이 좋다. 도시 사람들이 정신없이 오가므로 조심해서 길을 가도록 하고, 지갑을 주의해라. 트리니다드 데 아레 *Trinidad de Arre* 교외에서 순례자들이 물건을 잃어버리는 일이 간혹 보고된다.
"신을 믿으라, 하지만 네 낙타는 꼭 묶어두도록."
아주 적절한 조언이다.
팜플로나 역시 아름다운 도시이며 카미노는 이 도시의 유서 깊은 심장부를 관통한다. 그러므로 표시가 된 길을 따라가기만 해도 도시의 활기찬 분위기를 흠뻑 만끽할 수 있고, 주요 건물들도 볼 수 있다. 많은 순례자들이 이곳에서 하룻밤을 머문다. 그러면 대성당, 박물관, 갤러리 등을 구경할 수 있고 중세에 만들어진 팜플로나의 거리를 돌아다닐 수 있으며 여러 유명한 카페나 타파스 바에 가볼 수 있다.

03 LARRASOAÑA - CIZUR MENOR - 20.9 km

- 론칼 Roncal 948-183 885 Priv.[50]
- 시수르 메노르 CIZUR MENOR
- 산 후안 St. Juan Asoc.[27]
- 알베르게 Albergue 2.8
- 네케아 Nekea
- Cizur Maior
- N-111
- A-15
- 사다르 강 río Sadar
- 아르가 강 río Arga
- A-15
- N-240
- 나바라 대학 Universidad de Navarra
- 네거리 Cruce 2.3
- 아마이우르 우달 이카스톨라 Amaiur Udal Ikastola
- 팜플로나 PAMPLONA (Pop. 190,000)
- 시우다델라 공원 Parque Ciudadela
- 타코네라 공원 Parque Taconera
- N-240
- 유스호스텔 Juvenil YHA
- 투우 광장 Plaza de Toros
- 카스티요 광장 / Plaza Castillo
- 산 세르닌 San Cernin
- 알베르게 Albergue 2.2
- 신학교 Seminario
- 헤수스 이 마리아 Jesús y María Asoc.[114]
- 성당 Catedral
- PA-30
- Jardinería
- Puente Magdalena 막달레나 다리
- Cruce 2.4 네거리
- 알베르게 Albergue 2.0
- 부를라다 Burlada
- Huarte 우아르테
- Obelix 오벨릭스 / Villava 비야바
- 미라바예스 산 Monte Miravalles
- Albergue 3.1
- 트리니다드 데 아레 Trinadad de Arre Conv.[36]
- Túnel 터널
- PA-30
- Arleta 아를레타
- Monte Nerval 네르발 산
- 3.8 Parque (Fuente)
- 아르가 강 río Arga
- Zabaldica 사발디카
- Parque (Fuente)
- Puente Irotz (Iturgaiz)
- 이로츠 Irotz
- N-135
- 울사마 강 río Ulzama
- N-121
- 이유르도츠 Illurdotz
- 3.1 Zuriáin 수리아인
- S · W · 일출 · 일몰 · E · N
- 아케레타 Akerreta 1.0
- 아케레타 Akerreta 948-304 572
- (Pop. 200 - Alt. 500m)
- LARRASOAÑA 라라소아냐
- Puente 0.2
- 0.0 Albergue 알베르게
- Muni.[80]

라라소아냐를 떠나며

> **soul road**
> 조개비 위를 걷는 순례자 상 야고보가 섬세하게 조각된 아름다운 석조 십자가를 보고 싶지 않은가? 그 작품은 이 휴식길을 도시의 관문인 거대한 속세 다리를 굽어보고 있다. 보이지 않는 눈이 바로 이 다리를 조심스레 건너는 숱한 순례자들의 모습을 지켜봐 왔다. 그리고 이 눈은 공간과 시간 저 너머, 성령의 한국에 이르는 길을 바라본다. 한쪽 길은 혼란과 퇴폐와 타락으로 가득 차 있다. 다른 길은 오로지 진실만이 보이는 진정한 세계에 닿아 있다. 어떤 세상을 보게 될지는 전적으로 당신이 무엇을 구하고자 하는가에 달려 있다.

그동안 라라소아냐에서 묵었다면 중세 다리로 되돌아가 오른쪽으로 꺾어 0.8km 정도 앞에 있는 조용한 언덕 위 마을로 이르는 길로 접어들도록 하자.

1.0km 아케레타 *Akerreta* 아케레타에 다다르면 다음부터는 완만한 내리막길이 탁 트인 지역으로 이어진다. 곧 아르가 강이 보이면 건너도록 하자. 아케레타 호스텔(948-304 572)이 있다.

3.1km 수리아인 *Zuriáin* 여기서 N-135 도로와 다시 만난다. 이 도로를 0.6km 가서 다시 왼쪽 길로 들어선다(이유르도츠*Illurdotz* 방향). 아르가 강을 다시 건너 오른쪽 방향으로 진행하자. 길은 집들과 버려진 채석장 건물들 사이를 지난다. 아르가 골짜기가 내다보이는 좁은 채석장 길을 따라 올라간다(1.6km). 오솔길은 다시 이로스*Iroz* 마을로 이어지고 중세에 만들어진 다리를 통해 또 강을 건너게 된다. 강둑을 따라 왼쪽으로 방향을 틀면 사발디카다.

3.5km 사발디카 *Zabaldika* 이 작은 촌락을 돌아서 가는 길을 따라 가도록 하자. 그리고 N-135 도로를 건너 오래된 길(현재 우회된)을 0.2km 계속해서 간다. 오른쪽으로 방향을 틀어 화장실과 식수대[F]가 있는 야외 쉼터가 나올 때까지 걷는다. 몬테 나르발*Monte Narval* 기슭을 지나는 가파른 길을 2.3km 올라가 사람들이 많이 지나다니는 N-121A 순환 도로를 피해 지하 도로 들어간다. 여기서부터는 소나무가 빽빽한 몬테 미라바예스*Monte Miravalles*의 옆쪽을 1.1km 정도 오른다. 그러면 현재는 이용되

지 않는 길과 만나는데, 이 길은 울사마 *Ulzama*천(아르가 강의 지류)을 건너는 큰 중세의 다리로 이어진다. 다리는 큰 둑 바로 위에 있다. 이제 비야바 *Villava* 팜플로나의 교외 지역에 들어선 것이다.

3.1km 트리니다드 데 아레 *Trinidad de Arre* 알베르게 수도회 호스텔 에르마노스 마리스타스 *Hermonas Maristas*가 트리니다드 수도원*Convento de la Trinidad*(바실리카 대성당) 뒤쪽 다리와 인접한 곳에 위치해 있다. 접수대에 먼저 가서 체크인을 하도록 하자. 서두를 필요는

알베르게-트리니다드 데 아레

없다. 이곳은 무려 11세기부터 순례자 숙소였으니까. 1년 내내 문을 열고 침대는 36개(방은 3개)가 있으며 모든 시설이 갖춰져 있다. 근처에는 강과 조용한 공원이 있는 한적한 장소다. 비야바 근교와 인접한 곳에 상점과 식당들이 있다.

Looking Point 다음 9.7km(서부 외곽의 시수르 메노르에 도달할 때까지) 동안 카미노는 꽤 번화한 도시 팜플로나(인구 19만 명)를 이리저리 지나간다. 팜플로나는 역사 깊은 마을을 둘러싸고 지어진 활기 넘치는 대학 도시다. 추천 루트를 따라가다 보면 중요한 장소는 거의 모두 지나갈 수 있고 길도 대체로 잘 표시되어 있다. 하지만 노란색 화살표는 주의해서 잘 살펴봐야 한다. 화살표는 가로등 기둥이나 아스팔트 같은, 생각할 수 있는 모든 표면에 그려져 있지만 그것 말고도 다른 표시가 무척이나 많다. 또 주의해야 할 것이 있다. 씽씽 달리는 차들과 소지품이다. 불평등한 이 세상에서 좀도둑은 언제나 문젯거리다. 중세의 순례자들은 고작 보따리나 샌들 같은 것 때문에 살해되기도 했다.

아레*Arre*에 있는 다리를 건너 왼쪽으로 꺾은 다음 시청*Casa Consistorial*(깃발이 걸려 있어서 쉽게 알아볼 수 있다)이 나올 때까지 비야바 교외를 0.5km가량 더 걷는다.

우회 루트

우아르테에 있는 알베르게까지 2.0km 정도 간다 (표지판은 없다). 카페 파라디소 *Cafe Paradiso* 맞은편에서 프론톤을 지나 왼쪽으로 꺾는다. 그리고 계속 길을 따라 보행자용 다리(울사마 강)를 건너서 플라스티코 브레요 *Plastico Brello*까지 간다. 오른편으로 가면 아르가 강을 따라 난 주도로와 만나게 된다(0.4km). 다리는 건너지 말고 왼쪽으로 꺾어(우아르테*Uharte* 표지가 있다) 계속 길을 따라 우아르테로 가도록 하자. 널따란 중심 거리이고 중앙 광장으로 통한다. 알베르게 우아르테는 교회(중심가에서 오른편) 뒤에 있는 새 지자체 호스텔이다(948-074 329). 연중무휴이고 60개의 침대(방은 10개)와 현대적인 시설이 전부 갖춰져 있다. 돌아올 때는 비야바에 있는 길 표시를 찾을 때까지 같은 길로 오면 된다.

알베르게 - 우아르테

계속 걸어서 번화한 부를라다*Burlada*(1.9km) 근교로 접어든다. 오벨릭스 펜션*Obelix P*(948-126 056)이 있고 고급 숙소로 라 부아르디야 호텔*La Buhardilla*(948-382 872)이나 비야바 호텔*Hotel Villava*(948-333 676)도 있다. 타예레스 가리사*Talleres Garysa*(0.5km) 옆에서 오른쪽으로 꺾어지는 곳에서 표지판을 찾으면 된다.

대체 루트

2.0km 네거리 *X-Cruce* 대체 루트로 가려면 주도로를 따라 바하 나바르 아베니다*Av. de la Baja Navarra*로 간다. 큰 십자가와 세미나리오 디오세사노 *Seminario Diocesano*(이곳의 기숙사는 방학 동안 순례자들에게 개방된다) 건물을 지나서 오른쪽으로 꺾어 메디아 루나 공원*Parque de la Media Luna*을 통과하면 눈에 아주 잘 띄는 대성당 앞에서 처음에 추천했던 루트와 다시 만난다.

추천 루트로 가려면 오른쪽 길로 가서 원예용품점 옆에서 횡단보도를 건넌다. 왼쪽으로 꺾어 부를라다 카예*c/Burlada*로 접어들면 아르가 강쪽으로 나란히 난 조용한 길이 나온다. 중세에 만들어진 아름다운 막달레나 다리Puente de la Magdalena(1.4km)로 아르가 강을 건너면 된다. 카미노의 전통적인 상징이 된 다리다. 다리를 건너 왼쪽으로 200m 더 가면 알베르게 카사 파데르보른 Casa Paderborn이 있다. 강 옆 플라야 데 카파로소Playa de Caparroso 6번지에 위치한다(660-

알베르게-카사 파데르보른

631 656). 독일의 순례자 협회가 운영하며, 5개의 방에 24개의 침대가 마련되어 있다. 시설도 좋다. 도심으로 바로 가려면 다리를 건너 오른쪽으로 가서 가로수가 줄지어 있는 플라야 카파로소 거리를 건넌다. 거기서 다시 오른쪽으로 방향을 틀어 도시의 옛 성벽을 따라 돈 다음 도개교를 건너 아름답기 그지없는 수말라카레히 문 Portal de Zumalacarregi(0.3km)을 지나면 역사 깊은 도시 팜플로나에 들어서게 된다(수말라카레기 문은 '프랑스 문Portal de Francia'으로도 통하는데, 팜플로나가 중세 이후로 프랑스에서 오는 순례자들에게 언제나 문을 열어두고 있다는 사실을 상기하자).

대체 루트

성벽 안에 들어서면 바로 다른 옵션이 있다. 왼쪽으로 바로 꺾는 길로 들어가 성벽을 따라가다가(왼쪽에 전망대가 있다) 카페 옆에서 오른쪽으로 가는 길이다. 그러면 응달진 산 호세 광장Plaza San Jose 광장으로 들어서 신고전주의 외형을 한 장중한 고딕풍 건축물인 산타 마리아 라 레알Santa Maria la Real 대성당에 다다른다. 근처에 있는 알베르게

팜플로나 대성당의 회랑

에서 묵을 생각이라면 그곳에 배낭을 맡기고 나오면 된다. 문을 여는 시간은 오후 1시. 내부까지 둘러보면 차가운 외벽만 보는 것보다는 훨씬 만족스러울 것이다. 15세기에 만들어진 카를로스 '엘 노블레Carlos El Noble'와 그의 왕비 레오노르Leonor의 웅장한 흰색 석조등이 네이브(교회당 회중석-역주)를 돋보이게 하고 있지만, 이곳의 진짜 자랑거리는 장인 에스테반Master Esteban이 만든 아름다운 남쪽 문인 푸에르타 프레시오사Puerta preciosa이다. 에스테반은 산티아고 대성당에 있는 푸에르타 데 라스 플라테리아스Puerta de las Platerias 문도 조각했다. 세밀한 석조 공예가 돋보이는 회랑들이 교구 박물관(원래 로마 요새였던 곳이다)과 인접해 있다. 박물관은 현재 팜플로나에 있는 새 순례자 호스텔에서 불과 0.1km 정도 떨어져 있다.

도시 입구에서 직진하면 카르멘 카예c/Carmen(이전에는 '순례자 거리
도시 입구에서 직진하면 카르멘 카예c/Carmen(이전에는 '순례자 거리Rua de
los Pergrinos'로 알려져 있었다)로 들어서서 5개의 길이 만나는 교차로에 다다
른다(0.2km). 도시 중심부 쪽으로 가려면 오른쪽으로 꺾어 메르카데레스
카예c/ de Mercaderes로 접어들거나 왼쪽으로 꺾어 쿠리아 카예c/Curia로 들
어서서 대성당과 새로 생긴 순례자 호스텔(0.1km)에 가볼 수 있다.

2.2km 알베르게 팜플로나에 드디어 새로
운 호스텔이 생겼다(장중한 벽돌 건물 안에
있다). 콤파냐 카예c/Compañía에 있고 이름은
헤수스 이 마리아Jesús y María이다(하지만 12
월, 1월, 그리고 7월 초 산 페르민 축제 기간에도
문을 열지 않는다). 114개의 복층 침대가 있

알베르게-헤수스 이 마리아

고 현대적인 시설도 모두 갖추고 있다. 마을을 돌아보기에 좋은 위치에
자리 잡고 있다.

※ **기타 숙박 시설:** 산 사투르니노San Saturnino 주
위 구시가지 안에는 작고 저렴한 호텔과 펜션들이
많다(현재 가능한 곳들을 알아보기 위해서는 관광 안
내소를 가보고 위치는 마을 지도로 확인할 것). 람베
르티니Lambertini(948-210 303, 메르카데레스 카예
c/Mercaderes 17번지), 라 비냐La Vina(948-213 250,
하라우타 카예c/Jarauta 8번지), 펜시온 에슬라바Pension
Eslava(948-221 558, 에슬라바 카예c/Eslava 13번지),

산 니콜라스 카예

에스카라이Escaray P(948-227 825, 누에바 카예c/Nueva 24번지)가 있다. 산 니콜라스 카
예에 있는 숙박 시설로는 펜시온 오타노Pension Otano(948-227 036, 5번지), 산 니콜라
스San Nicolas(948-221 319, 13번지), 돈 유이스Don Lluis Hs(948-210 499, 24번지), 아
를라르Arlar Hs(948-221 116, 12번지)가 있다. 산 그레고리오 카예c/San Gregorio(산 니
콜라스 카예의 연장)에 있는 숙박 시설로 라 몬타녜사La Montañesa(948-224 380, 2번지),
디오니시오Dionisio(948-224 380, 5번지)가 있다. 마요르 카예c/Mayor(레콜레타스 수도
원Convento Recoletas 뒤) 끄트머리에는 에슬라바 호텔Hotel Eslava Hr(948-222 270)이 있다.
구시가지 성벽의 일부분처럼 붙어 있는 에슬라바 호텔은 자그마한 광장인 플라사 비르
헨 데 라 오Plaza Virgen de la O가 내려다보이며, 널따란 타코네라 공원Parque Taconera과 바
로 이어진다. 가장 비싼 숙박 시설은 우리 루트 바깥에 있는 현대적인 4성 호텔 트레스
레예스Tres Reyes이다. 카스티요 광장Plaza del Castillo에는 새단장한 5성 호텔 라 페를라La

Perla H(948-223 000)가 있다(헤밍웨이가 가끔 묵었던 곳이기도 하다). 푹푹 찌는 한여름에는 순례자 숙소가 추가로 문을 열 수도 있다. 산 사투르니노(도심), 카톨릭 스카우츠Catholic Scouts(막달레나 다리), 세미나리오 디오세사노Seminario Diocesano(바하 나바라 아베니다Av. de la Baja Navarra), 아마이우르 이카스톨라Amaiur Ikastola(푸엔테 델 이에로 카예c/Fuente del Hierro에 있는 스포츠 홀, 도시 출구 쪽 나바르 대학 근처), 밀라그로사Milagrosa 근처 축구 경기장 너머에 있는 유스호스텔Albergue Jubenil(남쪽 교외 고라베 카예c/Gorabe 36번지)이 있다.

우회 루트

팜플로나 우회로 [1] 만약 헤밍웨이의 열혈 팬fiesta aficionado이라면 어니스트 헤밍웨이 파세오(Paseo, 길)를 따라 헤밍웨이의 동상이 밖에 서 있는 투우장plaza de Toros까지 가보자. 헤밍웨이의 소설 『해는 또 다시 떠오른다The Sun Also Rises』가 1926년에 출간되자 외국인들에게 산페르미네스Sanfermines(산 페르민 축제 - 역주)가 널리 알려졌고, 오늘날 이 축제는 스페인에서

기념품 가게 - 산 페르민

가장 유명한 축제 중 하나가 되었다. 기록에 의하면 13세기에 시작된 것으로 추측된다. 하지만 고대 로마 이전의 기원과 전설에 따르면 산 페르민 자신이 황소에 묶여 길을 끌려 다니는 박해를 받았다고 한다. 오늘날은 술이 부상과 사망 사고의 가장 큰 원인이 되고 있다. '술이나 약에 취한 상태에서 순례길에 들어서지 말 것'이라는 6번 규칙에도 불구하고 말이다. 돌아갈 때는 에스타페타 카예c/Estafeta를 통하자. 이 거리는 황소들이 질주하는 길로 유명한데, 세계적으로 잘 알려진 '엔시에로Encierro'가 바로 이 경주를 말한다. 산 페르민 축제 기간인 7월 6일~14일 사이에 열리며, 도시 전체가 열기로 달아오르기 시작하면 잠잘 곳은 눈을 씻고 찾아봐도 없고, 모든 가격은 갑절로 뛴다.

우회로 [2] 에스타페타 카예가 끝나는 지점은 바로 팜플로나의 중앙 광장 플라사 델 카스티요Plaza del Castillo다. 아주 널찍하게 트인 이 광장에는 차양으로 그늘을 드리운 상점과 바, 카페들이 잔뜩 있다. 굉장히 호화스러운 아르데코(art deco; 1920~30년대의 장식 디자인 - 옮긴이) 풍 카페 이루냐Iruña를 놓치지 마라. 광장에서

카스티요 광장

조금만 걸어가면 로마네스크 양식으로 지어진 성 니콜라스 성당이 있다. 위치는 정신없이 붐비는 산 니콜라스 카예 중간쯤에 있다. 이 거리는 저렴한 펜션과 타파스 바로 가득 차 있다. 아니면 발길을 돌려 카피텔라 카예c/Chapitela를 걸어 카미노로 돌아가 콘시스토리알 광장Plaza Consistorial으로 갈 수도 있다. 이곳에는 외관의 유려한 장식이 돋보이는 시청이 광장을 내려다보고 있다.

우회로 [3] 나바르 박물관Museo de Navarra에 가 보고 싶다면 공회당 뒤쪽에서 오른쪽 길인 산토 도밍고 카예c/Santo Domingo를 따라가자. 길 끝에 중세의 순례자 병원이자 지금은 나바르 박물관 인 고풍스러운 건축물이 나온다. 1세기경부터 있 었던 로마 시대 건물이다. 카미노로 발길을 돌려 마요르 카예의 시작점으로 가면 지리적으로 팜 플로나의 한가운데에 도달하게 된다. 여기엔 13

콘시스토리알 광장의 팜플로나 시청

세기에 건립된 요새 성당인 산 세르닌San Cernin 성당이 있다. 예전에는 2층 이 순례자들의 주요 호스텔로 쓰였다. 팜플로나에 머무르고 있는 사람에게 는 스스로의 위치를 확인하기에 좋은 곳이다. 유용한 관광 안내소(948-206 540)가 근처에 있는데 캄파나 카예c/Campana를 따라 약 200m 내려가면 프란 시스코 광장Plaza de San Francisco과 에슬라바 카예가 만나는 지점 건너편에 있다.

2.3km 네거리 X-Cruce 푸엔테 델 이에로 카예와 이투라마 카예c/de Iturrama가 교차하는 지점이다. 아마이우르 우달 아카스톨라Amaiur Udal Ikastola 학교 캠퍼스는 교내 스포츠 홀을 일반인에게도 개방하고, 여름철 엔 순례자들에게 숙박 장소로도 제공한다.

현대적인 이투라마 구역에서 다른 호스텔을 찾으려면 교차로에서 오 른쪽으로 꺾어들어 연결된 도로를 300m 정도 걷는다. 이 길은 운동장 두 개를 싸고 돌며 피오 7세 아베니다와 연결된다(클리니카 대학Clinica Universitaria과 블랑카Blanca 호텔이 이 다음 교차로에서 보인다). 이 지역엔 수많 은 작은 펜션들이 있다. 파이비 2세&파이비 3세Payvi II &Payvi III (948- 278 508, 피오 7세 아베니다 30번지, 주유소 근처)와 파사데나Pasadena(948- 177 650, 피오 7세 아베니다 32번지)도 그중 일부다.

다시 푸엔테 델 이에로-이투라마 교 차로에서 길을 계속 가도록 하자. 차 들이 많이 지나다니는 나바르 순환도 로 아래를 통과해 대학 캠퍼스를 따 라 가다가 왼쪽 방향으로 꺾어 주도

사다르 강의 보행자 전용 다리

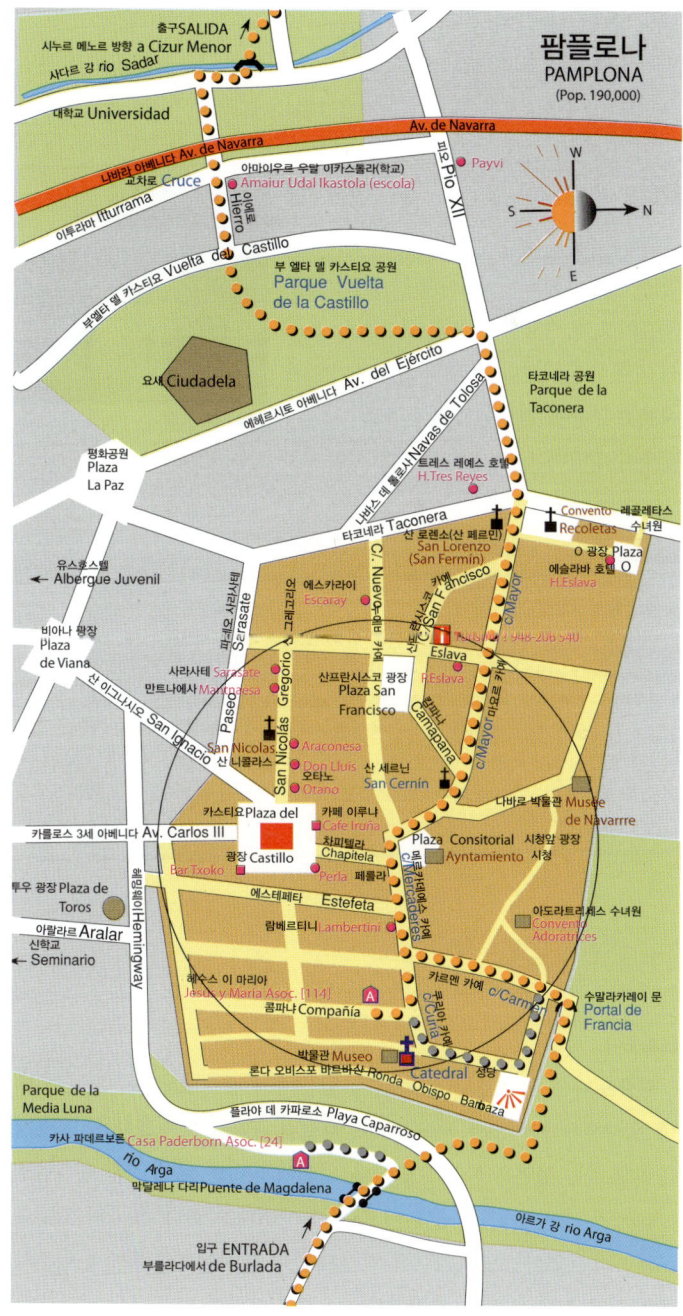

로를 따라간다. 그리고 다시 사다르 Sadar 강 쪽으로 0.3km를 걷는다. 계속 직진해서 엘로르스 Elorz 강을 건너고, 철길과 A-15 고속 도로를 건넌다. 그리고 주도로를 따라 오르막길을 1.4km 걸으면 시수르 메노르다.

2.8km 시수르 메노르 Cizur Menor 알베르게 론칼 Roncal(948-183 885)은 교차로 바로 위쪽(산 미겔 San Miguel 성당 아래)에 있다. 연중 무휴이고 순례자에게 아주 헌신적인 론칼 씨 가족이 운영한다. 50개의 침대(방 5개)와 예쁘고 조용한 정원을 포함한 모든 시설이 갖추어져 있다. 인기가 높아 금방 사람이 꽉 차는 알베르게다.

알베르게-론칼

Road Point 만약 알베르게가 다 찼다면 다른 방법이 있다.
1. 왔던 길을 되돌아가서 팜플로나나 그 근교(마을 버스가 이곳에서 도시 중심부까지 운행한다)에서 숙소를 찾는다.
2. 시수르 마이오르 Cizur Maior로 방향을 틀어 초현대식 4성 호텔인 AC 시수르 마요르 AC Zizur Mayor(948-287 119)나, 그보다 고풍스러운 분위기의 네케아 호스텔 Hostal Nekea(948-185 044, 트라베시아 산 프란시스코 Travesia 1번지)에 묵는다.(찾아가는 길 - 성당을 지나 오르막길로 향한다. 그 다음엔 호텔까지 고가 도로를 1.0km 정도 걷는다. 아니면 왼쪽으로 난 길을 따라 네케아 호스텔(0.7km)이 나올 때까지 간다. 시수르 메노르에서 총 1.7km이다. 이 지점에서 카미노로 돌아가는 가장 빠른 길은 갈라르 Galar 방향의 도로로 가는 것이다.)
3. 12km를 더 걸어가서 우테르가 Uterga에 있는 알베르게와 B&B에 묵는 방법도 있다.

한눈에 살피는 지역 정보

팜플로나

팜플로나는 인구가 지금도 늘고 있는(현재 대략 20만 명) 활기찬 대학 도시이다. 카미노와 역사적으로 밀접한 관계를 유지하고 있고 도시를 수호하는 성인은 산 페르민이다. 일설에 의하면 로마 장군 폼파엘로 Pompaelo가 기원전 1세기경에 이 도시를 세웠다고 한다. 도시의 길고도 드라마틱한 역사는 순례자들과 연관이 깊다. 이들에게는 특수한 신분하에 도시에서 정착하라는 제안이 주어졌고, 상당수가 이 유혹에 넘어갔다. 이런 식의 이주는 원래 살고 있던 주민과 지원을 받은 이주 정착민들 사이에 종종 사소한 질투심을 유발하기도 했다. 그래서 서로 분리된 거주 구역이 만들어졌는데, 이는 훗날 문화가 다른 거주민들 사이에 공공연한 적개심과 분노만 키우는 꼴이 되었다.

팜플로나 성당

1423년, 카를로스*Carlos* 왕은 순례자 조합의 특권을 마지못해 인정하게 되었고, 조합은 자신들의 특별한 지위를 도시의 전 지역에 확장하여 협동조합의 시대를 열었다. 카미노에 있는 에스테야 *Estella* 등의 몇몇 다른 마을과 도시들도 이와 비슷한 협의와 발전의 패턴을 좇았다.

팜플로나에서 여러 유적과 박물관들을 돌아보며 며칠 더 머무를 수도 있을 것이다. 아니면 대성당/순례자 호스텔에서 쿠리아 카예*c/Curia*(대성당 입구 맞은편)로 간다. 이 길은 그대로 메르카데레스 카예*c/Mercaderes*로 이어지고, 위쪽으로 올라가 산 사투르니노 성당*Iglesia San Saturnino*을 지나 좁은 골목인 마요르 카예로 들어서서 쭉 가면 레콜레타스 광장*Plaza Recoletas*(오른쪽)과 산 로렌소 성당*Iglesia de San Lorenzo*(왼쪽)이 나온다. 이 성당에는 팜플로나의 수호성인 산 페르민의 예배당이 딸려 있다. 이 지점에서 복잡한 도로를 건너 보스케시요 카예*c/Bosquecillo*로 접어들도록 하자. 타코네라 공원*Parque de la Taconera*(오른쪽)을 따라 난 길이다.

피오 7세 아베니다*Av. de Pio Ⅶ*와 에헤르시토 아베니다*Av. del Ejército*가 만나는 교차로(횡단보도가 있다)에서 왼쪽 대각선 방향으로 건넌다. 그리고 역사 깊은 별 모양의 요새*ciudadela*(왼쪽)를 둘러싸고 있는 비교적 조용한 공원을 통과하자. 공원을 중간 정도 지날 때쯤엔 오른쪽 방향을 가리키는 화살표가 있는지 잘 살펴야 한다. 부엘타 델 카스티요 카예*c/Vuelta del Castillo*를 건너 푸엔테 델 이에로 카예*c/Fuente del Hierro*로 접어든 후 이 길을 계속 따라가자. 가로수가 늘어선 현대적인 도로이다.

시수르 메노르

팜플로나의 부유한 교외 주택지다. 예전에는 예루살렘 성 요한 기사단의 영지였고, '자비의 성모 마리아*Nuestra Senora del Perdon*'를 섬겨 순례자들에게 숙박을 제공하기도 하였다. '자비의 성모 마리아'는 이 지역 사람들이 가장 애모하는 대상이었고, 지금도 그 사실은 변함이 없다. 높은 지역에 있는 건물은 대천사 성 미카엘에게 봉헌된 12세기 로마네스크 양식의 산 미겔 아르크앙헬 성당*Iglesia de San Miguel Arcangel*이다. 식당들이 몇 군데 있고(저녁에는 종종 문을 닫는다), 바와 약국이 하나씩 있다.

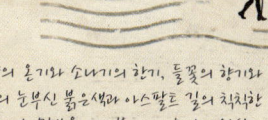

3day note

"산만된 느낌들. 시골의 한적함과 도시의 번잡함, 태양의 온기와 소나기의 한기, 들꽃의 향기와 불에 타고 있는 쓰레기의 악취, 지천으로 널린 양귀비꽃의 눈부신 붉은색과 아스팔트 길의 칙칙한 회색. 나는 가방을 깔고 앉아 들판의 풀들과 바람에 흔들리는 밀밭을 바라본다. 내 눈앞엔 화실의 성찬 같은 점심이 펼쳐져 있다. 이 지방 특산 치즈와 이동식 빵집 밴에서 얻은 갓 구운 빵. 나는 최상의 행복을 느낀다."

'산티아고 데 콤포스텔라'까지 724.9km(450.0마일)

시수르 메노르에서
푸엔테 라 레이나까지-19.0km

	길/트랙	17.1km	90%
	부도로	1.5km	8%
	주도로	0.4km	2%
Total km	총 거리	19.0km(11.8마일)	
	경사로 감안 거리	20.7km(경사로 350m=1.7km로 계산)	
Alto	최고점	페르돈 봉 790m(2,590피트)	

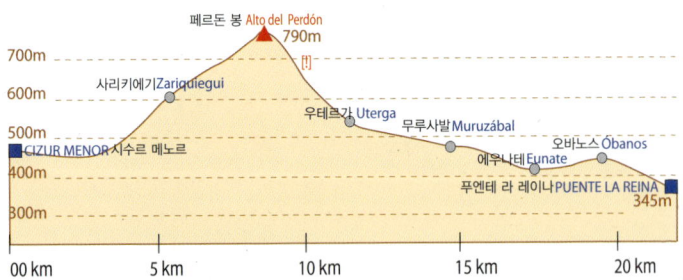

Road Point 이번에 걷게 될 길은 나무가 거의 없고 그늘도 별로 없다. 앞쪽에는 언덕이 줄지어 있고 그 위 지평선엔 풍력 발전기들이 눈에 들어온다. 가파른 오르막길을 걸어 '자비의 언덕Alto de Perdon'에 있는 생태 공원parque ecologico의 한가운데를 통과해 지나가야 한다. 언덕에 오르면 뒤쪽으로 팜플로나의 멋진 경관이 펼쳐진다. 남쪽으로 시선을 돌리면 저 멀리 몬레알Monreal의 이가Higa 봉우리가 잘 보인다. 그 앞은 레이레 산맥Sierra de Leyre과 솜포르트 고개Somport Pass가 있는데, 카미노 아라고네스Camino Aragonès에서 솜포르트 고개를 통과해 에우나테로 오면 현재의 루트와 만난다. 정상에 올라 서쪽 아르가 계곡 방향을 바라보면 앞으로 지나야 할 마을들이 한눈에 들어온다. 내리막도 아주 가파르니 주의해라. 흔들거리는 돌을 밟으면 발목을 삐기 딱 좋다.

04

CIZUR MENOR - PUENTE LA REINA - 19.0 km

산티아고 아포스톨 **Santiago Apostol Priv.*[100]**

푸엔테 라 레이나 **PUENTE LA REINA**
(Pop. 2,500 – Alt. 350m)

아르가 강 rio Arga

레파도레스 신부회 **Padres Reparadores Conv.[100]**

알베르게 **Albergue** 4.4 | 2.3 **Albergue** 알베르게

← **Jakue Priv.*[38]**

아르노테기 **Arnotegui**

N-111
A-12

Casa Ossés 카사오세스
OBANOS 오바노스

Juan Irisarri Priv.[36]
1.8 **Albergue** 알베르게

에우나테 **Eunate** 2.5

Camino Aragonés 카미노 아라고네스

2.6 **Muruzábal** 무루사발

알베르게 **Albergue** 3.7 | **UTERGA** 우테르가 **Muni.[2]**
카미노 델 페르돈 **Camino del Perdon Priv.[18]**

W 일몰
S
E 일출
N

페르돈 봉 **Alto del Perdón**
Alt. 790m 2.4
← monumento peregrino
← **Fuente Reniega** 포기의 샘

Zariquigui Priv.[16]
성당/석수대 **Iglesia / Fuente** 3.6
사리키에기 **ZARIQUIEGUI**

A-12

갈라르 **Galar**
Cruce 2.6

겐둘라인 (유적) **Guenduláin (Ruinas)**

Nekea 네케아
시수르 마요르 **Cizur Maior**
AC 시수르 마요르 **AC Zizur Mayor**

로마니카 샘 **Fuente Romànica**
론칼 **Roncal Priv.**
알베르게 **Albergue** 0.0

시수르 메노르 **CIZUR MENOR**
(Pop. 700 – Alt. 480m)

N-111

시수르 메노르를 떠나며

> **soul road** 🍂🍂
> 계절마다 자연은 각자 다른 색깔의 옷으로 갈아입는다. 당신 내면의 풍경은 어떤 계절인가? 삶의 계절은 계속해서 다시 돌아온다. 겨울의 어둠 뒤에는 다시 한여름의 밝은 빛이 찾아오고, 이 높고 낮은 지점들 사이엔 빛과 어둠이 완벽하게 균형을 이루는 춘분과 추분이 있다. 우리의 삶은 정신없이 바쁜 자아와 영혼의 실존 사이에서 올바른 균형을 이루고 있는 것일까?

순교차로에서 오른쪽으로 꺾는다(만약에 팜플로나에서 바로 오는 길이라면 계속 직진한다). 교차로를 지나면 바로 오른쪽 방향으로 가도록 하자. 그리고 펠로타 경기장을 지나서 새로운 주거 단지가 조성되고 있는 곳을 통과해 계속 간다. 사리키에기 *Zariquiegui*(지평선에 보이는 풍차 아래쪽에 있다) 마을까지 쭉 연결된 비포장도로가 나올 때까지 가면 된다. 길은 넓게 트인 경작지를 통과해 나 있고, 왼쪽 언덕 위에 보이는 갈라르 *Galar* 마을로 이어지는 아스팔트 도로를 가로지른다. 샤를마뉴의 기독교 군대가 아이골란도 *Aigolando*의 무슬림 군대에게 패배했던 바로 그 땅이다. 주도로와 도시를 바로 뒤에 두고 있다는 사실을 떠올리기 어려울 만큼 평화로운 곳이다. 길을 더 나아가 개울을 건너면 나지막한 오르막길이 시작된다. 겐둘라인 *Guendulain* 궁전(오른쪽 숲속에 있다. 일단 나무가 줄지어 있는 길을 잘 파악하기만 하면 유적을 돌아보는 것도 가능하다)의 잔해가 남아 있는 유적지를 우회하는 길이다. 길은 사리키에기로 이어진다.

3.6km 사리키에기 *Zariquiegui* 산 안드레스 *San Andres* 성당과 식수대[F]가 있는 성당 현관의 아름다운 로마네스크 양식이 눈에 띄는 곳이다. 마을을 통과해 계속 걸어 가파른 길을 오르면 이제 풍력 발전기들이 있는 곳으로 향하게 된다. 언덕 꼭대기에 도달하기 450m 전쯤에 식수대[F]가 왼쪽에 있다(보통은 바싹 말라 있다). 감베야코스 *Gambellacos*로 표시되어 있는데, '포기의 샘 *Fuente Reniega*'에 얽힌 옛 전설을 기념하여 현대에 만들어진 구조물이다. 이 지점에서 마지막으로 팜플로나와 저 멀리 있는 피레네 산맥을 돌아볼 수 있다.

2.4km 페르돈 봉 *Alto del Perdon* (해발 790m) 서풍이 불어오는 방향으로

머리를 돌리고 있는, 쇠로 만든 중세 순례자들의 상이 특징이다. 안내판에는 이 지역의 약도와 이곳에서 추진하고 있는 환경 친화적 프로젝트(재생 가능한 에너지)에 대한 간략한 설명이 나와 있다. 앞쪽을 바라보면 서쪽 루트가 있는 길 아래쪽으로, 앞으로 지나가야 할 마을들이 쭉 펼쳐진다. 꼭대기에 암자가 있는 아르노테기 산 *Monte Arnotegui* 의 봉우리는 저 지평선 부근에서 보일락말락하는 레이나 다리를 굽어본다. 흔들거리는 돌들을 주의해서 내려가자[!]. 그리고 관목지를 통과해 비옥한 붉은 토양, 포도밭, 아몬드나무들이 있는 아래쪽으로 가도록 한다. 이 길은 아름다운 산등성이를 따라 내려가 우테르가의 한적한 시골길과 만난다.

3.7km 우테르가 *Uterga* [F] 중앙 광장 분수 바로 맞은편에 지자체 호스텔이 있다. 1년 내내 문을 열고 아주 작은 방안에 2층 침대 한 개와 (아마도) 두 사람 정도가 누울 수 있는 바닥이 있다. 샤워 시설과 화장실은 딸려 있지 않다. 주방이나 다른 시

알베르게-카미노 델 페르돈

설은 없지만 유지는 잘 되고 있다. 알베르게 카미노 델 페르돈 *Camino del Perdon* (948-344 661) 역시 마요르 카예에 있는 현대적인 사설 호스텔이다. 연중무휴이고 18개의 침대와 함께 별도 객실도 운영되고 있다. 휴게실에 주방은 없지만 순례자 메뉴가 나오는 바와 레스토랑이 있다. 만약 묵을 곳이 전혀 없을 때는, 고딕 양식으로 지어진 교구 교회의 넓은 포치를 이용하자. 교회 안에 맑고 신선한 물이 나오는 식수대[F]가 있다(아마 팜플로나에서 가져 온 남은 물을 비워 버리고 여기서 물을 다시 채우고 싶어질 것이다). 한적한 시골길은 무루사발로 이어진다.

2.6km 무루사발 *Muruzábal* 성 야고보의 상이 서 있는 산 에스테반 *San Esteban* 교회가 있고, 중앙 광장엔 식수대[F]와 바, 약국이 있다.

우회 루트

에우나테 우회 루트(추천 루트) 이 짤막한 우회 루트는 가던 길을 바로 가는 것보다 2.8km 정도가 더 소요된다(에우나테에 잠깐 들르는 것까지 합해서 1시간 정도 소요). 마을 입구(시청 맞은편)에서 성당을 지나 왼쪽으로 꺾는다. 그리고 길이 꺾어지는 곳에 있는 주택이 뒤를 돌아 왼쪽 방향으로 가서(이 시점에서 에우나테가 앞에 보이기 시작한다) 널따란 논길로 내려선다. 길은 주도로를 가로지르기 전에 작은 예배당 Ermita을 지나친다. 도로를 건너면 에우나테 성당으로 이어지는 가로수길이다. 12세기 로마네스크 양식으로 지어진 이 아름다운 건축물의 이름은 산타 마리아 데 에우나테 Santa María de Eunate 성당이고, 카미노의 보석 중 하나로 손꼽힌다.

2.5km 에우나테 성당과 호스텔 성당은 오랫동안 카미노를 걷는 순례자를 수호했던 템플 기사단과 연관이 있다. 토레스 델 리오 Torres del Rio에 있는 성당과 많은 점에서 비슷한데, 팔각형의 모양이라든지 예루살렘에 있는 성묘를 모방한 형태, 간소한 내부 등이 그렇다. 역시 기사단과 연관이 되어 있다는 특징도 있다. 하지만 특이하게도 에우나테 성당 외부에는 장려한 포치가 있다. 성당을 에워싼 똑같은 모양의 우아한 기둥들이 이 포치를 지탱한다(월요일엔 포치를 개방하지 않는다. 하지만 건물의 형태나 외부 회랑 같은 것을 보기만 해도 충분히 가치가 있다). 관리인인 마릴루스 Mariluz와 한 Jan은 애정을 담아 성당을 돌보고 있고, 사람들에게 그레고리오 성가에 얽힌 이야기들을 상세히 들려준다. 근처에 있는 이들의 집도 순례자들을 위한 휴식처로 쓰이는데, 순례자 스탬프를 순례자들에게 찍어준다. 작은 사설 호스텔도 있는데, 기본적인 시설을 갖추었으며 8명 정도의 순례자들이 묵을 수 있다.

오바노스 Obanos를 경유해서 푸엔테 라 레이나로 가는데, 다시 무루사발로 되돌아 갈 필요는 없다. 그냥 알베르게를 지나서 야외 쉼터를 통해 계속 가면 된다. 주도로를 다시 건너면(1.1km) 길은 포장도로로 바뀐다. 연결된 도로(무루사발 방향)를 건너 오바노스 마을(1.2km) 쪽으로 계속 가자. 오바노스는 마을 광장에서 원래 카미노와 다시 만나게 될 때쯤이면 눈에 아주 잘 들어올 것이다.

1.8km 오바노스 광장 Obanos Plaza 이곳에 도착하면 오른쪽에서 메인 루트와 다시 만나게 된다.

무루사발에서 오바노스로 바로 가려면 주도로를 따라 계속 가다가 마을을 나서자마자 오른쪽으로 빠진다. 이 길은 새로 생긴 우회로 아래에 있는 부도로와 나란히 나 있는 오솔길이고, 유서 깊은 오바노스 마을로 이어진다. 1.8km쯤 가면 언덕 위에 자리 잡은 오바노스 마을이 또렷이 보인다. 이제 화려한 문양으로 장식이 된 석조 건물들이 있는 조용한 길을 따라 조금 더 가면 오바노스 광장과 알베르게가 나온다.

1.8km 오바노스 광장과 알베르게

인상적인 교구 교회와 그늘진 수도원 맞은편에 오바노스 광장과 알베르게가 있다. 14세기 나바르의 귀족들은 이곳에 모여 군주제의 권력을 제한하기 위한 노력을 펼쳤다. 그들의 모토는, 간단히 말해 '국민과 국가를 위

오바노스 광장과 알베르게

한 자유'였다. 인상적인 신 고딕 양식의 '세례자 산 후안 *San Juan Bautista*' 성당에는 아름다운 레타블로(*Retablo*: 종교적인 그림의 일종 – 역주)와 성 야고보의 상이 있다. 성 윌리엄의 유골 역시 은으로 된 유골함에 담겨 이곳에 보관되어 있다. 이 유골 덕분에 이곳에서는 몇 년마다 한 번씩 종교적인 연극이 공연된다.

산 로렌소*San Lorenzo* 6번지에 있는 중앙 광장 모퉁이에는 눈에 아주 잘 띄는 사설 호스텔(676 – 560 927)이 있다. 거의 1년 내내 문을 연다. 침대는 36개(방 3개)가 있고 뒤뜰을 포함한 모든 시설을 갖추고 있다. 겨울철 휴게실에는 덮개 없는 난로가 제공된다. 오세스*Osses CR*(948 – 344 261)는 산 히예르모 카예*c/San Gillermo* 3번지에 있는 B&B다. 마을에는 이바르베로아*Ibarberoa*(성당 뒷골목에 있다)라는 바 겸 레스토랑과 광장 상점(확실치는 않다)도 있다. 오바노스를 나서면 가파른 언덕길을 내려가 강 위로 난 주도로를 건너고 들판을 가로지르는 넓은 길을 따라 가자. 이 길은 푸엔테 라 레이나에서 다시 한 번 강을 건넌다.

2.3km 푸엔테 라 레이나 *Puente la Reina*

알베르게 콘벤토*Convento*의 주소는 크루시피호 카예*c/Crucifijo* 1번지로, 마을에 들어서면 주도로 바로 곁에 있다. 레파라도레스 신부회*Padres Reparadores*(948 – 340 050)에서 운영하는 수도원 호스텔이다. 연중무휴이

알베르게 – 파드레스 레파라도레스

고 최근에 개보수한 건물에 100개의 침대(방 12개)를 갖춰 놓고 있다. 편의 시설도 모두 구비되어 있고 넓은 뒤뜰도 있다.

오바노스에서 그대로 루트를 따라 오면 바로 원조 순례자 호스텔(이 안내서에서 거리를 측정한 기준이 되는 곳이다)에 도착하게 된다. 호스텔은 편

리하게도 '십자가의 성당 Iglesia del Crucifijo' 맞은편에 있는데, 이 성당은 적어도 3번은 이름이 바뀌고 3개의 다른 기사단에 의해 운영된 역사를 지니고 있다. 원래는 템플 기사단의 가호를 받는 '초원의 성모 마리아 성당 Iglesia Santa Maria de las Vegas'으로 알려져 있었다. 기사단이 그 지위를 박탈당한 뒤 성당은 '성 요한의 구호 기사단'이 돌보게 되었고 이름은 '산토 크리스토 성당 Iglesia Santo Cristo'으로 바뀌었다. 독특한 'Y' 자 모양의 14세기 고딕 양식 십자가가 독일로부터 중세 순례자들에 의해 이곳으로 옮겨진 후 그런 이름이 붙었다. 지금은 맞은편 신학교(돌로 만든 아치로 연결되어 있다)의 레파라도레스 신부회가 관리하고 있다. 마을에 들어가려면 아치 밑을 지나 번화한 N-111 도로를 건너 마을의 중심가인 마요르 카예로 가면 된다. 다른 바와 식당들은 N-111 도로의 옆쪽, 나무들이 줄지어 있는 광장에 도로와 나란히 위치해 있다.

알베르게 하쿠에 Jakue는 바로 앞쪽에 있으며 3성 호텔인 하쿠에(948-348 017)의 일부분이다. 이 호텔이 지하실을 순례자 호스텔로 남겨 두고 있다. 4월부터 9월까지 문을 열고 60개의 침대를 갖추고 있다(큰 방이 두 개지만 작은 방들에는 2층 침대들이 들어차 있다). 식당이 있는 여느 숙박 시설과는 달리, 괜찮은 주방 시설과 다이닝룸, 휴게실과 더불어 모든 편의 시설도 함께 갖추고 있다. 창문이 없긴 하지만, 대신 사우나 시설이 갖추어져 있다. 숙박 요금은 7유로지만 혼자 방을 쓰려면 70유로다. 주도로에 있는 호텔 근처에는 현대에 만들어진 순례자 상이 세워져 있다. 나바르세 Navarrese와 아라고네스 Aragonés 루트가 만나는 지점을 표시하는 것이다.

알베르게 산티아고 아포스톨 Santiago Apostol(948-340 220)은 마을 끄트머리에 있는 큰 네트워크 호스텔이고 중세의 순례자 다리를 건너는 길과 바로 맞닿아 있다. 언덕 위에 있는 공장같이 생긴 건물로, 오르막 400m를 포함해 순례자 호스텔에서

알베르게-산티아고 아포스톨

1.1km 떨어져 있다. 하지만 다음날 출발할 때는 편하다. 연중무휴이고 100개의 잠자리가 있다(60개는 큰 도미토리 안에, 나머지는 10개씩 4개의 방에 나눠져 있다). 주방은 없지만 바와 식당에서 저녁과 아침을 판다.

마을엔 우체국을 포함한 모든 상점들이 다 있다. N-111 도로가 마요르 카예와 교차하는 지점 근처이다. 아마도 바로 지금이, 더 이상 필요 없다는 사실을 깨닫게 된 물건들을 집으로 부쳐야 될 시점이 아닐까? 관광안내소(948-340 845)는 시청 안에 있다. 시청은 중심부에 있는 메나 광장*Plaza Mena*에 위치해 있다. 마요르 카예는 유서 깊은 분위기와 아름다운 산티아고 성당*Iglesia de Santiago* 부지를 잘 간직하고 있는 중심가이다. 12세기 양식의 외관을 한 산티아고 성당에는 어두운 내부에 찬란한 색채를 더해 주는 산티아고 페레그리노*Santiago Peregrino*의 황금색 상 등이 있다. 순례자 다리와 가까이 있는 산 페드로 아포스톨 성당*Iglesia San Pedro Apostol*에는 '푸이의 성모 마리아*Nuestra Senñora del Puy*', 다른 이름으로 '새의 성모 마리아*N.S del Chori*' 상이 있다. 여기엔 예쁜 전설이 전해 내려오는데, 이 상이 예전에 다리의 벽감(석상 등을 두기 위한 움푹 들어간 곳 - 역주)에 있을 때 새가 매일같이 날아와 얼굴을 닦아 주었다는 이야기다.

※ **기타 숙박 시설**: 엘 페레그리노*El Peregrino*(948-340 075)는 마을 인구가 하쿠에 호텔 근처에 있다. 비데안*Bidean*(948-341 156)은 마요르 카예 20번지에 있는데 예쁘게 단장된 주택이며 방들이 꽤 괜찮다. 로스 푸에로스 거리*Paseo de los Pueros*(N-111)를 따라서 바와 카페들이 있고 마요르 카예엔 상점과 음식점이 있다.

한눈에 살피는 지역 정보

레이나 다리 (가레스Gares)

원래 명칭은 아르가 다리*Puente de Arga*였는데, 산초 3세의 부인인 도냐 마요르*Doña Mayor*를 기려 '왕비의 다리*Puente la Reina*'로 개명되었다. 왕비는 점점 큰 폭으로 늘어나는 중세 순례자들의 안전한 통행을 위해, 로마네스크 양식의 아름다운 다리를 만들도록 명령했다. 이 다리에 있는 6개의 아치는 물살이 센 아르가 강(우리가 수비리에서 라비아 다리를 건널 때와는 비교도 안 되게 수량이 불어나 있을 것이다) 양끝을 잇는다. 샤를마뉴가 시수르에서 무어인들과 싸워 승리한 전투 후에 이 마을에 머물렀던 것으로 전해진다. 인구가 2천 명 정도인 이 마을은 팜플로나와 에스테야*Estella*를 잇는 혼잡한 N-111 도로 양쪽에 걸쳐 있으며, 두 도시 모두와 연결되는 버스 노선이 있다.

4day note

"시수르 메노르로 가는 길에 그녀를 보았다. 자그마한 몸으로 땡거미가 지는 길을 혼자 걷고 있었다. 우린 둘 다 마리벨 롱갈 호스텔이 안식년을 맞아 문을 닫았다는 사실을 알지 못한 채 호스텔로 가고 있었다. 해늘 기울어 밤이 되었고 우리는 어떻게 해야 할지 고민했다. 그녀는 돈을 가지고 있지 않은 젊은 학발 수도사였고 자애로운 마음에서 우리나는 적선만 받아들였다. 바에서 순례자를 위한 간편한 식사를 받아들었으나 비상금은 거절했다. 반면 나는 두려움에 사로잡힌 채 지갑에 페세타(peseta: 스페인 화폐 단위 — 옮긴이)와 신용카드를 잔뜩 채워 넣고 있었다. 그녀는 자유로웠고, 두려움도 없었으며, 한 사람의 인간으로서 주위 사람들의 선함을 주저 없이 신뢰했다. 그녀의 용기와 믿음은 내게 자격지심을 남겼다. 내가 가진 의심과 함께에 대한 불편한 감정과 함께."

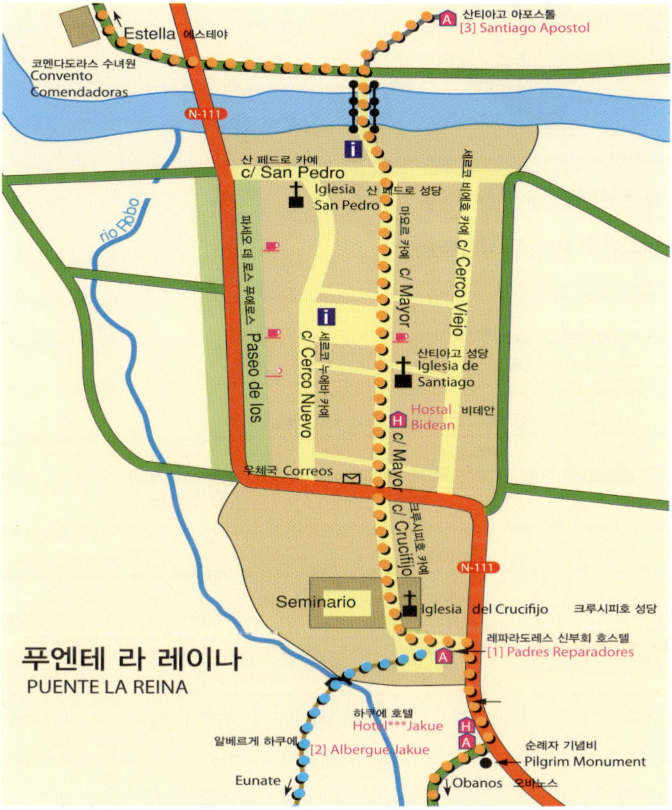
Estella 에스테야
코멘다도라스 수녀원
Convento
Comendadoras
산티아고 아포스톨
[3] Santiago Apostol
N-111
산 페드로 카예
c/ San Pedro
Iglesia
San Pedro
산 페드로 성당
rio Robo
파세오 데 로스 푸에로스
Paseo de los
세르코 누에보 카예
c/ Cerco Nuevo
마요르 카예
c/ Mayor
세르코 비에호 카예
c/ Cerco Viejo
산티아고 성당
Iglesia de
Santiago
Hostal
Bidean
비데안
우체국 Correos
c/ Mayor
c/ Crucifijo
크루시피호 카예
N-111
Seminario
Iglesia del Crucifijo
크루시피호 성당
레파라도레스 신부회 호스텔
[1] Padres Reparadores
푸엔테 라 레이나
PUENTE LA REINA
하쿠에 호텔
Hotel***Jakue
알베르게 하쿠에
[2] Albergue Jakue
순례자 기념비
Pilgrim Monument
Eunate
Obanos 오바노스

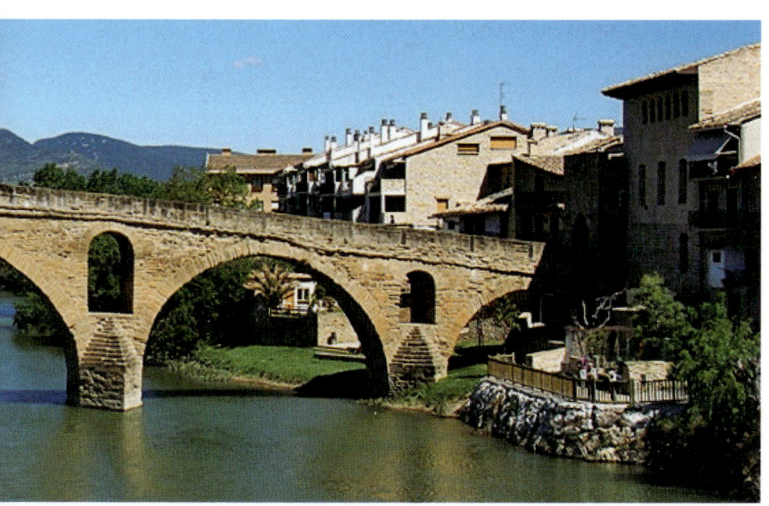

05 day

'산티아고 데 콤포스텔라'까지 | 703.6km(437.2마일)

푸엔테 라 레이나에서
에스테야까지 - 21.9km

	길/트랙	18.6km - - - - 85%
	부도로	3.3km - - - - 15%
	주도로	0.0
Total km	총 거리	21.9km(13.6마일)
	경사로 감안 거리	23.4km(경사로 300m=1.5km로 계산)
Alto	최고점	비야투에르타 봉 1,515m(1,673피트)

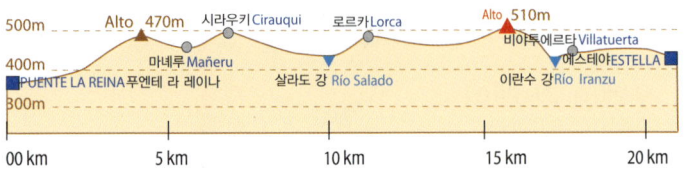

Road Point 나무가 별로 없고 쉴 만한 곳도 적은, 완만한 경사가 오르락내리락하는 농지와 포도밭을 통과하는 오솔길이다. 시라우키Cirauqui와 로르카Lorca 사이는 고대 로마 길의 전형을 보여주는데, 기분 좋게도 85%는 자연적으로 생긴 오솔길이다. 첫 구간은 새로 만들어진 고속 도로와 나란히 나 있는, 심하게 침식된 보행로를 숨 가쁘게 올라야 한다. 마지막 구간에는 한적한 우회로가 있다.

ᛏᛏ 푸엔테 라 레이나를 떠나며

> **soul road** 🟤🟤
> 잠시 멈춰 서서, 언덕 위를 가로질러 서 있는 고대의 석조 십자가들을 살펴보자. 차를 탄 여행자들이 순식간에 지나쳐버리는 사실이 의아하게 느껴지지 않는가? 저 석조상들의 아름다움과 그것을 조각한 석공의 장인 정신을 미처 보지 못하고 진정한 의미를 깨닫지 못하는 것은 아닐까? 현대의 숨 가쁜 삶 속에서 우리는 진정 중요한 것들을 너무나 많이 놓치고 있다. 집으로 향하는 길 위에서 멈춰 서서 오늘을 반성해보는 것은 어떨까?

크루시피오 성당Iglesia del Crucifijo과 파드레스 레파라도레스를 연결하는 아치 밑을 지나 N-111 도로를 건너 유서 깊은 마요르 카예를 쭉 따라간다. 산티아고 성당(오른쪽)을 지나 유명한 12세기의 순례자 다리(0.3km)를 건넌다(길을 따라 쭉 가면 산티아고 아포스톨 알베르게가 바로 앞에 있다). 다리를 건너자마자 왼쪽으로 꺾어 주도로를 가로지른 다음, 코멘다도라스 델 에스피리투 산토Comendadoras del Espiritu Santo 수도원[F]이 있는 '수녀 마을Barrio de las Monjas' 쪽으로 간다. 여기서 다시 아르가 강이 보이는데, 비포장도로를 따라 걷다가 오른쪽으로 빠지도록 하자. 가파른 골짜기를 따라 언덕을 올라가면 13세기 유적인 보고타 수도원(3.9km)과 현대식 야외 쉼터가 나온다. 그리고 그 바로 위에는 식수대[F]가 새 고속 도로와 접해 있다. 이곳에서는 아르가 강(아라곤 강, 에브로 강과의 합류 지점으로 흐른다. 세 강이 합류한 후에는 로그로뇨를 관통한다)이 내려다보이는 남쪽 경치가 무척이나 좋다. 아르가 계곡을 뒤로하고 봉우리 꼭대기 쪽으로 0.2km를 더 걸으면 다음은 마녜루로 가는 완만한 내리막이다.

4.8km **마녜루** *Mañeru* 중세 시대에 이 지역에 많은 영향을 미쳤던 성 요한 기사단, 템플 기사단과 연관이 있는 마을이다. 18세기에 지어진 성 페테르 교구 교회가 바, 가게와 인접해 있다. 숙박 시설로는 B&B인 이사벨Isabel(948-340 283)이 있다. 한가로이 굽이치는 거리는 '피할 수 없는 길'이라는 의미를 지닌 포르소사 카예c/Forzosa(스페인어 'forzosa'는 '의무적인, 피할 수 없는'의 뜻이 있다-옮긴이)를 통해 묘지까지 이어진다. 묘지 다음으로는 올리브나무가 군데군데 자라고 있는 포도밭을 지나가게 된다. 이 평화로운 시골길은 시라우키로 이어진다.

시라우키로 향하는 순례자들

3.0km 시라우키|*Cirauqui(Zirauki)* 언덕 위에 있는 중세풍의 마을이다. 좁고 구불구불한 거리들, 화려한 발코니가 있고 옛 문장이 새겨진 건물들, 멋진 마을 광장 등이 아름답게 잘 보존되어 있다. 겹겹이 쌓인 나뭇잎 모양의 현관이 있는 13세기의 산 로만*San Roman* 성당이 있으며 성 캐서린 *Santa Catalina* 성당 역시 13세기에 지어진 건축물이다. 이곳의 알베르게는 마을에서 운영하는 기초 지자체 호스텔로, 방 하나에 14개의 침대가 있으며 작은 주방 겸 다이닝룸이 딸려 있다. 광장에 들어서기 전 오른쪽에 있는 오래된 건물인데, 좁은 골목에 있어서 여름엔 태양빛을, 겨울엔 바람을 피할 수 있다. 마랄로츠*Maralotx* 사설 호스텔(678-635 208)도 있는데, 마을 꼭대기에 있는 산 로만 광장*Plaza San Roman*에 있는 성당 맞은편에 위치한다. 28개의 침대(독실도 있다)와 아침, 저녁이 나오는 식당을 포함한 모든 시설을 갖추고 있다.

중앙 광장에서 아치를 통과하여 마을을 떠나면 카미노 상에 있는 대표적인 로마 시대 도로로 들어서게 된다. 계속해서 로마

알베르게-마랄로츠 사설 호스텔

다리를 건너 N-111 도로를 가로질러 비포장 길로 가도록 하자. 길은 탁 트인 경작지를 가로지르며 완만하게 뻗어 있고, 가파른 고갯길을 오르기 전까지는 새 고속 도로와 나란히 가게 된다. 고갯길은 새로 만들어진 수도교 아래의 오른쪽으로 꺾는 지점에서 급하게 부도로로 내리막을 탄다. 그리고 왼쪽으로 소금강, 즉 살라도 강rio Salado에 가로 놓인, 낡았지만 아름다운 중세 돌다리를 건넌다. 고속 도로 밑 굴다리(이 지방의 예쁜 돌로 세심하게 마감되어 있다)를 통해 왼쪽으로 향하면 로르카 마을에 닿는다.

5.7km 로르카 Lorca 12세기에 만들어진 산살바도르San Salvador 성당이 있다. 이 흥미로운 마을은 원래 론세스바예스에 있는 수도원과 연계된 순례자 호스텔 부지였다. 그리고 지금은 1년 내내 문을 여는 2개의 사설 호스텔이 있다. 라 보데가 델 카미노La Bodega del Camino(플라세타 카예 c/Placeta 8번지, 948-541 162)는 옛 석조 건물을 복원한 네트워크 호스텔이며 36개의 잠자리(2층 침대가 있는 도미토리와 독실)가 있고, 인기 좋은 식당도 자리를 잡고 있다. 로르카 마요르 카예 40번지(648-541 190)에 있는 알베르게는 4개의 방에 14개의 잠자리가 마련되어 있다(취사 시설은 없다). 마을을 나서면 루트는 잠시 주도로로 되돌아갔다가 왼쪽으로 꺾여 경작지와 아스파라거스 양식장을 통과한다. 그 다음 새로 생긴 우회로 아래를 지나면 다리가 나온다. 현대식 아파트 건물들을 배경으로 한, 복원된 중세 다리를 건너면 비야투에르타 다리에 다다른다.

4.7km 비야투에르타 다리 Villatuerta Puente 마요르 카예에 있는 호스텔은 현재 문을 닫았다. 하지만 주도로 위에는 괜찮은 바 겸 식당인 라라Lara가 있다(400m). 다리 건너편에 14세기 건축물인 '성모 승천 성당Church of the Assumption' [F]이 있다. 주변은 한 단 더 높게 판석으로 깔려 있고, 로르카에서 온 루트가 보인다. 남쪽으로는 후라 산Monte Jurra이 눈에 들어온다.

우회 루트

1090년에 에스테야가 생기기 전, 초창기 순례자들은 남쪽 방향으로 노발레타*Novaleta*, 에차바라*Echavarra*, 사라푸츠를 경유해 이라체*Irache*에 있는 수도원으로 직행하는 루트를 이용했다. 지금도 이 길이 남아 있는데, 루킨*Luquin*을 경유해 로스 아크로스*Los Arcos*로 가는 루트를 알려주는 이정표에 작게 표시되어 있다. 현재 이 루트는 길 표지가 잘 되어 있는 아주 쾌적한 우회로이기도 하다. '프랑스 길'을 이전에 걸어본 경험이 있거나, 지금 동행이 있지만 잠시 떨어져 홀로 걷다가 나중에 다시 만나 개인적인 감상들을 함께 나누는 경험을 해 보고 싶다면, 이 루트를 따르는 것도 좋을 것이다. 이 짧은 구간을 경험하고 나면, 나중에 다른 우회로를 만나더라도 자신 있게 걸을 수 있다. 나는 이 우회로를 2008년 9월에 걸었고 그 루트를 온전히 나 자신의 것으로 만들었다. 메인 카미노가 순례자들의 물결로 끊임없이 북적대는 동안 아무도 만나지 않고 홀로 여행한 그 길을 말이다.

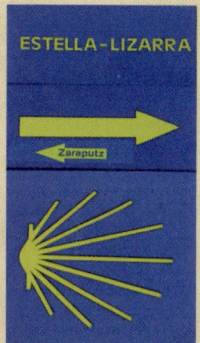

성당 측면을 빙 둘러 왼쪽으로 꺾어 T자 교차로에서 오솔길과 첫 번째 표지판이 나올 때까지 쭉 간다(0.1km). 길은 이제 공장 옆쪽에서 내리막이 되고 노벨레타*Novaleta*(1.6km)로 가는 진입로 아래를 지나 A-12 고속 도로(0.4km) 밑을 통과한다. 강을 건너면(0.5km) 길은 이제 가파르게 0.4km 정도 오르막길로 이어져 사라푸츠로 간다.

3.0km 사라푸츠 *Zaraputz* 아름다운 언덕(440m) 위에 15세기의 순례자 호스텔 유적이 남아 있다. 보행자용 다리(0.7km)를 건너 계속 걸어가면 봉우리(515m) 하나를 다시 오르게 된다. 에스테야가 저 앞에 처음으로 보이게 되는 곳이다. 산길은 언덕을 끼고 돌아 다시 묘지(1.4km)로 이어진다. 아스팔트 길을 벗어나자마자(0.4km) 왼쪽으로 방향을 튼 다음 농지가 나오기 바로 전에 오른쪽으로 꺾도록 하

중세의 순례자 호스텔-사라푸츠

자. 그리고 옛 길(0.4km)을 건너 털가시나무 숲으로 접어든다. 길은 이제 숲속 내리막길로 0.8km 정도 이어져 루트 표지판에 다다른다.

3.7km 옵션 [?] 루트를 선택할 수 있는 표지판이 있다. 루킨/로스 아크로스로 바로 이어지는 길로 계속 가거나, 에스테야/몬하르딘*Monjardin*으로 향하는 루트를 선택하면 된다. 이 길은 A-12 도로 아래를 지나 다음 옵션 표지(왼쪽으로 가면 몬하르딘, 오른쪽으로 가면 에스테야와 이라체에 있는 수도원(0.5km))까지 이어진다.

원래의 루트로 돌아와, 이제 번잡한 N-111 도로를 건너는 대신 성 미카엘 예배당Capilla San Miguel의 옛 유적을 우회한다(널찍한 순례자 구호 시설의 잔해가 이곳에 남아 있고, 11세기의 유물들은 현재 나바르 박물관에 소장되어 있다). 길을 따라 계속 걸으면 주도로 옆을 지나가는 내리막길이 나온다. 그리고 이 길은 아스팔트 길과 연결된다. 아스팔트 길은 아름답게 조각된 14세기 고딕 양식 정문이 있는 산토 세풀크로 성당Iglesia del santo Sepulchro(왼쪽)을 둘러싼 초원 지대로 내려선다. 그 뒤에는 산토 도밍고 수도원Convento Santo domingo이 있다. 굴다리(N-111 아래)를 지나 루아 카예c/la Lua로 들어서면 에스테야다.

3.7km 에스테야 Estella 첫 번째 알베르게는 협회 호스텔로 지역의 순례자 협회에서 운영하는 호스텔(948-550 200)이다. 마을 입구 쪽 루아 카예가 시작되는 편리한 위치(시끄러운 N-111 도로는 건물 뒤편이다)에 자리 잡고 있다. 3층에 걸쳐 114개의 침대가 빼곡히 들어차 있고 옆 건물에는 초과 인원용 도미토리가 있다. 넓은 식당 안에 모든 시설과 잘 구비된 현대적인 주방이 갖춰져 있고, 아침 식사가 가능하다. 뒤뜰은 작게나마 트인 공간을 제공한다. 현재는 이 병목 지점에 새 호스텔들이 몇 개 생겨서 빡빡한 숙박 시설의 숨통을 다소나마 터 주고 있다.

지자체 호스텔

두 번째 알베르게는 메르카도 비에호 카예c/Mercado Viejo의 현대적인 주거 건물 1층에 새로 자리 잡은 교구 호스텔이다. 침대 28개를 비롯해 모든 시설이 갖추어져 있다.

세 번째 알베르게는 ANFAS(심리 장애자를 돕는 모임, 948-554 551)로 코르델레로스 카예c/Cordeleros 7번지에 있고 침대는 34개이다. 두 호스텔 모두 첫 번째 알베르게 건너편에 있는 다리를 건너야 한다. 아스테리아 카예c/Asteria를 따라 걷다가 두 번째 교차로(250m)에서 왼쪽 비에호 카예로 들어서서 100m 정도 더 가면 오른쪽에 두 번째 알베르게가 있다(데코라 오가르Decora Hogar 맞은편).

네 번째 알베르게는 아스테리아 카예를 따라 가다가 오른쪽으로 꺾어

150m 쯤 가면 나오는 현대식 빌딩이다. 마을 반대 끝 아예기Ayegui 방면에 호스텔이 2개 더 있다. 유스호스텔은 온시네다Oncineda 루트상 첫 번째로 나오는 로터리에서 오른쪽 모나스테리오 데 이라체 카예c/Monasterio de Irache로 300m 정도 빠진 지점에 있다(948-555 022). 연중무휴이고 현대식 건물 안에 120개의 잠자리와 모든 시설을 갖추고 있으며 아주 조용한 삼림 지역에 위치하고 있다. 식사도 가능하다.

다섯 번째 알베르게는 폴리데포르티보Polideportivo는 두 번째 로터리를 지나 마을 끝 쪽(첫 번째 알베르게에서 1.6km 떨어져 있다)이자 카미노 왼쪽 편에 있는 지자체 알베르게(948-554 311)이다. 아예기 스포츠 센터 Polideportive 건물의 일부로 되어 있다. 연중무휴이고 침대 70개에 매트리스 100개를 갖춰 놓고 있다. 매점에서 순례자를 위한 저녁과 아침 메뉴를 사먹을 수 있다.

※ **기타 숙박 시설:** 산 안드레스San Andres(948-554 158, 마요르 카예 1번지)는 산티아고 광장을 내려다보는 전망 덕택에 순례자들에게 인기가 많다. 크리스티나Cristina Hs(948-550 772, 바하 나바라 카예c/Baja Navarra 1번지, 중앙 광장과 마요르 카예 사이), 폰다 이사라Fonda Izarra(948-550 678, 칼데리아 카예c/Calderia,이주 노동자들로 종종 예약이 다 차기도 한다)가 있는데 순례자 메뉴로 더 잘 알려져 있다. 아파르타멘토스 헤발라Apartamentos Gebala(606-980 675, 플라사 푸에로스Plaza Fueros 31번지)는 순례자를 위한 특별 할인이 있다(소규모 단체 여행객에게 유리). 아예기 근처의 현대적인 공업 지역에는 엘 볼란테El Volante(948-553 957, 메르카톤도아 카예c/Merkeatondoa 2번지), 호스탈 아레아-99Hostal Area-99(948-553 370, 32번지) 등이 있다. 더 먼 곳으로 서쪽 교외 투우장을 한참 지나면 나오는 예리Yerri H(948-546 034, 예리 아베니다 35번지)가 있다. 에스테야 외곽(첫 번째 알베르게에서 3.7km)에 있는 현대식 호텔 이라체Irache(948-551 150)는 숙박 요금이 꽤 비싼 고급 숙소다.

ᅲ 한눈에 살피는 지역 정보

에스테야(리사라Lizarra)

볼 것도 많고 즐길 것도 많은, 인구 1만 5천 명의 활기찬 도시다. 괜찮은 부대시설이 다 갖춰져 있을 정도로 충분히 크면서도 멋진 역사적 건물, 박물관, 흥미로운 교회, 다양한 식당과 바들(하루의 피로를 풀기에 그만이다)을 쉽게 돌아볼 수 있을 만큼 적당히 작다.

알베르게를 지나 200m 정도 가면 아름다운 분수와 편리한 관광 안내소(Turismo, 948-554 011)가 있는 산 마르틴 광장Plaza San Martin이 나온다. 관광 안내소 옆에는 아름다운 12세기 건축물인 '나바르 왕들의 궁전 Palacio de los Reyes de Navarra'이 있다. 현재는 박물관이자 아트 갤러리이다. 반대편에는 산 페드로 데 라 루아San Pedro de la Rua 성당으로 이어진 굉장한 계단이 있다. 이곳에는 아름다운 12세기의 수도원이 있는데, 건물 양 옆은 유실되고 없어 험난했던 지난날을 떠올리게 한다. 나바르 왕들이 서약을 했던 곳이고, 바로 뒤에 있는 N-111 도로의 소음을 감수하고서라도 충분히 가볼 만한 가치가 있다. 저녁 시간 이전에 개방하고 단체나 가이드 투어도 가능하다.

에가Ega 강의 다른 편(방향을 쉽게 찾으려면 성 마르틴 광장에서 나와 주도로와 연결된 다리를 건너면 된다)에는 카페가 잔뜩 있는 떠들썩한 중앙 광장, 플라사 데 로스 푸에로스Plaza de los Fueros가 있다. 그 동쪽엔 산 후안 바우티스타San Juan Bautista 성당이 엄숙하게 자리 잡고 있다. 마요르 카예를 따라 200m를 더 가면 오래된 분수가 있

산 페드로 성당으로 오르는 계단

는 좀 더 아늑한 산티아고 광장에 다다른다. 다양하고 저렴한 식당, 바, 호텔들이 거리 주변에 모여 있다. 강 너머 북쪽 지역은 리사라Lizarra(바스크어로 물푸레나무)라는 이름으로 불린다. 이 지역은 산 미얀San Millan 언덕 경사면에 원래의 마을이 있던 곳이었고, 지금은 현대에 만들어진 '르 퓌의 성모Virgin of le Puy' 대성당이 있다. 산티아고 순례길의 엄청난 가능성을 깨달은 산초 라미레스Sancho Ramírez는 1090년 강 건너편에 프랑스인 순례자 정착민을 위해 리사라L'Izarra(바스크어로 별)라는 이름의 자치구를 만들었다. 이곳은 나중에 은하수Via Lactea, 혹은 콤포스텔라로 가는 '별의 길'과 연결지어 '에스테야(스페인 말로 별)'라는 지명을 갖게 되었다.

순례길이 지나는 다른 지역에서처럼 공인들은 기술을 가지고 돌아오는 것이 권장되었다. 석공들과 예술가들이 유입되었고, 바로 이들이 오늘날 우리가 경탄하고 또 유용하게 사용하는 아름다운 건물, 유적, 다리, 병원, 대성당 등을 만들었다. 하지만 언제나 존재했던 인간의 본성인 질

투와 탐욕은 마찰과 전쟁, 무자비한 살육을 가져왔다. 1266년에 서로 다른 자치구가 하나의 마을로 통합된 것은 분란의 끝이 아니었다. 번성하던 유태인 공동체가 14세기에 축출되었고, 산 페드로 *San Pedro* 성당 곁에

있던 성이 파괴되었으며 아름다운 로마네스크 양식 회랑의 양 벽도 부서졌다.

  지난 세기까지만 해도 에스테야는 페르디난드*Ferdinand* 왕의 계승자와 갈등 관계에 있는 카를리스트(*Carlist*: 카를로스주의자, 돈 카를로스의 스페인 왕위 계승을 주장하는 사람들 – 옮긴이)의 본거지 중 한 곳으로서, '왕당파 마을'이라는 평판을 얻기에 충분했다. 오늘날, 불같은 나바르인들의 성미를 식혀주는 재판소*Juzdago*다. 재판소는 이제 시청으로 사용되고 있으며 산 페드로 성당으로 올라가는 계단 바로 왼쪽, 산 마르틴 광장에 있다.

5day note

"나는 오늘 애정을 담아 선행을 베어야겠다는 마음을 먹고 출발했다. 하지만 2시간도 되기 전에 분노에 가득 차 있다. 누군가가 내 가방에서 물건을 훔쳐간 것이다. 새로 산 물병마저 가져가 버렸다는 사실에 화가 치밀어 올랐다. 밖에서 아침을 먹는 동안 왜 그 물건들을 곁에 두지 않았을까? 이 순간 나는 판사이자 배심원이 되어 내 동족들을 지측의 유황불에 처넣고 저주를 퍼붓는 판결을 내리고 있었다. 새벽녘에 내가 퍼올렸던 긍정적인 생각들은 다 어디로 가버렸는지? 그것들을 되돌릴 수는 있는 건지? 햇살이 빛나고 모든 물건들이 다 잘 있을 때 사랑을 베풀기는 쉽다. 하지만 불행이 닥친 상황에서도 나는 그럴 수 있을까?"

06 day

'산티아고 데 콤포스텔라'까지 | 681.7km(423.6마일)

에스테야에서
로스 아르코스까지 - 21.1km

▬	길/트랙	18.1km - - - - 86%
▬	부도로	2.7km - - - - 13%
▬	주도로	0.3km
Total km	총 거리	21.1km(13.1마일)
▲ Alto	경사로 감안 거리 최고점	22.9km(경사로 370m=1.8km로 계산) 알베르게 몬하르딘 650m(2,132피트)

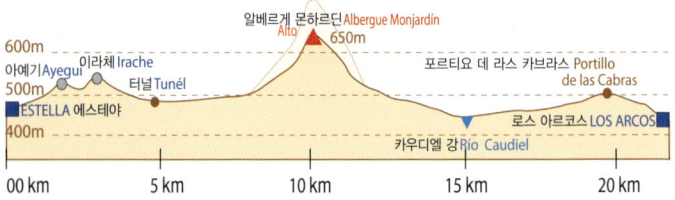

Road Point 어제 걸었던 길처럼, 경치가 아름다운 이번 루트의 대부분(86%)도 쾌적한 오솔길이다. 몬하르딘Monjardín으로 가는 첫 번째 구간은 털가시나무와 소나무 자연림을 통과한다. 그리고 루킨Luquin을 경유하는 우회 루트를 지날 때는 남쪽으로 근사한 경치가 펼쳐진다. 두 루트는 로스 아르코스Los Arcos로 가는 마지막 길에서 만나게 되며, 이 길을 따라가면 포도밭이 펼쳐지는 탁 트인 시골을 지나지만 그늘이나 식수대는 별로 없다. 이때를 대비해서 먹을 것이나 물을 챙겨두도록. 특히 우회 루트를 선택할 때는 더욱 그렇다.

┬┬ 에스테야를 떠나며

> **soul road** ●●
>
> 돌로 만든 분수대를 감싸는 물고기를 찾아보라. 이 물고기는 인생을 유영하는, 그리스도교인의 숨은 삶을 상징한다. 물고기는 고대의 수도원 중앙에 있다. 수도사 로동체는 적어도 950년 이전에 이곳에 세워졌다. 그리고 이 모임은 산티아고 San Tiago 무덤을 참배하기 위해 길을 가는 순례자들을 받기 시작한 최초의 수도원 중 하나가 되었다. 나중엔 나바르 최초의 대학이 되는 지위도 얻어 천년 이 넘도록 배움과 순례자 구호의 터전으로 존중받았다. 오늘날은 천년이 넘는 세월을 살아지고 사람이 살고 있지 않은 곳이 되어버렸다. 아마도 이 위엄 넘치는 건물에 이름을 부여한 양치식물들만이 오랜 세월 이곳을 지키리라.

루아 카예c/de la Rúa를 따라 관광 안내소를 지나 중세에 만들어진 도시의 문 푸에르타 데 카스티야Puerta de Castilla로 나간다. 정신없는 N-111 교차로(알베르게가 오른쪽에 있다. 아비아Avia 주유소를 지나 오른쪽으로 방향을 튼다)를 건넌다. 아예기 교외 지역(스포츠 센터와 알베르게가 왼쪽에 있다)을 통과해 계속 걷는다. 카미노 데 산티아고 카예Calle del camino de Santiago와 마요르 카예를 0.9km 정도 계속 걸으면 아예기다.

2.1km 아예기 Ayegui/[?] 몬하르딘으로 바로 가는 대체 루트를 택한다면 직진해서 아이들 놀이터를 지나 앞쪽(1.6km)에 보이는 호텔 이라체까지 간다. 추천 루트와 왼쪽에서 만나는 지점이다.

추천 루트

이라체 수도원과 '와인의 샘Fuente del Vino'을 가려면 왼쪽으로 돌아 내려간 후 N-111(0.3km)을 건넌다. 그리고 이라체 와인 양조장Bodegas Irache(0.4km) 뒤쪽 맞은편을 지나는 비포장 길로 올라간다. 이 양조장에는 순례자들에게 공짜로 와인을 제공하는 '와인의 샘'이 있는데, 수도꼭지를 틀면 와인이 나온다. 양조장의 배려로 몸에 활력을 불어넣은 다음에는 길을 계속 걸어 나무로 둘러싸인 광장(0.1km)까지 간다. 광장에는 식수대[F]가 있고 근방에 오랜 시간 론세스바예스, 카미노와 인연을 맺어온 고대 베네딕트 수도회의 이라체 수도원Monasterio de Irache(왼쪽)으로 들어가는 입

와인의 샘 - 이라체

구도 있다.
수도회는 10세기 때부터 이곳에서 순례자들에게 봉사를 해왔지만 수도사들의 수가 부족해 1985년에 어쩔 수 없이 철수해야 했다. 지금은 무덤 같은 분위기를 풍기는 박물관이 되었다. 수요일부터 금요일까지는 9시 30분부터, 토요일, 일요일은 8시 30분부터 개방되어 내부를 볼 수 있다. 문을 닫았더라도 왼쪽에 있는 12세기의 산 페드로 베네딕트 수도회 성당으로 들어가는 아름다운 로마네스크 양식 문을 구경할 수 있다. 이라체 양조장 반대편에는 와인 박물관이 있다. 비포장도로를 따라 0.5km를 걸어가면 나무로 만든 표지가 서 있는 갈림길이 나온다.

3.4km 이라체 Irache [?] 몬하르딘을 경유하는 추천 루트로 가려면 옵션 포인트(나무 표지가 있는)에서 오른편 길로 가자. 그리고 N-111을 넘어 호텔 이라체까지 가자.

대체 루트

루킨 Luquín을 경유하는 대체 루트를 택한다면 A-12 고속 도로 아래에서 오른쪽으로 방향을 틀어 매혹적인 숲으로 접어든다. 곧 넓은 라벤더 들판이 나온다. 여름엔 놓칠래야 놓칠 수 없는 향기와 파란 꽃으로 가득한 곳이다. 이 오래된 루트는 시끄러운 N-111에서 떨어진 '사람들이 덜 다닌 길'을 따라간다.
길은 신비한 후라 산 Monte Jurra(1,045m)의 낮은 쪽 경사면을 따라 펼쳐진다. 나바르를 황폐하게 만든 왕위 계승 전쟁에서 카를리스트들이 결정적인 승리를 거둔 곳이 바로 여기다. 교외 주택가 옆쪽을 따라 난 좁은 길을 계속 걸으면 관목지와 털가시나무 숲을 지나 좀 더 트인 농지 쪽으로 완만한 오르막길을 오르게 된다. 북쪽 방향으로 메인 루트에 있는 몬하르딘 봉우리의 아름다운 경관도 볼 수 있다. 3.0km를 걸은 끝에 길은 가장 높은 지점에 도달하면 그 다음부터는 3.1km 동안 점차 내리막길이 되어 루킨으로 이어진다.

3.7km 루킨 Luquín 대성당과 산 마르틴 교구 성당을 중심으로 길이 방사형으로 구불구불 뻗은 전형적인 언덕 마을이다. 산 마르틴 교구 성당은 아름답고 세밀하게 조각된 주랑 현관이 있고, 근처에는 의자와 식수대[F]가 있는 메인 광장이 있다. 마을 카페 겸 바인 산 이시드로 San Isidro도 있다.
마을을 통해 길을 따라 가면 트인 오솔길로 내려서게 되고 N-111(중세 시대에 '성 요한의 기사단'이 순례자 숙소를 운영했던 우르비올라 Urbiola 마을과 가깝다)을 건넌다. 계속해서 A-12 아래를 지나 네거리로 가자.

2.2km 네거리 Cruce-X 이곳에서 몬하르딘을 경유하는 추천 루트와 다시 만난다. 로스 아크로스로 가려면 왼쪽으로 꺾어라.

1.6km 호텔 이라체 *Hotel Irache* 호텔과 새 우회 도로 아래 있는 야영지 사잇길로 간다. 그리고 오솔길로 들어서서 한적한 털가시나무와 소나무 숲을 지나면 아스케타로 들어선다.

3.1km 아스케타 *Azqueta* 현재 새 도로인 N-111로 우회할 수 있는 조용한 마을로, 산 페드로 교구 성당이 있다. 마을을 벗어 나자마자 오른쪽으로 꺾어서 농장 건물들 을 지나 내려가면 비야마요르 방향의 가파 른 오르막길이다. 비야마요르 마을에 들어

알베르게-산타 크루스

서기 바로 전, 13세기에 만들어진 '무어인의 샘*Fuente de Los Moros*'을 지나 치게 된다. 여기엔 화려한 2개의 아치가 있는데, 모사라베 건축 양식의 영향이 또렷이 보인다.

1.5km 비야마요르 데 몬하르딘 *Villamayor de Monjardin* 해발 650m 지대에 있는, 주변 경관이 아름다운 마을이다. 12세기 건축 물인 산 안드레스*San Andres* 성당의 첨탑이 이 마을을 굽어보고 있다. 몬하르딘의 정 상에서 우뚝 선 산 에스테반 성*Castillo de San Esteban*의 유적이 이 마을만의 독특한 배경 역할을 톡톡히 한다. 성당 맞

알베르게-몬하르딘

은편에는 신축된 지자체 호스텔인 산타 크루스*Santa Cruz*가 있다. 연중무 휴이고 2층 침대와 매트리스로 구성된 잠자리가 28개 있으며 주방이 없 는 대신 단출한 뷔페식 식사가 제공된다. 마을 꼭대기의 더 높은 지점 엔 이곳에 처음 생긴 알베르게 오가르 몬하르딘*Hogar Monjardín*(948-537 136)이 있다. 네덜란드인 그리스도 교회 모임에서 운영하는 협회 호스텔 이며 4월부터 10월까지 문을 연다. 중앙 광장을 내려다보는, 눈에 잘 띄 는 곳에 자리 잡고 있다. 평범한 시골집을 개조하여 4개의 방에 20개의 침대가 있고 시설도 좋은 편이다(주방은 없지만 뷔페식 식사가 아주 저렴한 가격에 제공된다). 마을 바에서는 순례자 메뉴를 판다.

이제 루트는 몬하르딘 양조장을 지나 내려가는 고속 도로 진입로 방향

으로 가다가 오른쪽 예쁜 시골길 방향으로 꺾어진다. 이 길은 포도밭과 삼림지를 지나 A-12 굴다리를 경유하는 우회 루트와 만나는 지점까지 이어진다.

2.8km 네거리 *Cruce-X* 이곳에서 왼쪽편의 우회 루트와 만나고, 두 루트 모두 인적이 드문 시골길로 쭉 이어진다. 포도밭과 여기저기 산재한 올리브나무들이 한데 섞인 농촌을 구불구불 지나가는데, 쉴 만한 그늘은 별로 없다. 이 길을 가다보면 오래된 '바우린 우물*Fuente del pozo de Baurín*(마시는 물은 아니다)'을 지나게 되는데, 우물과 접한 카우디엘*Caudiel* 강처럼 대체로 말라 있다. 더 가면 코랄 델 산토*Corral del Santo*를 지나 '염소 고개*Portillo de las Cabras*'를 통과해 완만한 오르막길로 가게 된다. 그리고 다시 완만한 내리막길이 이어지며 로스 아르코스가 나온다.

8.7km 로스 아르로스 *Los Arcos* 한적한 북쪽 지역의 도시(순례자 호스텔이 3개 있다)에 들어서서 오래된 길인 마요르 카예를 따라가면 알베르게 라 푸엔테*La Fuente*(오스트리아 주택*casa de Austria*)를 지나게 된다. 마요르 카예에 접한 에스칸토 골목*travesia del Escanto*

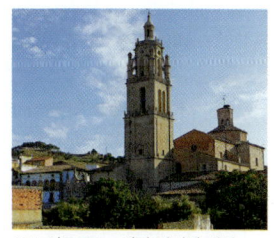

로스 아르코스 - 산타 마리아 성당

에 있는 사설 호스텔(948-640 797)이다. 1년 내내 문을 열고 도미토리 안에 48개의 잠자리를 갖추고 있다. 독실도 있으며 편의 시설도 모두 구비되어 있고 작은 정원도 있다.

계속 걸으면 화려한 12세기 건축물인 '아치가 있는 산타 마리아 성당 *Iglesia de Santa Maria de los Arcos*'이 나온다. 저녁 시간(보통 오후 8시)에 순례자 단체 관람을 가면 아름다운 스페인 바로크 양식으로 장식된 내부를 볼 수 있다. 교회는 16, 17, 19세기에 걸쳐 계속해서 다시 꾸며졌다. 그러다 보니 원래의 로마네스크 양식과는 별개로 고딕, 바로크, 고전주의 양식까지 더해졌지만 전체적인 조화는 살아 있다. 르네상스 시대의 종탑은 특히 주목할 만하다. 교회를 나서서 왼쪽으로 가면 유일하게 남은 초창기의 마을 문인 포르탈 데 카스티야*Portal de Castilla*가 여전히 서 있다. 이 문을 지나고 강을 건너 '순례자를 위한 샘*Fuente de Peregrinos*' 옆에서 오른쪽으로 꺾도록 하자.

알베르게 이사악 산티아고*Isaac Santiago*는 가장 처음에 생긴 지자체 호스텔이다(948-441 091, 948-640 230). 플랑드르 협회가 운영하며 리오 오드론 카예*c/Rio Odron*에서 약간 떨어진 곳에 있다. 제일 큰 도미토리에  침대가 70개 있고 4개의 방이 더 있으며 야외 정원을 포함한 모든 시설을 갖추고 있다. 엘 오르탈 카예*c/El Hortal* 근처에는 카사 알베르디*Casa Alberdi* 알베르게가 있다(948-640 764). 개조한 창고를 통해 들어갈 수 있고 이 창고는 휴게실로 사용되고 있다. 연중무휴이고, 5개의 방 안에 22개의 침대를 갖추고 있다. 시설은 기본적인 것들만 있다(취사 시설은 없다).

※ **기타 숙박 시설**: 펜션으로 마비*Mavi*(948-640 081, 메디오 카예*c/Medio* 7번지)라는 바 겸 식당이 있다. 호텔 모나코*Monaco*(948-640 000)는 코소 광장*Plaza del Coso*에 있고 교차로의 펠로타 경기장과 인접해 있다. 바가 있고 1층에는 식당이 있다. 오스탈 수에체*Hostal Suetxe*(948-441 175)는 카라멘다비아 카예*c/Karramendabia*의 새단장한 건물에 위치(N-111 도로 옆쪽 맞은편)하며, 사라고사로 가는 길목에 있는 라 세르나 카예*c/La Serna*와는 좀 더 떨어져 있다.

한눈에 살피는 지역 정보

로스 아르코스

N-111 도로를 끼고 있는 아담한 도시(인구 1천3백 명)다. 에스테야와 로그로뇨를 잇는 정기 버스 노선이 있다. 순례자들의 전통적인 기착지였고 현재도 물론 그렇다. 동쪽 입구에 벽으로 둘러싸인 '조가비의 문*Portal de la Concha*'은 마을 안의 유대인 구역으로 통했는데, 지금은 허물어져 눈으로 확인할 수 없다. 푸에로스 카예*c/Fueros*에 위치한 시청에는 관광 안내소(948-427 753)가 있다.

로스 아르코스
LOS ARCOS (Pop. 1,300 – Alt. 450m)

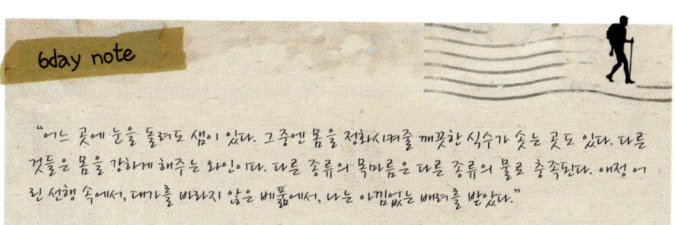

6day note

"어느 곳에 눈을 돌려도 샘이 있다. 그곳엔 몸을 정화시켜줄 깨끗한 식수가 솟을 곳도 있다. 다른 것들은 몸을 강하게 해주는 와인이다. 다른 종류의 목마름은 다른 종류의 물로 충족된다. 애정 어린 선행 속에서, 대가를 바라지 않은 베품에서, 나는 아낌없는 배려를 받았다."

07 day

'산티아고 데 콤포스텔라'까지   660.6km(410.5마일)

로스 아르코스에서
로그로뇨까지 - 28.1km

	길/트랙	21.5km	77%
	부도로	4.4km	16%
	주도로	2.2km	7%
Total km	총 거리	28.1km(17.5마일)	
	경사로 감안 거리	29.6km(경사로 300m=1.5km로 계산)	
Alto	최고점	N.S. 델 포요 예배당 570m(1,870피트)	

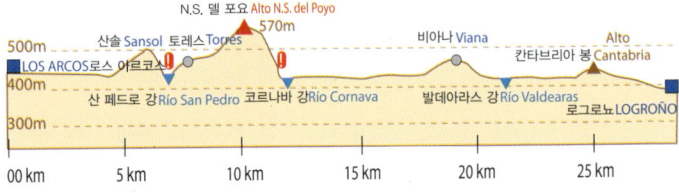

Road Point 이번 단계의 77%는 경작지 사이로 자연스럽게 생겨난 오솔길과 비포장 도로다. 그늘은 소나무가 있는 몇 안 되는 장소에만 있고, 식수대도 드물다. 그러니 물병에 물을 채워 넣고 모자를 챙기도록. 매우 긴 루트이고, 중간에 리나레스Linares(토레스 델 리오Torres del Río)와 코르나바Cornava 강의 골짜기를 지날 때는 짧지만 매우 가파른 구간들이 나온다. 이 길들을 지날 때는 특별히 주의를 기울이는 편이 좋겠다. 로그로뇨Logroño에 들어서기 직전엔 라 리오하La Rioja의 광대한 와인 생산 지대를 지난다.

🚶 로스 아르코스를 떠나며

> **soul road** ●●
> 예수님에게 있는 웅장한 교회를 세운 기사단이 이곳에도 지었다는 성스러운 예배당에 가볼 생각이 있는가? 두 성소가 얼마나 어떻게 닮았는지 확인해보고 싶지 않은가? 신성함, 우아함, 신비로 휴의 상징인 팔각 별 모양의 건물이 여기에도 있다. 우리 마음속 예배당을 반영하는 것이 우리네 인생이라면, 우리가 삶을 헌신하는 대상은 무엇이고, 삶의 제단 위에 세우는 것은 무엇인가?

묘지를 지나 오른쪽으로 꺾는다. 묘지 입구에 새겨진 엄숙한 비문, '당신은 나의 옛 모습이고, 또한 나의 현재의 모습이 되리라'의 의미를 되새겨 보면서. 13세기에 지어진 산 블라스 예배당 Capilla de San Blas과 N-111 도로(왼쪽)를 지나 넓게 펼쳐진 흙길을 따라 성큼성큼 걸으며 몸의 근육도, 영혼의 근육도 유연하게 풀어 보자. 경작지를 통과해 계속 걸으면 바로 앞 지평선에 산솔 마을이 보인다. 산 페드로라는 이름이 붙은 개울을 건너 시골길을 걸으면 산솔에 들어선다.

6.3km 산솔 Sansol 산 소일로 San Zoilo(이 한적한 작은 마을과 카리온 데 로스 콘데스 Carrion de los Condes에 있는 수도원의 이름이 된 그리스도교인 순교자이다) 성당이 있다. 타코네라 Taconera 카예에 있는 여름 호스텔 알베르게 아르카디 Arcadi(618-197 520)에는 14개의 2층 침대가 있는데, 2008년엔 문을 닫았다. 이곳에서 길은 N-111 도로를 넘어 매우 가파른 계곡으로 내려간다[!]. 그리고 리나레스 강에 놓인 돌다리를 건너면 토레스 델 리오 마을로 들어서게 된다.

0.9km 토레스 델 리오 Torres del Río 알베르게 카사 마리엘라 Casa Mariela(948-648-251)는 54개의 방이 있고, 레스토랑도 구비되어 있다. 알베르게 카사 마리 Casa Mari(948-648 018)는 마리 Mari 씨가 운영하는 사설 호스텔이다. 마을 꼭대기 카사스 누에바스 카예 c/Casas Nuevas 13번지의 교구 성당 뒤편에 가려져 있다. 연중무휴이고 4개의 방 안에 21개의 잠자리가 있으며 주변 자연 경관이 내다보이는 테라스가 있는 안뜰을 포함한 좋은 시설들을 갖춰 놓고 있다.

묘지를 지나 마을을 통과해 계속 걸으면 오른편에서 급선회하는 N-111 도로를 피해 탁 트인 시골 지역을 가로지르는 비포장도로가 나온다. 이 길을 가다가 잠깐 주도로와 합류하면 에르미타 데 N.S.델 포요 (스페인어 'ermita'는 수도자의 은신처, 암자를 뜻한다 - 옮긴이)에 닿는다.

토레스 델 리오

2.6km 에르미타 데 누에스트라 세뇨라 델 포요 Ermita de Nuestra Señora del Poyo 도로의 가장 높은 지점('poyo'란 높게 솟은 강단이나 지휘대를 의미한다)에 위태롭게 자리 잡고 있다. 여기서는 비아나와 로그로뇨가 있는 평원의 멋진 경치가 한눈에 들어온다. 이제 N-111을 건너 바르고타 Bargota(오른쪽)로 이어지는 부도로를 넘어가도록 하자. 여기서부터 길은 험한 골짜기[!] 쪽으로 가파르게 내려간다. 그리고 코르나바 강(종종 말라 있다)을 건넌다.

3.1km 코르나바 강 Rio Cornava 강을 건너면 고대 정착지의 유적을 지나게 된다. 여기서부터 길은 굽어지고, N-111을 건너가면 비아나로 곧장 이어진다. 비아나의 교외 지역을 통과하는 N-111을 다시 한 번 건너면 가파른 오르막길을 걸어 비아나 마을의 중세 심장부로 들어서게 된다.

4.9km 비아나 산타 마리아 성당 Viana Iglesia de Santa Maria 아름다운 벽감 현관이 있는 13세기 교회이며 앞쪽에는 이 근처에서 살해당한 악명 높은 체사레 보르자 Cesare Borgia의 무덤이 있다. 처음엔 교회 안에 묻혀 있었지만 무덤이 누군가에 의해 훼손된

산타 마리아의 포치

뒤 바깥에 재매장되었다. 내부에는 성 야고보의 오래된 조각상이 있다. 알베르게 산타 마리아 Santa Maria에는 16개의 잠자리가 있고 무료 배식이 나온다. 입구는 중앙 광장인 푸에로스 광장 Plaza de los Fueros 쪽에 있다. 광장에는 분수와 카페, 바들이 있다. 시청의 외관은 아름답게 조각이 되

어 있고 주랑이 있으며, 내부엔 관광 안내소(948-446 302)가 있다. 중심가를 따라 내려가 산 페드로 성당(유적이 인상적이다) 옆에서 왼쪽으로 바로 꺾어지면 비아나다. 알베르게 안드레스 무뇨스 *Andres Muños* 는 산 페드로 카예에 있는 지자체 호스텔(948-645 037/530)이다. 마을의 한적한 지역에 자리 잡고 있으며, 멀리 로그로뇨가 내려다보이는 멋진 가든 테라스가 있다. 원래는 수도원이었는데 '카미노의 친구들' 회원인 안드레스 무뇨스가 인수해 순례자 호스텔로 개조했다.

알베르게-교구 호스텔

알베르게-지자체 호스텔

※ **기타 숙박 시설**: 카사 아르멘다리스 *Casa Armendariz* (948-645 078, 나바로 비오슬라다 카예/*Navarro Villoslada* 19번지), 산 페드로(948-446 221)가 있다. 마을 꼭대기 혹은 숙박료의 꼭대기에 있는 고급 숙소로 팔라시오 데 푸하다스 *Palacio de Pujadas* (948-646 464)가 있다. 산 페드로 유적 맞은편, 나바로 비오슬라다 카예 30번지의 호화롭게 새단장한 건물을 찾으면 된다. 인기 많은 카페 포르티요 *Portillo* 도 함께 운영한다. 갈 만한 상점과 바들이 꽤 많은데, 맛있는 음식을 먹어보고 싶다면 레스타우란테 보르자 *Restaurante Borgia* 에 가보도록 하자.

팔라시오 데 푸하다스와 카페

3.2km 에르미타 데 라 트리니다드 데 쿠에바스 *Ermita de la Trinidad de Cuevas* 동굴 *cuevas* 속 암자 *ermita* 와 인접한 이곳은 그늘진 쉼터와 작은 강이 있는 동네 소풍지다. 칸타브리안 *Cantabrian* 언덕을 배경으로 로그로뇨에 물을 공급하는 광활한 카냐스 호수 *Lagunas de Las Cañas* 도 보인다. 카미노 길 표지를 주의 깊게 살피도록 하자(호수 주변의 다른 산책로들도 길에 표시가 되어 있다). 그리고 N-111 도로 쪽으로 되돌아가(호수를 왼편에 두고 걸으면 된다) 길을 건넌 후 주도로와 같은 방향으로 난 오솔길을 따라 걷는다. 소나무 숲을 통과하면 마침내 나바르 주를 지나 라 리오하의 유명한 와인 생산지로 들어서게 된다.

3.0km 네거리 *Cruce-X*/ 라 리오하 *La Rioja* 라 리오하 자치구는 공업단지, 파펠라리아 에브로*Papelaria Ebro*와 인접한 새 도시 우회로에서부터 시작된다. 새로 만들어진 순환 도로 아래를 지나 칸타브리안 언덕*Cerro de Cantabria* 방향으로 가자. 이 언덕의 날카로운 윤곽이 앞에 아주 잘 보일 것이다. 지방 정부의 '선물'인 흙색 아스팔트 길을 따라 가다가 언덕 북쪽 사면의 완만한 오르막을 올라간다. 그리고 칸타브리아의 선사 시대 도시 유적을 지나간다. 이곳의 로마 시대(그리고 더 이전의) 유적들은 여전히 발굴 작업 중이다. 다시 내리막길이 나오면 돈을 약간 준비해두어라. 행운을 빌기 위해서이기도 하고, 카미노의 유명한 문지기였던 펠리사*Felisa*를 기념하기 위해서이기도 하다. 그녀의 조카이자 같은 이름을 가진 펠리사가 국경 사무소에서 일하고 있으며 이곳에서는 가벼운 음식도 먹을 수 있고 여권 도장도 찍을 수 있다. 계속 걸어서 돌로 만든 다리인 푸엔테 데 피에드라*Puente de Piedra*까지 가면 이제 넓은 에브로 강 너머 로그로뇨에 있는 알베르게까지 0.5km가 남는다. 다리를 건너자마자 오른쪽으로 꺾어라. 위험하기 짝이 없는 교차로[!]를 건너면 자갈이 깔린 루아비에하 카예*c/Ruavieja*(진짜 '옛날 길'이다)로 접어든다. 이 길은 아름다운 팔각탑이 있는 12세기 성당 산타 마리아 델 팔라시오*Santa Maria del Palacio*를 지난다. 그리고 이제 로그로뇨다.

3.8km 로그로뇨 라 리오하 순례자 협회가 운영하는 지자체 호스텔(941-260 234)이다. 구시가에 속하는 루아비에호 카예*c/Ruaviejo* 32번지에 있는데, 여기저기 둘러보기에 아주 좋은 위치다. 연중무휴이며 3층에 90곳의 잠자리(4칸으로 나뉜 넓은 도미토리가 몇 실 있음)가 마련되어 있다. 모든 시설이 갖추어져 있으며 문밖 테라스가 인기 있다.

※ 기타 숙박 시설(위치는 마을 지도를 참조): 유스호스텔*Albergue Juven il*(941-291 145)은 카바예로 데 라 로사*caballero de la Rosa*에 있으며 92개의 잠자리가 있다. 이사사*Isasa*(941-256 599)가 있고 산 후안 카예*c/San Juan*의 대성당과 가까운 숙소로 레시덴시아 다니엘*Residencia Daniel*(941-252 948), 세바스티안 *Sebastian*(941-252 800)이 있다. 카미노를 조금 벗

알베르게 - 로그로뇨

어나 사가스타 카예*/Sagasta* 4번지에는 라 누만티나*La Numantina*(941-251 411)가 있고, 바로 너머 카피탄 가야르가 카예*/Capitan Gallarga* 13번지에는 니사*Niza*(941-206 044)가 있다. 도시의 출구 쪽에는 포르탈레스*Portales*(941-291 145)가 있고, 현대적인 교외 지역으로 더 나가면 다양한 신식 호텔들이 있다. 무리에타*Murrieta H*(941-224 150)도 그중 하나이다.

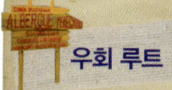

우회 루트

클라비호 *Clavijo* 로그로뇨에서 16km만 남쪽으로 가면 나오는 곳이다. 산티아고가 백마를 타고 처음 모습을 드러내 844년 스페인 군대가 무어인들을 압도하도록 역사적인 전투의 흐름을 바꾼 바로 그 벌판을 음산한 성의 잔해가 굽어보고 있다. 하지만 마을 자체의 경관은 조금 실망스럽고 어수선한 편이다(자세한 건 관광 안내소에 문의).

한눈에 살피는 지역 정보

토레스 델 리오

전형적인 순례자 마을이다. 아름다운 12세기 성당인 이글레시아 데 산토 세풀크로*Iglesia de Santo Sepulcro*가 있는 곳으로 가장 잘 알려져 있다. 이 성당은 템플 기사단과 예루살렘에 있는 팔각형 성당인 홀리 세풀크로*Holy Sepulchre*와 연관이 있다. 세로 창살이 있는 팔각별 모양으로 우뚝 솟은 큐폴라(둥근 천장 - 옮긴이)가 특히 볼 만한데, 이는 기사단의 상징이다. 소박한 내부에는 13세기의 그리스도 수난상이 있다. 에우나테에 있는 성당처럼, 찬송가를 부르기에 딱 좋게 음향 설계가 되어 있다. 성당이 문을 닫았다면 근처에 사는 관리인에게 문의하자. 기부를 조금 한다면 개인적으로 돌아볼 수 있게 잠깐 문을 열어줄 것이다. 보통은 계절에 따라 아침과 저녁에만 문을 연다. 아래쪽 광장의 초입엔 상점이 있다.

비아나

인구가 3천 5백 명 정도 되는 활기찬 마을이다. 마을의 유서 깊은 중심부를 카미노가 통과한다. 중세 이래로 순례자들이 이 오래된 거리를 계속 지나가면서 조금씩 변화를 겪었지만, 마을에는 많은 건축 유산들이 고스란히 남아 있다. 15세기로 거슬러 올라가면 비아나는 4개의 순례자 호스텔이 있는 큰 순례자 기착지였다. 체사레 보르자와 연관을 맺은 것도 바로 이 즈음이었다. 1492년에 교황으로 선출된 알렉산더 6세 Pope Alexander VI, 즉 로드리고 보르자 Rodrigo Borgia

토레스 델 리오-산토 세풀크로 성당

의 사생아인 체사레 보르자는 교황군의 지휘관으로 임명되었다. 그리고 자신의 군사 전략가로 활동한 레오나르도 다 빈치 Leonardo de Vinci와 정치적 이데올로기의 형성을 도와준 마키아벨리 Machiavelli를 후원했다. 교황 알렉산더 6세가 죽었을 때, 다음 계승자는 신속하게 체사레를 스페인으로 추방해버렸다. 그곳에서 체사레는 1507년의 포위 공격 때 비아나를 지키다 죽임을 당했다. 비아나가 국경에 위치하고 있었던 탓에 마을은 언제나 군사적 요충지였고, 방벽은 마을의 서쪽 편(당신이 떠나게 되는 지점이다)을 잘 보호했다. 마지막으로 재미있는 사실 하나. 보르자의 강렬한 인상은 레오나르도 같은 그 시대의 예술가들에 의해 예수 그리스도의 가장 널리 알려진 이미지 모델로 사용되었다는 이야기가 있다.

로그로뇨

라 리오하의 주도(州都)로 활기찬 대학 도시(인구 13만 명)이며 중세와 현대가 유쾌하게 뒤섞인 곳이다. 알베르게에서 500m 남쪽에 관광 안내소(941-291 260)가 있다. 델 제네랄 바라 데 레이 카예 c/del General Vara de Rey 옆의 메인 광장 파세오 데 에스폴론 Paseo de Espolon 안이다. 만약 로그로뇨에서 잠시 쉬어 갈 생각이라면, 관광 안내소에서 이 지역 관광에 대한 자세한 정보를 얻을 수 있을 것이다. 로그로뇨는 또한 라 리오하의 유명한 와인 생산 중심지다. 9월 말, 이곳에서 일주일 내내 열광적으로 펼쳐지는 산 마테오 축제는 한 해의 수확을 알린다.

중심가인 데 포르탈레스 카예 c/de Portales와 14세기의 고딕풍 건물인 산타 마리아 데 라 레돈다 성당 Catedral Santa Maria de la Redonda 주변엔 수많은 바와 식당, 상점들이 밀집되어 있다. 새로 증축된 아름다운 쌍둥이 탑 라스 제멜라스 Las Gemelas가 메르카도 광장 Plaza del Mercado에 있다.

메르카도 광장에는 상점과 카페들이 즐비한데, 마티네스 사포르타 카예c/Matinez Zaporta에 있는 멋진 카페 모데르노Moderno에 들러보길 권한다. 호스텔이 문을 닫기 전에 돌아가고 싶어 하는 순례자들을 위해 (상대적으로) 일찍 문을 연다. 포르탈레스

로그로뇨-카페 모데르노

카예의 서쪽 끝에서 약간 떨어진 지점에는 신식민지 시대 건축물인 코레오스 데 텔레그라포스Correos de Telegraphos(우체국)가 있다. 여기에 인접해 18세기 건축물인 팔라시오 델 에스파르테로Palacio del Espartero(박물관)가 있는데, 타파스 바가 많은 곳으로 유명한 라우렐 카예c/Laurel에서 좀 나온 곳이다. 포르탈레스 카예의 동쪽 끝의 번잡한 무로 데 세르반테스 카예c/Muro de Cervantes와 만나는 교차로에는 아모스 살바도르 광장Plaza Amos Salvador과 정교하게 조각된 13세기의 포치가 있는 산 바르톨로메 성당 Iglesia San Brtolome이 있다. 알베르게 바로 옆에는 아름다운 수도원과 첨탑이 있었던 옛 터에 세워진 12세기 건물 산타 마리아 델 팔라시오Santa Maria del Palacio가 있다.

라 리오하

스페인에서 가장 작고 다양한 자치 지구에 속하고 최고의 와인으로 정평이 난 곳이다. 하지만 마음을 잡아끄는 것은 포도만이 아니다. 이곳에서는 중세 시대 이래로 늘 순례자들을 기쁘게 맞이해온 친절한 사람들을 만날 수 있다. 사실 왕과 귀족들은 11세기 이전에 이 지역의 유명한 와인과 물품들을 유럽 전 지역으로 수출할 방안 - 예술가들과 석공들이 거대한 대성당과 수도원, 기념물 등을 만들어 놓도록 유도할 방안 - 으로 라 리오하를 통과하는 카미노를 만들었다. 나바르 산맥과 카스티야 이 레온 메세타 평원 사이에 끼어서 라 리오하는 지리학적으로 북쪽의 고지대 리오하 알타Rioja Alta(주요 와인 생산지)와 저지대의 리오하 바하Rioja Baja로 나뉜다. 클라비호의 유명한 전투는 이 지역의 혼잡한 역사에 중요한 분기점을 만들었다. 무어인들의 패배로 그리스도교 신앙이 급속히 퍼졌고, 나아가 카미노 데 산티아고가 부흥하게 되었다. 로그로뇨에는 도로망이 발달되어 있고 스페인 전역을 연결하는 기찻길도 있다.

7day note

"그녀의 나이 든 얼굴에 새겨진 굵은 주름도, 만면에 가득한 환영의 미소를 감추지는 못했다. 그녀의 이름은 책복이라는 뜻의 단어였고, 수십 년 동안 순례자들을 맞이하며 축복해주고 여권에 스탬프를 찍어주었다. 어떤 사람들은 그녀가 공식적인 지위에 있는 사람도 아니면서 방해한다며 일부러 그녀를 피해 갔다. 그러나 나는 그녀의 옆에 앉았다. 그리고 그들이 그녀를 판단하듯 그녀 역시 그들을 판단하는 자신을 발견했다. 이 순간 나는 깨달았다. 사랑을 베푸는 데 허가를 필요로 하는 사람은 아무도 없다는 사실을. 우리는 모두 축복을 베풀 권리를 가지고 있다는 사실을."

로그로뇨
LOGROÑO

'산티아고 데 콤포스텔라'까지 635.5km(394.9마일)

로그로뇨에서
나헤라(라 리오하)까지 - 29.4km

	길/트랙	18.5km	63%
	부도로	1.7km	6%
	주도로	9.2km	31%
Total km	총 거리	29.4km(18.3마일)	
	경사로 감안 거리	30.9km(경사로 300m=1.5km로 계산)	
Alto	최고점	포요 롤단의 고갯길 600m(1,968피트)	

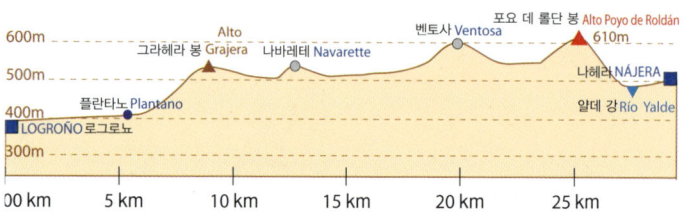

Road Point 이번 단계의 삼분의 일은 로그로뇨에서 뻗어나가 나바레테Navarette와 나헤라Nájera로 향하는 분주한 주도로이다. 끊임없이 계속되는 도로 개선 공사로, 표지판 안내가 어지러울 수도 있다. 그러니 최대한 신경을 쓰도록 하자. 그렇지 않으면 길을 잃기 십상이다. 신경이 곤두서서 지쳐버렸을 때는 나바레테나 벤토사Ventosa에 들러 예쁘게 새단장한 알베르게에서 쉬는 게 좋다. 현재 걷는 천연의 오솔길은 라 리오하La Rioja의 비옥한 붉은 진흙 땅으로 향한다. 해가 날 때 멋진 길이지만 비가 오면 진흙이 신발에 거머리처럼 달라붙어 악몽 같다.

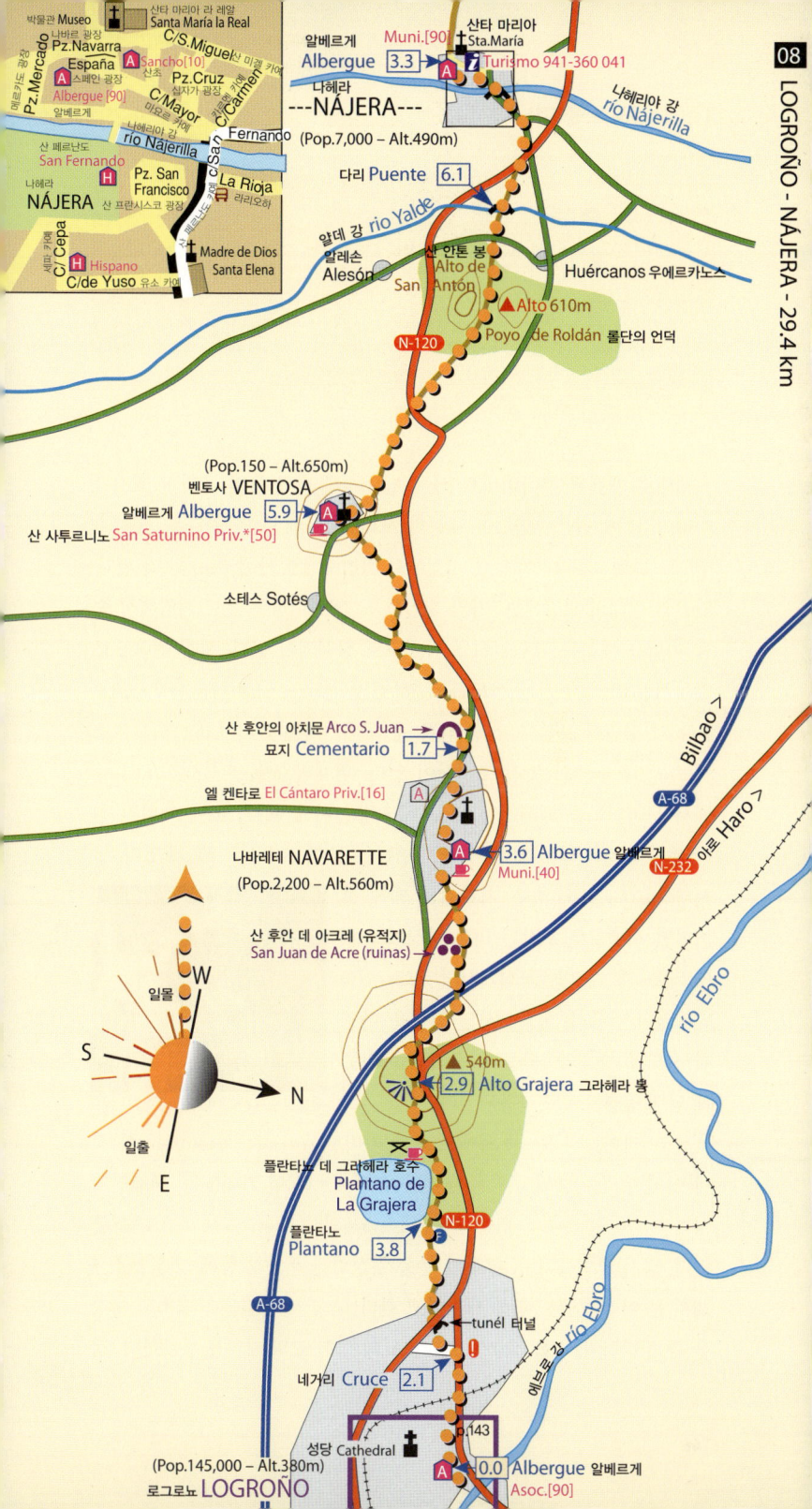

로그로뇨를 떠나며

soul road

수백 명의 순례자들이 오랜 시간을 들여 이 황량한 곳에 십자가를 만들어두었다. 십자가는 고통스러운 현세 너머에 있는 더 위대한 신비의 상징이다. 당신도 자기 것을 더할 생각이 있는가? 잠시 발걸음을 멈추고, 수리를 기다리는 또 다른 여정으로 통하는 입구인 아름다운 석조 현관에 찬탄을 보내겠는가? 이 길을 가는 현대의 순례자들을 위해 만든 기념물에 대해서 깊이 생각하겠는가? 자동차들의 그르렁대는 소리와 성급함에 신경을 쓰겠는가, 아니면 '서두르는 건 제발 그만두고' 좀 더 여유 있는 발걸음으로 가볼 것인가? 선택은 언제나 그렇듯, 당신 몫이다.

제대로 재건된 루아비에호 카예c/Ruaviejo에 박힌 놋쇠 조가비 표시를 따라가라. 이 길은 제임스 1세풍의 모티프로 장식된 아름다운 '순례자 샘Fuente de los Peregrinos'이 있는 지점에서 바리오세포 카예c/Barriocepo가 된다. 인근의 현대식 광장에는 '거위 게임Juego del Oca'이라는 보드 게임에서 순례 여행을 뜻하는 그림들이 모자이크로 장식되어 있다. 광장 위쪽으로 인상적인 16세기 건물 산티아고 엘 레알 성당Eglesia de Santiago el Real(오른쪽)의 정면이 보인다. 성당 남쪽 문 꼭대기에는 산티아고 마타모로스Santiago Matamoros의 멋진 조각상이 있다. 현재의 건물은 클라비호Clavijo에서 무어인들을 패배시킨 것을 기념하기 위해 9세기 초에 세워진 성당 부지에 자리 잡고 있다. 또한 내부에는 성 야고보 상도 몇 개 있다. 구시가Caseo Antiguo의 좁은 자갈길을 계속 걸어가면 시멘트로 포장된 의회 광장Plaza del Parlamento과 리오하 국회의사당Parlamento de la Rioja이 나온다. 국회의사당 건물은 다양한 용도로 사용되어왔는데, 수녀원을 비롯해 담배 공장으로도 사용되었다.

로그로뇨 - 산티아고 성당

원조 '카미노의 문' 즉 푸에르타 델 카미노Puerta del Camino(0.5km)를 지나 이제 우리는 중세 구역을 벗어난다. 푸에르타 델 카미노는 '레베인의 성벽Muralla del Revellin' 또는 '카를로스 5세의 문Puerta Carlos V'으로도 불린다. 당시 군인들의 방패에 이 문을 형상화한 문양과 함께 '카를로스 5세의 문'이라는 글도 함께 새겼다고 한다[!]. 잠시 발걸음을 멈추고 여장을 좀 정리하자. 다음 3km는 로그로뇨의 험한 교외 지역을 통과한다. 정신을 차리고 비교적 편한 라 그라헤라*La Grajera*의 평화로운 호반 카페로 향하라. 하지만 집중할 것이 있다. 노란 화살표가 가는 길에 죽 있겠지만 정신없는 광고판들이 이리저리 뒤섞여 눈에 잘 띄지 않는다. 메인 루트는 번화한 마르케스 데 무리에타*Marques de Murrieta*(부르고스 N-120이라는 표지판이 있다)로 곧장 내려간다. 그리고 기찻길을 넘어 부르고스 거리를 1.6km 걸으면 네거리가 나온다.

2.1km 네거리 *Cruce-X* 닛산 정비 공장[!] 왼쪽으로 꺾어 포르티예호 카예*c/Portillejo*로 접어든다. 그리고 긴 공원을 따라 걸어 굴다리(1.6km)를 지나도록 하자. 다음 구간은 콘크리트로 새로 포장된 길을 걸어서 공원을 통과한다. 길은 발바닥에(그리고 엉덩이에도) 딱딱하게 느껴지지만 최소한 자동차용 우회 도로에서는 떨어져 있다. 이 길은 앞에 보이는 소나무 숲 쪽으로 이어지며 2.2km를 더 가면 플란타노 데 라 그라헤라에 도착한다.

3.8km 플란타노 데 라 그라헤라 *Plantano de la Grajera* [F] 오른쪽으로 돌아 저수지 벽을 따라서 소나무 숲을 통과하라. 그리고 인도교를 건너 카페가 있는 쉼터로 들어서면 호수의 전망이 아주 잘 보일 것이다. 이 지점에서 길표지에 주의하도록. 루트를 따라가면 호숫가를 돌아 자갈길을 지난 다음 지평선 쪽으로 펼쳐진 숲으로 뻗은 아스팔트 길로 이어질 것이다.

2.9km 그라헤라 봉 *Alto de la Grajera* 지금까지 걸어온 루트와 로그로뇨를 돌아보기에 제격인 곳이다. 언덕 꼭대기 지점부터 고속 도로 옆을 나란히 지나게 된다. 근처의 제재소에서 나온 나무껍질 띠로 만든 수백 개의 십자가가 철조망 위에 놓여 있어, 번잡한 도시 우회 도로가 곁에 있다는 사실을 잊게 할 만큼 경건한 분위기를 자아낸다. 세속적인 시각에서 벗어나게 해주는 희미한 경계선이자 여행에 있어 신성한 자연이 주는 시의 적절한 암시이다. 곧 N-232를 타게 되는데, 험한 갓길[!]을 따라 걷다가 도로가 오른쪽으로 꺾어지면 나바레테 방향으로 가는 N-120로 바꿔 탄다[!]. 그 다음엔 흙길로 들어서서 들판과 포도밭을 지나 A-68

고속 도로 위로 난 고가를 건넌다. 길을 건너면 곧바로 중세 수도원 유적에 다다르게 된다. 길을 가는 순례자들을 돌보기 위해 12세기에 세워진 '산 후안 데 아크레 기사단Order of San Juan de Acre'의 수도원이다. 원래는 화려하게 조각된 포치가 있었는데, 지금은 나바레테 묘지로 옮겨져 입구 역할을 하고 있다. 수도원의 가파른 돌계단을 올라 자동차 우회로를 건너서 나바레테로 들어간다.

3.6km 나바레테 Navarrete 지자체 호스텔(941 - 440 776)은 마을의 중심부 산 후안 카예의 술집인 로스 아르코스Los Arcos와 붙어 있다. 3월부터 10월까지 문을 열고(겨울엔 이용 가능 여부를 체크해볼 것) 3개의 층이 있고 4개의 방 안에 40개의 침대가 있

지자체 호스텔

다. 밖에 옷을 말릴 곳이 없지만 건조기secadora가 있으며 그밖에 세탁기 lavadora를 비롯한 모든 시설을 갖추고 있다. 엘 칸타로El Cántaro 사설 호스텔(941 - 441 180)은 번화한 주도로에 인접해 있다. 에레리아스 카예 c/Herrerias 16번지에 있는 현대적인 연립 주택 안에 있다. 연중무휴로 침대는 16개이다.

※ **기타 숙박 시설:** 라 카리오카La Carioca(940 - 440 805/006, 프루덴시오 무뇨스 카예 c/Prudencio Muñoz 1번지)가 있고 주도로 상에 있거나 좀 고급스러운 지역(더 조용하고 중심부에 위치한)에 있는 곳은 비야 데 나바레테Villa de Navarrete(941 - 440 318)이다. 교회 광장 맞은편의 라 크루스 카예c/La Cruz에 있다.

1.7km 묘지 Cementerio 13세기에 만들어진, 화려한 장식의 입구가 있다(동쪽 외곽에 있는 산 후안 데 아크레 수도원 유적에서 이곳으로 옮겨진 것이다). 롤단과 페라구트 간의 전쟁을 묘사한 기둥 중 하나이다(나중에 지나게 될 포요 롤단Poyo Roldan 부분을 보라).

묘지를 지나서 계속 걸으면 포도밭을 통과하는 밝은 붉은색의 리오한 Riojan 땅을 따라 난 주도로와 같은 방향으로 가면서 푸엔테 강Rio de la Fuente과 소테스Sotes로 향하는 부도로를 건넌다. 그 다음엔 와인 협동조합인 비티비니콜라Vitivinicola 옆을 지나간다. 루트는 갑자기 기울어져 주도

로 쪽으로 되돌아간다. 그랬다가 언덕 꼭대기에 있는 벤토사 마을 방향으로 다시 올라간다. 길 표지는 두 가지 옵션을 알려준다. 마을을 우회하거나, 아니면 마을에 들러 그 안에 있는 알베르게(사람으로 치면 뒤통수 위치에 교회가 있다)를 방문하거나. 후자를 택할 경우, 왼쪽으로 꺾은 다음 바로 오른쪽으로 돌아 상점과 바가 있는 한적한 마을 광장으로 들어선다. 그리고 다시 오른쪽으로 꺾어 벤토사로 들어간다.

5.9km 벤토사 *Ventosa* 알베르게 산 사투르니노 *San Saturnino* 네트워크 호스텔(941 - 441 899)로 교회 바로 밑에 위치한다. 연중무휴이며 6개의 방 안에 침대 50개를 갖춰놓고 있다. 괜찮은 식당을 포함한 모든 시설이 있으며 가끔 식사 배급이 나오기도 한다. 섬세하게 재건되어 잘 운영되고 있는 호스텔이다.

뒤편 위쪽에 교회가 있는 알베르게

그냥 계속 가려면 언덕을 뒤로 돌아(혹은 넘어가거나) 길표지가 되어 있는 오솔길을 찾는다. 오솔길은 한적한 시골 들판을 지나 다시 작은 도로로 이어지는데, 이 길은 두 작은 언덕들 사이의 다소 음산한 고개를 통과한다. 여길 지날 때 보면 수많은 작은 돌무더기들이 여기저기 있는데, 사람들이 이곳의 신비를 한껏 만끽하기 위해 잠시 발걸음을 멈추고 쌓아 놓은 것들이다. 왼쪽은 산 안톤 봉*Alto de An Anton*인데, 예전에 안토니 기사단*Antonie Order*이 세운 순례자용 구호 시설이 있던 자리*Ruinas de Covento de San Anton*이다. 오른쪽은 '롤단의 언덕*Poyo de Roldan*'인데 롤단이 이곳에서 무슬림 거인 페라구트*Ferragut*를 정확히 돌로 맞혀 죽였다는 전설이 전해진다. 롤단은 (페라구트가 통치하던)마을을 해방시켰다. 그리고 포로로 잡혀 있던 샤를마뉴 군의 그리스도교 기사단을 풀어주었다. 골리앗과 다윗 이야기를 연상시키는 이 전설은 카미노에 강렬한 인상을 남기고 있다. 마치 마법의 공간 같은 이 주변은 지나치게 많은 길표지 때문에 더럽혀졌다. 계속해서 좁은 고갯길(610m지점에 있는, 이번 단계의 최고점이다)을 걸어 나헤라 방면으로 내려가도록 하자. 부도로를 건너면 다리가 나온다.

6.1km 다리 *Puente* 알데*Yalde* 강을 건너는 순례자를 위한 인도교다. 포도밭을 통과하는 오솔길을 따라 채석장을 에둘러 가다 보면 나헤라 외곽의 대규모 공장과 만나게 된다. 여기서 주도로를 가로질러 주거 지역으로 들어가면 나헤라 중심가에 닿는다. 시경찰청*Guardia Civil*과 산타 엘레나 수도원*Convento de Santa Elena*을 지나 주도로를 따라가면 길이 좁아지면서 나헤리야*Nájerilla* 강 쪽으로 내려간다. 현대적인 다리(산 후안 데 오르테가가 만든 중세 다리를 대신하기 위해 만들어짐)를 건넌 후 왼쪽으로 꺾어 강변 도로를 타고 걸으면 나헤라에 닿을 수 있다.

3.3km 나헤라 *Nájera* 지자체 호스텔은 강가에 있는 메르카도 광장*Plaza del Mercado*에서 조금 떨어진 현대적인 공장형 건물 안에 있다. 연중무휴이며 1층짜리 건물 안에 침대 92개가 있다. 시설은 다 갖추고 있지만 좀 복작댄다(산타 마리아 라 레알 광장에 인기가

지자체 호스텔

많던 오래된 프란체스코 수도원 호스텔이 있었는데, 그 호스텔 대신 생긴 게 이 호스텔이다. 수도원 호스텔은 현재 재건 공사 중이다). 산초 3세*Sancho Ⅲ* 라 후데리아*La Juderia* 식당 위에 있는 사설 호스텔(941-361 138)은 산 마르시알 카페*c/San Marcial* 6번지 모퉁이에 있고 산타 마리아 수도원과 가깝다. 부활절부터 10월 말까지 문을 연다. 방 하나에 10개의 침대가 있으며 식당에서는 순례자 메뉴를 먹을 수 있다.

※ **기타 숙박 시설**: 마을 안에는 마르티레스 카페*c/Martires* 21번지에 폰다 엘 모로*Fonda el Moro*(941-360 052, 바로 옆에 있는 관광 안내소의 안내 책자엔 나와 있지 않다)와 산 미겔 카페 14번지(뒤에 절벽이 있다)에 있는 중상급 숙소 시우다드 데 나헤라*Ciudad de Najera*(941-360 660)가 전부다. 강 건너편 산 훌리안 골목*paseo San Julián* 12번지에 위치한 이스파노*Hispano*(941-362 957)는 분위기가 친절하고 따뜻하며, 역시 산 훌리안 골목 강 인접한 곳에 위치한 산 페르난도*San Fernando*(941-363 700)도 있다.

한눈에 살피는 지역 정보

나바레테

또 하나의 유서 깊은 카미노 마을이다. 멋지게 새겨진 가문 문양, 문장이 그려진 방패가 있는 옛 모습을 간직한 집들이 남아 있다(눈에 띄는 예외도 몇 있다). 인상적인 16세기 건축물인 성모승천 교회가 꼭대기 광장[F]을 내려다보는 높은 위치에 자리하며, 그 밑에는 관광 안내소(941-440 005, 여름에만 문을 연다)가 있다. 로스 아르코스 바는 간단한 음식을 제공하며 중세 아케이드의 다른 쪽 끝에는 광장에 테이블을 내놓은 타파스 바 데포르티보*Deportivo*가 있다. 마을의 더 아래쪽 주도로 위에도 카페와 식당이 바글바글한 광장이 있다. 지자체 호스텔을 떠나 아치 지붕이 있는 자갈길(아케이드)을 따라 교회 광장 방향으로 걸어 가서 산티아고 카예와 산 로케 카예*c/San Roque*로 접어들면 곧 묘지 방향 주도로와 합류하게 된다.

나헤라

11~12세기 나바르 왕국의 수도였던 역사적인 마을이다. 카미노 데 산티아고와 깊은 연관이 있다. 이곳의 자랑거리는 '산타 마리아 데 라 레알 수도원*Monasterio Santa Maria de la Real*'이다. 이곳의 화려한 '로얄 판테온*Royal Pantheon*'에는 유명한 왕과 여왕, 나바르 기사단의 무덤이 있다. 그중에서도 나바르 왕비 도냐 블랑카*Doña Blanca de Castile y Navarre*의 무덤이 특히 아름답다. 판테온은 이 멋진 성당의 일부분을 이루고 있는데, 원래 동굴이었던 장소로 성당의 기원이 되었다. 성당의 성가대석도 흥미로운데, 순례자를 모티프로 한 부조가 의자 받침대에 새겨져 있다. 기사단 수도원은 박물관을 통해 들어갈 수 있다.

나헤라의 인구는 약 7천 명이며 마을에 들어서면 먼저 현대적인 동쪽 구역을 통하게 된다. 나헤리야 강과 암벽이 마을 주위를 영화 배경처럼 둘러싸고 있다. 여러 상점, 바, 카페 등이 즐비한 좁은 마요르 카예는 수많은 골목과 산 미겔 광장으로 이어져 있고, 관광 안내소(941-360 041)가 있다. 길 끝(알베르게와 가깝다)에는 순례자 메뉴를 제공하는 바와 식당이 많은 스페인 광장*España Plaza*과 나바르 광장이 있다.

우회 루트

산 미얀 데 라 코고야 *San Millan de la Cogolla*, **수소** *Suso*, **유소** *Yuso* **수도원**
이 세계 유산 부지는 유럽에서 가장 처음 알려진 수도사 공동체 중 하나이며 그 연도는 6세기까지 거슬러 올라간다. 또한 스페인어의 발상지로 추정되기도 한다(자세한 이야기는 아소프라*Azofra*에 관한 다음 단계와 카냐스*Cañas*의 시스테르시안*Cistercian* 수녀원 설명 부분을 볼 것). 나헤라에서 산 미얀까지(LR 206으로 16km) 갔다가 카냐스를 경유해 아소프라로 돌아오는 정도는(LR 206으로 14km) 걸어서도 가능하다(다만 하루 종일 걸릴 뿐). 하지만 현실적으로는 따로 스케줄을 잡아서 다녀오거나, 나헤라에서 일행을 만들어 택시를 합승하거나, 산 미얀에서 밤을 보내는 편이 좋을 것이다. 숙소가 별로 없어서 사전 예약이 필요하다(자세한 내용은 다음 단계를 보거나 관광 안내소에 문의할 것).

8day note

"몇몇 순례자들의 세탁물을 널고 있는 그를 보았다. 그의 웃음은 환영한다고 말하고 있었다. 그는 내게 하룻밤 머물고 가라고 했다. 함께 식사를 하며 여정에서 있었던 이야기들을 나눌 수 있을 텐데. 내 영혼은 그와 만나라고 재촉했지만, 나는 그의 초대를 정중하게 거절하고 서둘러 나의 목적지로 향했다. 그러나 다음 호스텔은 이미 가득 차 있어서 빈 방이 없었다. 나는 계속해서 서둘렀다. 시간은 점점 늦어지고 나는 이미 지쳐 있었다. 다음 마을까지는 두 시간이 남아 있었다."

'산티아고 데 콤포스텔라'까지 603.1km(374.8마일)

나헤라에서
산토 도밍고 데 라 칼사다까지-21.0km

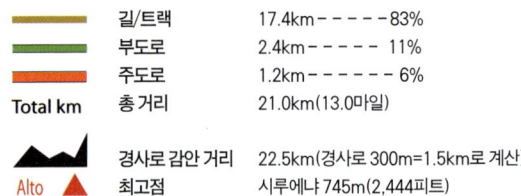

	길/트랙	17.4km - - - - 83%
	부도로	2.4km - - - - 11%
	주도로	1.2km - - - - 6%
Total km	총 거리	21.0km(13.0마일)
	경사로 감안 거리	22.5km(경사로 300m=1.5km로 계산)
Alto	최고점	시루에냐 745m(2,444피트)

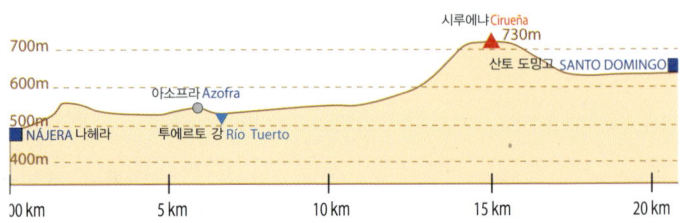

Road Point 이번 단계의 대부분(83%)은 넓고 쾌적한 시골길이다. 농경지를 한적하게 돌아서 지나가며, 주도로로 가는 건 산토 도밍고*Santo Domingo*로 들어서는 마지막 구간뿐이다. 아소프라*Azofra*를 넘어서면 카미노는 부도로(알레산코*Alesanco* 방향)를 건너는데 이 지점에서 다른 옵션을 선택할 수 있다. 번잡한 N-120 도로(오른쪽)에 합류해 쾌적한 시골길 1.5km를 '아끼는' 것이다. 이번 단계엔 그늘도 별로 없고 식수대도 거의 없다. 그러니 모자를 꼭 챙기고, 식수대가 있는 아소프라와 시루에냐*Cirueña*를 지나면서 물병에 물을 채워라.

ㅠㅠ 나헤라를 떠나며

soul road 🟤🟢

잠시 발걸음을 멈추고, 옛 국경을 표시하는 아름다운 중세의 석조 십자가를 보고 싶지 않은가? 이 십자가는 당신에게 무엇을 의미하고 무엇을 상징하는가? 당신이 지금 살고 있는 세계와 예전의 '고향' 사이의 국경은 어디쯤에 있는가? 시원한 숲속 빈 터의 잎이 무성한 그늘 밑에 잠시 쉬며 이러한 신비에 대해 곰곰이 생각해보라. 지금까지 얼마나 많은 순례자들이 한낮의 태양을 피해 이 숲속 쉼터로 들어갔고, 또 얼마나 많은 순례자들이 앞으로도 이 쉼터에 들를까? 삶 속에 이렇게 맛이하는 그늘이, 오랜 옛길 도로의 하나에서 비롯된 선물이라는 사실을 실감할 수 있겠는가?

나바르 광장을 통과해 산타 마리아 레알 성당을 지나 펠로타 경기장(왼쪽)을 지나는 길을 쭉 걷는다. '자연 구역zona natural'에 들어서 소나무 숲 사이로 널찍하게 난 붉은 흙길을 따라 가파른 경사를 오르면 정상(460m)에 도달한다(1.0km). 길은 한적한 아스팔트 길과 만날 때까지 2.9km가량 더 이어진다. 이 아스팔트 길을 1.9km 더 걸으면 아소프라 마을에 다다른다.

5.8km 아소프라 *Azofra* 이곳의 알베르게는 지자체 호스텔(941 – 379 049)로 쓰기 위해 특별히 만들어진 곳이다. 라스 파라스 카예c/*Las Parras*, 즉 중앙 분수대에서 200m(오른쪽) 떨어진 지점에 위치한다. 연중무휴이고 여러 방 안에 60개의 잠자리가 있다. 침

지자체 호스텔

대는 2개뿐이다. 야외 쉼터를 포함한 굉장히 널찍한 시설을 갖추고 있다. 두 번째 알베르게는 라 푸엔테*La Fuente* 분수 근처 중심지에 위치한 사설 호스텔이다. 5월부터 10월까지 문을 열고 잠자리는 12곳이다. 야외 시설을 제외한 나머지는 다 갖추고 있다. 세 번째 알베르게는 최초의 교구 호스텔에 속하며(941 – 379 057) '천사들의 성모*Nuerstra Senora de los Angeles*' 교회와 붙어 있다. 이 교회에는 산티아고 페레그리노*Santiago Peregrino*의 상이 있고 항상 순례자들로 북적인다. 교회는 길의 가장 꼭대기, 중앙 분수대 위쪽에 자리 잡고 있다. 알베르게는 연중무휴이고 26개의 침대가 있다. 입구 근처에 작은 뜰이 있는데 석양을 감상하기에 좋은 장소다. 부섭지붕(벽이나 물림간에 기대어 만든 지붕으로, 한쪽으로 기울어진 형태를 띤

다-옮긴이) 구조의 건물을 몇 년 전 '독일 순례자 협회'의 허버트 사이먼 Herbert Simon이 개조했고, 사람 좋은 마리아 씨가 가끔씩 보수를 해오고 있다. 시설은 아주 기본적인 것들뿐이지만 멋지고 분위기 좋은 환경이 이런 불편을 상쇄시키기에 충분하다.

아소프라에서 출발하여 마을 공원[F] 옆의 교차로를 건넌다. 그리고 왼쪽으로 가서 중세의 표지rollo를 지나는 길로 들어선다. 이 지점부터는 몇 개의 길이 비옥한 벌판으로 제각기 뻗어 있고(다시 N-120으로 돌아가는 길 하나만 피하면 된다), 표지를 따라가면 앞쪽 언덕 위에 새로 조성된 골프장 리오하 알타 골프 클럽Rioja Alta Golf Club으로 향하게 된다. 그리고 털가시나무 숲을 지나면 시루에냐 마을로 들어선다.

9.3km 시루에냐 Cirueña 카페 겸 바 하코베오Jacobeo(마을에 들어서면 바로 50m 왼쪽이다)가 있고, 오른쪽으로 계속 가면 옵션 루트[?]다. 마을을 나서면 선택을 할 수 있다. 전방(오른쪽)에 아주 잘 보이는 시리뉴엘라 Ciriñuela가 있는데 기본적인 시설을 갖추고 있지만 주방은 없다. 메인 루트로 계속 가려면 왼쪽으로 꺾어 아스팔트 도로로 내려선다. 그리고 주변 들판의 윤곽을 그리며 뻗은 넓은 시골길을 따라간다. 그러면 산토 도밍고 데 라 칼사다 외곽에 닿게 된다. 여기서 번화한 도로인 N-120에 닿기 전까지 몇몇 공장 건물 뒤편을 지나다가 길을 건너 구시가로 들어선다. 복잡한 길 위에서 길을 잃을 경우, 파라도르Parador 이정표를 보고 마요르 카예를 따라 가면 된다.

5.9km 산토 도밍고 데 라 칼사다 Santo Domingo de la Calzada 알베르게 카사 델 산토Casa del Santo는 스페인 순례자 협회(941-343 390)가 운영하는 곳이다. 협회는 이곳에서 순례자 잡지인 『엘 페레그리노El Peregrino』도 펴내고 있다. 마요르 카예 42번

알베르게-카사 델 산토

지의 옛 지구 중심부에 있다. 연중무휴에 83개(위층에 방 4개, 그리고 인원이 넘칠 땐 1층 뒤쪽 도미토리까지 사용)의 침대가 있다. 정원을 포함한 모든 시설을 갖추고 있다. 그늘이 있는 쾌적한 정원에 닭장이 있는데, 이곳

의 수탉과 암탉들은 대성당에 얽힌 전설에 따라 길러지고 있다. 알베르게 아바디아 시스테르시엔세*Abadia Cisterciense*는 시토회 수녀들이 운영하는 유쾌하고 평화로운 호스텔(941-340 570)이다. 마요르 카예 29번지(왼쪽)에 위치하며, '수녀들의 거리*Calle de la Monjas*'와 '번화가'가 교차하는 지점에서 구시가에 들어서면 코레히도르 호텔*Hotel El Corregidor* 뒷문 맞은편에서 찾을 수 있다. 5월부터 9월까지 문을 열고 6개의 방에 34개의 침대가 있다. 크고 분위기 좋은 식당과 한적하고 그늘진 테라스를 비롯한 모든 시설이 완비되어 있다. 모든 순례자들(남녀 포함)을 매우 환영한다. 저녁 예배*visperas*가 6시 반에 열린다.

※ **기타 숙박 시설**: 산타 테레시타 호스텔*Hospederia Santa Teresita*(941-340 700) 역시 시토회 수녀들이 운영하는 신식 호스텔이며 주소는 피나르 카예*/Pinar* 2번지(아바디아 시스테르시엔세 알베르게 뒤편)이다. 히오*Rio P*(941-340 277, 에체고옌 카예*/Etchegoyen* 2번지), 펜션 알베르트*Albert P*(941-340 827, 베아토 에르모시야 카예*/Beato Hermocilla* 20번지), 엘 페레그리노*El Peregrino P*(941-342 128, 칼라오라 아베니다*Av. de Calaborra*), 미겔 *Miguel P*(941-343 252, 후안 카를로스 1세 카예*/Juan Carlos* 23번지, 마을 신시가지의 가로수길 건너편)이 있다. 더 높은 가격의 좋은 숙소로 엘 코레기도르(941-340 827, 마요르 카예 20번지)와 대성당 맞은편 산토 광장의 건물 안에 있는 4성급 고급 호텔 파라도르*Parador*(941-340 300)가 있다. 혹은 파라도르 체인의 최신판인 파라도르 데 산토 도밍고 베르나르도 데 프레스네다*Parador de Santo Domingo Bernardo de Fresneda*(915-166 666)에 가보는 것도 좋다. 마을 끝 지점에 새단장한 16세기 건축물 산 프란시스코 수도원 안 순례자 기념비 옆에 위치한다.

한눈에 살피는 지역 정보

아소프라

500명이 될까 말까 한 인구가 사는 조용한 마을이다. 카미노 덕에 계속해서 존재하는 곳일 것이다. 마을을 나서면 라 리오하의 수호자 비르겐 데 발바네라*Virgen de Valvanera*에게 봉헌된 작은 공원[F](왼쪽)이 있다. 길의 다른 편(루트에서 50m 정도 벗어난다)에는 중세의 순례자 샘인 푸엔테 데 로스 로메로스*Fuente de los Romeros* 유적이 있고, 그 옆에는 현대에 만들어진 기념물이 있는 도로 대피소가 있다. 알베르게 근처에 눈에 잘 안 띄는 상점 2곳과 생계를 위해 순례자들에게 먹을 것을 팔며 경쟁하는 몇몇 바들이 있다. 중세에는 순례자 구호 시설들이 몇 군데 있었다. 아소포라는 우회 루트인 '수도원 루트*ruta de los monasterios*'가 시작되는 가장 동쪽 지점이자 스페인어 발원지*la cuna del Castellano*이기도 하다.

산토 도밍고 데 라 칼사다

이곳의 구불구불한 거리들은 카미노와 친숙한 관계를 맺고 있는 오래된 마을의 역사를 상기시킨다. 소위 '길 위의 성 도미닉*Saint Dominic of the Road*'으로 불리는 인물 때문이다. 그는 자신의 인생을 순례자들의 실질적인 루트를 개발하는 데 헌신했고, 우리가 지나는 수많은 길과 다리들을 만든 장본인이다. 11세기의 일이었고, 이 길과 다리들은 그 이래로 몇 번 재건축을 겪었다. 하지만 성 도미닉의 정신만은 오늘날까지도 대성당 닭장 안의 수탉과 암탉처럼 살아 있다. 거인이었던 그는 비야마요르 델 리오*Villamayor del Rio*의 소박한 환경에서 태어났다. 그리고 전하는 바에 의하면, 그는 문맹이었기 때문에 산 미얀의 수도회에서 쫓겨났다고 한다. 지난 천 년간, 지식 계급의 손실은 순례자들의 득이 되어왔다. 그는 지금은 파라도르가 된 순례자 병원과 대성당으로 발전한 성당을 만들었고, 이 둘은 모두 유서 깊은 마을 광장 산토 광장에 위치해 있다. 그리고 다른 많은 종교적인 건축물들처럼 수많은 세월에 걸쳐 개축되어 여러 가지 다른 건축 양식이 뒤섞이게 되었다. 원래의 성당은 12세기에 봉헌되었다. 따로 독립되어 있는 탑은 18세기까지도 만들어지지 않았음에도 불구하고 말이다. 어두운 내부엔 성 도미닉(산토 도밍고)의 무덤과 라 막달레나*La Magdalena* 예배당, 제단 장식 등이 있다. 한 가지 믿기지 않는 전시물 중 하나는 성당 뒤쪽에 있는 닭장이다. 살아 있는 닭 두 마리가 안에 있다.

닭장과 관련된 이야기는 '수탉과 암탉의 기적*Miracle of the Cock and Hen*'으로 거슬러 올라간다. 이 이야기는 세월이 지나며 윤색되어 '성 야고보 길'을 따라 펼쳐지는 전설들 중에서도 무척이나 사랑스러운 것이 되었다. 전설은 이렇다. 순례자 부부와 그들의 아들이 산티아고로 가는 여정 중에 이곳의 여관에 묵었다. 여관 주

산토 도밍고

인의 아름다운 딸이 잘생긴 청년에게 눈길을 주었지만 독실한 젊은 친구는 그녀가 다가오는 것을 거부했다. 그의 거절에 화가 난 여관집 딸은 금으로 된 술잔을 청년의 가방에 숨기고 그가 술잔을 훔쳤다고 고했다. 결백한 청년은 체포되었고 교수형에 처해졌다. 몇몇 이야기에는 부모가 아들의 운명을 잊고 계속해서 길을 갔다고 전해진다. 그리고 그들은 산티아고에서 돌아오는 길에 아들이 여전히 교수대에 매달려 있는 것을 발견한다. 하지만 아들은 산토 도밍고 덕분에 기적적으로 살아 있었다. 부모들은 재판관의 집으로 달려가 막 저녁을 먹으려던 참인 재판관을 발견했다. 이야기를 듣고 나서 재판관은 대꾸했다. 이 부부의 아들은 지금 먹으려는 닭고기마냥 더 이상 살아 있지 않다고. 그러자 갑자기 닭들이 접시에서 일어나 큰 소리로 울었다. 기적은 재판관에게 효력이 있었다. 그는 교수대로 달려가 가엾은 청년을 내려주고 완전히 사면했다. 교활한 아가씨의 운명에 대해서는 생각하지 말도록 하자. 실제로 수많은 기적들은 그 기원을 산토 도밍고의 덕에 돌리고 있다. 한편, 그의 이름을 딴 마을은 '리오하의 콤포스텔라 *Compostela of Rioja*'라는 별명도 갖고 있다.

박물관은 대성당에 붙어 있다. 광장 맞은편에는 고급 호텔인 파라도

르가 중세의 아름다움을 여전히 빛내고 있다. 마을에는 마요르 카예와 번잡한 파세오(*paseo*: 골목길 - 옮긴이)를 따라 수많은 식당과 바, 상점들이 모여 있다. 서로 연결된 좁은 골목들은 모두 관광객들과 순례자들, 6천 명의 지역 주민들로 붐빈다. 마을과 중세의 도로망은 역사적으로 흥미 있는 지역으로 여겨져왔다. 도움이 많이 되는 관광 안내소(941 - 341 230)는 마요르 카예 70번지에 있는 대성당을 지나면 바로다. 성인에게 경의를 표하는 마을의 큰 축제는 5월의 첫 2주 동안 열린다.

9day note

"나는 시원한 실내에 들어섰고, 곧 나쁨이라는 사실을 깨달았다. 급히 나가려 했지만 그 순간 종소리가 멎었고 수녀님들이 줄지어 안으로 들어오기 시작했다. 고요한 침묵 속에 나는 무릎을 꿇었고, 다가오는 발소리에 고개를 들었다. 나는 부지불식간에 수녀님을 따라 성가대 화석으로 향했다. 수녀님들이 천상의 노래라도 같은 찬송가를 부르기 시작하자, 주체할 수 없는 눈물이 솟아나와 내 얼굴을 타고 흘러내렸다. 수녀님은 수도복 소매에서 휴지를 꺼내 내게 건넸다. 그리고 몸을 굽히고 부드럽게 속삭였다. 'Breathe(심호흡을 하세요).'"

'산티아고 데 콤포스텔라'까지   582.1km(361.7마일)

산토 도밍고 데 라 칼사다에서
벨로라도까지-23.9km

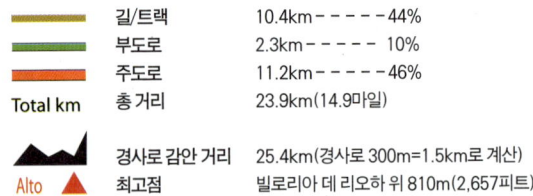

	길/트랙	10.4km - - - - 44%
	부도로	2.3km - - - - 10%
	주도로	11.2km - - - - 46%
Total km	총 거리	23.9km(14.9마일)
	경사로 감안 거리	25.4km(경사로 300m=1.5km로 계산)
Alto	최고점	빌로리아 데 리오하 위 810m(2,657피트)

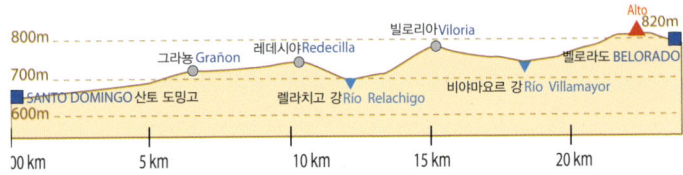

Road Point 오늘날 도로공사 때문에 우리가 위험하기 짝이 없는 N-120 도로와 가까이 붙어서 여행할 수밖에 없다는 사실은, 순례자를 위해 많은 일을 한 순례자를 기리는 행위와는 어울리지 않는다. 길표지도 명확하지 않아서 주의하지 않는다면 벨로라도로 가는 내내 주도로를 걸어야 할 수도 있다! 마을과 멀리 떨어져서 쉴 곳도 물도 없는 복잡한 주도로를 따라 걷는 오늘 반나절에 철저히 대비하라. 북쪽 방향으로 에라메유리Herramelluri, 레이바Leiva(페레그리나Peregrina), 토르만토스Tormantos를 경유해 벨로라도에 닿는 대체 루트도 있다. 이 루트는 약 3km 정도 더 멀고(대부분 도로) 사람들이 거의 이용하지 않는다.

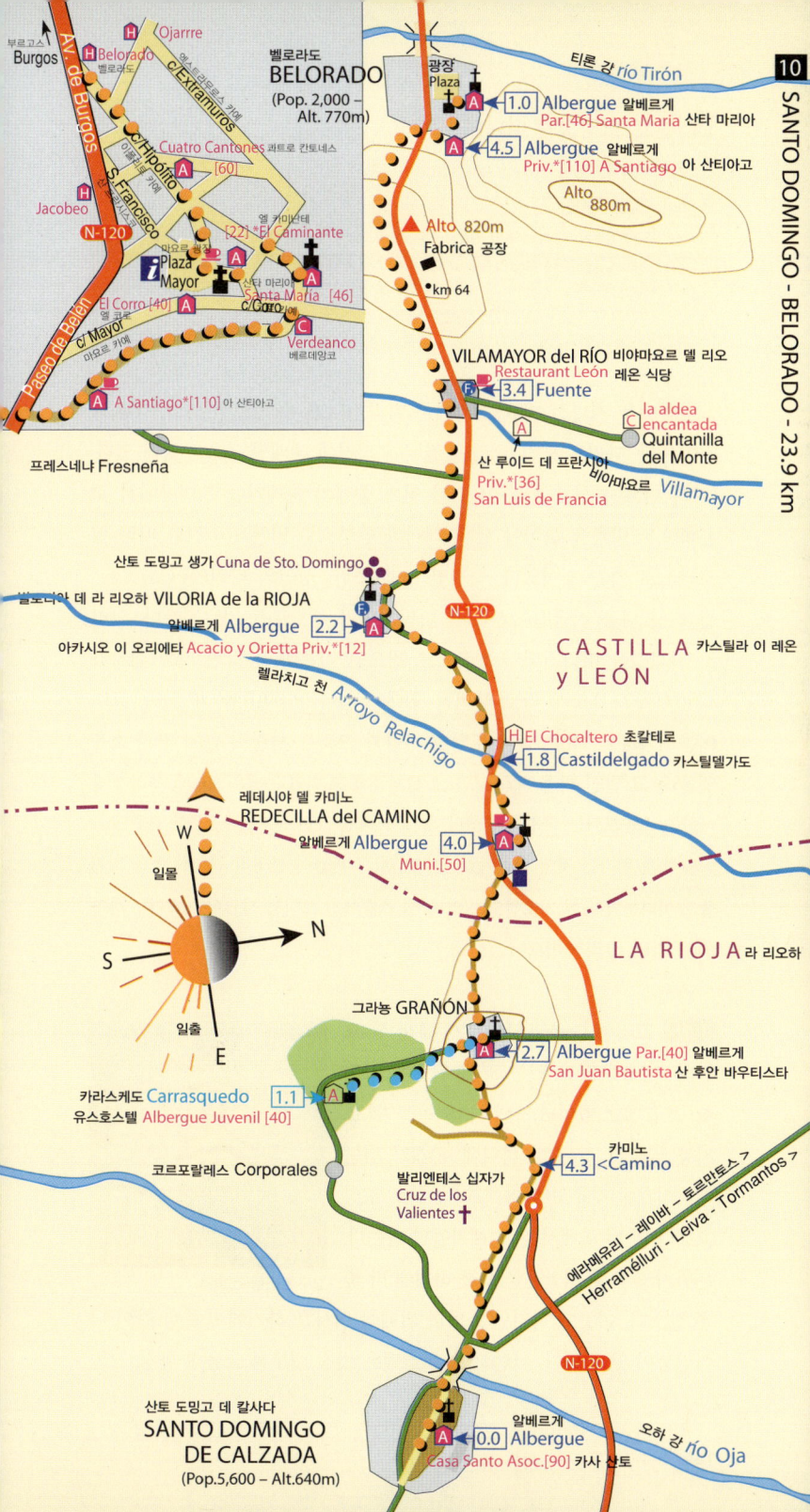

ⵜⵜ 산토 도밍고를 떠나며

> **soul road** 🐚🐚
> 선인의 길을 걸으면서 되새겨야 할 것들이 많다. 성 야고보는 지식의 자리에 접근하는 것을 거부당했으나, 지혜를 터득했다. 잠시 발걸음을 멈추고 이 평화로운 곳의 기운을 한껏 느껴보고, 어린 아이의 목을 축여주었을 우물에서 찬 물을 마셔보라. 이곳은 영혼을 정화시켜주는 고결한 장소이며 우리 스스로의 갱생을 곰곰이 생각하게 하는 곳이다.

대성당을 지나서 마요르 카예를 따라가다가 주도로(부르고스 방향)로 접어든다. 다리로 오하*Oja* 강을 건너기 직전에 예배당*ermita*이 하나 있다. '다리 만드는 성 도미닉'이 오기 전에 중세의 순례자들은 이곳에서 오른쪽으로 방향을 틀어야 했다. 레이바 방향으로 티론*Tiron* 강을 따라 벨로라도로 가는 것이었다. 하지만 이제 우린 '성인의 다리*Puente del Santo*'를 건넌 다음 시골길(오른쪽)을 따라가다가 주도로를 가로지른다. 그리고 자갈길을 따라가다가 왼쪽으로 꺾으면 이른바 '용감한 자의 십자가 *La Cruz de los Valientes*'라고 불리는 오래된 십자가를 지나가게 된다. 그런 이름이 붙은 이유는 산토 도밍고 사람과 그라뇽 사람이 근처 땅의 소유권을 놓고 벌인 싸움 때문이다(그 문제를 놓고 벌인 논쟁은 오늘날 우리가 좋아하는 소송보다는 한결 단순했다. 중세 시대엔 그런 문제를 '신성한 판관*Divine Judge*'에게 맡기는 것이 관습이었다. 여기엔 그 판관이 분명히 결백한 쪽을 지켜줄 것이라는 믿음에 기초하고 있었다. 이 소송에선 그라뇽 사람이 이겼다). 계속해서 가면 그라뇽이다.

2.7km **그라뇽** *Grañon* 알베르게 세례 성 요한의 성당에 딸려 있는 곁채 위층에 자리한 교구 호스텔이다. 1년 내내 문을 열고, 지붕 밑층에 작은 방 하나에 40개가 넘는 매트리스를 갖추고 있다. 그리고 산토 도밍고보다 더 먼 곳에서 온 순례자들만 받는다. 분위기 좋은 휴게실은 식사를 하기에 딱 좋

교구 호스텔 - 그라뇽

은 장소다. 이곳엔 작지만 소박한 뷔페식 식사를 하기에 충분한 간이 다이닝룸이 딸려 있다. 이런 기초 호스텔은 멋진 내부와 조용한 환경, 그늘

이 많은 정원이 딸린 마을 광장과 바로 이어진다는 점 등으로 순례자들에게 인기가 높다.

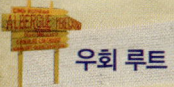
우회 루트

그라뇽 마을의 수호성녀 '카라스케도의 성모 마리아*Nuestra Señora de Carrasquedo*' 대성당에 들어보자. 마을 외곽의 숲 한가운데 있으며, 양옆에 나무들이 보기 좋게 늘어선 코르포랄레스*Corporales* 방향의 오솔길 위에 있다. 대성당 옆에는 역사가 오래된 유스호스텔이 있다. 알베르게 데 카라스케도*de Carrasquedo*(941-746 000)는 저녁 식사(오후 9시)와 숙박, 아침 식사(오전 9시)가 가능한 숙소인데 인기가 많기 때문에 자리가 있는지 미리 전화해 보아야 한다.

그라뇽 마을에서 나와 왼쪽으로 꺾어 시골길을 따라 계속 간다. 개울을 건넌 다음 왼쪽 방향으로 가면 조용한 라 리오하를 벗어났으며 카스티야 및 레온 자치구(부르고스가 속한 주)로 들어섰다는 사실을 알리는 거대한 표지판이 나온다. 다닥다닥 붙은 표지판을 보고 있자니, 카스티야 및 레온 자치구라는 사실은 아무래도 레온의 상아탑에 있는 정부 권한자들이 최대한 자주 알려주고 싶어 하는 민감한 사안인 모양이다.

N-120을 건너면 쉼터[F]와 관광 안내소(947-588 080)가 있는 레데시야 델 카미노로 들어서게 된다. 중심가를 따라 계속 가면 '길 위의 성모'에게 봉헌된 성당에 이르게 된다. 알베르게 바로 맞은편에 위치한 이 성당에는 12세기의 아름다운 세례반이 있다.

4.0km 레데시야 델 카미노 *Redecilla del Camino* 알베르게 지자체 호스텔(947-588 078, 마요르 카예)로 중세에는 산 라사로*San Lazaro* 병원 부지였고 지금은 붐비는 바 위에 자리한다. 연중무휴이며 4개의 방 안에 50개의 잠자리가 있고 모든 시설을 구비하고 있다. 성당과 알베르게 사이를 지나 마요르 카예를 따라 계속 가면 카스틸델가도 방향 도로와 나란히 난 시골길에 접어드는데, 이 길을 따라가다가 N-120을 건너야 한다.

1.8km **카스틸델가도** *Castildelgado* 16세기 산 페드로 성당이 있는데, 근처에 있는 베르베라나 백작 가문*Counts of Berberana*의 집과 알폰소 7세*Alfonso VII*가 설립하고 마을에서 관리했던 순례자 구호 시설의 잔해보다는 상태가 좋다. 휴식을 취할 만한 곳은 현재

알베르게-빌로리아 데 라 리오하

는 주도로상의 엘 초칼라테로*El Chocalatero Hs* (947-588 063)뿐이다. 카미노는 마을 뒤쪽을 통과해서 주도로와 나란히 있는 길로 1.0km 가량 이어진다. 여기서 왼쪽으로 방향을 틀어 지방 도로 1.2km를 가면 빌로리아 데 라 리오하다.

2.2km **빌로리아 데 라 리오하** *Viloria de la Rioja* 알베르게 네트워크 호스텔(947-582 220/679-941 123)로 마을 중심부의 한적한 광장에 있는 성당 바로 아래쪽에 위치한다. 연중무휴이며 12곳의 잠자리가 있고 공동 다이닝룸을 포함한 모든 시설을 갖추고 있으며 야외 테라스도 있다. 이 호스텔을 운영하는 아카시오는 성 야고보 협회 '파소 아 파소(*paso a paso*, 한 걸음 한 걸음)'의 핵심 인물이며, 카미노에 있는 순례자 시설들의 향상을 위해 수많은 일을 해 온 네트워크 협회*red de albergues*를 발족시킨 사람이기도 하다. 파울로 코엘료가 이 호스텔의 대부*padrino*이자 열렬한 후원자이다.

이 평화로운 마을은 성 도미닉의 출생지이지만, 그의 세례식의 증거가 되는 로마네스크 양식 세례반은 없어졌고 근처의 생가*cuna*는 정말 어처구니없게도 부서져 버렸다. '그나마' 다행인 것은, 관광 버스들이 이 역사 깊은 전원 마을을 그냥 지나친다는 사실이다. 당신은 이 그늘진 쉼터 [F](성당 바로 뒤에 맑은 물이 나오는 샘이 있다)에 잠시 발걸음을 멈추어도 될 것이다. 그리고 이 예스러운 마을이 낳은 유명한 문맹의 성자, 길을 걷는 순례자들에게 너무나 많은 도움을 준 이에게 감사를 표해보자. 마을을 나와서 한적한 지방 도로를 따라 1.3km 정도를 걸으면 N-120 옆의 길과 다시 만나게 된다. 그리고 2.1km를 열심히 더 걸으면 비야마요르 델 리오에 닿는다.

3.4km 비야마요르 델 리오 *Villamayor del Rio* [F] 알베르게 산 루이스 데 프란시아*San Luis de Francia* 네트워크 호스텔(947-562 022)로 루트에서 300m 벗어나 N-120 도로의 건너편, 킨타니야 델 몬테*Quintanilla del Monte* 방면으로 가는 도로상에 있다(주도로에서 표지판이 아주 잘 보인다). 연중무휴이며 9개의 방에 52곳의 잠자리가 있다. 최근에 개보수 공사를 마쳤고 저녁 식사와 아침 식사도 가능하다. 주도로에 있는 식당 레온에 들어갈 때는 머리를 좀 다듬는 편이 좋을 것이다. 이 식당에는 현지에서 생산되는 고급품들을 파는 상점도 딸려 있는데, 고급 와인, 건조 소시지*embutidos*, 블러드 소시지(*morcillas*: 돼지의 피를 섞어 만든 소시지 – 옮긴이), 초리소*chorizo* 등이 있다

벨로라도에 도착할 때까지 5.5km 동안 카미노는 영성 따윈 찾아볼 수 없는 N-120을 그대로 따라 간다. 마을에 들어서기 직전에 야외 쉼터 옆에서 N-120을 건너면[!] 벨로라도로 진입하는 넓은 길에 들어서게 된다.

4.5km 벨로라도 *Belorado* 아 산티아고*A Santiago* 마을로 진입하는 뒷길에 새로 만들어진(벨로라도 중심부에서 1km 정도), 침대 110개 규모의 네트워크 호스텔이다(947-562 164). 작은 수영장이 딸린 식당과 카페를 비롯해 모든 시설을 구비하고 있다. 마을 안쪽으로 뒷길을 따라 계속 들어가면 카사 루랄 베르데안초*Casa Rural Verdeancho*와 알베르게 엘 코로*El Corro*(670-691 173)를 지나게 된다. 엘 코로는 사설 호스텔이고 마요르 카예와 엘 코로 카예가 만나는 모퉁이에 있다. 여러 방에 40개의 침대가 있다. 1년 내내 문을 열고 다양한 편의 시설을 갖추었으며 성당과 인접해 있다.

1.0km 벨로라도 다음 알베르게는 산타 마리아 오리지널 교구 호스텔(947-580 085)이다. 중앙 광장 북쪽 500m의 조용한 쉼터에 있는 산타 마리아 성당과 붙어 있다. 연중무휴(여름엔 관리인들이 있다)이며 성당 옆 새단장된 건물 안에 24개의 잠자리들을 갖춰 놓았다. 순례자들을 맞이하는 분위기가 매우 좋고 위치도 조용한 곳이어서 아주 기본적인 비품이나 시설밖에 없는 것 정도는 눈감아주게 된다. 알베르게 뒤에는 절벽

이 있는데, 여기엔 성터로 올라가는 길과 고대(그리고 현대의) 동굴 암자가 있다.

알베르게 엘 카미난테*El Caminate*(947-580 231)는 성당 맞은편에 있는 신축 네트워크 호스텔이며 22개의 잠자리와 함께 독실도 있고 식사도 가능하다. 4월부터 10월까지 문을 연다. 마을의 다른 쪽 끝에는 유명한 알베르게 콰트로 칸토네스*Cuatro Cantones*(696-427 707)가 있다. 히폴리토 로페스 베르날 카예/*Hipólito Lopez Bernal* 10번지이고, 중앙 광장 밖의 개보수된 건물 안에 있는 사설 호스텔이다. 연중무휴이고 2개의 도미토리 안에 60개의 잠자리를 갖추고 있다. 야외 뜰을 포함한 아주 좋은 시설들을 구비한데다 여름엔 수영장도 사용할 수 있다.

※ **기타 숙박 시설**: 카사 베르단초*Casa Berdancho*(659-484 584, 엘 코로 카예), 카사 와슬라라*Casa Waslala*(947-580 726, 마요르 카예 57번지), 오하레*Ojarre P*(947-580 223, 산티아고 카예 16번지), 토니*Toni P*(947-580 525, 코레오스*Correos* 옆, 레데시야 델 캄포 카예/*Redecilla del Caampo* 7번지)가 있다. 마을 중심지에서 가까운 번잡한 주도로 위에는 호텔 하코베오*Hotel Jacobeo*가 있고, 더 멀리 헤네랄리스모 아베니다*Av. Generalismo* 30번지에는 벨로라도*Belrorado H*(947-580 684)가 있다.

한눈에 살피는 지역 정보

그라뇽 마을

성벽으로 둘러싸인 이 마을은 카미노에서 영감을 얻어 생겨났고 2개의 수도원과 1개의 순례자 구호 시설이 있었다. 오늘날 이 조용한 마을은 전형적인 제임스 1세 시절의 모습으로 남아 있다. 높고 훌륭한 제단이 있는 산 후안 바우티스타 성당*Iglesia SanJuan Bautista*은 최근에 개보수를 거쳤으며 마음 따뜻한 신부님이 순례자 예배를 주최한다.

카스티야 이 레온Castilla y Leon

스페인 최대의 자치구로, 면적이 9만 5천km^2(마드리드의 11배)에 달하지만 인구는 250만(마드리드의 절반에도 못 미친다)에 불과하다. 이 지역의 9개 주 중 부르고스*BURGOS*, 팔렌시아*PALENCIA*, 레온*LEÓN*을 지나면 순례 여정의 반이 지나간다. 이 지역에는 다른 곳과는 비길 데 없이 거대한 고원, 즉 메세타*meseta*가 있는데, 이베리아 반도에서 세 번째로 크다. 해발 1,000~3,000미터 사이에 위치하며 두에로*Duero* 강 유역의 라인을 따라 자리 잡고 있다. 이곳엔 곡식들이 가득 자라는데, 주로 밀이지만 덜 비옥한 땅에서는 귀리도 재배한다. 구릉진 지역에서는 양과 염소들이 풀을 뜯고 있다. 인구가 희박한 메마른 지역이고, 기본적으로는 평평하지만 완만하게 오르락내리락하는 언덕들이 있다. 겉으로 보기엔 끝없이 펼쳐지는 것 같은 지평선의 풍경 속에는 마치 현대의 바쁜 삶과는 단절된 듯한 아름다운 마을들이 점점이 박혀 있다.

멀리 산들이 지평선 사이에 솟아 있다. 우리는 데만다*Demanda* 산맥의 오카 산*Montes de Oca*을 왼쪽(남쪽)에, 오른쪽(북쪽)에는 코르디예라 칸타브리카*Cordiella Cantabrica*를 두고 그 사이를 지나가게 된다. 이들 뒤편으로는 눈 덮인 피코스 데 에우로파*Picos de Europa*가 언뜻언뜻 모습을 비춘다. 가장 높은 봉우리는 페냐 비에하*Peña Vieja*로, 해발 고도 2,613m이다. 레온 산*Montes de Leon*을 통해서 지나가게 되는데, 프랑스 카미노의 영원한 상징이 '철십자가*Cruz de Ferro*'가 루트상에서 가장 높은 곳인 1,505m지점에 자리 잡고 있다. 이 너머는 코르디예라 칸타브리카의 오른쪽 줄기 부분이고, 이 줄기는 카스티야 이 레온과 갈리시아의 경계를 형성하고 있다. 우리는 해발 1,110m 지점에 있는 푸에르토 데 페드리피타 도 세브레이로*Puerto de Pedrifita do Cebreiro*를 통해 갈리시아로 들어갈 예정이지만, 이 문은 아직도 400km나 멀리 떨어져 있다!

길을 따라 가다보면 이 광대한 지역의 흥미로운 역사에 대해 자세히 설명하는 팸플릿과 책들을 자주 만나게 될 것이다(영어로 된 것도 있다). 일단, 고대 왕국 카스틸레*Castile*의 국명은 이 왕국을 지키고 부흥시키기 위해 만든 수많은 성*castillos*에서 유래했다는 것 정도만 언급해두겠다. 카미노 데 산티아고가 지나치는 그 어떤 지역보다도 '눈에 띄게' 부흥한 곳인 셈이다. 다시 역사는 성인의 무덤이 발견되었던 때로 거슬러 올라가, 스페인이 무어인들의 영향 아래 있었던 당시를 되새기게 한다.

페르난도 1세가 1035년에 카스틸레를 세웠고, 1090년대에는 전설의 영웅 엘 시드*El Cid*가 부르고스에 자리 잡고 형세를 무어인들에게 불리하도록 바꾸어놓았다. 200년 뒤 카스틸레는 페르난도 3세 엘 산토*El Santo* 치하에서 레온과 병합되었다. 쉽지 않은 병합이었고 오늘날까지도 이전에 나뉘어 있던 관할 지역을 가리키는 낡은 표지판들이 곳곳에 남아 일부 순례자들을 헷갈리게 한다. 이 지역의 응급 전화번호는 112이다.

벨로라도

2천 명의 인구가 한가롭게 자신들의 삶을 살아가는, 목가적인 분위기를 간직한 도시이다. 관광 안내소(947 – 580 226)는 널찍한 마요르 광장의 시청 안에 있다. 마요르 광장에는 흥미로운 중세 아케이드가 있는데 여기엔 상점, 바, 식당들이 줄지어 있다. 벨로라도는 순례 길에 있는 또 하나의 유서 깊은 마을이며 티론 강*río Tirón*의 가파른 계곡에 건설되었다. 16세기에 석회암 절벽을 마주보고 지어진 산타 마리아 성당에는 '무어인 처단자이자 순례자 산티아고*Santiago Matamoros y Peregrino*'의 상이 있는 아름다운 제단이 있다. 예전에 은둔 수도사의 집이었던 고대 동굴 암자들이 여전히 성당 뒤편에 남아 있다(게다가 현대식으로 개조되었다!). 산 카프라이소*San Capraiso*도 이곳에서 구원을 찾고자 했던 수행자 중 하나였는데, 젊은 순교자의 용기에 감화되어 자신 역시 신앙에 몸을 바쳤다. 그리하여 로마로 가는 순례 루트 비아 프란치제나*Via Francigena*의 수호 성인이 되었다. 성의 잔해는 카스틸레의 옛 국경에 자리하던, 방어지로서의 이 마을의 과거를 보여준다. 동쪽 외곽에 자리한 '베들레헴의 성모*Nuestra Senora de Belen*'의 암자는 순례자 병원으로 온전히 남아 있다. 서쪽 방향으로 마을을 나서면 산타 클라라 수도원*Convento de Santa Clara*을 지난다. 마을 한가운데 있는 두 개의 다른 성당들은 각각 산 니콜라스*San Nicolas*와 산 페드로*San Pedro*에게 봉헌되었다.

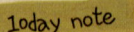

"나는 그가 접근하는 것을 막았고, 그의 낯빛에 불쾌한 감정을 드러냈다. 그는 이미 내가 매우 쇠약해져 있다는 사실을 알고 계속해서 도움을 주겠다고 고집했다. 나는 결국 저항을 그만두었다. 그는 조심스럽게 내 부츠와 양말을 벗겼다. 내 발은 엉망진창이었다. 정상적인 사람이 생각할 수 있는 상태를 넘어서 있었다. 그는 따뜻한 물을 한 대야 가져와서 피를 씻어냈다. 엉망이 된 살갗을 함께 씻겼고, 남아 있는 물집도 모두 째냈다. 그 다음엔 내 찢어진 부츠를 가까이 있는 동료에게 넘겨 수선을 맡겼다. 그는 내 발을 따뜻하게 해주고 부츠를 고쳐주었다. 하지만 정말 고쳐줄 것은 내 안의 무엇인가였다."

'산티아고 데 콤포스텔라'까지   560.4km(348.2마일)

벨로라도에서
산 후안 데 오르테가까지 – 24.1km

길/트랙	21.1km	88%
부도로	1.0km	4%
주도로	2.0km	8%
Total km 총 거리	24.1km(15.0마일)	
경사로 감안 거리	26.6km(경사로 500m=2.5km로 계산)	
Alto ▲ 최고점	오카 산길(발데푸엔테 위) 1,050m(3,444피트)	

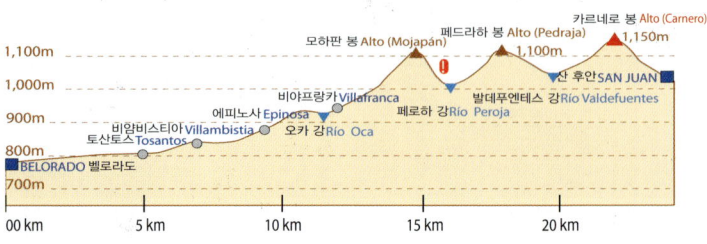

Road Point 오늘은 다양한 지형을 만나게 된다. 그리고 어제와는 달리, 88%가 작은 길과 흙길이다. 벨로라도 외곽에서부터 길은 N-120과 나란히 활짝 트인 시골길을 따라가지만 관목과 숲 덕에 그늘도 종종 나온다. 이번 단계에서 절반 지점인 비야프랑카 몬테스 데 오카 *Villafranca Montes de Oca* 에서부터는 오크나무들이 빽빽이 자라고 있는 '산길(정상의 해발 고도는 천 미터 남짓)'을 오르게 된다. 그리고 외진 순례자 마을인 '산 후안 데 오르테가 *San Juan de Ortega* (쐐기풀의 성 요한)'에 도달하기 전까지는 소나무 숲이 이어진다. 마음을 어지럽히는 것들, 정신없이 돌아가는 현대 사회에서 멀리 떨어진 이곳에서 우리는 천천히 발걸음을 늦출 수 있을 것이다. 어쩌면 내면의 여정에 대해 다시 한 번 생각해볼 기회일 수도 있다.

벨로라도를 떠나며

> **soul road**
> 21세기가 시작되는 이곳에서 길을 그 기원이 9세기로 거슬러 올라가 고대 수도원의 유적으로 우리를 안내한다. 돌을 쌓아올린 기술은 조잡하지만 모사라베 양식의 상징인 말편자 모양의 입구 덕에 볼 만하다. 신을 모시는 이 고대 건축물의 첫 번째 돌이 놓일 때 우리는 어디에 있었을까? 마지막 돌이 땅에 떨어져, 시야에서도 기억에서도 완전히 사라져 버릴 즈음에 우린 또 어디에 있을까? 그때쯤이면 우리도 현세에 존재하는 목적을 이룬 후일까?

마요르 광장에 들어서서 카페(오른쪽)를 지나 광장을 대각선으로 가로지른 다음 왼쪽으로 꺾어 좁은 이폴리토 로페스 베르날 카예c/*Hipolito Lopez Bernal*로 들어선다. 이 길에는 알베르게인 쿠아르토 칸토네스*Cuarto Cantones*(오른쪽)가 있다. 카미노는 교외지역을 1.0km 정도 지나 N-12로 이어진다. 1.0km를 더 걸어가면 벨로라도 호텔을 지나고, 그 다음엔 티론 강에 놓인 목제 인도교(산토 도밍고가 만든 원래의 옛 다리 바로 옆)를 건넌다. 그리고 주유소(산 미겔 데 페드로소*San Miguel de Pedroso* 표지판이 있다) 바로 너머에서 왼쪽으로 꺾은 뒤 바로 다시 오른쪽으로 방향을 틀어 주도로와 나란히 나 있는 오솔길로 들어선 다음 쭉 3.0km를 걷는다. 시내[F] 옆 야외 쉼터를 지나면 토산토스다.

5.0km 토산토스 Tosantos 산 프란시스코 데 아시스*San francisco de Asis*(947-580 085)는 인기 있는 알베르게로, 주도로에 있는 성당 맞은편의 개보수된 건물 안에 자리한 교구 호스텔이다. 4월부터 10월까지 문을 열고 3개의 방에 30개 이상의 매트리스가 마련

알베르게-토산토스

되어 있다. 시설은 기본적인 것들뿐이지만 방문객을 따뜻하게 맞이해주고 앞에는 쾌적한 정원이 있어 충분히 상쇄가 된다. 기도를 곁들인 공동 배식을 제공한다. 바인 엘 카스타뇨*El Castaño*는 주도로 위에 있다.

1.8km 비얌비스티아 Villambistia 알베르게 산 로케*San Roque*(947-582 147)의 신축된 사설 알베르게이며 여름에 문을 열고 27개의 잠자리를 갖추

우회 루트

주도로 맞은편으로 1km 떨어진 곳에는 특이한 '바위의 성모 암자*Ermita de la Virgen de la Peña*'가 있다. 절벽 사면의 안쪽에 만들어져 있으며 건축 연도는 12세기까지 거슬러 올라간다. 보통은 문이 잠겨 있어, 감춰진 내부에 무엇이 있는지는 미스터리이다. 하지만 토산토스를 떠날 때 카미노에서 이 암자의 하얀 외부를 볼 수 있다. 토산토스로 돌아가 논길을 따라 계속 걸어가면 비얌비스티아이다.

고 있다. '산 로케의 암자*Ermita de San Roque*'와 식수대[F]가 있는 마을의 중앙부에 위치하고 있다. 개울을 건너 1.6km를 더 걸어서 N-12를 가로지르면 에스피노사 델 카미노다.

알베르게-산 로케

1.6km 에스피노사 델 카미노 Espinosa del Camino 알베르게 라 캄파나*La Campana*(678-479 361)는 여름에 문을 열고 2개의 방 안에 10곳의 잠자리가 있다. 시설은 별로 없지만 식사가 제공된다. 이 한적한 마을의 짧은 중심가를 지나가면 약간 오르막인 흙길이 나오는데, 꼭대기 지점에서 비야프랑카가 보이기 시작한다. 반대편으로 내려가 계속 걸으면 특유의 모사라베 양식 아치가 있는 산 펠리세스 데 오카 수도원*Monasterio de San Felices de Oca*의 9세기 유적을 지나게 된다. 부르고스를 설립한 디에고 포르셀로스*Diego Porcelos* 백작이 이 유적 아래에 묻혀 있다. 도시로 들어서는 길목에 그의 상이 서 있다. 이제 길은 주도로를 우회하며 큰 곡선을 그리지만, 위험천만한[!] 주도로와 900m 정도는 합류해야 오카 강을 건너 비야프랑카 데 몬테스 데 오카에 닿을 수 있다.

3.5km 비야프랑카 데 몬테스 데 오카 Villafranca de Montes de Oca 이곳의 알베르게는 순례자들을 맞이하는 관리인(947-582 124)이 있는 지자체 호스텔이다. N-120 도로상에 있으며 약국*Farmacia*과 마을 보건소의 일부분, 학교 건물 등과 접해 있다. 연중무휴이고 2개의 도미토리(뒤에 있는 방이 더 조용하다) 안에 36개의 잠자리가 있다. 기본적인 시설들과 뒤

에 넓은 안뜰이 있다. 산 안톤 아바드 *San Anton Abad* 알베르게는 2009년에 새로 문을 연 호스텔이다. 고급 호텔(이곳의 일부이다) 뒤편에 위치하고 있다. 카미노를 몇 번 걸었던 주인은 이 호스텔을 만듦으로써 '되돌려준다'는 자신의 소망을 충족시켰다. 12곳의 침대가 있으며 현대적인 시설이 모두 갖춰져 있다.

지자체 호스텔 - 비야프랑카

※ **기타 숙박 시설**: 호텔 산 안톤 아바드는 고급 호텔이다. 엘 파하로 호스텔 *Hostal el Pajaro*(947-582 029)은 시끄러운 주도로에 있는 술집 위에 자리 잡고 있다. 트럭 운전사들과 순례자들 모두에게 인기가 좋다(아침 식사를 위해 일찍 문을 연다). 주도로의 모퉁이 반대편에는 순례자들에게 친숙한 상점의 수수한 입구가 있다. 다양한 상품들을 파는 곳이다.

우회 루트

마을 바로 바깥쪽 N-120 도로상에서 왼쪽은 막다른 길로, '오카의 성모 예배당 *Ermita Virgen de Oca*'이다. 현지의 순례 행렬 *romeria*이 성 인달레시오 *San Indalecio*의 순교를 기리는 축일인 매년 6월 11일에 이곳에서 펼쳐진다. 예배당 뒤에는 성 인달레시오를 기념하여 이름 붙인, 맑은 물이 나오는 우물 '성 인달레시오의 우물 *Pozo de San Idalecio*'이 있다. 다시 비야프랑카로 돌아가는 데는 2시간이나 걸린다. 그러므로 비야프랑카에서 묵을 예정이 아니라면 추천하는 루트는 아니다.

알베르게 맞은편에서 오른쪽으로 꺾어 산티아고 성당(왼쪽)과 산 안토니오 아바드 *San Antonio Abad* 병원(오른쪽)을 지나는 주도로로 들어서도록 하자. 그리고 머릿속을 상쾌하게 해주는 아름다운 오크나무 숲으로 가파른 길을 올라가면 푸엔테 데 모하판이다.

1.4km 푸엔테 데 모하판 *Fuente de Mojapan*[F] '빵을 적시는 샘(순례자들이 붙여준 이름이다)'과 쉼터가 있다. 이곳부터는 오크나무들이 드리우는 시원한 그늘 밑을 지나게 되고, 그 다음 산 후안 데 오르테가로 가는 길엔 내내 소나무 숲이 우리와 함께한다.

카이도스 기념비에 다다를 때까지 오르막길을 2.3km 정도 계속 걷도록 하자.

2.3km 카이도스 기념비 Monumento de los Caidos (1,020m) 스페인 내전 당시에 전사한 이들을 기리는, 엄숙한 모습의 기념비이다. 여기부터 페로하 개울arroyo Peroja을 건너는 인도교까지는 가파른 내리막이다. 건너편에서는 다시 오르막이었다가 또다시 내리막이 이어진다.

2.0km 발데푸엔테스 예배당 Ermita de la Valdefuentes [F] 이 자그마한 예배당은 주도로에 접해 있다. 여기서 나오는 시원한 샘물로 원기를 회복한 다음, 한적한 오솔길을 따라 소나무 숲과 히스덤불이 잔뜩 덮인 황무지를 통과하라. 이곳에서 오늘의 루트 중 가장 높은 곳인 1,050m 지점으로 오르게 되고 그다음 산 후안 데 오르테가까지는 완만한 내리막이다.

6.5km 산 후안 데 오르테가 San Juan de Ortega 알베르게 유시 깊은 교구 호스텔(947-560 438)이다. 중세와 현대의 순례자들 모두에게 전통적인 순례자 쉼터 중 하나이기도 하다. 연중무휴이며 58개의 잠자리가 3개의 넓은(그리고 통풍이 잘 되는) 방 안에 마련되어 있다. 16세기에 만들어진 멋진 안뜰을 비롯한 기본적인 시설들이 있다. 카미노의 또 다른 전통적인 관문인데, 한적한 위치나 오래된 건물들로 이곳은 속세와 떨어진 수도원 같은 분위기를 풍긴다. 그래서 빈약한 서비스와 엄격한 관리도 참아낼 만하다. 교구 신부인 호세 마리아 Jose Maria는 순례자들에게 빵과 마늘 수프를 대접하는 것으로 유명했는데, 2008년에 별세했다. 근처에 있는 바 마르셀라 Bar Marcela는 유명한 휴식처이고 순례자를 위해 건강에 좋은 저녁 식사를 판매한다.

산 후안 데 오르테가

한눈에 살펴보는 지역 정보

비야프랑카 데 몬테스 데 오카

푸에르토 데 라 페드라하*Puerto de la Pedraja*를 이용하는 차들을 위한 트럭 휴게소 때문에 마을 입구가 어수선하다. 그래서 9세기 이전부터 순례자들을 맞아온 이 마을에 대한 기대가 좀 어그러진다. 이곳은 길을 따라 있는 몇 곳의 비야프랑카*Villafrancas*(스페인 나바르 주에 있는 자치구 마을 - 옮긴이) 중 하나이다. 이 지역에 순례자로 왔다가 공인이 되어 돌아간 프랑크 인들에게는 고향이나 다름없는 곳이기에 이들 마을에 프랑크 인들에게 익숙한 명칭이 붙었다. 또한 오카*oca*는 스페인어로 '야생 기러기'를 뜻하니까 이곳이 '기러기 산'이라 불린다고 오해하기 쉽지만, 실상은 초기 정착촌이었던 아우카*Auca*에서 비롯된 명칭이라고 한다.

마을은 오카 산길*Montes de Oca*의 끝자락에 위치하고 있다. 이 지역은 인적이 드문 황무지였고 산등성이를 오가며 순례자들을 터는 도적들로 악명이 높았다. 산적들도 물론 산티아고 성당(몇 번 개보수되었고 독특한 조가비 세례반과 성인의 상이 여러 개 있는 곳이다)의 가호 아래 있는 성자에게 자신들을 보호해달라고 기도했을 것이다. 혹은 최근에 재건축된 '대수도원장 성 안토니오 순례자 구호 시설*Hospital de San Antonio Abad*'에서 구호나 원조를 얻었을지도 모른다. 이 멋진 건물은 입구를 장식한 왕족의 문양으로 증명되듯 '여왕의 구호 시설*Queen's Hospice*'로도 불렸다. 오늘날 마을은 시끄러운 N-120 도로에 걸쳐져 있다. 이 도로는 페드라하를 가로질러 외진 마을인 산 후안 데 오르테가*San Juan de Ortega*로 빠질 때까지 카미노와 나란히 이어진다.

산 후안(성 요한)

산토 도밍고의 제자이며, 자신의 스승처럼 산티아고로 가는 순례자들을 돌본 위대한 업적으로 잘 알려졌다. 산 후안은 이 지역 전체의 다리와 병원, 성당, 호스텔을 만들었다. 중세의 순례자들에겐 위험과 고난이 가득했던 이 거칠고 외진 곳(오르티가*Ortiga*는 스페인어로 '쐐기풀'을 뜻한다)에서 그는 1150년에 성 아우구스티누스 수도원을 설립했다. 예배당은 산 니콜라스 데 바리*San Nicolas de Barri*에게 봉헌되었는데, 전해지는 바에 의하면 그는 '성지*Holy Land*'에 순례 여행을 다녀오던 길에 산 후안이 익사할 뻔한 것을 구해준 인물이라고 한다. 그리고 이 예배당은 낮밤의 길이가 같아지는 날에 태양빛이 수태고지 장면의 성모 마리아를 비추도록 설계되었다. 불임이었던 카스틸레의 여왕 이사벨이 1477년에 이곳을 방문한 후 아이를 얻어 이 성당을 굉장히 화려하게 증축해주었다고 한다. 지하실에는 아름다운 로마네스크 양식의 무덤이 있는데, 이 무덤은 성인의 초상이 새겨진 섬세한 트레이서리(*tracery*: 고딕식 창의 장식 격자 – 옮긴이) 석각으로 장식되어 있다. 하지만 산 후안은 수도원에서의 삶을 반영하듯 훨씬 소박한 석관 안에 묻혀 있다. 실질적인 문제에 몰두했던 성인에게 더 잘 어울리는 쉼터이리라.

"마침내, 나는 원래 내가 해야 했던 일들을 다 할 수 있었다. 지난번 이곳에 머물렀을 때 허름한 내부에 짜증이 났던 나는 그 안낮음으로 이곳을 그대로 길 보존하기 위한 일들을 하나도 하시 않았다. 나는 결과가 왜 그곳에 놓여 있는지 전혀 생각도 해보지 않았다. 청소를 하는 누군가 좋아서 그런 것이라고 여겼을 뿐. 다른 누군가가 내가 떠난 자리를 청소할 거라 생각하며 나는 얼마나 많은 결과와 언동이를 그냥 지나쳤을까? 이게 순례일까? 삶의 사소한 일 속에서 누군가는 삶의 의미를 찾아낸다. 내가 그것을 깨닫게 되리라는 건 의심의 여지가 없지만, 언제, 도대체 언제일까?"

영혼을 향한 인내의 발걸음
(12day~22day)

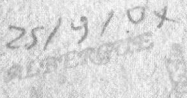

12 day

'산티아고 데 콤포스텔라'까지 536.3km(333.3마일)

산 후안 데 오르테가에서
부르고스까지 – 25.6km

	길/트랙	15.4km	- - - - 60%
	부도로	3.4km	- - - - 13%
	주도로	6.8km	- - - - 27%
Total km	총 거리	25.6(15.9마일)	
	경사로 감안 거리	26.6km(경사로 200m=1.0km로 계산)	
Alto	최고점	아타푸에르카 산맥(전망대) 1,080m(3,543피트)	

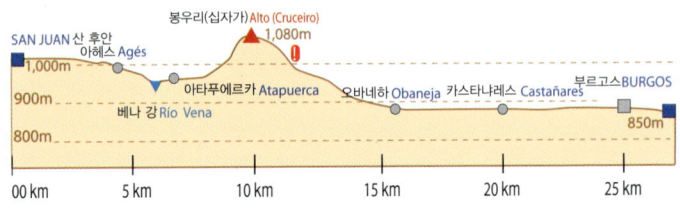

Road Point 오늘의 시작은 한적한 베나Vena 강 계곡으로 내려가는 쾌적한 오솔길이다. 이 길은 떡갈나무와 소나무 숲을 통과하여 인적이 드문 아타푸에라 산맥Sierra Atapuera을 올라간다. 이곳에서부터는 다시 오바네하Obaneja 마을로 내려가는 길이다. 여기까지가 오늘 여정의 70%를 차지하는데, 부르고스Burgos로 가는 강행군의 준비 단계라고 생각하면 된다. 산 후안 데 오르테가에서 출발한 뒤 한적한 루트 이후에 만나게 되는 도시의 삶은 일종의 충격으로 다가올 수 있다. 오랫동안 기다렸던 새 순례자 호스텔이 2008년 도심의 대성당 바로 옆에 문을 열었다(1.7km나 멀리 떨어져 있었던 엘 파랄El Parral 호스텔은 현재 문을 닫았다). 이곳에 새 호스텔이 생기긴 했지만, 오르니요스Hornillos와 산 볼San Bol(다음 단계)에는 숙박 시설이 제한적인데다 온타나스Hontanas에서 인기 있는 다음 숙소는 부르고스 중심지에서 31.3km나 떨어져 있다. 그러니 여기서 하루 더 묵으면서 이 지역의 유명한 여행지 중 한 곳을 들러보는 것도 괜찮을 것이다.

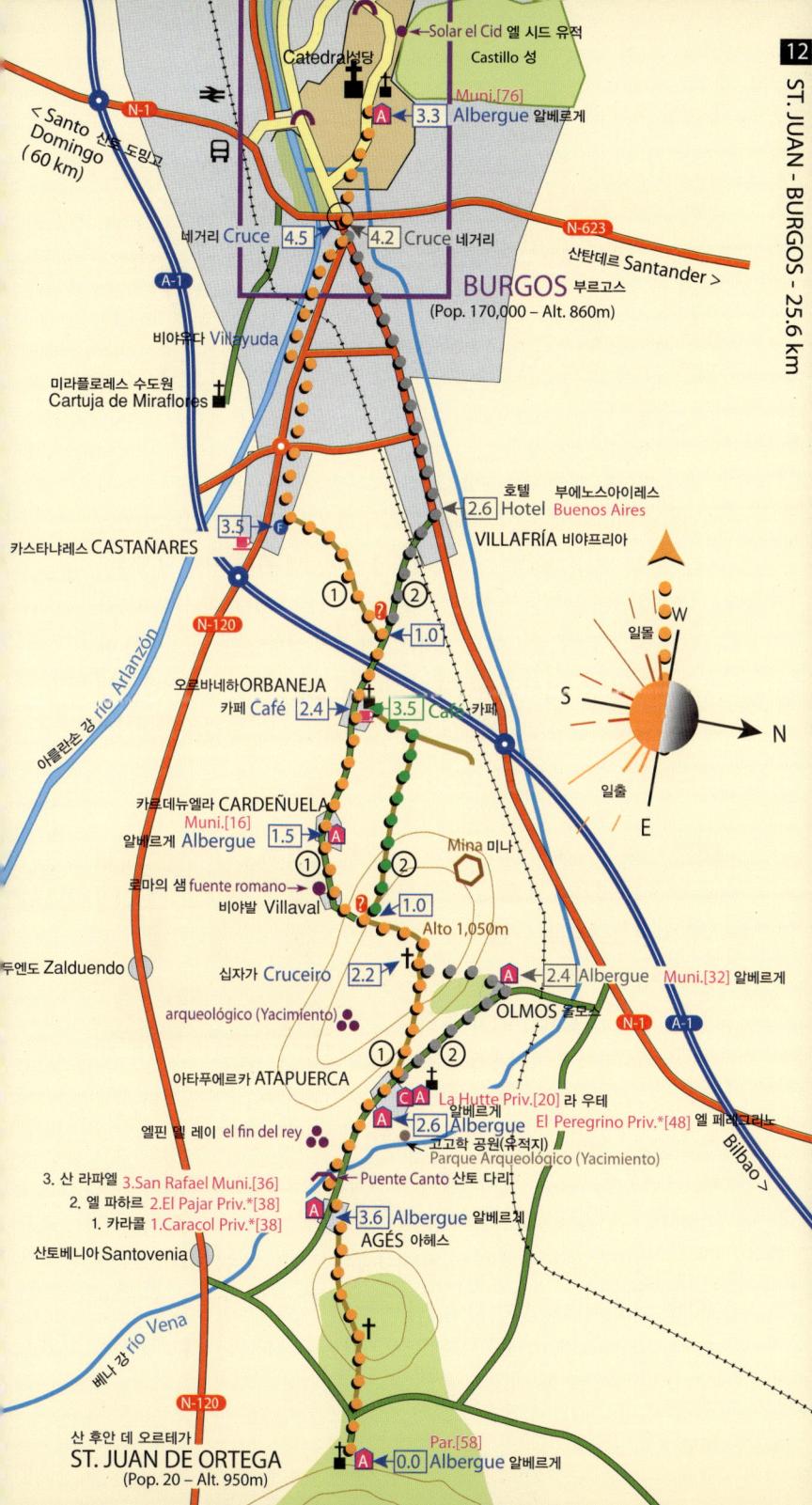

⊤⊤ 산 후안 데 오르데카를 떠나며

> **Soul road** ●●
>
> 오카 산길Montes de Oca의 양쪽 끝에는 고대 수도원이 두 곳 있고, 각각의 수도원에는 이 지방의 고 결한 인물이 편안히 잠들어 있다. 한 명은 자신의 이름을 물려주었고, 나머지 한 명은 신을 위한 봉 사를 통해 이름을 얻었다. 왜 한 곳은 폐허가 되었고, 다른 곳은 여전히 보금자리를 제공할 수 있을 만큼 손상되지 않은 채 유지될 수 있었을까? 왜 '쐐기풀의 성 요한'의 영혼을 굶주린 영혼들을 계속해서 돌아주는 것일까?
> 당신은 얼마나 굶주려 있는가? 그리고 당신의 영혼은 이곳에서 마음의 양식을 얻을 수 있을까?

계속 걸어서 도로(왼쪽 방향으로 산토베니아Santovenia와 N-120 도로로 이어진다)를 건너면 탁 트인 언덕의 목초지 쪽으로 계속해서 펼쳐진 관목지와 소나무 숲을 통과하는 오르막길에 들어서게 된다. 이번 단계에는 길 안내에 도움을 주는 수많은 큰 나무 십자가들이 있다. 이 십자가들은 해발 고도 천 미터 정도 되는 고지대에서 흔히 경험할 수 있는 이른 아침 안개가 낀 상태에서 특히 도움이 된다. 카미노는 여기서 중세의 순례자들이 실제로 경험했던 길에서 약간 변화하여 돌로 된 길로 들어서서 작은 마을 아헤스로 이어진다.

3.6km 아헤스 *Agés* [F] 카라콜*Caracol* 알베르게는 이글레시아 카예*c/Inglesia* 초입에 위치한 사설 호스텔(947-430 413)이다. 연중 무휴이며, 38개의 침대를 갖추었다. 엘 파하르*El Pajar*는 파랄렐라 델 메디오 카예 *c/Paralela del Medio* 12번지에 있는 사설 호스

알베르게-카라콜

텔(947-430 388, 699-273 856)이다. 3월에서 11월 사이에 운영하며 각종 시설을 갖춘 여러 방 안에 38개의 침대를 구비하고 있다. 식사도 제공된다. 산 라파엘*San Rafael* 알베르게는 엘 파하르 바로 옆에 있는 지자체 호스텔이다(661-263 289). 연중무휴이며, 한 개의 큰 방에 36개의 침대를 갖추고 있다. 주방은 없지만, 바 겸 식당에서 식사를 할 수 있다.
소박한 교구 성당인 산타 에우랄리아*Santa Eulalia*는 나바르의 왕 돈 가르시아*Don Garcia*가 1054년 아타푸에르카*Atapuerca* 전투에서 형제인 페르

난도 1세*Fernando I*에게 살해당한 후, 그 유해가 매장되면서 유명해졌다. 황량한 기념석만이 이곳과 아타푸에르카 사이의 쓸쓸한 지점을 표시하고 있다(왼쪽 방향, 길에서 벗어난 곳. 주도로에 있는 건 모조품이다). 돈 가르시아가 마지막으로 잠든 곳은 나헤라

엘 파하르(좌)와 지자체 호스텔(우)

에 있는 산타 마리아 데 레알*Santa Maria de Real* 수도원 안의 '로얄 판테온 *Royal Pantheon*' 뒤쪽이다. 마을 너머에는 산 후안 데 오르테가가 만든 소박한 중세 시대의 돌다리가 있다. 다리는 아를란손*Arlanzon* 강과 부르고스에서 흐름이 합쳐지는 베나*Vena* 강 위에 세워져 있다. 아르코 산 후안 *Arco San Juan*(성 요한의 아치)을 통해 중세의 도시에 들어갈 때, 이 강을 한 번 더 건너게 될 것이다. 노래 '푸엔토 칸토*Puento Canto*'에 등장하는 다리 주변의 평화로운 광경은 부르고스에 있는 산 레스메스 광장*Plaza San Lesmes*의 모습들과는 한참 다르다.

2.6km 아타푸에르카 *Atapuerca* 엘 페레그리노*El Peregrino*(661 - 580 882)는 마을 입구의 주도로상에 있는 관광 리조트*centro turistico* 이다. 연중무휴이며, 6개의 방에 36개의 침대가 있다. 커다란 정원 테라스를 포함해서 모든 편의 시설을 갖추고 있다. 라 우테*La Hutte* 사설 호스텔(947 - 430 320)은 카미노에서 300m 벗어나(오른쪽) 있으며 위로 올라가면 아주 잘 보이는 교구 성당 바로 아래 빈터에 위치하고 있다. 한 개의 도미토리 안에 20개의 침대를 갖추고 있으며, 연중무휴이다. 모든 편의 시설이 있기는 하지

알베르게 - 엘 페레그리노

알베르게 - 라 우테

만 좀 더 넓고 고급스러운 곳을 원한다면 근처의 파파솔*Papasol*에 가보자. 역시 라 우테의 주인이 관리하는 곳이다. 몇 군데의 식당(팔로마르*Palomar* -알베르게 엘 페레그리노 맞은 편)에도 방이 있다. 주도로의 광장에는 바가 있다.

대체 루트

지자체 호스텔 알베르게(947 - 430 444)가 있는 올모스 데 아타푸에르카*Olmos de Atapuerca*(아타푸에르카의 느릅나무 숲길)로 가는 대체 루트②가 있다. 알베르게는 라 이글레시아 카에/*La Iglesia*의 교구 성당 맞은편에 위치한 전통 가옥 안에 자리 잡고 있다. 부활절(춘분 뒤의 첫 만월 다음에 오는 일요일)부터 11월까지 운영하며, 32개의 잠자리(2층 침대로 18개와 매트리스 14개)를 갖추고 있다. 집 뒤에 있는 조용한 정원을 포함해서 모든 편의 시설이 있다. 이 길은 올모스 데 아타푸에르카에서 알토 크루세이로*Alto Cruceiro*(십자가 고개)로 직접 가는 루트이며, 조용한 시골 길을 따라 2.4km를 걷는 유쾌한 우회로이다. 카미노로 다시 가려면 마을을 통과해 아타푸에르카 산맥*sierra Atapuerca* 방향의 굽은 길로 들어서자. 털가시나무와 관목지를 통과하는 왕복 5.0km 코스이다.

추천 루트①로 가려면 왼쪽으로 방향을 틀어 경기장을 가로지른 다음 왼쪽으로 꺾어 아타푸에르카 산맥 쪽으로 올라간다. 그늘진 야외 쉼터(오른쪽)가 나온다. 완만한 등산길은 정상으로 향할수록 더 가파른 바위길이 되는데 대신 정상에 오르면 멋진 경치로 보상받을 수 있다.

2.2km 십자가 *Cruceiro*/푼토 데 비스타*Punto de Vista* 이곳은 1,070m의 고지대이다. 서쪽으로는 부르고스 시가 처음으로 눈에 들어온다(높은 산맥이라서 종종 이른 아침에는 안개에 가려 안 보일 때도 있다). 현재 서 있는 지점의 왼쪽 아래로는 부르고스로 가기 위해 우리가 지나갈 마을들이 보인다. 오른쪽에 있는 돌투성이의 산등성이를 따라가면 파헤쳐진 광산과 방송 송신탑의 흉측한 몰골이 남아 있다. 이제 길을 내려가면 갈림길에 다다른다.

우회 루트

1.0km 옵션[?] 우회 루트로 가려면 옵션 포인트에서 오른쪽으로 방향을 틀어 경작지를 이리저리 굽이치며 지나는 길을 따라 내려간다. 고속 도로가 나오기 바로 직전에 길은 왼쪽으로 꺾여(3.0km) 산 미얀 아바드*San Millan Abad* 교구 성당(0.5km)이 있는 마을로 향한다.

3.5km 오르바네하 *Orbaneja* 추천 루트와 왼쪽에서 만난다.

추천 루트①로 가려면 옵션 포인트에서 왼쪽으로 내려가자. 이 길은 통합되지 않은 교구 교회가 여전히 관장하는 유서 깊은 비야발 *Villaual* 마을(0.5km)을 통과한다. 그리고 저 멀리 현대 세계와 연결해주는 좁은 계곡 길을 걸어가도록 하자. 마을의 끝에는 2천 년 동안 변함없이 물이 샘솟는 고대 로마의 우물이 있다. 바로 곁에는 야외 쉼터와 현대식 수도 시설[F](왼쪽)이 있다. 길은 골짜기의 아래를 돌아 1.0km 정도 더 이어져 카르데뉴엘라 델 리오 피코로 들어선다.

1.5km 카르데뉴엘라 델 히오 피코 *Cardeñuela del Río Pico* 지자체 호스텔 (947-430 911)이다. 마을 회관 위쪽 뒤편에 있다. 마을 회관도 가깝고 활기찬 라 파라다 *La Parada*라는 바도 바로 너머에 있다. 연중무휴이고 16개의 침대가 방 하나에 들어 있다. 그리고 시설은 기본적인 것들만 갖추고 있다(주방은 없다). 길을 따라 계속 2.2km를 가면(킨타니야 *Quintanilla*로 이어지는 왼쪽 길은 무시할 것) 오르바네하에 닿는다.

지자체 호스텔

2.4km 오르바네하 *Orbaneja* 대체 루트와 오른쪽에서 만난다. 이곳은 물통에 물을 채울 수 있고 부르고스의 교외로 향하기 전에 간단한 식사를 할 수 있는 마지막 지점이다. '안나의 카비나-바 *Anna's cabina-bar*'에서는 교외 지역에서 맛볼 수 있는 어떤 음식보다도 두 배는 더 맛있는 음식을 반값에 즐길 수 있다. A-1 고속 도로로 계속 걸어가자. 그리고 다리 바로 너머 신개발지 옆에 옵션 루트가 있다.

1.0km 옵션[?] 여기서 다시 선택할 수 있다.

추천 루트①로 가려면 A-1 건너 신개발지(예전엔 병영이었다)에서 왼쪽으로 급히 꺾어 농경지 한가운데 있는 비행장(오른쪽) 옆을 지나가는 논길로 접어든다. 논길은 카스타냐레스의 변두리에 있는 황무지로 이어진다.

# 대체 루트

대체 루트②로 가려면 부도로를 따라 쭉 가다가 기찻길을 건넌다. 오른쪽에는 교구 교회의 종탑이 있다. 10세기에 산 페드로 데 카르데냐*San Pedro de Cardeña* 수도원에 하사된 오래된 마을 비야프리아에서는 지금도 이 종탑의 종소리가 울려 퍼지고 있다. 주도로[!]상에서 호텔 부에노스 아이레스의 번쩍거리는 간판이 있는 왼쪽으로 꺾자.

2.6km 비야프리아 *Villafría* 호스텔과 식당이 몇 군데 있다. 부에노스 아이레스*Hotel Buenos Aires HR*(947-483 770), 라스베가스*Las Vegas HR*(947-484 453), 이루냐코 *Iruñako HsR*(947-484 126)등이 있다. 비야프리아는 부르고스 교외의 현대적인 공업지역으로, 부르고스 시내로 통하는 버스 노선이 있다. N-1 도로를 따라 가모날*Gamonal* 공업단지를 지나 빅토리아 카에*c/Victoria*로 들어서면 도시의 고층 건물들이 나타나기 시작한다. 가다 보면 N.S. 라 레알*N.S. La Real*과 안티과 데 가모날*Antigua de Gamonal*에게 봉헌된 인상적인 13세기 성당(왼쪽)을 지난다. 성당 앞에는 순례자 성 야고보의 상이 있는 멋진 돌 십자가가 있다. 그리고 산티아고 아포스톨 카에*c/Santiago Apostol*(왼쪽)와 만나는 교차로를 지나가면 카스타냐레스*Castañares*를 경유해서 온 순례자들과 합류하게 된다.

4.2km 네거리 *Cruce-X* 글로리에타 데 로그로뇨*Glorieta de Logroño*(한눈에 들어오는 전 국*Telefonica*) 건물 맞은편 과르디아 시청사*Guardia Civil*에서 빅토리아 카에와 콘스티튜시온 에스파뇰라 아베니다*Ave. de la Constitucion Española*가 만나는 교차로가 있다.

3.5km 카스타냐레스 *Castañares* 한가로운 교외 지역에 마른 샘이 있다. 샘 맞은편(주도로의 반대편)에는 순례자들을 환영하는 카페 엘 데스칸소 *El Descanso*가 있는 작은 광장이 있다.

Looking Point 지금껏 지나왔던 다른 도시에서와 마찬가지로 복잡한 도시의 교통 상황과 수많은 거리 사이에서 정신을 똑바로 차려야 한다. 다른 대부분의 도시에서처럼 부르고스에는 확실히 카미노라고 할 만한 길이 없다는 건 어느 정도는 사실이다. 대성당과 알베르게는 서쪽 방향에 있다. 그러니 도시에 들어섰을 때 해가 어디에 떠 있는지 기억해두고 도시를 통과할 때 방향을 찾을 수 있게 활용하도록 하자. 이 지점에서는 여러 가지 옵션이 있다. 하지만 잘못된 선택은 피하도록 하자(길을 잘못 선택하면 대성당이나 알베르게로 가는 동안 길을 잃을 수도 있다). 이곳을 출발하여 도시 중심지로 향하는 정기적인 버스 노선이 온종일 있는데 복잡한 도로를 걷는 것을 피할 수 있기 때문에 상당히 좋다.

식수대(F)에서 오른쪽으로 꺾어 카미노 오피시알*camino oficial*을 따라가면 곧 N-120과 나란히 난 길이 나타난다. 피코*Pico* 강(1.3km) 유역에 걸쳐 있는 광범위한 공업 지역인 폴리그로뇨 비야유다*Poligroño Villayuda*로 다가갈수록 우리는 정신없이 으르렁대는 도심 교통 한가운데로 들어서게 된다. 알카데 마르틴 코보스*Alcade Martin Cobos* 교차로

(0.5km)에서 N-120(이제는 카레테라 데 로그로뇨Carretera de Logroño라고 불리는)을 건너 오른쪽으로 꺾으면 비야유다에 있는 마요르 카예에 다다르게 된다. 이 길은 곧 철길(1.4km) 아래를 지나는 길로 이어지며 아를란손 아베니다Ave. del Arlanzón를 건너 비야프랑카 카예c/Villafranca로 연결된다. 이때 다시 오른쪽으로 방향을 틀어 레알 카예c/Real에 도착한 다음 주도로인 콘스티튜시온 에스파뇰라 아베니다Av. Constitucín Española에 다다르면 왼쪽으로 꺾자. 그러면 이제 네거리 교차로까지 1.3km만 더 가면 된다.

4.5km 네거리 *Cruce-X* 이곳 지리에 익숙해지기 위해 주 교차로 글로리에타 데 로그로뇨*Glorieta de Logroño*에서 잠시 발걸음을 멈추도록 하자. 이곳은 비토리아 카예(비야프리아를 경유하는 우회 루트와 만난다)와 과르디아 시청사에 있는 콘스티튜시온 에스파뇰 아베니다, 사관 학교*Militar Academia*(우뚝 솟은 전화국 건물 맞은편)가 만나는 지점이다.

추천 루트이자 유서 깊은 카미노로 가려면 비토리아 카예를 건너 넓은 군사 지역과 공원(오른쪽) 안에 세워진 군사 박물관*Museo Militar* 쪽으로 향한다. 그리고 가로수가 늘어선 산 로케 카예c/San Roque를 신축 쇼핑센터 비아 데 라 플라타*Via de la Plata*(0.4km) 바로 직전에 가로질러 왼쪽으로 방향을 튼다. 그러면 파르마세우티카-옵둘리오 페르난데스 카예 *c/Farmaceutica–Obdulio Fernandez*에 들어서는데, 여기서 다시 오른쪽으로 번잡한 칸타브리아 아베니다*Ave. Cantabria*(1.0km)로 들어선다. 차들이 지나다니니 잠시 기다렸다가 길을 건너(0.1km) 칼사다스 카예*c/las Calzadas*로 가라. 이 길은 산 레스메스 광장*Plaza San Lesmes*(0.7km)으로 곧장 이어지는데, 이 광장은 원래 옛 산 후안 에반겔리스타 수도원*Antiguo Monasterio de San Juan Evangelista*(들어서는 지점에서 왼쪽)의 아름다운 유적이 있는 산 후안 광장*Plaza San Juan*이었다. 이 유적 건물의 산 레스메스 성당*Iglesia San Lesmes*(오른쪽)과 함께 마르셀리아노 박물관*Museo Marceliano*으로 쓰이고 있다. 산 레스메스는 부르고스의 수호성인인데, 젊은 시절에는 '아델헬름*Adelhelm*'이라는 이름으로 프랑스 대수도원장으로 사역하였고 알폰소 6세의 부인이 그를 설득해 부르고스에 머무르게 했다. 광장 중앙, 말 위에 앉아 대성당을 올려다보는 동상은 도시의 설립자 디에고 포르셀로스 *Diego Porcelos*이다. 그가 묻힌 곳은 우리가 지나온 산 펠리세스 데 오카 수도원*Monasterio de San Felices de Oca*에 있다. 이제 잘 다져진 중세 다리를 건너 베나 강(얼마 전 아헤스에서 이 강의 조용한 물소리를 들었던 것을 기억하는가?)

을 넘어가면 13세기에 만들어진 산 후안의 아치Arco de San Juan 아래를 지나 중세 도시로 들어서게 된다.

계속해서 산 후안 카예로 진입하거나 쭉 직진하여 관광 안내소(오른쪽)가 있는 알론소 마르티네스 광장Plaza Alonso Martínez 맞은편의 호텔 노르테 이 론드레스Norte y Londres를 지나간다. 계속하여 아베야노스 카예c/Avellanos로 들어서면 산 힐 카예c/San Gil와 만나는 지점에서 왼쪽으로 꺾어 자갈이 깔린 페르난 곤살레스 카예c/Fernán Gonzalez를 따라 28번 도로까지 간다.

우회 루트

이곳에서 우회 루트는 비토리아 카예를 따라 도시 중심부로 곧장 향해 다음 교차로인 글로리에타 - 플라사 델 레이Glorieta–Plaza del Rey로 간다. 왼쪽으로 꺾은 다음 다시 오른쪽으로 다리를 건너 알베르게 에마우스Emaus(먼저 자리가 있는지 확인할 것)로 가거나, 긴 빅토리아 카예를 따라 계속 직진하여 파세오 에스폴론Paseo Espolon과 아르코 산타 마리아Arco Santa Maria 쪽으로 간 다음 대성당과 알베르게(오른쪽)로 향한다(도시 지도를 볼 것).

3.3km 호스텔 알베르게 라 카사 델 쿠보 - 레르마La Casa del Cubo–Lerma는 신축 지자체 호스텔(947 - 460 922)로, 2008년 8월에 문을 열었으며 16세기의 건물을 아름답게 재단장한 건물 안에 자리하고 있다. 대성당에 인접해 있고 부르고스 순례자 협

알베르게 - 카사 델 쿠보 레르마

회(이 협회는 2007년에는 1만 7천 명 이상의 순례자를 수용할 수 있는 엘 파랄 호스텔을 운영하였다)가 관리한다. 연중무휴이며 총 76개의 방이 있고, 모든 편의 시설을 갖추고 있다. 하지만 이전보다 침대의 개수가 적어 침대가 빨리 만석이 될 가능성이 크다. 근처에 있는 또 다른 알베르게 디비나 파스토라Divina Pastora(949 - 207 952)는 라인 칼보 카예c/Lain Calvo 10번지에 있는 협회 호스텔이다. 이곳은 디비나 파스토라 예배당La Capilla de la Divina Pastora 위에 있다. 연중무휴이지만 방 하나에 18개의 침대밖

에 없다. 주방은 없지만 호스텔의 위치가
좋아 모든 편의 시설이 가까운 곳에 위치
하고 있다. 또한 아래층에 있는 예배당에서
오후 8시에 열리는 순례자 예배는 혼잡함
과 엄청나게 많은 순례자들로부터 벗어날
수 있는 안식처를 제공해줄 것이다. 이곳도

알베르게-디비나 파스토라

인기 있는 호스텔이므로 침대가 금방 꽉 찬다.

알베르게 남쪽 교외 지역의 강 건너편에 예전에 있었던 에마우스*Emaus* 호스텔이 헤수이트*Jesuit* 대학 근처 산 페드로 카르데냐 카예*c/San Pedro Cardeña*로 이전하여 카사 파로키알*Casa Parroquial*이라는 이름으로 바뀌었다. 그리스도교식 예배와 기도를 행하는 엠마우스*Emmaus*의 전통을 따르는 곳으로, 20개의 잠자리가 있으며 조촐한 뷔페식 식사가 제공된다. 여름 성수기 때 갈 수 있는 다른 곳으로 부르고스 유스호스텔*Burgos Youth Hostel*(*albergue jevenil Gil de Siloe* 947-220 277)이 있다. 총 110개의 침대를 갖추고 있으며 칸타브리아 아베니다에 있다. 알베르게 모니스테리오 베네딕티나스 데 산 호세*Albergue Monasterio Benedictinas de San Jose*(947-205 373 / 241 000)는 엠페라도르 카예*c/Emperador*(카미노 상에 있음)에 있는 호스텔로, 종교 단체를 위해 운영되고 있지만 개별적인 순례자들도 이용할 수 있다. 오래된 알베르게인 엘 파랄*El Parral*과 근처에 있는 스포츠 회관도 성수기 동안에는 이용 가능할지 모르니 새 알베르게에서 한 번 확인해보도록 하자.

※ **기타 숙박 시설**: 도시 주변에는 여러 개의 관광 안내소가 있으며, 그중 가장 큰 곳은 플라사 알론소*Plaza Alonso* 7번지에 있다(947-203 125). 이곳에는 모든 가격대의 숙박 시설 리스트가 있다. 부르고스는 언제나 북적대므로 도시 곳곳을 구경하기 전에 먼저 숙소를 잡도록 하자. 다음의 숙박 업소들은 도시 지도에 나오는 것들로, 도시 입구에서부터 차례대로 적은 것이다. 푸에르타 데 부르고스*Puerta de burgos H*(947-241 000, 빅토리아 카예 69번지), 카랄레스*Carrales HsR*(947-205 916, 푸엔테 가세트*Puente Gasset* 4번지), 아카시아*Acacia HsR*(947-205 134, 베르나베 페레스 오르티스 카예 *c/Bernabe Perez Ortiz* 1번지), 라르*Lar Hs*(947-209 655, 카르데날 벤요크 카예*c/Cardebal Beulloch* 1번지), 만혼*Manjon HsR*(947-208 689), 가르시아*Garcia HsR*(947-205 553, 산탄데르 카예/Santander 1번지), 이달고*Hidalgo HsR*(947-203 481, 알미란테 보니파스 카예 c/Almirante Bonifaz 14번지)가 있다.

카미노상에 있는 숙소로는 엘 하코베오 *El Jacobeo Hr*(947-260 102, 산 후안 카예 24번지), 호마 *Joma Hs*(947-203 350, 산 후안 카예 26번지), 노르테 이 론데레스 *Norte y Londeres Hr*(947-264 125, 플라사 알론소 *Plaza Alonso* 10번지), 팔라시오 데 로스 블라소네스 *Palacio de los Blasones H*(947-257 680, 페르난 곤살레스 *Fernan Gonzalez* 10번지), 메손 델 시드 *Meson del Cid H*(947-208 715, 페르난 곤살레스 62번지)가 있다. 시내에서 가장 비싼 곳은 아바 부르고스 *Abba Burgos H*(947-001 000)로 페르난 곤살레스 72-76번지(엘 시드 유적 *Solar El Cid* 북쪽에 위치한, 이전 학교 건물 전체를 개조한 곳이다)에 있다. 강 건너편에는 콘데 데 미란다 *Conde de Miranda HR*(947-265 267, 미란다 카예 *d/Miranda* 4번지)가 있고 버스 정류장 부근에는 메르세드 카예 *d/Merced*에서 강을 내려다보는 4성급 호텔 NH 팔라시오 데 라 메르세드 *NH Palacio de la Merced*(947-479 900)와 바로 뒤에 테미뇨 *Temiño HsR*(947-208 035, 콘세프시온 카예 *d/Concepcion* 14번지)가 있다.

♁ 에스테야를 떠나며

부르고스의 대성당

13세기 건축물인 산타 마리아 대성당 *Catedral de Santa Maria*은 스페인의 무수한 대성당들 중에서도 가장 아름답고 큰(세비야 *Sevilla*에 있는 히랄다 *Giralda* 대성당 다음으로 크다) 성당 중 하나이다. 기본적으로 고딕 형식의 건물이지만, 다른 양식도 많이 결합되어 있으며 수세기에 걸쳐 뛰어난 건축가들에 의해 아름답게 장식되었다. 장엄한 건축물과 인상적인 첨탑 그리고 대성당 주변 중세풍 거리의 소란스러움에 푹 빠져보자. 이곳은 세계문화유산에도 등재되었다. 대성당의 내부는 반드시 둘러볼 만한 가치가 있다. 교회당 측면의 복도는 인파로 북적대지만, 그곳의 예술품과 공예품은 까다로운 심미안을 가진 사람이라도 만족시킬 수 있을 것이다.

산타 마리아 광장에서 떨어진 곳에 있는 서쪽 문이 가장 이목을 끌기는 하지만, 우리는 서쪽 문만큼이나 인상적인 남쪽 문으로 들어가야 한다. 티켓을 끊어야만 입장할 수 있는데(입장권 판매처는 남쪽 문 아래에 있다), 이 티켓이 악명 높은 가짜 '가이드북'을 몰아낸 것 같다. 평면도와 팸플릿(영어), 왼쪽에 있는 라커 보관증이 포함되어 있다. 성수기에는 하루 종일 문을 연다(성수기가 아닐 때는 13:30~16:00 사이에 점심 식사를 위해 문을 닫는다). 아름다운 예배당이 21개나 있는데, 성 테클라 *St. Thecla* 예배당과 성 야고보 예배당(산타 마리아 광장에서 떨어져 있다), 그리고 '무어인 참살자 성 야고보'의 상이 있는 높은 성찬대 뒤에 성 요한과 성 야고보 예배당이 있다. 북문(닫혀 있다)에는 디에고 데 실로에*Diego de Siloe*가 디자인한 아름다운 르네상스식 '황금 계단*Escalera Dorada*'이 있고, 교차랑(*transept*: 십자형 교회당의 입구-옮긴이)을 지나면 대성당 중심부에 거대한 별 모양 등*star lantern*이 있고, 바로 아래에 엘 시드와 그의 부인 히메나*Jimena*가 안장되어 있다. 14세기 고딕 양식 수도원에는 조각상들이 늘어서 있다.

조용하고 시원한 곳을 찾고 싶다면 웅장한 제단 장식이 있는 산 니콜라스 성당에 가보라. 카미노에 있는 대성당에서 계단으로 내려오면 바로 옆에 있다. 위엄 있는 15세기 외관과 가파른 오르막은 대성당 주변에서 떼로 몰려다니는 관광객 무리들이 접근하기 어렵게 만드는 구실을 한다. 따라서 이곳에서는 마음의 평화를 얻을 수 있다. 다른 길로, 강 쪽으로 방향을 틀어 연대가 14세기까지 거슬러 올라가는 인상적인 중세풍 입구 산타 마리아 아치*Arco de Santa Maria*를 통과해 산타 마리아 다리 *Puente de Santa Maria*로 향하자. 이 다리는 아를라손*Arlazon* 강의 둑을 따라 펼쳐진 긴 공원과 만나다. 나무 그늘 아래서 잠시 쉬기니 강둑에 늘어선 카페들 중 한 곳에서 시원한 음료를 마시며 고단함을 달래자.

부르고스 시

비록 도시 생활(소매치기와 바가지가 가득한)은 예측할 수 없는 위험이 존재하지만 많은 빌딩과 조형물들의 아름다움을 간과할 수는 없다. 부르고스는 진정 건축학의 보물이며, 돌아다니고 감상할 만한 가치가 있는 기념물들로 가득하다. 때때로 스페인의 고딕풍 수도라고 불리는 이곳은 민족주의적인 경향이 자리 잡은 1938년까지는 프랑코 정부의 근거지이기도 했다. 인구가 급증하여 20만 명에 도달했지만 부르고스의 종교적이고 정치적인 엄숙한 이미지를 바꾸기에는 역부족이었다. 결국 튼튼한 마을 방어 탑(부르고스)을 일컫는 이름을 얻은 이 도시는 엘 시드 장군에겐 고향이었다. 6월 29일이 속한 주는 도시의 주요 축제인 산 페드로 이 파블로*San Pedro y Pablo* 축제 기간이다. 이 기간엔 값을 두 배로 주고도 숙소를 잡기가 두 배로 어렵다.

다음날 길을 나섰을 때 날씨가 맑다면, 아름다운 우엘가스 왕립 수도원*Monasterio de las Huelgas Reales*과 그 옆의 왕립 병원*Hospital del Rey*(지금은 대학의 일부이다)에 더더욱 가보고 싶을 것이다. 두 곳은 모두 서쪽 교외에 있는 파랄 공원 *Parque El Parral* 근처 카미노에서 걸어서 몇 분 거리에 있으며 가볼 만한 가치가 충분히 있다. 우엘가스 수도원은 알폰소 8세와 다른 몇 명의 귀족들에 의해 1187년에 지어졌다. 알폰소는 이곳에서 왕위를 물려받았으며 역시 이곳에 묻혔다. 시토회의 수도원으로 설립되었으며 주로 귀족들의 수련원으로 사랑받는 수도원이었고 현재는 박물관이다. 아름다운 보물들이 많이 소장되어 있는데, '산티아고 기사단'이 서품을 내릴 때 사용했던, 움직이는 팔이 달린 성 야고보 상도 있다. 델 레이 병원은 카미노에서 가장 크고 가장 후원을 많이 받는 순례자 병원에 속한다. '순례자의 문 *Puerta de Romeros*'은 섬세한 석고 세공이 돋보이는 작품이며, 현재는 대학으로 통하는 입구 중 하나이다. 더 멀리 도는 다른 우회로들도 고려해볼 만하다(관광 안내소에서 알아볼 것).

우회 루트

우회로①로 4km정도 가면 에카르투하 데 미라플로레스 *Cartuja de Miraflores*가 있고, 우회로②는 ① 너머 산 페드로 데 카르데냐 수도원 *Monasterio San Pedro de Cardeña*(부르고스에서 9km)이 있으며 우회로③으로 62km 남쪽의 세계적으로 유명한 그레고리안 성가 지역에 산토 도밍고 데 실로스 *Santo domingo de Silos*가 있다.

12day note

"공원에서 그들을 만났다. 그들은 반갑게 나를 맞아주었다. 라몰은 극심한 고통에 시달리고 있었고 집으로 돌아가기 위해 신변 정리를 하던 중이었다. 병원에서는 피로 골절이라고 진단을 내렸다. 그는 단지 너무 멀리, 너무 빠르게 와버린 것이다. 라몰은 실망과 패배감을 느끼는 것이 분명했다. 무엇보다도 여정에서 만난 친구들 곁을 떠나고 싶어 하지 않았다. 우리 모두는 어디선가는 카미노를 떠나야만 한다. 하지만 그렇다고 해서 우리의 우정이 거기서 끝나야 할 필요는 없다. 내가 떠날 때, 그는 다시 자신감을 회복한 듯 보였다. 여전히 라몰은 눈물을 흘리고 있었고, 내가 시야에서 멀어질 때까지 손을 흔들어주었다."

'산티아고 데 콤포스텔라'까지 508.5km(316.0마일)

부르고스에서
오르니요스 델 카미노까지 - 20.0km

	길/트랙	12.8km - - - - 64%
	부도로	4.0km - - - - 20%
	주도로	3.2km - - - - 16%
Total km	총 거리	20.0km(12.4마일)
	경사로 감안 거리	20.7km(경사로 150m=0.7km로 계산)
Alto ▲	최고점	프라오토레 샘 위의 메세타 950m(3,117피트)

```
                                        메세타 봉 Alto (Meseta)
                                             950m
900m                                          ▲
    BURGOS 부르고스    타르하도스 Tarjados           오르니요스 HORNILLOS
800m                    ●      라베 Rabé                   825m
              아를란손 강 Río Arlangón
00 km        5 km          10 km          15 km
```

Road Point 오르니요스로 향하는 이번 단계는 거리가 겨우 20.0km이다. 부르고스를 나오는 길에는 레이*Rey* 병원과 라스 우엘가스*Las Huelgas*에 들러보거나, 훼손되지 않고 남아 있는 중세 순례자 마을에서 평화로운 분위기에 흠뻑 젖어 부르고스의 번잡함에 찌든 몸과 영혼을 정화할 수도 있다. 만약 더 많이 가고 싶거나 호스텔이 꽉 찼을 경우, 산 볼*San Bol*로 5.8km를 더 갈 수도 있고, 아니면 그 곳에서 5.0km를 더 가서(다 합하면 31.3km) 인기 있는 순례자 마을인 온타나스*Hontanas*로 가는 방법도 있다. 두 번째를 선택한다면 다음날 일찌감치 카스트로헤리스*Castrojeriz*에 도착해서 휴식을 취한 후에 흥미로운 역사적 장소들과 카페, 식당에 들를 시간도 있을 것이다.

Looking Point 인공적인 환경을 떠나 장엄한 메세타*Meseta*의 황무지로 들어간다. 이 단계의 절반 이상은 끝없이 농경지가 펼쳐지는, 평화롭고 조용한 지역을 가로지르는 흙길이다. 상대적으로 비옥한 땅에서는 밀이 자라고, 덜 좋거나 더 높은 곳에 있는 땅에서는 보리가 자란다. 가끔 목동과 양떼들을 만날 수도 있고, 여우를 볼 수도 있다. 아니면 우리의 동행이 되어주는 새들과 함께할 수도 있다. 메세타에는 그늘이 거의 없기 때문에 햇빛으로부터 자신을 잘 보호해야 한다. 오르니요스*Hornillos*에는 시설들이 별로지만, 이것도 중간에 있는 엘 파랄*El Parral* 공원의 호스텔이 폐업한 덕에 그나마 나아진 것이다. 엘 파랄의 호스텔이 폐업한 이유는 부르고스 중심 지역에 새 호스텔이 문을 열었기 때문이다. 오르니요스는 도시에 팽배한 소비주의적 분위기로부터 잠시 떨어져 있을 수 있는 휴식을 환영 선물로 제공한다.

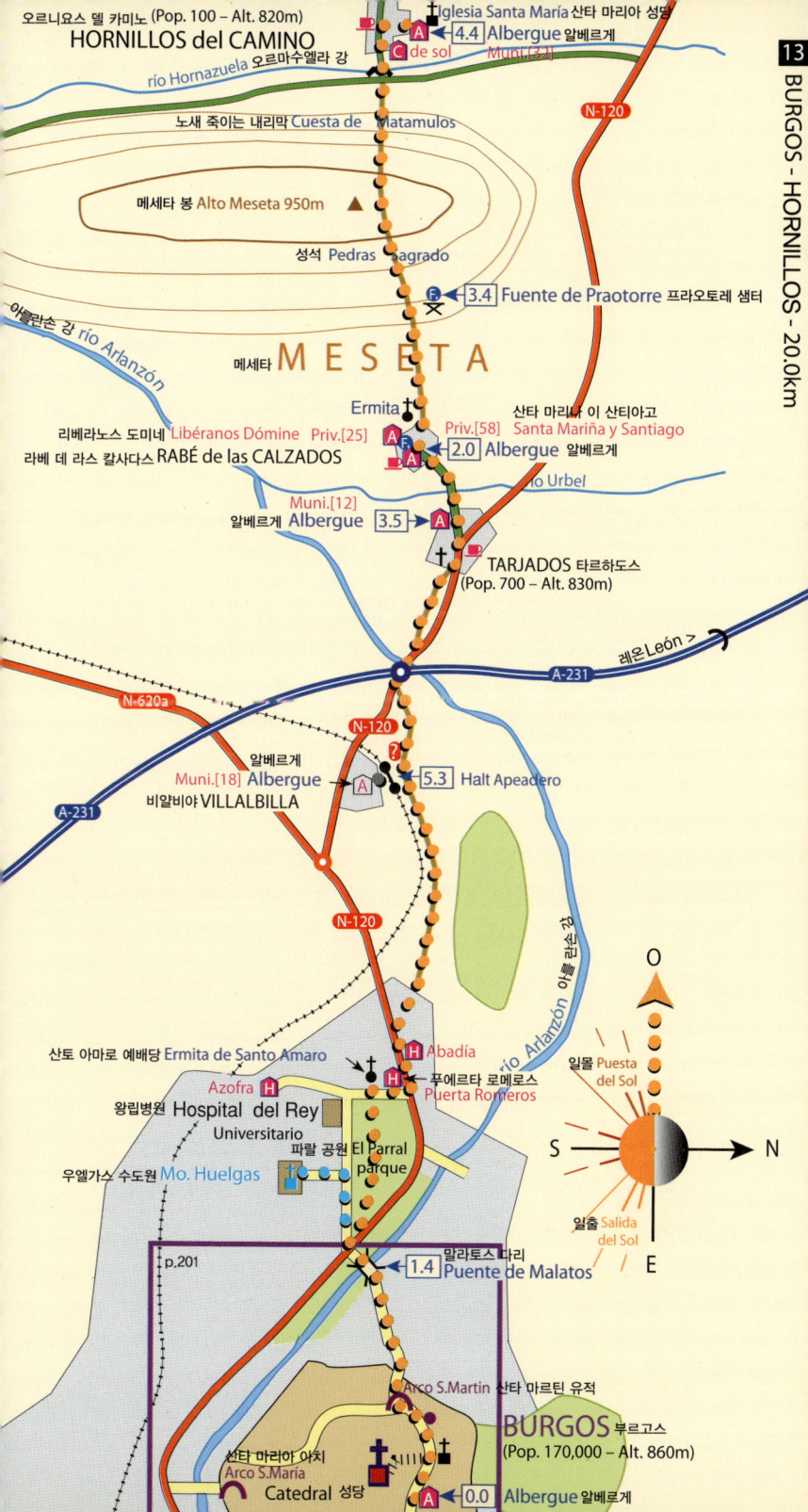

부르고스를 떠나며

> **soul road**
> 유물들의 영향력이 도시의 삶에서보다 더 또렷한 곳은 없다. 부르고스를 떠나면서 우리는 많은 비용을 들여 대대적으로 새롭게 지어진 옛 순례자의 병원과 카스티야의 죽은 왕이 묻히는 왕속의 무덤이 있는 판테온이자 귀족 저치에서 선발된 딸들을 보호하기 위해 지어진 공요로운 라스 우엘가스Las Huelgas 수도원을 지난다.

    산 니콜라스*San Nicolas* 성당과 아바 부르고스*Abba Burgos* 호텔 입구를 지나쳐 페르난 곤살레스 카예*c/Fernan Gonzalez*의 자갈길을 따라가면 솔라르 엘 시드*Solar El Cid*의 쌍둥이 오벨리스크에 다다르게 된다(0.5km). 솔라르 엘 시드에는 이 지역에 살았던, 악명 높은 용병과 싸움하기를 좋아했던 부르고스의 아들을 기리는 소박한 기념비가 있다. 그도 아마 현재 이곳에서 우리가 보고 있는, 이 도시 너머의 근사한 경관을 보았을 것이다. 산 마르틴 아치*Arco de San Martin*의 요새 같은 벽의 잔해를 통해 중세의 도시를 나서면, 길을 건너 제임스 1세 시대의 산 페드로 데 라 푸엔테*San Pedro de la Fuente*(0.2km) 성당(왼쪽)으로 향하는 엠페라도르 카예*c/Emperador* 방향으로 내려가보도록 하자. 길은 이제 왼쪽으로 꺾이고 베네딕티나스 데 산 호세 카예*c/Benedictinas de san Jose*로 들어서 파세오 데 라 이슬라*Paseo de la Isla*로 이어진 뒤 아를란손*Arlanson* 강에 놓인 '말라토스의 다리*Puente de Malatos*'(0.7km)를 건넌다. 밀리타르*Militar* 병원 옆에서 주도로를 건너 파랄*Parral* 공원을 통과하면 옛 순례자 피난처(0.5km)를 지난다. 공원을 통과해 계속 걸어가서 반대편의 출구(0.4km)를 나서면 바로 앞에 작은 예배당이 나온다.

`2.2km` 산토 아마로 페레그리노 예배당 *Ermita S. Amaro Peregrio no* [?]

산티아고에서 돌아오는 길에 이곳에 정착한, 겸손한 프랑스 순례자의 이름에서 유래되었다. 그는 치유의 기적이라는 유산을 찾아 떠나는 다른 순례자들의 복지를 위해 자신의 삶을 헌신했다.

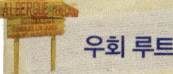

우회 루트

여기서 옵션이 있는데, 왼쪽으로 가서 12세기의 웅장한 왕립병원*Hospital del Rey*에 가보는 것이다. 예전에 순례자 병원이었으며 지금은 부르고스 대학의 법대 건물이다. 건물의 입구이자 순례자 출입구였던 아름다운 푸에르타 데 로스 로메로스*Puerta de los Romeros*와 안뜰을 둘러싼 건물들의 절묘한 비율은 100미터를 돌아온 것에 대해 충분한 보답을 해준다. 라스 우엘가스 레알레스 수도원*Monasterio de las huelgas Reales*에 가려면 5분 넘게 더 돌아가야 한다(대학의 뒤쪽 철길 부근). 만약 가본 적이 없는 곳이라면, 지금이 기회다. 여러 건물들을 둘러보는 데는 적어도 한 시간은 소요된다. '성 야고보의 예배당*Capilla de Santiago*'에는 팔이 움직이는 독특한 성자의 상이 있다. 살라 카피툴라르*Sala Capitular*에는 라스 나바스 데 톨로사*Las Navas de Tolosa*(아마 전에 론세스바예스에서 전쟁에 사용되었던 트로피를 봤던 기억이 날 것이다)의 전쟁에 사용되었던 왕족의 군기가 있다. 우아한 두 개의 기둥이 서 있는 넓은 로마네스크 양식 수도원에서 흠뻑 분위기에 취해보자. 에스테야의 산 페드로 데 라 루아*San Pedro de la Rua*에 있는 수도원(우연의 일치로 부르고스의 교외 지역도 산 페드로로 불렸다)를 상기시키는 곳이다. 이곳에는 '중세 직물의 박물관*Museo de Telas Medievales*'도 있다. 이제 다시 발걸음을 산 아마로*San Amaro*로 되돌리자.

공원의 출구(산 아마로 옆)를 나와 오른쪽으로 꺾어 주도로 N-620과 N-120(각각 팔렌시아*Palencia*와 카리온*Carrion*으로 이어진다)에 합류한다. 옆에는 호텔 푸에르타 로메로스 *Hotel Puerta Romeros*가 있다(947-460 012). 16개의 방이 있는, 길모퉁이의 오래된 건물이다. 주도로를 따라 왼쪽으로 꺾으면 호텔 앞에 잘생긴 순례자의 동상이 있다. 계속 걸어 현대적인 대학 캠퍼스를 지나 주도로를 건너자(0.5km). 더 작은 길을 따라 1.0km를 걸어 버드나무 농장을 통과해(저쪽 편에 국립 교도소가 있다) 3.0km를 가면 철길 건널목과 옵션 포인트[?]가 나온다.

순례자의 동상

우회 루트

5.3km 비얄비야 *Villalbilla* 비얄비야의 순례자 호스텔에 머물려면 왼쪽으로 돌아가는 길을 택해서 작은 마을(부르고스의 교외 지역)의 중심부 사그라도 코라손*Sagrado Corazon*의 지역문화회관(돌로 된 포치와 우편함*buzon*이 있다) 쪽으로 올라가도록 하자(0.4km). 알베르게는 바로 그 뒤에 있다. 찾기가 쉽지는 않지만 작은 마을이니 사람들한테 물어물어 가도록 하자! 알베르게 지자체 호스텔(947-291 210)의 2개의 방에 8

알베르게 - 비얄비야

개의 침대와 10개의 매트리스를 갖춰놓고 1년 내내 운영한다. 기본적인 시설(주방은 없음)이 있는 현대적 건물이기는 하지만, 잘 관리되고 있지는 않다. 여름 시즌에 순례자가 많아지면 스포츠 홀이 제공된다. 마을은 철로와 N-120 사이에 있다. 오스탈 산 로케*Hostal San Roque* (947-291 229)는 주도로상에 있다.

옵션 포인트에서 흙길을 따라 계속 가서 작업장을 지나 아를란손 강을 건너면 한참 예전에 '널빤지 다리*Puente La Tabla*'라 불렸던 나무 구조물을 교체한 아르소비스포 다리*puente del Arzobispo*를 지나게 된다. 이제 N-120에 합류하여 고속 도로 아래를 지나 건너편의 작은 길을 찾은 다음 잘 생긴 로요*Rollo*(왼쪽)를 지나는 주도로를 따라 타르다호스 마을로 간다. 타르다호스에는 2개의 바와 하나의 상점이 주도로상에 있다. 바 루이스*Bar Ruiz*에는 숙박이 가능한 방이 있다. 직진하다가 메디오디아 카예*c/Mediodia*(주도로가 오른쪽으로 방향을 바꾸는 지점)로 들어선 다음 마을 광장(위쪽에 빵집이 있다)을 지나 계속 걸어간다. 현대식의 뜰이 갖추어진 집(알아보기 쉽지는 않지만 문 위에 조가비가 있다)이 왼쪽 변두리에 있다.

3.5km 타르다호스 *Tardajos* 지자체 호스텔(947-451 189)은 현대식의 연립 주택 건물에 자리 잡고 있다. 연중무휴이며(겨울에는 마을 회관에 열쇠가 있다) 12개의 침대가 있다. 주방이나 휴게실은 없지만 작은 정원이 있다. 계속해서 조용한 아스팔트 길을 걸어 우르벨*Urbel* 강을 건너면 저 앞에 또렷이 보이는 마을로 들어서게 된다.

2.0km 라베 데 라스 칼사다스 *Rabé de las Calzadas* 오스피탈 데 페레그리노스 산타 마리냐 이 산티아고*Hospital de Peregrinos Santa Mariña y Santiago*는 플라사 프란시스코 리베라*Plaza Francisco Ribera* 6번지의 중심부에 위치해 있는 사설 호스텔(607-971 919)이다.

알베르게-라베

4월부터 11월까지 문을 열고 58개의 잠자리가 있다(침대 38개, 매트리스 20개).

알베르게 리베라노스 도미네 *Liberanos domine*는 마을 중심부에 위치한 사설 호스텔이다. 다소 상태가 좋지 않고 25개의 잠자리가 있다. 기본적인 시설밖에 없음에도 불구하고 인기가 있다. 호세 엠*Jose M*과 티닌*Tinin*(마을의 낮은 지역 가장자리에 있는 바 라 페냐*Bar La Peña*를 소유한 형제이며 알베르게의 열쇠를 가지고 있다)이 운영한다(629-920 501). 마을 중심에는 식수대(조가비를 모티브로 한)[F]가 있는데, 여기서 물병을 채우도록 하자. 이 마을에는 13세기 건축인 산타 마리냐 성당*Iglesia de Santa Mariña*이 있다. 작은 '수도원의 성녀 예배당 *Ermita de Nuestra Senora de Monasterio*'과 변두리 쪽의 묘지를 지나서 거대한 메세타 방면으로 향하자. 그리고 푸엔테 데 프라오토레에서 휴식을 취한다.

3.4km 프라오토레 샘터 *Fuente de Praotorre* 한적한 야외 쉼터이다. 샘은 말랐으나 나무들이 그늘을 제공한다. 카미노는 성석*piedras santos*이 놓인 평화로운 사원을 지나 메세타의 높은 지점으로 수평선까지 뻗은 논밭을 지나 올라갔다가 다시 가파르게 내려간다. 적절하게도 이 내리막길의 이름은 '노새 죽이는 내리막*Cuesta Matamulos*'이다. 오르마수엘라*Hormazuela* 강을 따라 난 한적한 길을 건너면 바로 오르니요스 델 카미노다.

4.4km 오르니요스 델 카미노 *Hornillos del Camino* 알베르게 지자체 호스텔(947-417 220)로 카미노에서 50미터 정도 벗어난(오른쪽) 곳에 있다. 성당 광장*Plaza de la Iglesia*에 있는 고딕 양식의 성당 산 로만*San Roman*

알베르게-오르니요스

옆의 리모델링된 건물에 있다. 1년 내내 3개의 방에 32개의 침대를 운영하며, 좋은 주방과 안뜰 등 모든 시설들이 갖추어져 있다(사람이 많을 때는 뒤쪽의 큰 스포츠 홀이나 마을 강당에 매트리스를 제공한다).

※ **기타 숙박 시설**: 카사 루랄 데 솔 아 솔*Casa Rural de sol a sol*(649-876 091)은 상점 반대편 마을 입구에 있으며 7개의 방이 있다. 만원일 때는 인접한 엘 몰리노*el Molino*(947-560 302)로 순례자들이 숙소를 옮길 수 있도록 도와준다.

카사 루랄 데 솔 아 솔

성당은 이 활기찬 중세풍 마을 전체를 조망하는 위치에 있으며, 그림처럼 아름다운 암탉 모양의 분수인 푸엔테 델 가요*Fuente del Gallo*와 인접해 있다. 오르니요스 델 카미노는 전통적인 순례자 마을이다. 산티아고로 가는 길에 있는 중요한 중세의 휴식처로서, 수세기 동안 거의 변하지 않아 고대의 분위기에 흠뻑 젖어볼 수 있는 곳이다. '오르니요스*Hornillos*'라는 이름은 '화로, 오븐'이라는 뜻의 *horno*와 '작은(작은 화덕)'을 뜻하는 *illos*가 합하여 생긴 말이다. 메세타 지역을 따라 많은 장소들의 이름에 이 '*-illos*'라는 접미사가 붙어 있는데, 아마도 메세타 하늘의

광대한 둥근 천장 아래에서 끝없이 펼쳐진 수평선을 경험했을 때, 인간이 상대적으로 보잘것없다고 느껴져 나타난 것이 아닐까? 이러한 생각은 우리 영혼의 불멸성과 물질적인 육신의 하찮음을 비교하는 데도 유사하게 적용될 수 있다. 이렇게 명상에 잠기지 않아도, 이 마을을 뒤덮은 귀중한 평화가 어느덧 순례자의 마음에 한가득 들어와 있을 것이다. 중심가에서 더 위쪽에 있는 작은 상점과 바에서는 밥도 먹을 수 있다. 마음을 비우고 아무것도 하지 않도록 노력해보자. 그리고 존재 그 자체를 느껴보자.

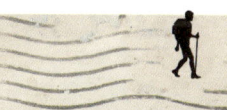

13day note

"안자디의 보름달이 천천히 동쪽 수평선을 가른다. 은색으로 반사된 거대한 구. 이른 저녁 하늘의 창백한 푸른빛을 배경으로 한 달은 아름답다. 나는 텅 빈 메세타의 길을 평화 속에 홀로 서 있지만, 혼란스럽거나 외롭지 않다. 나는 핀드혼Findhorn을 떠날 때부터 지녀온 작은 유체병을 꺼낸다. 카일라쉬Kailash의 신스러운 산이 세상에 선사한 사랑의 선물. 이 선물을 카미노의 비옥한 흙에 뿌렸다. 위대한 기원의 말들을 우주로 흘려보내기 전 시원한 공기 속에 오래도록 머물렀다. 적막 속에 갑자기 사슴 두 마리가 모습을 드러냈다. 어쨌든 나는 혼자가 아니었다."

14 day

'산티아고 데 콤포스텔라'까지 | 488.5km(303.5마일)

오르니요스 델 카미노에서
카스트로헤리스까지 - 21.2km

	길/트랙	14.8km	70%
	부도로	6.4km	30%
	주도로	0.0	
Total km	총 거리	21.2km(13.2마일)	
	경사로 감안 거리	22.4km(경사로 250m=1.2km로 계산)	
Alto ▲	최고점	온타나스 위의 메세타 950m(3,117피트)	

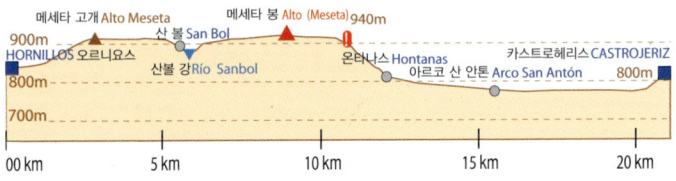

Road Point 오늘은 다시 인적이 드문 메세타를 걷는다. 평화로움이 충만한 가운데 들리는 건 자연의 소리뿐이다. 그늘이 거의 없다. 그러니 오늘도 태양에 대비할 수 있도록 준비하고 물을 충분히 챙기자.

※ 중간 숙박 시설: 산볼 *Sanbol*(5.8km) - 온타나스 *Hontanas*(10.8km) - 산 안톤 *San Anton*(16.5km)

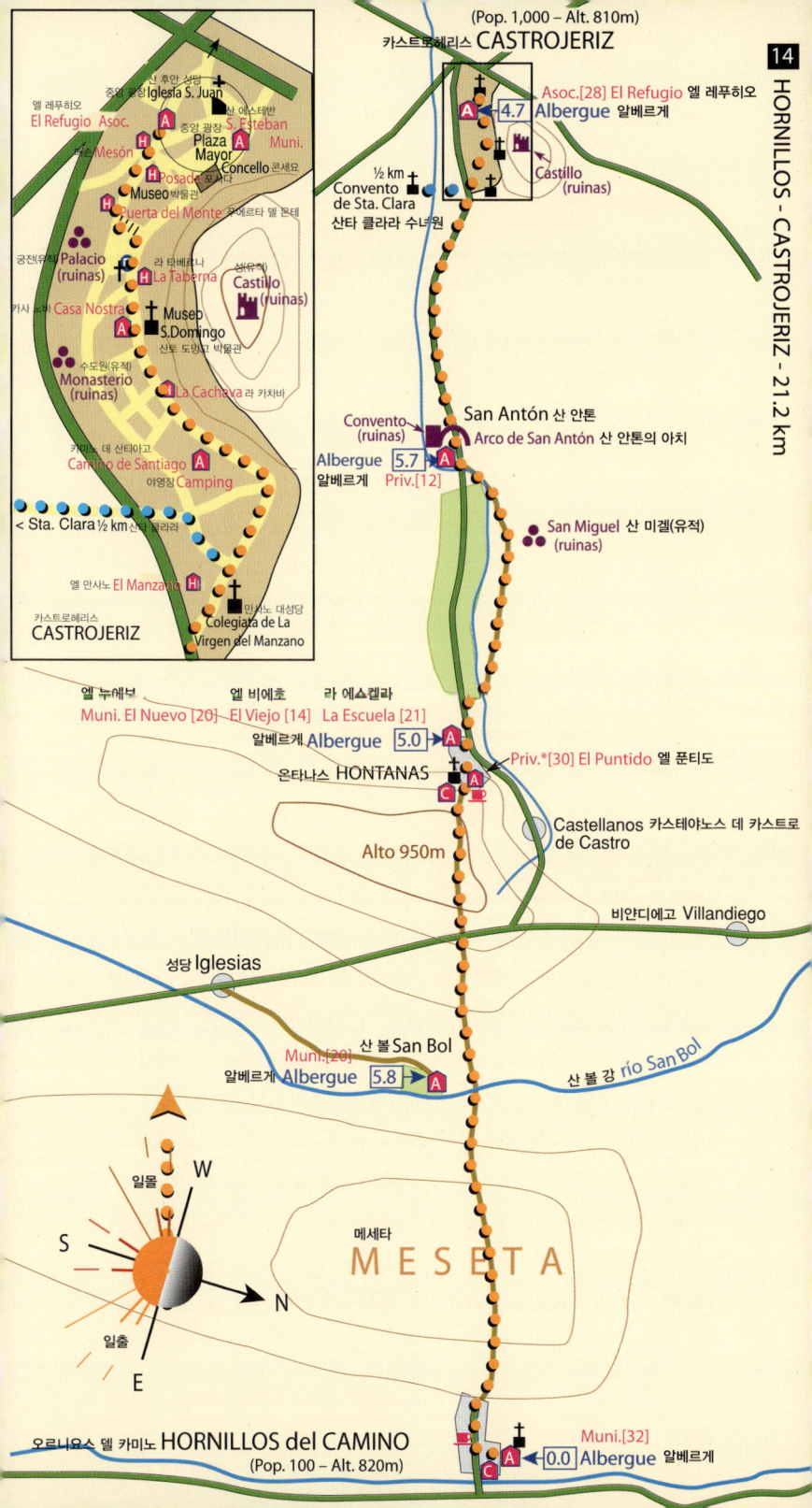

오르니요스 델 까미노를 떠나며

> **soul road** 🍂🍂
>
> 오늘 우리는 혼자하는 마음으로 길을 걸을 것인가, 아니면 함께 길을 걷는 순례자들을 우리에게서 밀어내고 평화를 찾아가는, 새롭거나 오래된 상처에 머물러 있을 것인가? 당신을 기사들과 고대와 현대의 수도사들에 의해 사용된 성스러운 치유의 상징을 찾을 것인가? 스페인은 이방인들에게 빵을 제공하는 빽빵에 손을 올리고 오늘 낯선 이와 함께 빵을 나누어 먹을 것인가? 문제를 더 크게 만들 것인가, 해결책의 일부분이 될 것인가?

원래 카미노의 일부인 중심가 레알 카예를 따라가다가 포플러나무가 늘어선 곳을 지나 끝에 있는 갈림길에서 오른쪽으로 향하자. 그러면 메세타로 향하는 완만한 오르막이 시작된다. 그 다음에 길은 외따로 떨어져 있는 휴식처 하나가 왼쪽으로 선명하게 보이는 산 볼 천(川) 쪽으로 완만한 내리막이 나올 때까지 평탄하게 서쪽으로 계속된다.

5.8km 산 볼 천 *Arroyo San Bol* 개울을 건너 계속 앞으로 가거나, 왼쪽으로 틀어 산 볼*San Bol*(200m)에 들른다. 알베르게 지자체 호스텔은(947-161 053, 617-165 327) 개울 옆에 있다. 5월부터 10월까지 문을 열고 하나의 방에 20개의 잠자리(침대 12개와 매트리스 8개)가 있다. 기본적인 시설들이 포플러나무들이 우거져 그늘을 드리우는 쾌적한 쉼터에 흩어져 있다. 우물에서 나오는 물은 치유력이 있어 쑤신 발을 치료해준다고 한다. 사실 이 외딴 곳의 평화로움은 발보다 더한 것도 치료할 수 있다. 가장 가까운 마을은 이글레시아스*Iglesias*로, 카미노를 벗어나 약 4km 정도 비포장도로를 가면 된다. 일찍이 안토니네*Antonine* 기사단의 산 보알*San Boal*(또는 산 바우디토*San Baudito*)에게 수도원이 봉헌되었고, 이 지역에 많은 도움을 주고 이름까지 준 산 안톤(성 안토니우스)과 관련이 있는 곳이기도 하다. 좁은 산 볼 계곡을 벗어나 다시 메세타 후면을 따라 올라가자. 부도로(이글레시아스와 올미요스 데 사사몬*Olmillos de Sasamon*을 연결하는)를 지나치면, 메세타의 장관이 갑자기 하늘에서 떨어지듯 모습을 드러낸다.

5.0km 온타나스 *Hontanas* 메세타의 계곡 아래쪽에 숨은 또 하나의 오래된 순례자 마을이다. 카스트로헤리스*Castrojeriz*로 향하는 부도로 외곽에

위치해 있으며 순례자들 말고는 들르는 사람이 거의 없다. 14세기에 만들어진 견실한 성모 승천 성당이 작은 마을 광장을 내려다보고 있다.

성모 승천 성당

엘 푼티도*El Puntido* 네트워크 호스텔(947-378 597, 라 이글레시아 카예*c/La Iglesia* 6번지 교회 맞은편)은 부활절부터 10월 중순까지 문을 열고 3개의 방에 30개의 침대가 있다(독실도 있다). 모든 시설들이 갖추어져 있으며 인기 있는 바와 카운터가 있다. 마을의 아래쪽 끝의 레알 카예 26번지에 사는 여성들이 꾸려가는 지자체 호스텔도 있다. 산

알베르게 - 푼티도

후안 엘 누에보*San Juan El Nuevo* 지자체 호스텔(947-377 021)은 2개의 방에 20개의 침대를 갖추고 1년 내내 운영하며 시설은 좋은 편이다. 뜰이 없다는 단점이 있지만, 순례자들은 그냥 길을 따라 흩어져 앉아 쉰다. 휴게실은 원래 있던 중세의 기반들 위

알베르게 - 산 후안

에 건설되었다(유리로 된 바닥을 통해 볼 수 있다). 알베르게 산 후안은 상상력을 십분 발휘한 재건축으로 건축학 분야의 상을 받기도 했다. 알베르게가 꽉 찼을 때는 다른 지자체 알베르게가 다음과 같이 운영된다. 엘 비에호*El Viejo*는 2개의 방에 14개의 침대를 갖추고 있으며 마을 회관에 자리하고 있다. 샤워 시설과 화장실이 있으며, 주방은 알베르게 엘 푼티도에 있는 것을 사용할 수 있다. 라 에스켈라*La Escuela*는 오래된 학교 건물의 넓은 기숙사 하나에 21개의 침대가 있다. 샤워 시설과 화장실이 딸려 있고, 역시 위의 엘 푼티도에 있는 주방을 사용할 수 있다.

※ **기타 숙박 시설** - 엘 푼티도 맞은편 푸엔테 에스트레야*Puente Estrella*(947-377 261)에 더 고급스러운 방들이 있다. 저렴하게 묵길 원한다면, 마을 꼭대기(마을에 들어서던 지점)에 있는 빅토리노스*Victorino's*를 이용해보는 것도 좋다. 최소한의 숙박 시설이 있고 공동 식탁에서 순례자를 위한 식사가 제공된다. 빅토리노스는 카미노를 따라 있는 독특한 색채를 지닌 곳 중 하나이며, 여기서는 포론*Porron*(뾰족한 주둥이가 있는 유리병)으

로 와인을 꿀꺽 마실 수 있다. 그리고 메뉴도 다양한 편이다. 밤 날씨가 쌀쌀할 땐 모닥불까지 피워 분위기가 한층 좋아진다. 하지만 혼자 여행을 하고 있다면 사랑의 불장난은 조심하도록 하자. 성당 가까이에는 작은 상점이 있다.

마을을 통과해서 바 겸 카페가 있는 지자체 수영장(한여름에만 운영한다)을 지나 나무들이 그늘을 드리우는 부도로를 건너가자(아니면 한적한 시골길을 걸어서 그늘을 십분 이용하는 방법도 있다). 길표지가 있는 길은 오래된 방앗간의 잔해와 오랫동안 버려진 산 미겔San Miguel 마을을 지나는 길과 거의 나란히 나 있고, 산 안톤에 다다르기 직전에 부도로와 다시 만나게 된다.

5.7km 산 안톤 San Antón 알베르게 사설 호스텔(607-922 127)이다. 장엄한 고딕 양식의 고대 수녀원 잔해 사이에 있다. 5월부터 9월까지만 문을 열고, 12개의 잠자리가 있다. 공동 식당에서 식사가 제공되는 등 기본적인 시설들만 갖추고 있다. 나이 많은

알베르게-산 안톤

순례자들을 위해 빵을 남겨두는 '산 안톤의 아치길Arco de San Anton'을 지나가보자. 이곳에 메시지를 남기는 순례자들이 있어 전통은 계속되고 있다. 이곳은 11세기에 프랑스에서 발견된 안토니네 기사단의 고대 수도원이자 구호 시설이었으며, 발치에 있는 돼지와 함께 자주 묘사되는 동물의 수호성인 '이집트의 산 안톤San Anton Abad'과 관련이 있다. 기사단의 성스러운 상징은 타우Tau로 알려진 T 모양의 십자가였다. 타우는 그리스 알파벳의 19번째 글자로 불길함과 병으로부터의 신성한 보호를 상징하며, '순례자의 십자가Cruz del Peregrino'로서 더 자주 언급되고 있다. 기사단은 '산 안톤의 불(균에 의해 생기는 피부병으로, 종종 피부가 썩어 들어가 죽음에 이른다)'로 알려진 중세의 피부병을 치료하는 능력으로 유명해졌으며, 치료 과정에서 타우(사랑)의 힘을 사용하였다.

카스트로헤리스 뒤에 있는 이 장엄한 유적을 떠나면서, 왼쪽으로 1/2km 지점에서 14세기에 설립된 산타 클라라 수녀원Convento de Santa Clara(Clarisas)이 우리를 맞이한다. 수녀님들이 나무로 만든 타우 십자가를 살 수 있다(대개 열려 있지만, 점심 시간에는 문을 닫는다). 타우 십자가는 카스트로헤리스에서도 살 수 있다. 카스트로헤리스의 알베르게는 여전히 도로상으로 4.5km 떨어진 곳에 있다. 유명한 성(역시 폐허이다)이 마

을과 마을 주변의 교외 지역 위에서 망을 보며 우뚝 서 있다.

마을 입구에는 학장이 운영하는 대성당 '사과의 성모Nuestra Señora del Manzano' 성당이 있다. 널따란 실내는 길을 걸어온 순례자에게 쾌적하게 느껴지고, 아름다운 장미창은 흥미로운 보물들(꽃줄로 장식된 순례자 복장

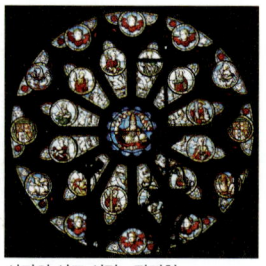

사과의 성모 성당-장미창

을 완전히 차려 입은 성 야고보를 조가비로 재현한 상이나 아름다운 성모 마리아 상 등)위로 빛을 드리운다. 성당은 최근 새로 단장하였으며 일부는 박물관으로 운영되고 있다. 마을은 길과 언덕 사이로 줄을 지어 늘어서 있으며, 시작부터 끝까지 거리는 2km 정도이다. 알베르게 간의 거리는 가까운 편이다.

성당 맞은편 마을 입구에는 바 겸 호스텔 엘 만사노El Manzano가 있다. 비르힌 델 만사노 카예c/Virgin del Manzano를 따라 300m 더 가면 사설 호스텔 알베르게 카미노 데 산티아고Camino de Santiago가 있디(300m). 야영장의 일부분이며 B&B이기도 하다(658-966 743, 947-377 255). 침대 40개를 갖추고 3월부터 11월까지 문을 연다(단층 독실도 사용 가능). 나무들이 배경을 이루는 큰 테라스와 상점, 바, 식당 등을 포함한 모든 시설을 갖추고 있다. 레알 오리엔테 카예c/Real Oriente로 이어지는 위쪽 거리를 따라 계속 가다 보면 다양한 '고급' B&B와 지역 호텔들이 나온다. 성 도미닉 교구 성당 겸 박물관Iglesia y museo de Santo Domingo(오른쪽)에는 고대의 태피스트리가 전시되어 있다. 건너편 뒤쪽으로 600m 거리에 카사 노스트라Casa Nostra가 있다. 레알 오리엔테 카예 54번지의 전통적인 가옥에 있는 사설 호스텔이다. 내부는 시원하며, 밖에는 뜰이 있다. 연중무휴로 20개의 잠자리를 갖추고 있다. 작은 광장 쪽으로 계속 걸어가면 선택을 할 수 있다. 곧장 중앙 광장Plaza Mayor(300m)으로 가서 바로 지자체 알베르게(400미터) 엘 레푸히오로 가거나, 왼쪽으로 계단을 내려가자마자 오른쪽으로 꺾어 메송 데 카스트로헤리스Meson de Castrojeriz 옆의 다음 광장 쪽 추천

알베르게-카사 노스트라

루트로 접어드는 것이다. 코르돈 카예*c/Cordon*로 접어들면 가운데에 몇몇 바들과 카페, 제일 처음 생겼던 알베르게가 있다.

4.7km 카스트로헤리스 센트로 *Castrojeriz Centro*(300m) 알베르게 엘 레푸지오 트라디시오날 산 후안*Refugio Tradicional San Juan*(947-377 400)은 카미노의 일부인 코르돈 카예 위에 있다. 오스피탈레로 레스티*hospitalero Resti*가 운영하고 현지 분위기를 제대로 풍기는 지역 협회 호스텔이다. 1년 내내 문을 열고 2개의 큰 도미토리 안에 28개의 침대를 갖추고 있다. 주방은 없지만 넓은 정원이 있다.

알베르게 산 에스테반*San Esteban*(947-377 001)은 마을의 가장 높은 지역에서 중앙 광장을 내려다보는 전망 좋은 위치에 자리 잡은 지자체 호스텔이다. 잘 복원된 시립 건물, 카사 쿨투라*Casa Cultura* 위층에 있다. 5월부터 10월까지 문을 열고 한 개의

알베르게 - 산 에스테반

큰 도미토리 안에 25개의 침대(20개의 매트리스)를 갖추고 있다. 좋은 샤워 시설과 화장실이 있지만 그 외 다른 시설은 없다. 이 지자체 알베르게에 머무르지 않는 순례자들은 대개 다양한 카페와 상점들이 있는 쾌적한 중앙 광장을 그냥 지나친다. 두 루트는 16세기 건물인 산 후안 성당*Iglesia de San Juan*에서 만난다. 산 후안 성당은 대개 고딕 양식이지만, 르네상스 양식의 세례반이 있다. 15세기의 대조각가이자 건축가였던 디에고 데 실로에*Diego de Siloe*의 영향이며, 우리는 그의 뛰어난 작품을 부르고스에서 보지 못하고 벌써 지나쳐 왔다. 또한 훌륭한 수도원도 있으며, 최근에 전면적인 개보수를 마치고 박물관과 미술관으로 이용되고 있다.

※ **기타 숙박 시설:** 엘 만사노*Bar-Hostal El Manzano*(620-782 768, 콜레히아타 카예*c/Colegiata*, 교회 맞은편), 라 카차바*La Cachava*(947-378-547, 레알 카예 93번지), 라 타베르나*La Taberna P*(620-782 768, 레알 데 오리엔테 카예 34번지), 카사 데 로스 올란데세스*Casa de los Holandeses CR*(947-377 608, 레알 데 오리엔테 카예 58번지), 푸에르타 델 몬테*Puerta del Monte*(947-378 647), 라 포사다*La Posada*(947-378 610, 란델리노 타르다호스 카예*/Landelino Tardajos* 3번지), 메손 카스트로헤리스(947-377 400, 코르돈 카예 1번지)가 있다.

한눈에 살피는 지역 정보

카스트로헤리스

천 명 정도의 사람들이 살고 있는 쾌적하면서도 한가로운 마을이다. 이 마을 사람들은 삶에 약간의 양념을 쳐주는 7월의 마늘 축제*fiesta del Ajo* 기간을 제외하고는 시에스타(*siesta*: 한낮 가장 뜨거운 때에 낮잠을 자는 남미 지역 풍습 - 옮긴이)에 영원히 점령되어 있을 것 같다. 마을의 파괴된 성들과 수도원들엔 더 역동적이었던 과거의 증거들이 남아 있다. 로마와 서고트 왕국의 유적이 있는 역사적인 요새 마을*castrum*로, 무어인과 그리스도교인 간에 벌어졌던 숱한 전쟁의 무대가 되기도 했다. 카스트로헤리스는 레콩키스타 기간에 두드러진 곳이었으며 적어도 8개의 순례자 병원이 있는, 중세 카미노의 주요한 기착지였다. 아직 더 움직일 힘이 남아 있다면 산꼭대기에 9세기에 지어진 성으로 가보자. 벌판 너머로 보이는 아름다운 경치로 보상받을 수 있을 것이다. 아니면 이미 언급한 지역으로 짧은 산책을 해보는 것도 이 역사적인 마을의 운치를 느끼기에 충분할 것이다. 대안으로, 이 전형적인 순례자 마을의 바에서 시원한 맥주를 마시거나 이 지역 풍습에 발맞추어 시에스타를 즐겨볼 수도 있다.

14day note

"그녀는 나의 찢어진 셔츠를 자기가 기워줘도 되느냐고 물고는 바느질을 시작했다. 그녀를 만난 적은 없었으나 친근하게 느껴졌다. 산티아고와 그의 유쾌한 친구는 스페인식 토르티야 만드는 방법을 보여주었다. 우리는 피로와 의사 소통의 어려움에도 불구하고 모두 흥겹게 떠들면서 먹었다. 낯설지 않은 낯선 사람들 사이에서 우리나오는 깊은 존경과 기쁨이라니. 우리의 웃음은 시장 에너지의 소통들이가 되어 세대로 퍼져 나갔다. 우리가 이렇게 열린 마음으로 우리의 삶을 살았더라면 전쟁으로 찢겨진 세계에 우리가 가져올 수 있었을지 모르는 변화는 무엇이었을까?"

'산티아고 데 콤포스텔라'까지 | 467.3km(290.4마일)

카스트로헤리스에서
프로미스타까지 - 25.5km

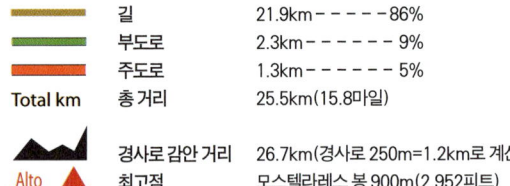

	길	21.9km - - - - - 86%
	부도로	2.3km - - - - - 9%
	주도로	1.3km - - - - - 5%
Total km	총 거리	25.5km(15.8마일)
	경사로 감안 거리	26.7km(경사로 250m=1.2km로 계산)
Alto ▲	최고점	모스텔라레스 봉 900m(2,952피트)

Road Point 오늘 단계의 지도를 슬쩍 보면 잘못된 인상을 가질지도 모른다. 하지만 주의 깊게 살펴보면 카미노가 아스팔트 길이 얼기설기 엮인 곳을 지나는 동안 거의 다른 길들과 연결되지 않는다는 사실을 알게 될 것이다. 기분 좋게도 21.9km(86%)는 흙길이다. 카스트로헤리스를 나서서 메세타로 올라가는 험난한 등산길에 대비하도록 하자. 계곡 아래로 내려다보이는 경치는 올라간 이상 반드시 다시 내려가야만 한다는 진리와 짝을 이루며, 지친 영혼을 다시 살리기에 충분하다. 피수에르가 Pisuerga 강과 카스티야 운하 Canal de Castilla에 늘어선 나무들로부터 떨어지면 그늘이나 샘을 거의 찾을 수 없으므로 미리 주의를 기울이자.

✝ 카스트로헤리스를 떠나며

soul road 🪨🪨

우리가 오늘 떠나는 길은 이천년 전에도 있었던 길이다. 내일 갈 길은 콘크리트 보호 장치들이 있는, 영혼이 없는 현대식 길의 첫 번째 구간이다. 지겨진 지 몰라 몇 년밖에 되지 않았다. 얼마나 많은 순례자들이 이 오래된 로마의 길을 걸어왔으며, 얼마나 많은 사람들이 이 현대식 길을 걸을 것인가? 얼마나 많은 사람들이 그들의 행복을 따를 것인가? 얼마나 많은 사람들이 이 안쪽과 바깥쪽의 길을 똑같이 존중해줄 것인가? 우리는 어느 길 위에 있는가? 우리의 삶은 우리의 목적과 조화를 이루고 있는가? 우리의 목적은 무엇인가? 내부적인 방향이 없는 삶은 무의미하다. 그리고 결국 환멸과 죽음만 함께하는, 절망이라 불리는 막다른 길로 인도할 뿐이다. 행복은 또 다른 길에서 발견된다. 바로 영혼 내면의 길을 따라서.

카스트로헤리스의 중심부에서 산 후안 성당을 지나 주도로를 건너 오드리아 *Odrilla* 강(이후에 건너게 될 피수에르가 *Pisuerga* 강으로 흘러간다) 너머에 있는 옛 로마 시대의 길에 합류하자. 모스텔라레스 *Mostelares* 언덕이 모스텔라레스 고개로 오르는 길이 시작되는 지점 앞에 펼쳐져 있다.

3.5km 모스텔라레스 고개 *Alto de Mostelares* 기념비가 과거의 일을 기리고 있지만 진짜배기는 우리를 둘러싼 사원의 모습이다. 현지 식물에 대한 정보가 있는 작은 쉼터에서 잠시 숨을 돌릴 수 있다. 높은 메세타를 따라 계속 걸어가면 푸엔테 델 피오 호로 가는 내리막이다.

4.3km 피오호 샘터 *Fuente del Piojo* 약간의 그늘과 시원한 샘물이 있는 야외 쉼터. 이제 산 니콜라스 예배당으로 이어지는 작은 길로 접어든다.

1.3km 산 니콜라스 예배당 *Ermita de San Nicolas* 알베르게 다리 직전 카미노에 바로 있다. 6월부터 9월까지만 문을 여는 인기 있는 알베르게는 12개의 잠자리를 갖추고 있다. 전기나 전화는 물론이고 최신 시설은 아무것도 없다(뒷부분에 증축된 곳에 있

알베르게

는 샤워 시설과 화장실은 제외). 하지만 소박한 뷔페식 저녁과 아침이 메뉴의 일부이다. 이 13세기 건물은 이탈리아의 자원봉사자에 의해 재건되었다. 그는 이 진정한 안식처에 치유적인 분위기를 배가하기 위해 조명으로 촛불을 그대로 유지하였다. 잠잘 곳이 매우 제한되어 있으므로 침대나 매트리스가 남아 있다면 진짜 운이 좋다고 생각하면 된다. 예전의 순례자 구호 시설은 12세기에 건립되었으며 후에 시토회의 수도원이 덧붙여졌다.

우회 루트

이테로 델 카스티요 *Itero del Castillo* 도로를 따라 오른쪽(강을 건너기 전)으로 1.5km 거리에 있고 지평선 너머로 성당의 탑을 볼 수 있다. 성당의 이름을 보면 피수에르가 강둑에 있는 역사적인 국경 지점의 전략적인 위치임을 알 수 있다. 알베르게 마을 광장*Plaza Ayuntamiento*의 마을 회관에 있는 기초 지자체 호스텔(947-377 357)은 1년 내내 운영하며 12개의 잠자리(침대 6개, 매트리스 6개)가 있다. 주방이 없고, 편의 시설도 별로 없다. 돌아갈 때는 아스팔트 길을 따라가자.

1.9km **이테로 데 라 베가** *Itero de la Vega* 지자체 호스텔은(979-151 826) 성당 광장*Plaza Iglesia*에 있는 16세기 건물 성 페테르 교구 성당 맞은편에 있다. 연중무휴로 20개의 잠자리가 있으며 시설이 별로 없고 주방이 없지만 뒤쪽에 정원이 있다. 라 포사다*La Posada* 사설 호스텔(979-151 781, 산타 아나 카페/*Santa Ana*)은 연중무휴이며 18개의 침대(방 4개)가 있다. 주방은 없지만 식당에서 식사가 가능하며 바깥쪽에는 테라스와 바가 있다. 또한 입구에 있는 오스탈 피테로*Hostal Fitero*(979-151 822)에는 독실이 다양하게 준비되어 있다(이 호스텔을 운영하는 가족은 카리온*Carrion*의 알베르게인 오스탈 산티아고*Hostal Santiago*도 함께 운영한다). 마을은 노란색 화살표들로 자유롭게 장식되어 있는데, 이건 역설적이게도 방향을 확실히 찾게 해주기보다는 더 혼란스럽게 만든다. 알베르게로 가려면 성당 쪽으로 향하거나 또는 잘생긴 고딕 양식의 로요가 내려다보고 있는 중앙 광장 방향 쪽으로 꺾도록 하자. 중앙 광장에는 뒷발로 선 망아지 상이 있는 예쁜 분수가 있다. 작은 마을이지만 현지

지자체 호스텔

주민들과 순례자들을 위한 바와 상점들이 있다.

아스팔트 길을 따라 마을에서 벗어난 후 직진해서 T 모양의 교차로를 건너 넓은 농장 길로 들어선다. 산등성이에 있는 넓은 풍력 발전 단지와 함께 보데가스라는 이름의 마을이 왼쪽으로 보인다. 계속 걸어가면 피수에르가 운하다.

2.7km 피수에르가 운하 *Canal Pisuerga* 18세기 후반에 잇따라 수로를 판 결과물로, 이 지역 전체의 집약 영농을 위해 사용되고 있다. 논길은 완만한 오르막길로 이어지며, 그 다음에는 바퀴 모양의 펌프[F](왼쪽)가 있는 강가 내리막길로 연결된다.

5.4km 보아디야 델 카미노 *Boadilla del Camino* 한때 순례자 병원을 운영하며 인구도 2천 명이 넘었으나, 현재 인구는 2백 명 이하로 떨어졌다. 카미노를 걸으며 만나는 많은 시골 마을들과 마찬가지다. 그러나 카미노의 부활로 역사의 흐름이 뒤바뀌기 시작했다. 학교는 순례자 호스텔로 바뀌었고 주말이 되면 교장은 마을 중심가에서 새 알베르게와 B&B를 운영하는 가족을 돕는다. 16세기에 지어진 산타 마리아 교구 성당에는 빼어난 14세기의 세례반이 있으며 조가비를 소재로 마감된 광장 안에는 역시 아름다운, 중세 사법권의 기둥이었던 로요가 있다. 바 도리 *Bar Dory*는 뒤쪽에 앉을 수 있는 뜰이 있으며 상점도 있지만 둘 다 바깥에선 잘 보이지 않는다.

지자체 호스텔(979-810 776) 에스켈라는 에스켈라스 카예 *c/Escuelas*에 있는 예전의 학교 건물이다. 연중 운영하며 1개의 방에 12개의 침대가 있고 기본적인 시설이 갖춰져 있다(주방은 없음). 어린이들이 뛰놀던 곳은 쇠퇴하여 휴식처로 쓰이고 있다. 알베르게 엔 엘 카미노 *En El Camino*는 네트워크 호스텔(979-810 284)이다. 교회와 사법권을 상징하는 십자가가 제임스 1세 시대 양식의 로요 옆에 있다. 3월부터 10월까지 문을 열고 48개의 침대(도미토리 1개)가 헛간을 개조한 곳에 마련되어 있다. B&B의 주 건물에는 독실도 있다.

알베르게 - 엔 엘 카미노

작은 수영장이 딸린 넓고 경치 좋은 마당을 비롯하여 좋은 시설들이 갖추어져 있다. 전형적인 카스틸리안Castilian 메뉴는 벽에 걸린 그림을 그린 화가 베고냐Begoña가 직접 만든다. 순례자들을 잘 보살피기 위해 가족 모두가 열심히 일한다.

1.8km 카스티야 운하 Canal de Castilla 나무가 늘어선 한적한 길을 따라 프로미스타로 흐른다. 현대식의 피수에르가 운하가 관개를 목적으로 설계되었다면, 이 18세기의 수로는 옥수수 방앗간을 돌리는 힘뿐 아니라 경작된 곡물의 수송까지 담당했다. 화석 연료가 출현하고 나서 이제 이 수로는 관개와 낚시 용도로만 사용된다. 최근 지역 정부는 50개의 수문들과 함께 수로 체계를 재건하는 계획을 공표하였다.

3.3km 프로미스타 – 운하의 수문 Frómasta – Canal esclusa 우리는 발아래에 죽 늘어선 수문(사용되지 않음) 위로 수로를 건넌다. 주도로로 접어들어 계속 걸으면 기찻길 아래를 지나 중심가Paseo Central의 주 교차로에 있는 관광 안내소(979 – 810 180, 여름에만 운영함)에 다다른다. 이 교차로에서 오른쪽 방향으로 꺾어 다시 왼쪽으로 접어들면 산 마르틴 광장Plaza de San Martin이다.

운하의 수문

1.3km 프로미스타 Frómista 알베르게 호텔 바로 뒷건물로 지자체 호스텔이다(686 – 579 702). 연중 운영하며 6개의 방에 56개의 침대를 갖춰놓고 있다. 현대식 시설들(주방만 없다)이 있고 야외 뜰이 있다.

알베르게-프로미스타

※ 기타 숙박 시설: 역시 광장에 있는 곳들로 산 마르틴San Martin(979 – 810 000)과 마리사Marisa P(979 – 810 023)가 있다. 반면에 알베르게 뒤편 마히스탈 아가도 카예 c/Magistal Aguado에는 B&B가 있다. 안토니오 이 마르셀리노Antonio y Marcelino CR 세르비아리아스Serviarias CR(979 – 810 055)가 있고 그 근처 라스 프란세사스 카예c/Las Francesas에 카미노 데 산티아고(979 – 810 053)가 있다.

다양한 바들과 카페가 있지만 유서 깊은 순례자 병원에서 정통 카스티얀 음식을 먹어보고 싶다면 오스테리아 로스 팔메로스*Hosteria Los Palmeros*에 가보자. 마을 반대편 끝 산 텔모 광장*Plaza San Telmo*의 산 페드로 성당 맞은편에 있다. 산 텔모 광장

순례자 병원-오스테리아 로스 팔메로스

은 뱃사람의 수호성인인 산 텔모의 가호를 받는 곳이다. 그는 12세기에 이 마을에서 태어나 카미노 포르투게스 *Camino Portugues*에서 죽었으며, 투이*Tui*에 묻혔다.

한눈에 살피는 지역 정보

팔렌시아 주

논과 밭의 땅*Tierra de Campos*이다. 강과 운하가 비옥한 땅에 물을 대주어 넓은 경작지가 잘 가꾸어졌다. 이곳에서는 주로 밀이 경작되며 약간의 야채와 와인도 생산된다. 사아군*Sahagun*의 피수에르가와 시아*Cea* 강 사이에 있는 평야이다. 붉은색 흙벽을 바싹 말려대는 무자비한 태양으로부터 그늘을 만들어줄 나무는 거의 없다. 나무와 돌이 없기 때문에 자연히 흙이 건축 재료가 되었다. 애초부터 공기로 건조된 벽돌들은 결과적으로 작업의 속도와 안정성을 높여줬으나 아직도 오랜 기간 유지되는 데는 부족하다. 언덕 측면에 영화 '반지의 제왕'의 호빗 족 집처럼 생긴 와인 저장고*bodegas*가 많이 보인다. 이곳에서 생산된 와인을 시원한 지하에 저장하기 위해 이 지역 전역에 이런 형태의 저장고가 점점 늘어나는 추세다.

강을 따라 난 그늘진 길은 13세기 건축물인 피에다드 예배당*Ermita de la Piedad*(휴식을 취할 만한 공간과 성 야고보의 동상이 있다)을 지나 이테로 데 라 베가로 이어진다.

프로미스타

아름다운 11세기 건축물 산 마르틴 성당*Iglesia de San Martin*(1066년에 봉헌되었다)으로 가장 잘 알려진(그리고 사람들이 들르는) 곳이며 순수한 스

페인 로마네스크 양식의 가장 좋은 예 중 하나로 평가된다. 교회는 절묘한 비율을 지니고 있으며 각각 다른 사람과 동물, 신비로운 모티브가 새겨진 300개가 넘는 사랑스럽고 아름다운 돌들로 건축되었다. 한때 세속적인 목적으로 사용되었으나, 피나는 노력으로 재건되면서 국립 기념물이 되었다. 끝없이 이어지는 관광 버스의 무리가 이 '관광객이 반드시 봐야 할' 장소를 돌아보고 있고, 그 과정에서 이 성당은 뭔가 중요한 것을 잃어버린 것 같다. 마을의 다른 편 끝에는 15세기 고딕 양식 성당인 산 페드로가 있다. 보다 경건한 분위기이며, 성 야고보의 동상과 함께 설치된 종교적인 예술품을 보유한 작은 박물관이 딸려 있다.

카미노에서 프로미스타의 중요성은 중세에 오스테리아 로스 팔메로스 *Hosteria Los Palmeros* 같은 여러 순례자 병원들이 이곳에 있었다는 사실에서 보듯 너무도 명백하다. 팔메로스는 '성스러운 땅'으로 향하는 순례자들의 귀감이었고, 그의 상징은 산티아고로 가는 순례자를 나타내는 조가비와는 확실히 구분되는 종려나무 잎이었다. 프로미스타는 라틴어로 곡식을 뜻하는 프루멘툼 *frumentum*에서 유래했는데, 이 지역이 팽창하는 로마 제국에 엄청난 양의 밀을 제공했기 때문이다. 특이하게도 서쪽 산티아고가 아니라 로마를 거쳐 예루살렘으로 향하는 동쪽 방향으로 향하는 순례자들에 대한 이야기를 찾을 수 있는 이유 또한 그 때문이다.

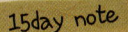

"나는 봉사의 길에서도 그러한 헌신을 목격한 적이 없었다. 산티아고로 가는 순례자들에게 큰 가족이 제공하는 이 학교한 한대라니. 모든 행동을 꼼꼼하고 배려 깊게 이루어졌고, 올바르게 보이는 것을 넘어 올바르다고 느끼도록 만들었다. 나는 스스로의 삶이 겉모습을 꾸미는 데 얼마나 많이 허비되었는지 깨달았다. 근본적인 결핍과 그에 따르는 불만족스러운 기분을 무시하면서 그저 겉으로 옳은 것처럼 보이게 하기 위한 것이었다. 더 큰 캔버스에 그림을 그리는 동안 가족과 친구의 인정에 중독된, 길들여진 사람들 본연의 모습을 가면으로 가리고 진정한 삶에 뒤따르는 자유를 얻기 위해 필사적이었다. 에두아르도Eduardo의 이야기는 여러 가지 면에서 한 명의 예술가였다."

'산티아고 데 콤포스텔라'까지 441.8km(274.5마일)

프로미스타에서
카리온 데 로스 콘데스까지 - 19.7km

	길/트랙	16.5km - - - - 84%
	부도로	3.2km - - - - 16%
	주도로	0.0
Total km	총 거리	19.7km(12.2마일)
Alto	경사로 감안 거리	19.9km(경사로 50m=0.2km로 계산)
	최고점	카리온 830m(2,725피트)

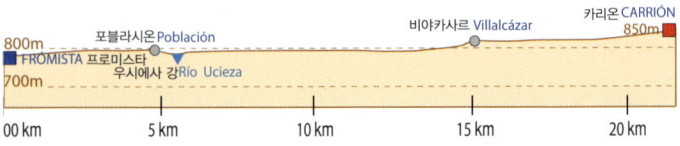

Road Point 오늘 걸을 길에서, 포블라시온Población에서 비야카사르Villalcázar로 가는 동안 센다를 벗어나 강가의 추천 코스를 이용하면 자연적인 오솔길의 비율을 높일 수 있다. 그렇지 않으면, 이번 단계는 온통 도로와 센다뿐이다.
※ 중간 숙박 시설: 포블라시온 데 캄포스Población de Campos(3.8km) - 비얄카사르 데 시르가Villalcázar de Sirga(14.3km) - 산타 클라라 카리온Santa Clara Carrión(19.7km)

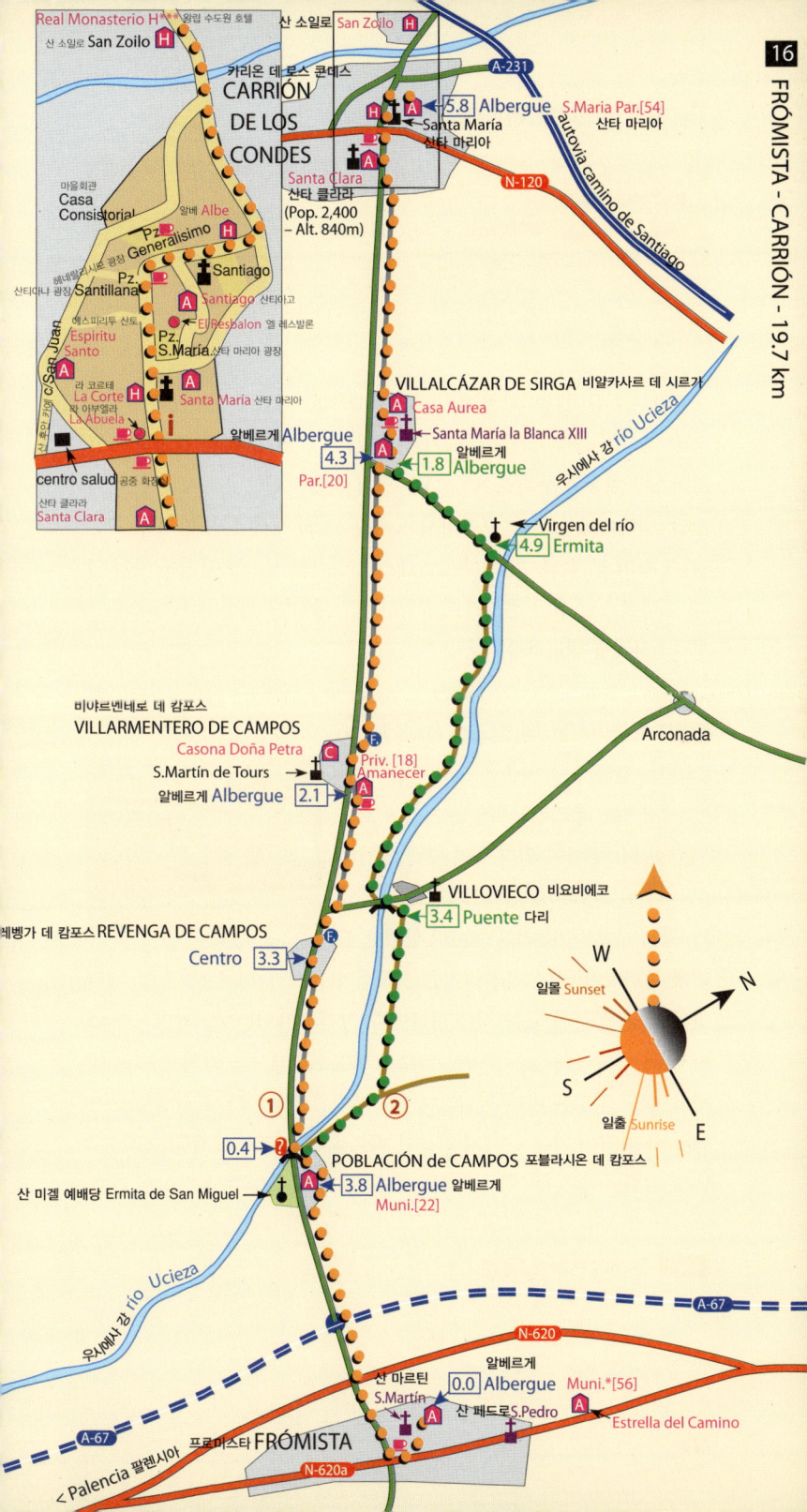

프로미스타를 떠나며

> **soul road**
> 하나하나의 발걸음을 우리를 목적지로 인도한다. 그러나 과연 우리가 향하는 곳은 어디인가? 오늘 우리는 20.1km 혹은 약 2만 천 걸음을 걸을 것이다. 그리고 우리가 21세기로 향해서 걷는 것과 마찬가지로, 발걸음 하나하나를 평화를 위한 기도로 만드는 것을 선택할 수 있다. 인간성의 시대가 떠나온다. 그리고 우리는 새 시대로 가는 열쇠를 쥐고 있다. 가야 할 방향에 관한 선택은 우리의 몫이다.

교차로로 돌아가(야외 테이블이 있는 인기 있는 바가 있다) 카리온 데 로스 콘데스 *Carrión de Los Condes* 표지판이 있는 P-980을 따라 출발하여 프로미스타 자동차 우회로 N-611을 넘어가자. 그러면 순례자를 위한 자갈길, 센다에 들어선다. 포블라시온 외곽(3.3km)에서 길의 반대쪽, 그늘진 숲 속의 공터에는 13세기 로마네스크 양식의 성 미카엘의 암자가 있다. 오른쪽으로 꺾어 콘크리트 공동묘지로 향하는 길 *Paseo del Cementerio*을 따라 0.5km를 내려가자.

3.8km 포블라시온 데 캄포스 *Población de Campos* 알베르게 마을에 들어서는 지점에, 예전에는 학교 건물이었던 지자체 호스텔(979-810 271)이 있다. 1년 내내 영업하며, 연결된 2개의 방 안에 침대 18개가 있다. 모든 시설들(기본적인 수준)이 한적한 쉼
알베르게-지자체 호스텔

터에 둘러싸여 있다. 포블라시온은 중심가(잘 보이진 않는다)에 몇 개의 바와 식당, 상점이 있는 작은 마을이다. 그리고 B&B 파소 카미노 산티아고 *Paso Camino Santiago CR*(979-882 012)가 프란세사스 카예*c/Francesas*에 있다. 교구 성당은 마리 막달레나에게 봉헌된 건물이다. 프란세사스 카예를 따라 걸어 작은 13세기 건물인 비르헨 델 소코로 예배당*Ermita de al Virgen del Socorro*(왼쪽)을 지나서 우시에사*Ucieza* 강을 건너는 돌다리로 가자.

0.4km 푸엔테 *Puente*/옵션 [?]

대체 루트

루세다를 통하는 대체 루트②를 가려면 다리를 건너 왼쪽으로 꺾자. 그리고 주도로와 나란히 나 있는 자갈길을 따라간다. 길은 곧장 레벵가 데 캄포스로 이어진다.

3.3km 레벵가 데 캄포스*Revenga de Campos* 산 로렌소*San Lorenzo* 성당과 바가 있는 작은 마을이다. 나갈 때는 다시 센다로 간다(쉼터와 식수대[F]가 오른쪽에 있다). 다음은 비야르멘테로 데 캄포스다.

2.1km 비야르멘테로 데 캄포스*Villarmentero de Campos* 입구에는 진취적인 순례자 카페가, 길 건너편에는 산 마르틴 데 토우루스*San Martin de Tours* 성당이 있다. 마을 식수대[F](오른쪽)를 통과해 계속 가자. 그리고 다시 센다로 들어선다.

4.3km 비얄카사르 데 시르가 *Villalcázar de Sirga* 여기서 추천 루트가 오른쪽에서부터 합쳐진다.

3.4km 비요비에코 *Villovieco* 산티아고 공예품이 있는 성 마리의 성당이 있다. 다리를 건너서 마을을 떠나자마자 오른쪽으로 꺾어 나무가 늘어선 우시에사 강의 다른 쪽 제방을 따라가자. 이따금 나타나는 관개수로를 건너서 가다보면 한적한 시골 도로(아르코나다*Arconada*에서 오는 P-981 도로)와 비르헨 델 리오 예배당에서 만나게 된다.

4.9km 비르헨 델 리오 예배당 *Ermita de la virgen del Río* 산티아고의 상이 있는, '강의 성모*La virgen del Río*의 암자'가 있다. 왼쪽으로 꺾어 '크리스토 데 라 살루드의 암자*Hermitage of Cristo de la Salud*'를 지나서 길을 따라 계속 걸어가자.

1.8km 비얄카사르 데 시르가 *Villalcázar de Sirga* 알베르게 카사 데 페레그리노스*Casa de Peregrinos*는 기본적인 지자체 호스텔(979-888 041)이다. 마을 입구 부근 그늘진 순례자 광장*Plaza de Peregrino*에 입구가 있다. 5월부터 10월까지 문을 열고 2개의 방 안에 20개의 잠자리를 갖추고 있다(만약 문을 닫았다면 바에 가서 열쇠가 있는지

알베르게-지자체 호스텔

문의할 것). 광장을 내려다보는, 시설이 잘 갖추지지 않은 전통적인 순례자 호스텔이다. 뒤쪽으로는 산타 마리아 라 블랑카*Santa Maria la Blanca* 성당이 있다.

※ **기타 숙박 시설**: 마을에 들어서는 지점에 있는 인판타 도냐 레오노르*Infanta Doña Leonor HsR*(927-888 015)와 칸타라나스 카예*c/Cantarranas*에 있는 라스 칸티가스*Las Cántigas* 카사 비달*Casa Vidal CR*(927-888 151)은 같은 사람이 운영한다.

5.8km 카리온 데 로스 콘데스 Carrión de los Condes

알베르게 산타 마리아*Santa María* 교구 호스텔(979-880 768/072)은 산타 마리아 광장 외곽의 클레리고 파스토르 카예 *c/Clerigo Pastor*에 있는 성당 뒤쪽 중심부에 자리 잡고 있다. 1년 내내 운영하며(겨울에

알베르게 – 산타 마리아

는 인접한 옛 알베르게에서 묵어야 할 수도 있다) 2개의 방 안에 60개의 잠자리가 있다(메인 도미토리 안에 침대가 42개 있다). 주방은 없지만 세탁 및 건조기를 포함한 시설들이 있고 교구 신부님이 순례자들을 맞아준다. 산티아고*Santiago* 사설 호스텔(979-881 052)은 플라사 데 로스 레헨테스 *Plaza de los Regentes* 8번지(산타 마리아 광장과 접해 있다)에 있고 순례자들을 위한 도미토리와 독실이 있다. 알베르게[4]는 에스피리투 산토*Espiritu Santo* 카리다드 수도회*Hijas de la Caridad*가 운영하는 수도원 호스텔(979-881 052)이다. 산 후안 카예 4번지, 보건소 (주도로 상의 아마야 생선 상점*Pescaderia Amaya* 뒤) 가까이에 있다. 1년 내내 문을 열고 70개의 잠자리가 있다. 주방은 없지만 다른 시설들은 좋다. 만약 여름에 방이 없다면, 150개의 침대가 있는 유스호스텔(979-881 063)에 가보자.

알베르게 – 에스피리투 산토

※ **기타 숙박 시설**: 성당 맞은편에 라 코르테*La Corte Hs*(979-880 138, 산타 마리아 카예*c/Santa Maria* 34번지)가 있다. 라 아부엘라 메*La Abuela Me CR*는 주도로(콘데 가라이 광장*Plaza Conde Garay*)에 있는 카페 야디라*Yadira* 근처에 위치한다. 엘 레스발론*El Resbalon*

P(979-880 433, 페르난 고메스 카페c/Fernan Gomez 19번지에 있는 같은 이름의 식당 위층), 산티아고 HsR(979-881 052, 레헨테스 광장Plaza de los Rebentes), 알바Alba HsR(979-880 874, 에스테반 콜란테스Esteban Colantes 2번지)가 있고, 강 건너편에는 카사 티아 파울라Casa Tía Paula(979-880 331)가 오비스포 산토 비소소 카페c/Obispo Santo Vizoso에 있다. 근처의 고급 숙소를 원한다면 레알 모나스테리오 산 소일로Real Monasterio San Zoilo H(979-880 050)가 있다. 마을에는 다양한 상점, 바, 식당이 있다.

Looking Point 장중한 16세기의 르네상스 양식 회랑들이 있는 산 소일로San Zoil 수도원은 현재 국립 기념물로 지정되었고, 파라도르Parador처럼 사설 호스텔로 재건축되었다. 이곳에 가면 기진맥진한 팔다리를 쉴 수 있을 것이다. 수도원 주변을 한가로이 산책하거나, 살해된 후 신성한 공회당 안에서 영원한 안식을 취하고 있는 '카리온의 백작Counts of Carrion'의 유해를 만날 수도 있다. 근처 호스텔에 종교 단체를 위한 도미토리가 있다.

한눈에 살피는 지역 정보

비얄카사르 데 시르가(비야시르가VILLASIRGA - 운하 뱃길의 마을)

12세기 템플 기사단의 영지가 되었을 때부터 순례자들을 환대해온 것으로 잘 알려진 마을이다. 성당 맞은편에는 유명한 바가 있고 광장에 잘 보존된 중세식 건물 안에는 전통 식당 엘 메손EL Meson도 있다. 마을은 13세기에 템플 기사단이 지은 웅장한 '순백의 성 메리Santa Maria la Blanca' 성당의 고향이다. 성당에는 왕족과 귀족들의 무덤이 있으며 국립 기념물로 지정되어 있다. 섬세하게 조각된 남쪽 문의 포치는 특히 장미창(rose window: 고딕 건축에 주로 사용되었던 원형 창으로, 창살 사이에 아름다운 스테인드글라스로 장식했다 - 옮긴이)이 눈부신 자태를 뽐낸다. 카미노에서 만나는 성당에 들르는 것이 당신 '취향'은 아니라 해도, 이번만은 예외로 하길 권한다. 이 성당은 10:00~13:00과 16:00~20:00에 문을 연다. 옆 복도(입구의 맞은편)를 보자. 제단retablo에 불을 밝히고(동전을 넣으면 작동한다), 성 야고보의 일생(성 야고보와 예수의 만남, 이후의 목회, 수난과 갈리시아로의 이동)을 묘사한 아름다운 패널들을 보자. 예배당 안 한쪽에는 많은 기적들

을 일으킨 장본인인 '순백의 성 마리아' 상이 있다. 돈 펠리페 왕자*Infante Don Felipe*(페르난도 3세*Fernando Ⅲ*의 아들이자 현자*el Sabio* 알폰소 10세*Alfonso X*의 형제)와 펠리페의 부인 도냐 레오노르의 무덤도 이곳에 있다.

마을을 떠나는 길에 주도로로 돌아가서 카리온 데 로스 콘데스(5.2km) 외곽으로 향하는 자갈길 센다로 가자. 외곽 지역에서 왼쪽으로 방향을 틀어 곁길로 0.2km를 걸으면 알베르게가 나온다. 알베르게 모나스테리오 데 산타 클라라*Monasterio de Santa Clara*(979-880 134)는 마을 입구 눈에 잘 띄는 위치(왼쪽)에 있다. 클라라 수녀회*Modres Clarisas*가 운영하는 수도원 호스텔이다. 연중무휴이고 5개의 방에 침대 30개가 있다(독실도 이용 가능). 쾌적한 안뜰이 모든 시설과 연결되어 있으며, 피에다드 예배당 *Ermita de La Piedad*으로도 갈 수 있다. 전해진 바에 따르면 이 13세기에 지어진 건물에 아시시의 성 프란시스가 머물렀다고 한다.

마을 중심부에 있는 교구 호스텔은 0.4km 더 가면 나온다. 주도로 쪽으로 계속 걸어가 관광 안내소(979-880 932, 여름에만 운영) 옆에서 길을 건너자. 성벽으로 둘러싸인 오래된 도시로 들어가는 입구가 있는 푸에르타 데 산타 마리아*Puerta de Santa Maria* 유적과 12세기에 로마네스크 양식으로 지어진 '카미노의 성 메리*Santa Maria del Camino*' 성당이 있다. 성당의 이름 아래 이루어진 기적을 묘사하는 특이한 부벽(*buttress*: 일반적으로 돌이나 벽돌로 된 벽의 지지물 - 역주)들이 주요 입구를 이루고 있다. 기적이란, 무어인들이 매년 '100명의 처녀들*doncellas*을 바치라'고 그리스도교인들에게 강요했던 일이 마침내 종결된 것이다. 성당을 나서서 바로 오른쪽으로 꺾으면 광장(매주 목요일마다 장이 선다)이 나온다.

카리온 데 로스 콘데스

끊임없이 변동하는 국경 지역에서 중요한 위치를 점하는 곳이다. 세력이 한창일 때는 만 명이 넘는 주민들이 있었으나 현재는 줄어들어 약 2천 5백 명이 살고 있다. 이 흥미로운 마을은 구불구불한 골목들이 그대로 남아 있고, 적어도 14개의 순례자 병원이 있었던 곳으로서 중세의 분위기를 유지하고 있다. 이곳은 사실상 스페인 지방 지역 대부분의 중심지였고, 카리온 백작 가문인 레오네세 베니 - 고메스*Leonese Beni-Gomez* 가(家)가 통치했다. 이 가문의 몇 명은 마찬가지로 호전적이었던 엘 시드의 손에 이른 죽음을 맞이하였고, 전하는 바에 따르면 그들은 매우 어리석게도 엘 시드의 딸들을 학대했다고 한다. 중세 시대엔 음모와 분쟁이 끊이질 않았다. 산티아고 성당은 '독립 전쟁(1809)' 기간에 파괴되고 말았다. 다행스럽게도 국립 기념물  로 지정된 건물의 웅장한 외관과 프리즈(*frieze*: 가로 띠 형태로 벽을 둘러 조각으로 장식한 건축 형식 - 옮긴이)가 완전한 상태로 남아 있다.

"발코니에 앉아서 밖을 내다본다. 고운 파란빛에서 붉홍빛으로, 지금은 깊은 붉은빛으로 부드럽게 저녁 빛깔이 변해가는 것을 본다. 실제로 해는 고정되어 있고 지구와 내가 빛에서 그림자 쪽으로 도는 것인데, 일반적으로는 해가 진다고 생각하는 게 참 이상하다. 종교 재판소는 갈릴레오에게 전통파의 관점에 대한 도전을 철회할 것인지 아니면 고통스러운 죽음에 식면할 것인지 결정할 기회를 주었다. 지구가 우주의 중심이 아닐지도 모른다는 가능성은 이미 안전된 권위에 너무나 위협적인 사실이었다. 나 역시도, 나를 둘러싼 현실 세계의 합의에 대하여 도전하기 시작했다. 나는 매번 변화하는 순간 속에 드러나는 진실에 열려 있을 용기를 구하고자 하며 일반적으로 지속되는 관점에 의해 도출되는 보호는 버리려 한다. 나의 목표는 하루하루가 지날수록 더 명확해진다."

17 day

'산티아고 데 콤포스텔라'까지 422.1km(262.3마일)

카리온 데 로스 콘데스에서
테라디요스 데 로스 템플라리오스까지 - 26.8km

	길/트랙	18.3km - - - - 68%
	부도로	6.0km - - - - 22%
	주도로	2.5km - - - - 10%
Total km	총 거리	26.8km(16.6마일)
	경사로 감안 거리	27.3km(경사로 100m=0.5km로 계산)
Alto ▲	최고점	레디고스 위 야외쉼터 900m(2,950피트)

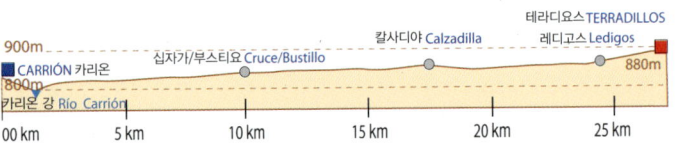

Road Point 그늘이 거의 없으며 평탄하고 별 특징 없는 지대를 지나간다. 70%는 자연적인 길이다. 그중 일부는 이른바 '아키타나 길 *Via Aquitana*'로 알려진, 로마와 아스트로가를 연결하는 오래된 자갈 도로로 되어 있다. 마을 사이에는 식수대가 별로 없는데 그나마 말라 있는 경우가 많으니 출발하기 전에 물병에 물을 가득 채우고 아침을 든든히 먹는 것이 좋다. 칼사디아 *Calzaadilla*까지 첫 17.5km 구간은 식당 같은 시설이 전혀 없으니, 먹을거리를 좀 들고 가는 것도 괜찮겠다.

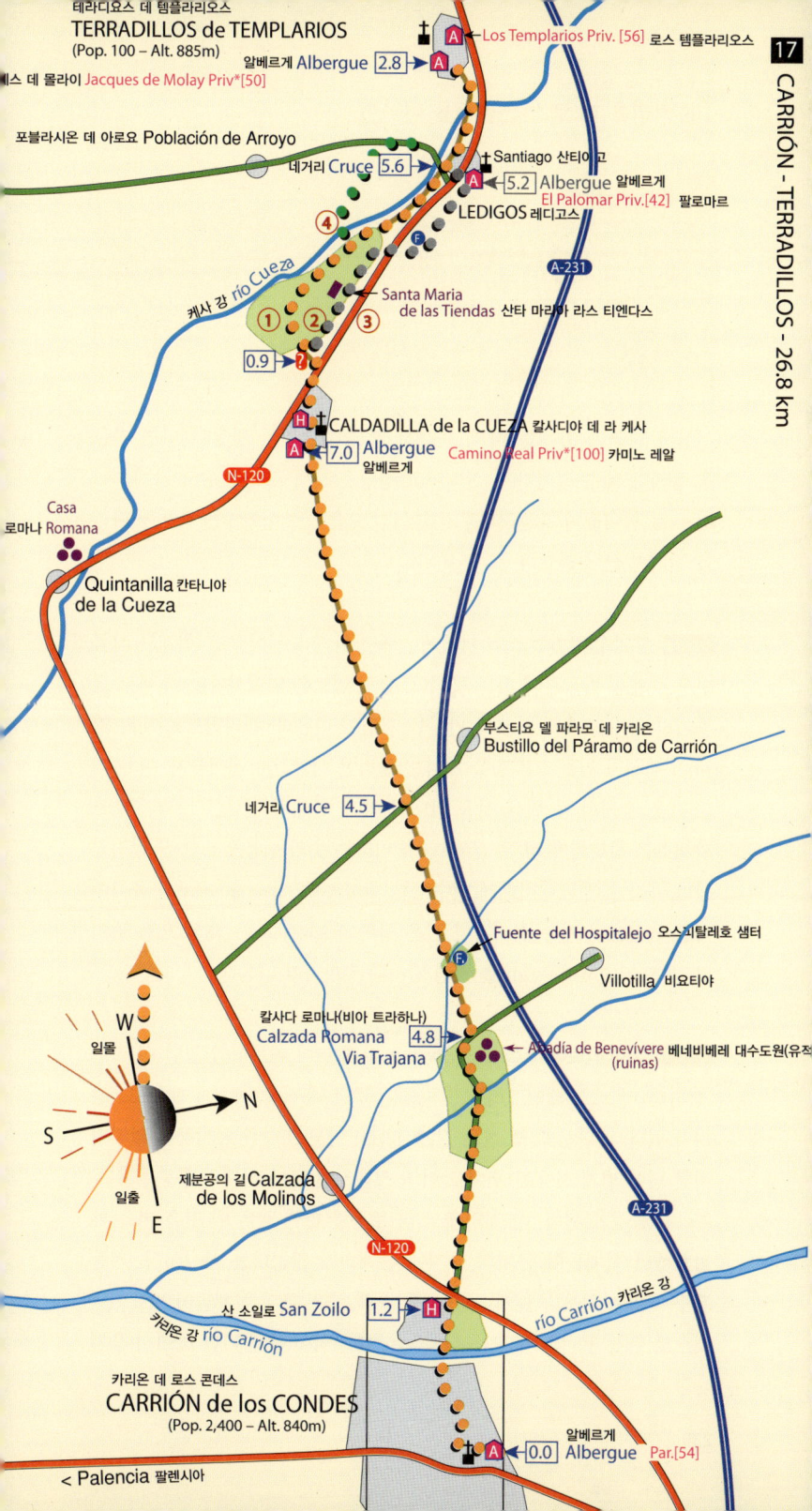

ㅠㅠ 카리온 데 로스 콘데스를 떠나며

> **soul road** 🍂🍂
> 오늘 우리는 셀 수 없이 많은 전투와 절복, 재정복, 부끄럽기 짝이 없는 폭력들, 배신, 복수를 위한 살인 등의 목격자로 세월을 보낸 후에 마을을 떠난다. 진인 것 같은 자애게 사랑과 평화가 담긴 치유의 생각을 마지막으로 해볼 게 언제였던가? '마하트마'란 '위대한 영혼'을 의미하고, 이는 그리스도교 선교사 가르침이 힌두교를 믿는 이의 몸에 체현된 것이다. 복수란 허무한 것이라는 사실을 우리에게 일깨워주는 가르침이 말이다. 다른 이가 괴롭힌다는 생각이 들 때마다 두려워하는 데신 마음을 열고 사랑을 줄 수 있는 용기를, 오늘 우리는 얻을 수 있을까?

산타 마리아 카예를 따라 무수히 많은 쇼핑가와 광장이 있는 마을을 통과해 계속 걸어가자. 산티아고 성당을 지나 피나 블랑코 카예 /Pina Blanco/로 접어들어 포플러나무가 늘어선 오솔길로 이어지는 튼튼한 다리를 건너면 산 소일로다.

1.2km 산 소일로 San Zoilo 과거에는 웅장한 수도원이었고, 현재는 아름다운 호텔과 박물관이 있는 곳이다. 산 소일로를 넘어서자마자, 새로 만들어진 카리온 우회 도로와 만나는 지점이 나온다. 건너편으로 계속 가서[!] 적십자 건물(오른쪽)을 지나는 한적한 시골길로 접어들자. 두 줄기의 개울 중에서 두 번째 것을 건너기 직전, 한때 유명했던 12세기의 프란체스코 성당이자 '좋은 삶/bene vivere/'이라는 뜻의 이름으로도 잘 알려진 산타 마리아 데 베네비베레 대수도원/Abadia Santa Maria de Benevivere/ 유적이 나온다(4.0km). 계속 걸어가면 길은 북쪽(비요티야/Villotilla/ 방향)으로 꺾이고, 계속 직진해서 0.8km를 가면 칼사다 로마나가 나온다.

4.8km 칼사다 로마나 Calzada Romana 고대 로마 때부터 있었던 이 길은 '칼사다 데 로스 페레그리노스/Calzada de los Peregrinos/(순례자의 길)'로도 알려져 있다. 평탄하게 쭉 뻗은 길(총 12km) 말고 또렷한 표지들은 없지만 이천 년이 넘게 사용된 후에도 아직 그대로인 로마 시대의 훌륭한 길/via Romana/을 걷게 된다. 이 지역에서 더 주목할 만한 점은 이 길을 지을 때 필요했던 석재들이 근처의 습지에 존재하지 않는다는 사실이다. 겨울 홍수 때의 수위보다 높게 쌓는 데만 수백, 수천 톤의 석재들이 필요했던 것으로 추정되는데, 이 모든 석재들은 이 지역이 아닌 다른 곳에서 옮겨

온 것이다. 그러니 로마식 건물들과 유적들이 발견되는 것도 놀라운 일이 아니다(N-120 도로의 칼사디야 데 라 케사 남쪽 5km 지점의 킨타니야 데 라 케사Quintanilla de la Cueza에서 가장 두드러진다). 작은 포플러 나무 숲(오른쪽)에 있는 오스피탈레호 샘터Fuente del Hospitalejo(1.8km)를 지나, 고대의 카냐다(cañada: 가축을 몰고 지나던 길)를 건너간다. 이 길은 이 지역과 이베리아 반도의 남쪽을 연결하며, 카미노 데 마드리드Camino de Madrid를 경유해 사아군Sahagun에서 카미노 데 프랑세스와 만난다. 몇몇 개울arroyos 중 하나를 건너 2.7km 정도를 계속 걸으면 네거리 교차로가 나온다.

4.5km 네거리Cruce-X 부스티요 델 파라모 데 카리온Bustillo del Paramo de Carrión으로 향하는 도로와 세코Seco 강을 건너 남은 7.0km를 계속 걸어가면 칼사디야 데 라 케사다.

7.0km 칼사디야 데 라 케사 Calzadilla de la Cueza 알베르게 카미노 레알 Camino Real(979-883 163)은 마을에 들어섰을 때 왼쪽에 위치한 네트워크 호스텔이다. 1년 내내 문을 열고 공장식 건물 2개 층에 100개의 침대를 구비하고 있다. 주방은 없으나 세탁기와 건조기가 있고 넓은 스페인식 안뜰과 테이블이 놓인 작은 수영장이 있다. 이곳이 꽉 찼을 때는 주도로에 있는 오래된 지자체 호스텔이 추가로 24개의 잠자리를 제공하는데, 시설은 매우 기본적인 수준이고 온수도 나오지 않는다.

알베르게-카미노 레알

※ **기타 숙박 시설**: 오스탈 카미노 레알(979-883 187) 마을 안으로 더 들어가야 하고 유명한 바와 식당이 딸려 있다(경험이 많은 순례자이자 주인인 케사르 아세로Cesar Acero가 알베르게를 함께 운영한다). 칼사디야는 중앙의 중심가가 그대로 카미노 그 자체인 전형적인 카미노 마을이다. 산 마르틴 교구 성당에는 제단 장식이 있는데, 근처의 산타마리아 데 라스 티엔다스 수도원monasterio de Santa Maria de las Tiendas이 세속화되었을 때 설치된 것이다. 마을을 떠나 다리와 N-120을 건너 계속 가면 네 가지 길을 보여주는 지도가 새겨진 바위에 다다른다.

0.9km 옵션[?] 레디고스 *Ledigos*에 머무를 계획이 아니라면, 주도로를 건널 필요 없이 이 안내서의 추천 루트인 강을 따라가는 길을 선택할 수 있다. 그 외 다른 선택으로는 아래의 것들이 있다.

① 강가 추천 루트(케사*Cueza* 강)

② 레디고스로 가는 도로와 나란히 나 있는 숲길*zona boscosa*

③ 도로*sendra otra*

④ ①에서 잠깐 벗어나 비둘기 집*al palomar*을 지나가는 코스

대체 루트

대체 루트③으로 가려면 주도로로 쭉 가면 된다. 루트②를 선택했다면 도로와 나란히 난 숲속 오솔길을 따라가도록 하자. '창고의 성 메리*St. Mary of th Stores*' 수도원 유적(왼쪽)을 지나게 되는데, '위대한 기사들의 안식처'로 유명세를 떨쳤던 과거와는 무척이나 동떨어진 모습이다. 12세기에는 '성 야고보 기사단'이 운영했던 웅장한 구호 시설이었다고 한다. 이곳을 지나면 오솔길은 시골 풍경이 전부 눈에 들어오는 언덕 위로 완만히 올라간다. 도로(강 루트는 왼쪽이다) 쪽으로 내려가 도로를 건너면 레디고스에 진입하게 된다.

5.2km 레디고스 *Redigos* 알베르게 엘 팔로마*El Paloma*(979-883 614)는 마을에서 가장 낮은 쪽 끝에 있는 론다 데 아바호 카예*c/Ronda de Abajo*에 위치한 사설 호스텔이다. 연중무휴이고 7개의 방 안에 52개의 침대(5개는 트윈 침대)를 갖추고 있으며 큰 안뜰을 비롯한 모든 시설이 구비되어 있다. 마을에는 작은 상점과 바가 있으며, 성인의 상이 여럿 있는 13세기 건물 산티아고 교구 성당도 있다. 주도로로 되돌아가 다시 길을 건너면 추천 루트와 만나게 된다.

알베르게 – 엘 팔로마

강가의 추천 루트로 가려면 왼쪽 방향으로 틀어 오솔길을 따라 숲으로 들어가자. 그리고 계속 강둑을 따라 교차로까지 가는 것이다.

5.6km 네거리 *Cruce-X* 여기서 부도로(포블라시온 데 아로요*Población de Arroyo* 방향)를 건넌 후 케사 강을 넘어가는 주도로와 나란히 난 오솔길을 따라 계속 걸어가자. 그러다가 왼쪽으로 꺾으면 테라디요스 데 로스 템플라리오스다.

2.8km 테라디요스 데 로스 템플라리오스

Terradillos de los Templarios 알베르게 하케스 데 몰라이*Jaquez de Molay*(979 - 883 679)는 마을의 중심부에 있는 최초의 네트워크 호스텔이다. 연중무휴이며 6개의 방 안에 35개의 침대를 갖추고 있다. 주방은 없지만 이

알베르게-하케스 데 몰라이

곳에 사는 가족들이 건강에 좋은 가정 요리(저녁과 아침)를 만들어준다. 세탁 및 건조기를 포함한 다른 편의 시설들도 있고 정원도 있다. 알베르게 로스 템플라리오스*Los Templarios*(667 - 252 279)는 알베르게를 확장시킨 사설 호스텔이다. 연중무휴이며 56개의 침대를 갖추고 있다. 훌륭한 현대적 시설을 구비하고 있고 식당에서 모든 음식이 제공된다.

테라디요스 데 로스 템플라리오스는 현대적인 세계가 우회하는 곳이라서 작은 마을의 소박함을 경험할 수 있다. 과거 템플 기사단의 근거지였던 이곳에는 성스러운 기사단의 흔적이 남아 있지 않다. 하지만 그들의 정신만은 이곳의 이름과 하천의 이름*arroyo de Templarios*에 그대로 남아 있다. 템플라리오스 천은 이 마을과 비야칼사르 데 시르가*Villacalzar de Sirgar* 사이를 흐르는데, 비야칼사르 데 시르가 역시 템플 기사단과 역사적인 연관을 지닌 마을이다. 하케스 데 몰라이는 템플 기사단의 마지막 수호자였다. 교구 성당은 산 페드로에게 봉헌된 건물로, 안에는 독특한 13세기의 십자가가 있다. 테레디요스 데 로스 템플라리오스는 생 장 드 피드포르와 산티아고 데 콤포스텔라 사이의 중간 지점이다. 목적지인 '별들의 들판의 성 야고보' 즉 산티아고 데 콤포스텔라까지는 395.3km가 남았다.

17day note

"금방이라도 부서질 것 같은 철제 의자에 털썩 주저앉고 난 뒤에야 그를 보았다. 그는 어디까지 들어진 새하얀 곱슬머리 속에서 칠흑처럼 검은 눈을 빛내며 나를 바라보고 있었다. 그의 얼굴에 드러난 건 덥수룩한 수염에 가려진 희미한 웃음이었다. 내가 예전에 보았던 그림 속 라스푸틴 (Rasputin: 러시아의 신비주의자로, 로마노프 황가의 총애를 받았으나 방탕한 비행을 일삼다 결국 극보수파에 의해 살해당했다 - 옮긴이)이 생각났다. 내가 마을에 다시 돌아왔을 땐 이미 그는 모습을 감춘 뒤였다. 도미토리 문을 열자, 안심했던 마음이 빠르게 사그라졌다. 문 뒤에는 검은 깃털과 장식들이 달린 그의 지팡이가 놓여 있었다."

18 day

'산티아고 데 콤포스텔라'까지 | 395.3km (245.6마일)

테라디요스에서
에르마니요스까지 - 26.9km

	길/트랙	20.1km ---- 75%
	부도로	3.8km ---- 14%
	주도로	3.0km ---- 11%
Total km	총 거리	26.9km(16.7마일)
	경사로 감안 거리	26.9km(거의 평지임)
Alto ▲	최고점	테라디요스 데 로스 템플라리오스 880m(2,890피트)

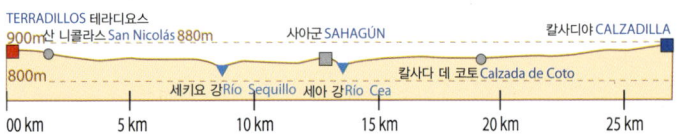

Road Point 멋지게도 추천 루트의 75%는 마지막 8km의 외딴 덤불 지역을 통과하는 것을 포함해 대부분 흙길이다. 기회가 있을 때마다 물통을 채워야 하는데, 특히 순례자 여행의 마지막에 해당하는 칼사다 데 코토*Calzada de Coto* 이후의 여정에서 더욱 주의를 기울여라. 오늘 단계의 첫 구간은 사아군*Sahagún*으로 이어지는 N-120 도로와 나란히 뻗어있다. 사아군은 예술적인 보물과 유적이 잔뜩 있는 마을이다. 일찍 출발해야 시에스타로 관광지가 문을 닫기 전에 보물과 유적들을 둘러볼 시간을 벌 수 있다. 점심을 두둑이 먹고 휴식을 취한다면 에르마니요스*Hermanillos*로 향하는 마지막 구간에 필요한 활력을 몸과 영혼에 충분히 공급할 수 있을 것이다. 길은 평탄하지만 마을을 벗어나면 식수대나 그늘은 거의 없다.

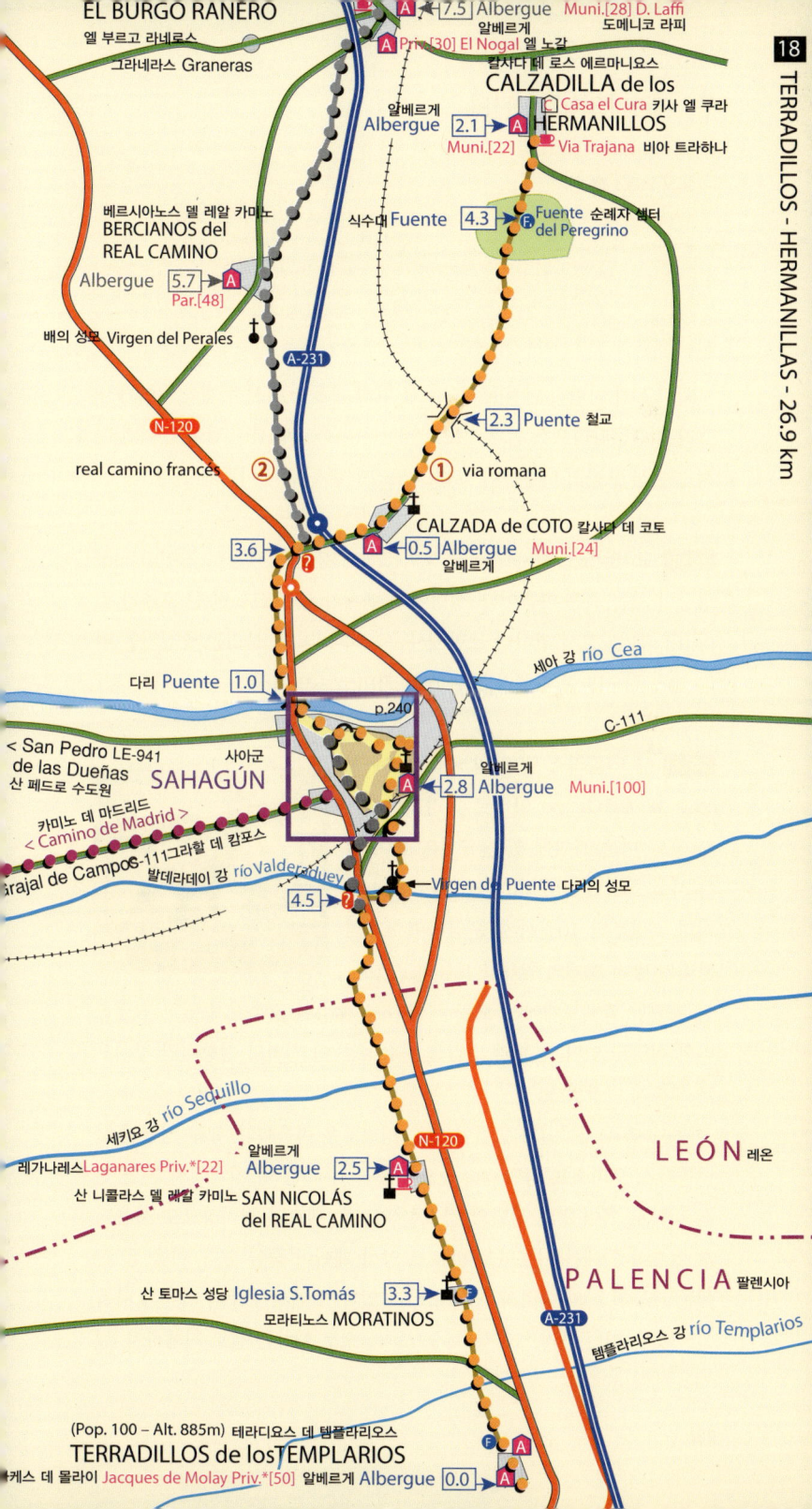

테라디요스를 떠나며

> **soul road**
>
> 우리는 다른 사람을 존중하기 위해 노력했고, 그들에게 했던 공격을 숨기고 도움을 요청하는 사람들을 이해하기 위해 노력했었다. 아마도 우리가 그들을 존중할 때, 다른 이들은 우리의 순수함을 투명하여 집을 채울 것이다. 돌로 슬레라들 속에서 신선함을 찾을 것인가? 오늘 당신의 집을 채우는 것은 무엇인가? 슬레라 샘에서 흘러나오는 맑은 물을 조가비에 떠서 마실 것인가? 안식을 방해하는 자동차 소리 따윈 없고, 포플러 나무 숲속에서는 잎사귀들만이 사각거리고 있다.

N-120과 나란히 난 비포장도로를 따라 마을을 나서서 계속 나아가자. 그리고 템플라리오스 천과 부도로(비야다*Villada* 방향)를 잇달아 건너면 다시 늘어선 포플러 나무들이 그늘을 드리운 흙길로 접어들게 된다.

3.3km **모라티노스** *Moratinos* 성 토마스에게 봉헌된, 벽돌로 지어진 교구 성당이 있는 작은 마을이다. 성당에는 벤치가 있는 그늘진 큰 포치가 있다.[F] 카미노로서 칼사다 프란세사*calzada Francesa*라 불리는 중심가를 따라 계속 걸으면 산 니콜라스 델 레알 카미노로 이어진다.

2.5km **산 니콜라스 델 레알 카미노** *San Nicolas del Real Camino* 알베르게 라가나레스 *Laganares* 마을 광장에 있는 교회와 붙어 있는 사설 호스텔(629-181 536, 979-188 142)이다. 4월부터 10월까지 운영하며 4개의 분리된 방에 20개의 침대를 보유하고 있다.

사설 호스텔

이 쾌적한 알베르게에는 모든 시설(주방 제외)이 갖추어져 있고 친절한 바와 식당도 있다. 진흙과 밀짚을 사용하는 이 지역의 전통적인 방식으로 새롭게 단장했다.

이곳도 템플 기사단과 관련이 있는 평화로운 마을이다. 교구 성당인 산 니콜라스 오비스포 성당*Iglesia de San Nicolas Obispo*은 이 지역에서 흔한 진흙 벽돌로 지어졌다. 성당의 검소한 외관은 펠로타 경기장으로 사용되고 있으며 안에는 아름다운 바로크 양식 제단이 숨어 있다. 마을 끝 쪽에는 그늘진 야외 쉼터와 식수대[F]가 있다. 팔렌시아 주의 마지막 마을인 이곳을 떠나 카라스코 봉*Alto del Carasco*으로 향하는 길로 진행하자. 길

표지는 이 황무지 위에서 잘 보이지 않지만 N-120과 나란한 방향으로 서쪽을 향해 걸어가면 레온 주에 들어서게 된다.

다음으로는 마라가테리아*Maragateria*와 레온 산맥*Montes de Leon*으로 들어선다. 아스토르가*Astorga*와 몰리나세카*Molanaseca* 사이에 있는 이곳에서 우리는 이 산악 지역의 요리와 특이한 복장을 경험하며 마라가토*Maragato* 문화의 자취를 느낄 수 있다. 케이크와 빵류*mantecadas*를 꼭 맛보자. 산지인 만큼 걷는 것이 도전일 수 있고, 계곡에서 송어를 잡을 수도 있다. 확실하지는 않지만 마라가토 족의 기원은 7세기경 마우레가토*Mauregato* 왕 때로 거슬러 올라간다. 그들은 아랍 침략 당시 이 외딴 지역에 고립되었다고 한다. 오늘날도 폰세바돈*Foncebadon*과 같은 산속의 외진 마을들에서는 고립주의가 유지되고 있다. 폰페라다*Ponferrada*를 넘어가면 둥근 언덕들이 수많은 작은 포도밭의 주인 역할을 하는 비에르소*Bierzo*의 마법 속으로 들어서게 된다. 봄에는 흰 벚꽃을, 가을에는 붉게 익은 과일을, 그 사이의 계절에는 우거진 녹음을 볼 수 있다. 태양이 익힌 과일을 먹고 와인을 마시며 이곳 사람들의 친절함을 느껴보자.

4.5km 발데라데이 강 *Rio Valderadey*

비르헨 델 푸엔테(성모의 다리)

[?] 주도로를 따라가는 우회 루트를 따르면 바로 사아군으로 들어갈 수 있다. 추천 루트로 가려면 오른쪽으로 꺾어 강을 따라 0.4km 정도 걷는다. 그러면 한적한(지역 순례행사 인파가 몰리는 4월 25일을 제외하고) '다리의 성모 예배당*Ermita Virgen del Puente*'이 나온다. 12세기의 로마네스크 양식을 따라 벽돌로 만든 소박한 성당이다. 원래 있던 순례자 구호 시설은 오래 전에 사라졌다. 무데하르 양식(*Mudéjar*: 레콩키스타 이후 그리스도교 영토에 남아 살던 무슬림과 무어인들의 건축양식 - 옮긴이)의 작은 예배당만이 강가의 시원하고 그늘진 포플러 나무 숲을 지키고 있다.

잔디 깔린 오솔길(마을에서 나오는 폐수로 가장자리가 검게 변했다)을 따라 사아군 방향으로 계속 걸어가자. N-120 우회 도로 아래를 지나 곡물창고 쪽으로 가서 마을 진입로를 건너면 현대식 3성급 호텔 푸에르토 데 사아군 Puerto de Sahagún을 지나게 된다. 그리고 바로 그 너머는 알베르게 비아토리스 Viatoris로, 트라베시아 델 아르코 Travesia del Arco에 있는 인기 있는 새 네트워크 호스텔 (987-780 975)이다. 연중무휴이고, 80개의 침대(메인 도미토리 안에 70개의 2층 침대가 있

알베르게-비아토리스

고, 나머지는 독실에 있다)를 갖추고 있다. 시설이 무척 좋고 로비에서 아침 식사도 먹을 수 있다. 마을 중심부에서 0.5km 떨어져 있으며, 투우장을 지나 철교(역은 왼쪽)를 건넌 뒤 오른쪽으로 꺾으면 센트로(중심 지역)이다.

2.8km 센트로 Centro 클루니 Cluny(987-782 117) 지자체 호스텔은 1년 내내 문을 열고 85개의 잠자리(64개는 칸막이가 있는 2단 침대이며, 나머지는 매트리스)가 있다. 1층에 관광 안내소와 전시관이 있는 트리니다드 성당 Iglesia de la Trinidad 위층에 위치하며, 성당

알베르게-클루니

입구에 있는 순례자 동상으로 쉽게 알아볼 수 있다.

마을 반대편 끝(마을을 나가는 길)에는 알베르게 오스페데리아 라스 마드레스 베네딕티나스 Hospederia las Madres Benedictnas가 있다. 산타 크루스 수도회 호스텔 convento de

알베르게-베네딕티나스

Santa Cruz의 일부분이다. 여름철에만 문을 열고, 마드리드 협회에서 나온 자원봉사 관리인들이 먼지 하나 없이 관리하는 5개의 방 안에 20개의 침대를 갖춰놓고 있다. 작은 주방과 쾌적한 앞마당, 한가로운 분위기 등을 포함하여 그리 많지 않은 시설들이 있다.

※ **기타 숙박 시설**: 사아군에는 다양한 가격대의 호텔과 펜션들이 많다. 관광 안내소(987-782 117)에서 숙박 시설 목록과 가격 정보를 얻을 수 있다. 아스투리아나 Asturiana P(987-780 073, 플라사 데 렘세스 프랑코 Plaza de Lemses Franco 2번지), 돈 파초 Don Pacho Hs(987780 775, 콘스티투시온 아베니다 Ave. Constitución 86번지), 엘 루에도 El Ruedo

Hs(987-780 078, 플라사 마요르Plaza Mayor 1번지), 에스카르차Escarcha Hs(987-781 856, 레히나 프랑코 카예c/Regina Franco 12번지), 라 코르도니스La Cordoniz Hs(987-780 276, 알베르게 맞은편), 알폰소 6세Alfonso Ⅵ Hs(987-781 144, 니콜라스 카예c/Nicholas)가 있다. 그리고 비아토리스 바로 옆에 신축된 푸에르타 데 사아군Puerte de Sahagún H(987-781 880)은 가격대가 가장 높은 고급 숙소다.

우회 루트

특별히 관심을 두고 있지 않다면 별로 추천하고 싶지 않은 2가지 우회 루트가 있다. 둘 다 마드리드에서 출발하는 카미노로, 이곳 사아군에서 합류한다. 국립 기념물의 또 다른 보배, 로마네스크식의 산 페드로 데 라스 데냐스San Pedro de las Dueñas 수도원(사아군 남쪽 5km LE-941 도로상)이 있다. 아름다운 심자가가 있는 12세기 성당에 이웃한 산 페드로 성당에서, 베네딕트회 수녀원장들이 또 하나의 순례자 구호 시설(자세한 사항은 관광 안내소를 참조)을 함께 운영한다. 우회 루트 C-611에서 8km 남쪽, 서사시 속의 전쟁 무대이자 전설적인 기사들이 활약했던 그라할 데 캄포스Grajal de Campos에는 기념비적인 성과 궁전의 벽들이 남아 있다.

베니토 아치와 베네딕토회 박물관을 지나면 칸토 다리로 향하는 표지가 된 루트인 안토니오 니콜라스 카예c/Antoniao Nicolas로 들어서게 된다.

1.0km 칸토 다리 Puente Canto (알베르게/관광 안내소에서 1km) 주도로(N-120이 지금은 새로 만들어진 우회 도로의 한 부분으로 조정되었다)의 옆을 따라 계속 걸어가자. 이 길에는 작은 포플러나무 숲이 그늘을 드리우고 있다. 포플러나무 숲은 '샤를마뉴 대제 창의 숲The copse of Charlemagne's lances'으로도 알려져 있는데, 전설에 따르면 샤를마뉴 대제의 군사들이 창을 이곳 땅에 심자 창이 묘목으로 변했다고 한다. 곧 닥쳐올 무어인들과의 전투(관목처럼 쓰러진 시체가 널렸던)에 대한 불길한 전조였던 셈이다. 페드로 폰세 야영장Camping Pedro Ponce과 지자체 운동장을 지나서 계속 걸어가면 옵션 포인트에 닿는다.

3.6km 옵션 포인트[?] N-120과 N-601의 교차로이다. '순례자들의 길Calzada de los Peregrinos', '트라야누스 길Via Trajana'로 불리는 고대 로마의 '아키타나 길via Aquitana'은 고속 도로를 건너 칼사다 데 코토로 이어진다.

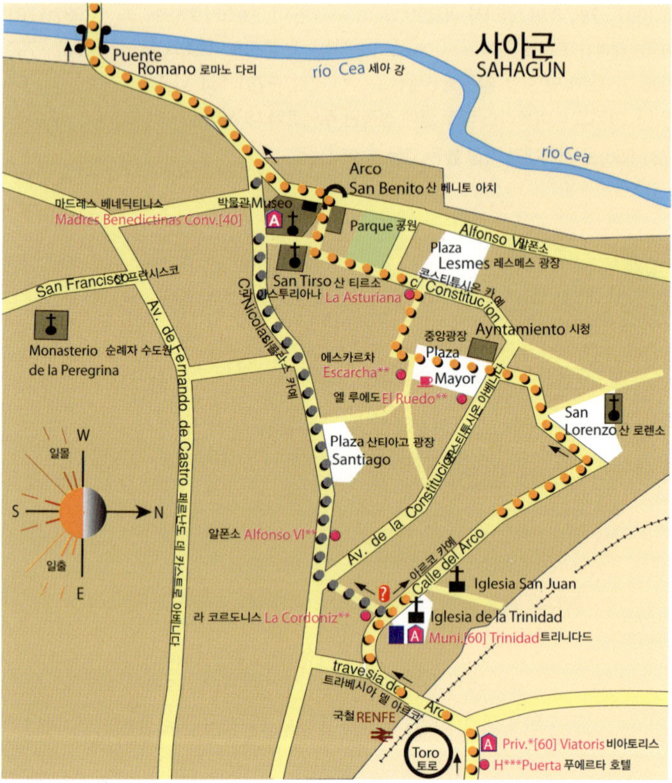

사아군 SAHAGÚN

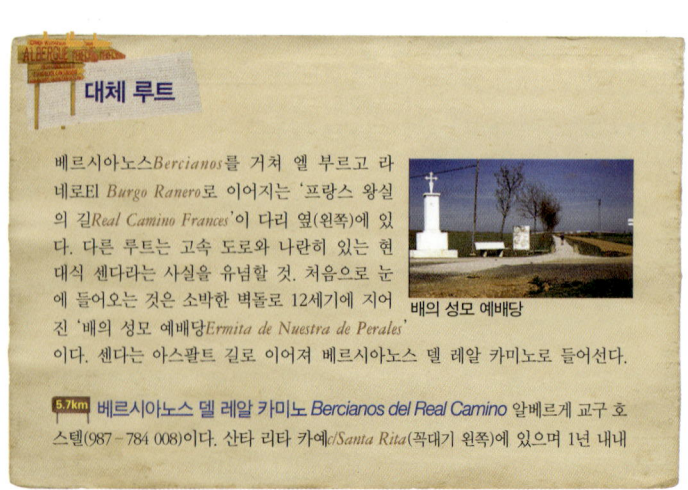

대체 루트

베르시아노스Bercianos를 거쳐 엘 부르고 라 네로El Burgo Ranero로 이어지는 '프랑스 왕실의 길Real Camino Frances'이 다리 옆(왼쪽)에 있다. 다른 루트는 고속 도로와 나란히 있는 현대식 센다라는 사실을 유념할 것. 처음으로 눈에 들어오는 것은 소박한 벽돌로 12세기에 지어진 '배의 성모 예배당Ermita de Nuestra de Perales'이다. 센다는 아스팔트 길로 이어져 베르시아노스 델 레알 카미노로 들어선다.

배의 성모 예배당

5.7km 베르시아노스 델 레알 카미노 Bercianos del Real Camino 알베르게 교구 호스텔(987-784 008)이다. 산타 리타 카예c/Santa Rita(꼭대기 왼쪽)에 있으며 1년 내내

문을 열고 45개의 잠자리(침대 20개, 매트리스 25개)가 있다. 주방을 포함한 기본적인 시설을 갖추었고 식당과 묵상실이 있다. 눈에 띄지는 않는 작은 상점이 100m 근방에 있다.

※ 기타 숙박 시설: 리베로 *Rivero H&R* (987-744 287, 마요르 카예 12번지)가 있다. 마을 서쪽 외곽에 있는 고속 도로 아래를 지나면 엘 부르고 라네로스로 가는 아스팔트 도로로 들어서게 된다.

교구 호스텔

7.5km 엘 부르고 라네로스 *El Burgo Raneros*

도메니코 라피 *Domenico Laffi* 지자체 호스텔(987-330 023)은 17세기 이탈리아 순례자들에게 헌정된 곳이며 마을 변두리(급수탑으로 향하는)에 위치하고 있다. 1년 내내 운영하며 방 4개에 침대 28개가 있다. 진흙과 짚으로 지어져 지역 특색이 있다. 길 반대편에는 새로 지은 알베르게 엘 노갈 *El Nogal*이 있다. 총 30개의 잠자리가 있는 사설 호스텔로 연중무휴이다. 더 가면 알베르게 라 라구나 *La Laguna*가 나온다. 사설 호스텔(987-330 094)이며 B&B 피에드라스 블랑카스 *Piedras Blancas*의 일부이다. 1년 내내 운영하며 2층 침대로 잠자리 20개와 모든 시설을 갖추고 있다.

알베르게 - 도메니코 라피

※ 기타 숙박 시설: 폰다 로사노 *Fonda Lozano* (987-330 060), 오스탈 엘 페레그리노 *Hostal d Peregrino* (987-330 069, 방 14개)가 있다. 마을 광장에는 바와 식당과 상점이 모여 있다. 마을 이름에 왜 개구리*ranas*가 붙었는지 궁금한가? 저녁이 되면 마을 연못에서 개구리들이 신나게 울어댄다.

원조 '순례자 길 *Calzada de los Peregrinos*'은 '고대 로마 길 *Calzada Trajana*'의 연장이다. 다리 A-231를 건너면 칼사다 델 코토에 닿는다.

0.5km 칼사다 델 코토 *Calzada del Coto*

알베르게 산 로케 *San Roque* 팔로타 경기장 옆 마을 입구에서 잘 보이는 곳에 있는 지자체 호스텔(987-781 233)이다. 1년 내내 운영하며 방 2개에 침대 24개가 있고 기본적인 시설(주방은 없음)들이 마을 공원과 어린이 놀이터에 자리 잡고 있다. 마을은

지자체 호스텔

작은 상점, 바, 식당 등 최소한의 시설만을 갖추고 있다.
마요르 카예를 따라 마을을 통과해 산 에스테반 *San Esteban* 성당을 지나면

마을의 서쪽 변두리(0.5km)에 '고대 로마 길 *Via Romana*'이 나온다. 이곳에서 흙길로 들어서자. 길 표지는 거의 없지만 지평선에 보이는 철교(1.8km) 방향으로 곧장 가서 철길을 건너라.

2.3km 철교 *Puente* 철길을 가로질러 건넌 후 산등성이를 따라 외진 농장인 데에사 데 발델로카호스*Dehesa de Valdelokajos*의 관목지를 통과하는 흙길을 계속 걸어가자. 이 황무지엔 발길을 방해하는 게 거의 없다. 가끔 양들에게 풀을 뜯기고 있는 양치기가 눈에 띄거나 띄엄띄엄 금속의 만화 캐릭터로 된 카미노 표지가 나오는 것 빼고는. 심지어 사냥꾼들이 이 표지판에 총을 쏴 대는 것 같기도 하다. 여기 박혀 있는 탄환들이 그 증거! 개가 있는 외딴 오두막(오른쪽)을 지나면 멀리 에르마니요스 마을이 있는 얕은 골짜기에 도착한다.

4.3km 순례자 샘터 *Fuente del Peregrino* [F] 오래된 강바닥 옆의 작은 포플러 숲속에 있다. 계속해서 마지막 목적지인 칼사다 데 로스 에르마니요스로 가도록 하자.

2.1km 칼사다 데 로스 에르마니요스
Calzad a de los Hermanillos 알베르게 지자체 호스텔(987 - 330 023)로 마을 입구 왼쪽에 있다. 1년 내내 운영하며 방 2개 안에 침대 16개가 있다(매트리스 6개). 2층 침대 4개가 칸막이로 나뉘어 있고 기본적인 시설을 갖추고 있다. 스페인식 안뜰은 없지만 마을에 조용한 쉼터가 있다.

지자체 호스텔

※ **기타 숙박 시설**: 카사 엘 쿠라*Casa El Cura* CR(987 - 337 502)는 북쪽 외곽(카미노 오른쪽)의 라 카라테라 카예*/La Carretera* 13번지에 있다. 여러 방에 18곳의 잠자리가 있는데 순례자를 위한 저녁 식사와 숙박, 아침 식사가 제공된다.

알베르게-카사 엘 쿠라

'길의 작은 형제들 Little Brothers of the Road' 수도사들이 이곳에서 순례자들을 맞이하던 나날은 오래 전에 사라져버렸지만, 알베르게와 붙어 있는 '트라야누스 길의 식당 Comedor Via Trajana'에서는 여전히 환대를 받을 수 있다. 이 식당은 배고픈 순례자들을 위해 식사를 제공한다. 마을의 나머지 편의 시설이라곤 작고 눈에 띄지 않는 상점(펠로타 경기장 뒤에 있고 오후 늦게 잠깐 동안만 문을 연다) 하나와 수수한 바 두 곳이 전부다. 교구 성당은 성 바르톨로뮤에게 봉헌되었고, 성 바르톨로뮤가 악마를 물리치는 모습의 조각상이 있다.

한눈에 살피는 지역 정보

레온 주

우리가 지나는 지역 중에 가장 크고 부유하며 인구가 많은(250만 명) 주이다. 레온 주의 카미노는 다양한 지형을 지나게 되어 있다. 지금쯤이면 당신도 카미노 곁에 펼쳐진 시골 풍경에 익숙해졌으리라. 레온 주가 시작되는 지점도 평탄하고 관개가 잘 되어 있는 농경지가 펼쳐져 있다. 강렬한 레온의 태양 아래 붉게 빛나는 마을의 벽들이 저 평원 너머로 우릴 반기는 듯 모습을 드러낸다. 공방, 박물관, 식당, 호텔, 상점들은 모두 경쟁이라도 하듯 시선을 끈다. 레온은 돈육 제품으로 유명하다. 소금에 절인 햄, 초리소, 모르시야 등이 있고, 지역 특산 치즈나 요모과젤리 cueso con membrillo를 맛보는 것도 좋은 경험이 될 것이다.

사아군

중세 시대에 사아군은 교회 권력의 중심지였다. 이는 알폰소 6세의 특별 대우 덕분이었는데, 베네딕트회의 산타 크루스 수도원에 알폰소 6세와 함께 그의 많은 부인들이 묻혀 있다. 석재가 부족한 탓에 웅장한 수도원들의 대부분이 벽돌로 지어졌고, 그래서 많은 수도원이 사라졌다. 10세기에 건립되어 스페인에서 가장 중요한 베네딕트회 수도원 중 하나로 부각되었던 산 베니

산 베니토 수도원

토*San Benito* 수도원의 흔적은 거의 남아 있지 않다. 샤를마뉴 대제 역시 이 마을과 관계가 있고, 이 시대 때부터 이 마을은 산티아고 데 콤포스텔라로 향하는 순례자들에게 휴식처를 제공해왔다. 우리는 훌륭한 위인들의 발자취를 따르는 것이다. 사아군에는 수도원과 성당, 순례자 구호 시설들이 많지만, 마을의 건립 시기는 샤를마뉴 대제 시대보다 훨씬 이전인 로마 시대까지 거슬러 올라간다. 9세기보다도 전에, 성 파쿤도*San Facundo*가 그의 이름이 붙은 수도원을 일으키고 순교한 곳이 바로 이곳이다. 수차례 수도원을 훼손시켰던 아랍인의 침략과 역공에도 불구하고, 결국 종교에 대한 관심은 줄어들었고, 지금은 마을 서쪽에 있는 벽돌 조각들에 대한 관심 역시 줄어들었다. 그러나 순교자는 사아군의 이름으로, 성소 파쿤둠*Sanctum Facundo*의 기원으로 살아 있다. 성 파쿤도는 동료 순교자 프리미티보*Primitivo*와 함께 성 요한 성당에 묻혀 있다.

성당들이 쇠락하긴 했지만 찬탄할 만한 예술품과 신성한 건물들은 결코 당신을 실망시키지 않을 것이다. 만약 당신이 이 책에 있는 마을 지도의 '노란' 루트를 따라갈 것이라면 다음을 지나게 된다. 알베르게를 지나자마자 마을의 수호성인인 성 파쿤도의 조각상이 있는 바로크 양식의 산 후안 성당이 나타난다. 아르코 카예*c/del Arco*를 따라 계속해서 내려가면 산 로렌소 광장*Plaza San Lorenzo*에 이르게 된다. 산 로렌소 광장에서는 무데하르 양식의 훌륭한 산 로렌소 성당*Iglesia de San Lorenzo*과 산 로렌소 광장의 랜드마크인 아름다운 탑도 볼 수 있다. 여기서 조금만 걸어가면 마을 광장이 나온다. 이곳에 있는 멋진 '마을 회관*Ayuntamiento*'에 감탄하게 될 것이다. 또 이곳에는 카페와 바가 있어 원기를 회복할 수도 있다.

플로라 플로레스 카예*c/Flora Florez*(음악당 뒤쪽의 좁은 거리)를 지나서 나가자마자 오른쪽으로 돌아 레스메스 프랑코 광장*Plaza Lesmes Franco*으로 향하는 산 베니토 카예*c/San Benito*로 내려간다. 그리고 왼쪽으로 꺾으면 산 티르소 광장*Plaza de San Tirso*에 닿는다. 산 티르소 광장은 특이한 탑이 있는 산 티르소 성당*Iglesia de San Tirso*이 자리해 있고, 곧 12세기에 벽돌로 지어진 첫 성당으로 이어진다. 이 성당은 벽돌을 사용하여 지어졌고 이 지역에 크게 유행한 무데하르 양식의 원형으로 명성을 얻었다. 바로 옆에는 산 베니토 공원*Parque San Benito*과 스페인에서 가장 강력한 권력을 휘둘렀던 수도원의 유적이 있는데, 당연한 일이겠지만 지금은 쇠락했다. 지금은 그 수도원의 아름다운 아치인 아르코 데 산 베니토*Arco de San Benito* 아래를 지나갈 수 있다. 산 베니토 아치 옆에는 산타 클라라 수도원*Convento de Santa Clara*과 박물관*Museo*이 있는데, 박물관에는 순례자의 옷을 입은 성모마리아의 아름다운 조각상이 있다. 조각상은 원래 순례자 수도원*Monasterio de la Peregrina* 성당에 있던 것으로, 성당의 부서진 벽돌 벽과 무어식 아치들은 마을 변두리에 있다. 산 프란시스코 카예*c/San Francisco*의 프라이 베르나르디노 학교*Escolar Fray Berdanodino*를 지나면 성당의 잔해들이 보인다.

Looking Point 만약 위의 모든 장소들을 내부까지 보고 싶다면, 하룻밤을 묵는 편이 좋을 것이다. 숙박까지는 하지 않는다 해도, 시간을 내어 유적지들을 거닐어보고 최대한 사아군에 오래 머무르길 권한다. 의도하지 않더라도 칼사다 델 코토*Calzada del Coto*(또는 우회 루트에 있는 베르시아노스*Bercianos*)의 기초 알베르게에 묵게 될 가능성이 높다.

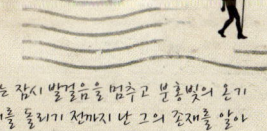

18day note

"해질녘 어스름이 마을을 순수한 분홍빛으로 물들였다. 나는 잠시 발걸음을 멈추고 분홍빛의 온기를 흡수했다. 샘에서 나오는 시원한 물을 마시기 위해 고개를 돌리기 전까지 난 그의 존재를 알아차리지 못했다. 내게서 100미터는 떨어진 곳에 있었지만 나는 그의 주름진 얼굴을 하나하나 다 볼 수 있었다. 그는 아무런 사심 없는, 사랑이 가득한 미소를 지었고, 나는 포옹을 하며 기쁨에 들떴다. 그는 지팡이를 짚은 채 가만히 손을 들어 내게 축복과 작별의 인사를 건넸다. 어찌할 수 없는 기쁨에 눈물이 뺨 위로 굴러 떨어졌다. 우리 사이에는 어떤 말도 오가지 않았고 이 낯설지만 친숙하게 느껴지는 이에게서 느낀 사랑과 수용의 감정은 이루 말로 옮길 수가 없었다."

19 day

'산티아고 데 콤포스텔라'까지 368.4km(228.9마일)

에르마니요스에서
만시야까지 — 24.5km

	길	19.3km - - - - - 79%
	부도로	4.4km - - - - 18%
	주도로	0.8km - - - - - 3%
Total km	총 거리	24.5(15.2마일)
	경사로 감안 거리	24.7km(경사로 50m=0.2km로 계산)
Alto	최고점	비아 로마나를 따라 대부분 평지임

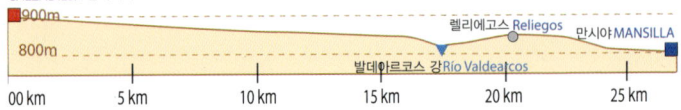

Road Point 추천 루트를 따라가면, 에르마니요스 진입로를 벗어난 후부터는 아스팔트 길도, 센다도, 큰 마을도, 작은 마을도, 농장도, 집도, 샘도, 작은 숲도 작은 그늘도 만나지 않는다. 오늘날 스페인에 현존하는 가장 완벽한 로마식 길로 평가되는 구간이다. 우리는 아우구스투스 황제의 발자취를 따를 것이다. 하지만 그는 소박한 순례자들과는 달리 수행단을 이끌고 여행했을 것이다. 그러니 당신은 물과 그늘이 없는 이 길을 갈 수 있도록 물병을 가득 채우고 음식 챙기는 것도 잊지 마라.

※ 중간 숙박 시설 – 렐리에고스*Reliegos* 17.4km(루트에서 1/2km 떨어져 있음)

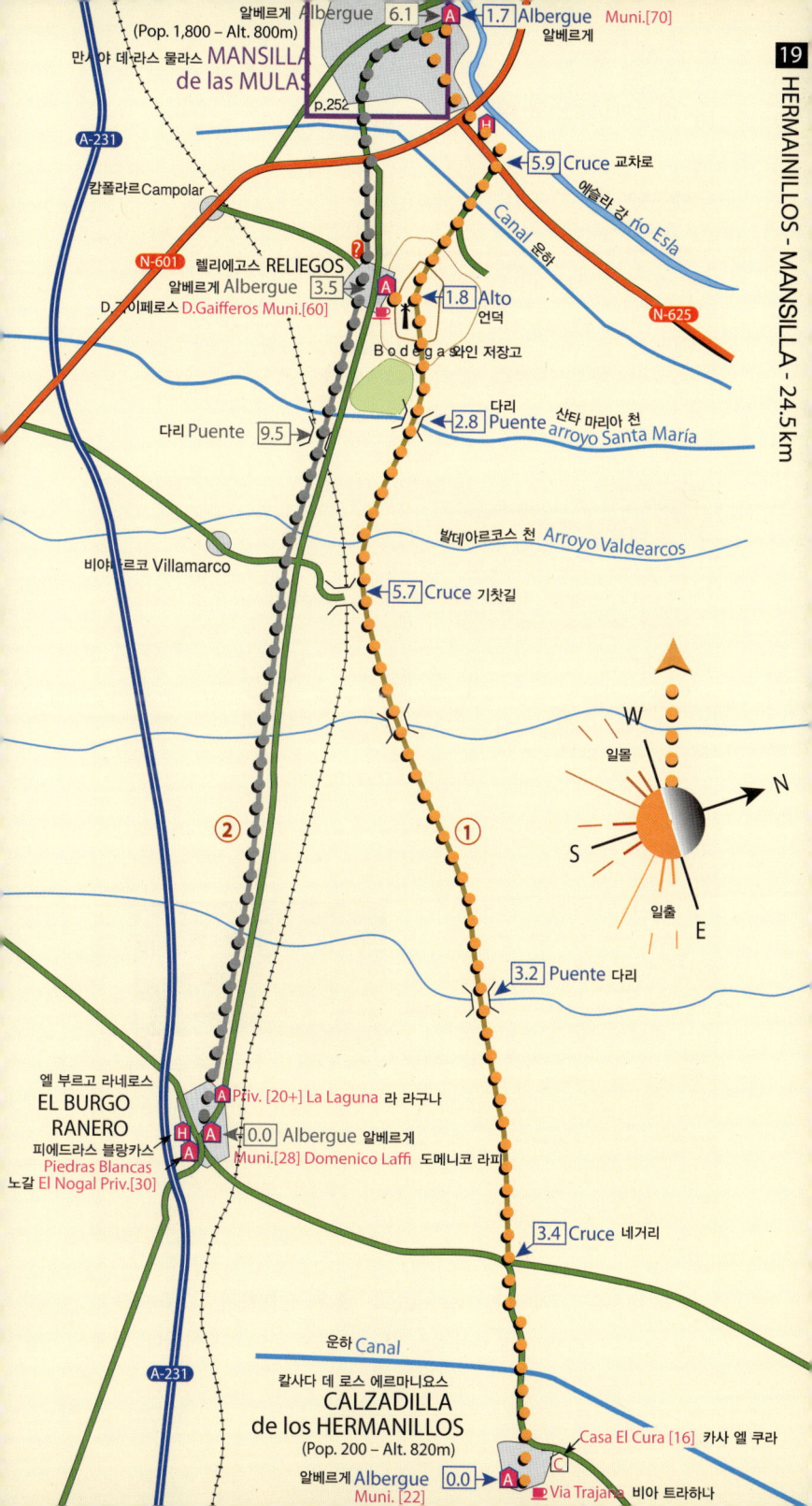

에르마니요스를 떠나며

soul road

이 길이 만들어진 이후 2천년 동안 변한 것이라곤 잡초와 야생화들뿐이다. 원래 있어야 할 곳이 아닌 도시 박물관의 숲속에 있는 로마 길의 여름에 비하면, 당신이 걷고 있는 이 길은 로마식 길의 현형 그 자체이다. 관광객들이 끌끌거리는 소리로 저속한 분위기가 산산조각 나곤 하는 박물관의 관활한 초원 속 황금의 제방, 원형 그대로 놓인 돌을 비교조차 할 수 없다. 가끔씩 들리는 매미들의 수짖는 소리는 평온함과 조용함을 강조하는 것처럼 느껴질 뿐이다. 야생화의 꽃가루를 바쁘게 모으는 벌의 윙윙거리는 소리는 이곳의 한가롭고 고요한 느낌을 충만하게 해 준다. 벌은 꽃가루를 황금의 꿀로 만든다. 당신 안의 연금술사는 오늘 가장 순수한 금을 만들어낼 수 있을까?

대체 루트

엘 부르고 라네로 *El Burgo Ranero* - **렐리에고스** *Reliegos* - **만시야 데 라스 물라스** *Mansilla de las Mulas* (11.9km)

전체 구간이 고속 도로와 평행한 아스팔트 길 옆의 현대식 센다이다. 단조로운 풍경이지만 길을 따라 늘어선 나무들의 울창한 방풍림과 여름에는 거의 말라 있는 몇몇 작은 개울들 덕분에 얼마간 지루함을 덜 수 있다. 엘 부르고 라네로에서 중심가를 따라 내려와 센다로 접어든 다음 비야르마르코*Villarmarco* 방향으로 난 길을 건너 계속 걸으면 교차로가 나온다.

 9.5km **네거리** *Cruce-X* 여기서 기찻길을 건넌 다음 다시 센다로 들어선다. 그리고 작은 언덕 기슭에 어수선하게 늘어 선 와인 저장고*bodegas*를 지난다. 렐리에고스에 들어서면 위쪽으로 작은 요새 성당 산 안토니오 아바드*San Antonio Abad*의 유적이 보인다.

3.5km **렐리에고스 알베르게** D.가이페로스*D.Gaiferos* 에스쿠엘라 카예*c/Escuela*의 예전 학교 건물에 위치한 지자체 호스텔이다 (987-314 103). 1년 내내 운영하며 2개의 분리된 도미토리 안에 잠자리 70개가 있다 (침대 50개, 매트리스 20개). 식사를 할 수 있는 라운지를 포함하여 모든 시설이 갖춰져 있다. 마을을 떠난 직후 센다로 다시 들어

지자체 호스텔

서서 만시야 데 라스 물라스 외곽의 주도로를 건너게 된다. 수로를 건너고 (벽만 남은) 푸에르타 카스티요*Puerta Castillo*의 중세풍 출입문을 통해 마을로 들어서자. 산타 마리아 카예를 따라 가면 포소 광장*Plaza del Pozo*이 나오는데, 이곳에서 추천 루트(에르마니요스*Hernanillos*에서 오는)와 오른쪽에서 만난다. 곧장 걸어 푸엔테 카예*c/Puente*로 들어서면 만시야 데 라스 물라스다.

원래 이름은 '아키타나 길*Via Aquitana*' 혹은 '순례자의 길*Calzada de los Peregrinos*'이다. 때로는 '트라야누스 길*Via Trajana*'로도 일컬어진다. 알베

르게를 떠나 중심가를 따라 내려가서 밀과 다른 곡물들이 있는 광활한 평원으로 나서자. 관개용 수로를 넘어 계속 2.2km를 걸어가면 교차로가 나온다.

3.4km 교차로 *Cruce-X* T자형 교차로인데, 왼쪽 갈림길은 대체 루트의 엘 부르고 라네로로 직접 연결된다(3.2km). 하지만 우리는 아스팔트 길을 벗어나 계속 직진하여 칼사다 로마나*Calzada Romana*의 오솔길 15.7km를 계속 걸어간다. 고대 로마 때 닦인 이 길은 20세기가 된 지금도 거의 훼손되지 않았다. 이 길은 아키타나 길의 일부다. 아키타나 길은 갈라에시아*Gallaecia*의 금광을 아스투리카 아우구스타*Asturica Augusta*(현재의 아스토르가*Astorga*)를 경유하여 로마와 연결하도록 건설된 동-서 고속 도로였으며 아우구스투스 황제*Ceasar Augustus*의 칸타브리아 원정 시에도 사용되었다. 이후 이슬람 군대와 샤를마뉴를 포함한 그리스도교 군대가 이베리아 반도의 패권을 빼앗기 위한 전투를 벌이는 과정에서도 이 길이 사용되었다. 재정복 후, 이 길은 '순례자의 길'로 알려지게 되었다. 셀 수 없을 정도로 많은 순례자들이 같은 길인 카미노 데 산티아고를 걸어갔다. 이 길은 가장 완전하면서도 장관을 이루는 구간이다. 트라야누스 길로도 불리는 이 길은 보르도*Bordeaux*로 가는 루트를 연결하는 지선이 되어주고 있다. 오른쪽(북쪽) 지평선 위에 보이는 것은 칸타브리카 산맥*Cordillera Cantabrica*(피레네 산맥의 지류)이고, 바로 뒤에 보이는(맑게 갠 날에) 것은 최고봉이 2,648m인 에우로파 봉*Picos de Europa*이다. 엘 부르고 라네로스 기차역은 우리의 왼쪽 편 너머에 있는 마을과 함께 있다.

3.2km 다리 *Puente* 굽이치며 흐르는 솔라나 천*arroyo Solana*을 건너는 다리이다. 이 근방에는 황량한 환경 속에서 분투하는 작은 소나무 플랜테이션이 있다. 길은 이제 기찻길 쪽으로 큰 커브를 그린다.

5.7km 철로 교차로 *Rail-X-Cruce* 파소 데 비야르마르코*Paso de Villarmarco* 쪽의 외딴 기차역에는 지평선 바로 위에 보이는 비야르마르코 마을 쪽으로 철도 건널목이 있다. 건너지 말고 계속 걸어 마른 강바닥 몇 개를 건너면 또다시 다리가 나온다.

2.8km **다리** *Puente* 산타 마리아 계곡*arroyo Valle de Santa Maria*에는 휴식을 취하고 싶어 하는 사람들이나 소풍 나온 이들에게 그늘을 제공하는 작은 포플러 숲(왼쪽)이 있다. 콘크리트로 만들어진 새 다리는 강을 건너는 순례자의 번거로움을 덜어주었다. 길은 관목지를 통과하여 오늘 단계의 가장 높은 지점을 향해 완만히 올라간다.

1.8km **교차로** [?](해발 고도 920m) 첫 번째 옵션은 전파 송신탑을 지나 렐리에고스의 대체 루트와 합류하는 곧게 뻗은 길이다. 이제 1/2km밖에 남지 않았고, 몇 개의 바와 알베르게 한 곳이 있다(이 앞의 루트에 대한 자세한 사항은 대체 루트 참조). 두 번째 옵션은 오른쪽으로 꺾은 후 지평선에 보이는 만시야 데 라스 물라스로 난 에슬라*Esla* 강 계곡 쪽으로 긴 내리막길이다. 경작지를 통과해 3.3km를 더 가면 아스팔트 길과 합쳐지고 이 길로 1.6km를 걸으면 N-625 교차로에 다다른다.

5.9km **N-625 교차로** 이제 '문명'으로 돌아왔다. 왼쪽으로 꺾어 주도로로 들어선 다음 현대식 호텔 바이요*Hotel Babillo*(0.6km)를 지나면 우회 도로 아래로 파세오 델 에슬라*Paseo del Esla*에 들어서게 된다. 그리고 옛 모습 그대로 유일하게 남아 있는 중세의 도시 출입문, 아르코 데 산타 마리아*Arco de Santa Maria*(0.7km)를 통과해 곧장 걸어 콘셉시온 카예*c/de la Concepción*를 따라가면 고급스러운 알베르게리아 델 카미노*Albergueria del Camino*(왼쪽)를 지난다. 포소 광장*Plaza del Ponzo*에서 오른쪽으로 꺾어 푸엔테 카예로 0.4km를 더 가면 왼쪽에 지자체 알베르게가 있다.

1.7km **만시야 데 라스 물라스** *Mansilla de las Mulas* 알베르게 푸엔테 카예 5번지에 있는 지자체 호스텔이다(987-310 138/368). 매력적인 여성 라우라와 자원봉사팀이 수년간 순례자들을 맞이해온 곳이다. 1년 내내 운영하고 70개의 잠자리(침대 50개, 매트리스 20개)가 있다.

지자체 호스텔

실제로 중심가에 있는 몇몇 건물을 차지하고 있으며 이 유명한 알베르게로 오는 많은 순례자들을 받기 위해 계속 확장하고 있다. 중앙의 스페인식 안뜰을 비롯하여 모든 편의 시설이 제공된다.

※ **기타 숙박 시설**: 알베르게 앞에는 델리시아스 *Delicias Hs*(987-310 075)가 있다. 유명 식당(순례자 메뉴 제공)을 함께 운영하며 메소네스 카예/*Mesones* 22번지에 위치한다. 근처에 산 마르틴 *San Martin Hs*(987-310 094, 피코스 데 에우로파 아베니다 *Ave. Picos de Europa* 32번지), 엘 가요 *El Gallo Hs*(987-310 359, 시스티에르나 카예/*Cistierna* 17번지)도 있다. 세련되고 럭셔리한 곳에 묵고 싶다면 알베르게리아 델 카미노 *Albergueria del Camino Hs*(987-311 193, 콘셉시온 카예 12번지)를 찾으면 된다.

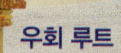

우회 루트

여기서부터는 다음과 같은 몇몇 우회로를 이용할 수 있다(특별히 관심이 있을 경우에만 권장한다). 우회로①은 만시야 마요르 *Mansilla Mayor*를 통과하는 다리를 건너(1.1km 지점에서 왼쪽으로)가는 길로 왕복 8km이다. 빌라베르데 데 산도발 *Vilaverde de Sandoval*에 들어서면, 12세기 로마네스크 양식으로 만들어진 산타 마리아 데 산도발 수도원에 도착한다. 전성기에는 시토 수도회의 유력한 수도원이었지만, 지금은 그 신성함을 잃어버렸다. 우회로②는 다리를 건너(1.4km 지점에서 오른쪽으로) 빌라팔레 *Vilafale*를 지나면 비범한 모사라베 건축 양식 덕분에 국립 기념물로 지정된 10세기 산 미겔 데 에스칼라다 수도원으로 갈 수 있다. 왕복 25km(다른 관광객과 택시를 함께 타고 가는 것은 어떨지?)이다.

산 미겔 데 에스칼라다 수도원

Looking Point 당신은 지난 며칠 동안 먼 길을 왔다. 내일은 번잡한 N-601을 따라 레온으로 걸어갈 준비를 해야 할 것이다. N-601은 이 도시의 예술적인 보물을 파는 상점들이 있어 북적거리고 시끄럽다. 번잡한 길들을 따라 부르고스 *Burgos*에 갔던 그때의 기억이 떠오를 것이다. 이전의 경험이 어떠했건 이번 순례 여행의 목적이 무엇이건 간에, 만시야에서 레온 시내 중심가로 향하는 정규 버스 노선을 이용하면 이 주도로의 번잡함을 어느 정도 피할 수 있다. 레온으로 이어지는 N-601 도로 주변과 N-120 도로 주변은 모두 사람을 매우 지치게 만드는 길이다. 만약 당신이 버스를 타는 옵션을 선택한다면, 걸어서 가는 동료 순례자를 위해 기도를 해주자. 버스 터미널은 만시야 외곽 바야돌리드 카예/*Valladolid* 1/2km 근방에 있다. 이 노선이 돈벌이가 되는 관계로 몇몇 버스 회사들이 경쟁하고 있어서 버스는 07:00부터 매 30분마다 출발한다. 이 방법을 선택하면 한가롭게 도시를 돌아보다가 하룻밤을 묵은 다음 아침 일찍 다시 버스를 타고 라 비르헨 델 카미노La Virgen del Camino로 가면 된다. 휴식으로 원기를 회복한 상태에서 당신은 비야르 데 마사리페Villar de Mazarife를 지나 오스피탈 데 오르비고Hospital de Orbigo(29.1km)에 이르는 추천 루트를 선택할 수 있다. 이곳은 세 개의 훌륭한 알베르게와 몇 개의 식당이 있는 기분 좋은 마을이다. 이 길(라 비르헨 델 카미노부터 오스피탈 데 오르비고)의 60%는 엘 파라모el Paramo라는 조용하고 널따란 시골길이며, 나머지 부분은 한적한 시골 도로이다(주도로가 아님). 다음날 아스토르가Astorga(16.6km)로 가볍게 아침 나절을 걸어가면 될 것이고, 이 재미있는 도시를 답사할 시간도 충분할 것이다.

한눈에 살피는 지역 정보

만시야 데 라스 물라스

　중세 시대와 마찬가지로 현재에도 중요한 순례자의 휴식처다. 옛날엔 3개의 순례자 구호 시설(오래전에 사라졌다)에 순례자들을 수용했다. 2개의 루트가 만나는 장소였고, 지금도 그렇다. 프랑스 왕실의 길*Real Camino Frances*은 남쪽의 푸에르타 데 산티아고*Puerta de Santiago*를 거쳐 구시가지로 들어가는 길이고, 순례자의 길*Calzada de los Peregrinos*은 동쪽의 아르코 데 산타 마리아를 거쳐 들어가는 길이다. 이 흥미로운 옛 마을의 이름은 마노 엔 시야*Mano en Silla*(안장 위의 손)에서 유래했으며, 마을의 문장 역시 그렇다. 데 라스 물라스*de las mulas*(노새의)를 덧붙이면 마을이 일찍이 가축 시장으로 유명했음을 알 수 있을 것이다. 이 마을의 근원이야 어찌 되었든, 중세의 벽은 여전히 현대 문명의 침략으로부터 마을을 보호하고 있다. 번화한 중심가인 메소네스 카예*c/los Mesones* 16번지의 관광 안내소(987-310 138, 여름에만 운영)에서 마을 지도를 구할 수 있다. 내일 방문할 주요 관광지가 담긴 레온*León*의 관광 안내서도 구할 수 있을 것이다. 마을에는 상점들과 다양한 바, 식당(순례자 메뉴 제공) 등이 있다. 구불구불한 길을 이리저리 돌아다니며 그라노 광장*Plazas del Grano*과 레냐 광장 *Plaza de la Leña* 주변의 건물들과 건축학적 배치 등에 감탄해보자. 아니면 에슬라*Esla* 강 위로 해가 질 때 송어가 물 위로 튀어 오르는 모습을 하염없이 바라보는 것도 괜찮을 것이다. 또는 송어들과 함께 어울려, 야영장으로 향하는 인도교 옆 강기슭에서 수영을 할 수도 있다.

19day note

"기진맥진한 상태에서 나는 마을로 들어오는 길에 있었던 호스텔이 그리워졌다. 난데없이 한 무리의 어린아이들이 나타나서 손을 흔들고 환호하며 내 주위에서 춤추기 시작했다. 아무래도 아이들은 내가 길었던 하루를 보내고 완전한 적막을 간절히 원한다는 사실을 모르는 게 분명했다. 얼마나 말이 안 되는 기대였던가! 잠시 후 아이들이 기쁨을 비우기 위해 알베르게로 빠르게 다가가는 것을 보며 다른 측면에서 아이들의 열심을 느꼈다. 왜 나는 그것이 관리인이나 교구 목사에게로 가지 않고 아이들의 주머니로 들어갈 것이라고 생각했을까? 여전히 나는 너무 빨리 타인을 판단하고 비판한다. 아마도 이것은 나의 부정직함에 대한 하나의 반성이 될 것이다."

20 day

'산티아고 데 콤포스텔라'까지   343.9km(213.7마일)

만시야 데 라스 물라스에서
레온까지 – 18.6km

▬	길	10.2km	55%
▬	부도로	3.7km	20%
▬	주도로	4.7km	25%
Total km	총 거리	18.6km(11.6마일)	

⛰	경사로 감안 거리	19.1km(경사로 100m=0.5km로 계산)
Alto ▲	최고점	아르카우에하 890m(2,920피트)

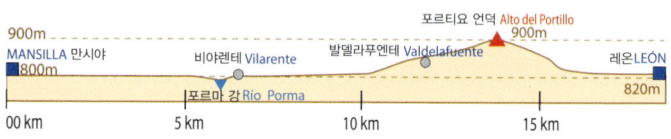

Road Point 아르카우에하Arcahueja 근처에서 순례자 전용 보행로를 걸으며 잠시 한숨 돌릴 수 있긴 하지만, 이번 단계는 대부분 번화한 N–601 도로와 같은 방향으로 난 도로이거나 센다이다. 아무래도 도시 계획자들에겐 걸어오는 순례자들에 대한 문제보다는 당장 해결해야 할 다른 일이 훨씬 많은 것 같다. 관광 및 산업 활동은 빠른 교통 환경과 더불어 확실히 '넘버 원número uno' 자리를 차지해야 하니까. 걸어가는 순례자들이 원하는 건 단지 소박한 오솔길과 고대 카미노에 대한 존중뿐이지만, 이 둘은 레온 주위에선 찾아보기 힘들다. 발델라푸엔테Valdefuente(포르티요 언덕)에서 주도로를 건널 때는 최대한 주의를 기울이도록 하자. 현재로서는 다른 대안도 없으면서 차들이 매우 위험하게 쌩쌩 달리는 구간으로 악명 높다. 이 지점부터는 정신을 바짝 차려, 모든 것이 정신없이 돌아가는 도심지에서 길 표지를 잃어버리지 않도록 주의해야 한다. 그리고 어느 방향으로 향할 것인지 결정해야 한다. 남쪽 교외 지역의 알베르게, 구시가지의 알베르게, 다른 호텔, 대성당과 근처의 관광 안내소, 당신은 어디로 갈 것인가?

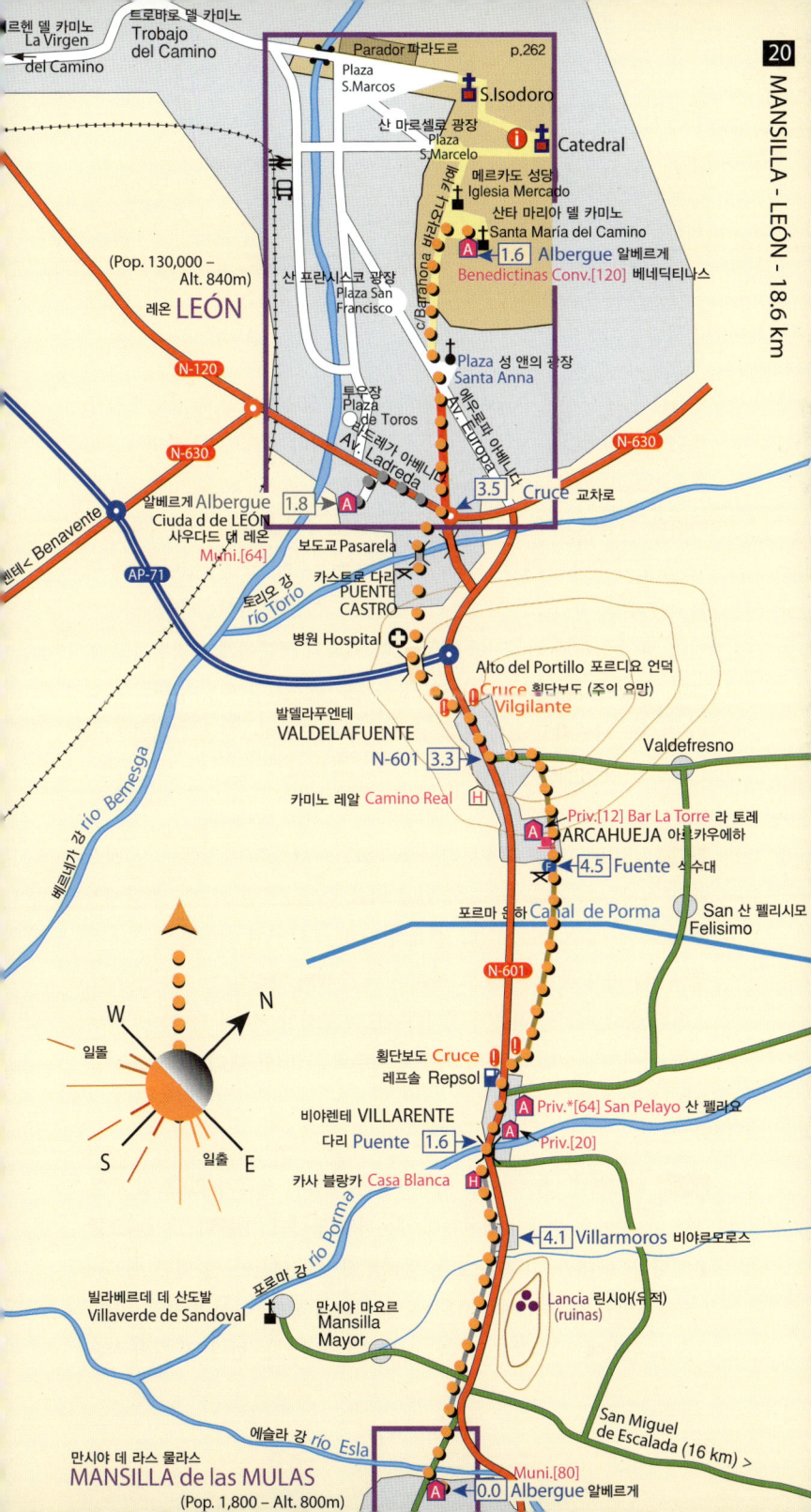

만시야를 떠나며

> **soul road** 🌰🌰
> 오늘 당신의 심장이 좋는 길을 어떤 루트인가? 바깥에 있는 길을 신경 쓰지 말고 내면의 여정에서 느끼지는 것은 무엇인가? 평원인가 아니면 산인가? 바깥의 날씨는 신경 쓰지 말고, 내면에서 느껴지는 건 무엇인가? 햇살이 빛나고 있는가 아니면 구름이 잔뜩 꼈는가? 외부 세상은 고정되어 있고, 오직 내면만이 마음대로 변화할 수 있다.

에슬라 강을 건너 주도로와 나란히 나 있는 센다를 따라 쭉 가도록 하자. 주도로는 갈림길을 지나가는데, 이 길은 만시야 마요르-산도발Mansilla Mayor-Sandoval(1.1km)과 빌라팔레-산 미겔Vilafele-San Miguel(0.3km)로 이어진다. 다음엔 아힙 주유소 앞을 지나는데, 주유소 뒤에는 란시아Lancia 의 옛 언덕 요새와 정착지(1km 정도 되는 짧은 우회 코스)가 있다. 원래 이 지역에 살던 사람들인 아스투리아스인Asturian들은 자신들의 땅을 지키기 위해 용감하게 싸웠지만 결국 로마 제국의 군대에게 멸망당하고 말았다. 이곳에서는 신석기 시대의 유물들도 발견되고 있으며 발굴 작업이 현재도 진행되고 있다. 2.7km를 더 걸어 모로Moro 강을 건너면 비야르모로스 데 만시야에 도달한다.

4.1km **비야르모로스 데 만시야** *Villarmoros de Mansilla* 예전에는 산 에스테반 성당Iglesia de San Esteban이 있는 비야르모로스 델 카미노 프랑세스Villamoros del Camino Frances였다. 순례자 길을 계속 가면 쇠락한 싸구려 식당fonda인 카사 블랑카Casa Blanca를 지나 중세의 다리를 건너게 된다. 포르마 강을 건너려는 차들이 지나다니므로 조심할 것! 이 다리는 비야렌테와 이어지는 20개의 아치 때문에 이른바 '거대한 다리Puente Ingente'로 불린다.

1.6km **비야렌테** *Villarente* 강 아래쪽에는 그늘진 쉼터가 있다. 첫 건물(왼쪽)은 중세의 순례자 병원인데 레온까지 당나귀 '앰뷸런스' 서비스를 운영했다. 반대편(오른쪽)으로는 알베르게 레시덴시아 엘 델핀 베르데Residencia El Delfin Verde(987-312 065)를 지나게 된다. 사설 알베르게이며 주도로 뒤편에 자리 잡고 있지만 시야에 들어오기는 한다. 몇 개의 작은

방 안에 30개의 잠자리가 있으며 기본적인 시설들을 갖추고 있다. 주도로에서 50미터 정도 벗어나면(오른쪽) 엘 로메로 카예c/El Romero의 끝부분 나무 숲 옆에 인기 있는 신축 알베르게 산 펠라요San Pelayo가 있다. 네트워크 호스텔이고 연중무휴이며 64개의 잠자리가 마련되어 있다. 시설이 좋고 식사도 가능하다. 레온의 이 현대적인 위성 도시를 통과해 건강 센터Centro de Salud Consultarío를 지나 오른쪽으로 꺾으면 (1.5km) 순례자 전용의 오솔길(레프솔Repsol 주유소 맞은편)로 들어서게 된다. 3.0km를 더 가서 포르마 운하를 건너면 자갈로 포장된 길을 오르게 된다. 이 길은 식수대[F](말라 있는 경우가 종종 있다)가 있는 쉼터를 지나 언덕 꼭대기로 이어진다.

알베르게-산 펠라요

4.5km 아르카우에하 Arcahueja 복잡한 도심지에 들어서기 전에 비교적 조용한 곳에서 휴식을 취할 수 있는 마지막 기회이다. 루트에서 300미터를 벗어나면(왼쪽) 반갑게 손님들을 맞아 주는 바와 알베르게 라 토레La Torre(987-205 896)가 있다. 사설 순례자 호스텔이고 연중무휴이며 3개의 방 안에 12개의 침대를 갖추고 있다.

3.3km N-601 발델라푸엔테 Valdelafuente 레온으로 통하는 주요 간선 도로들 중 하나인 N-601의 이 번화한 구역을 따라서 수없이 많은 바와 상점들이 늘어서 있다. 외곽으로 포르티요 언덕에 있는 펜스를 잠시 돌아 내려가 중앙 분리대가 있는 고속 도로로 진입하는 엄청나게 위험한 구간[!]을 건너게 된다. 매년 나는 중앙 분리대를 건널 때마다 간절히 기도한다. 그리고 건너편에 도착해서는 중앙 정부가 이 도로 위나 아래로 건널 수 있는 보행자 통로를 만들어주길 다시 한 번 기도한다. 건너편에 닿으면 신에게 감사드리는 걸 잊지 말자! 고속 도로 옆의 좁은 갓길을 따라 내려가 높은 육교로 우회 도로를 건너면 산타 이사벨 병원 Hospital Santa Isabel 옆에서 왼쪽으로 틀어 푸엔테 카스트Puente Castro의 중심가로 들어서자. 12세기에는 번화한 유대인 거리이자 로마인 정착지였으나 이제는 현대적인 건물들이 과거의 흔적을 지워버렸다. 인도교

pedesarela(2.4km)로 토리오 강을 건너면 순례자에게 정보를 제공하는 투리스모(여름에만 연다)가 있다. 이제 넓은 주도로를 따라 걸어 변화한 로터리*glorieta*(1.0km)와 네거리까지 가도록 하자.

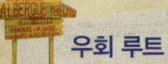 네거리 *Cruce-X* [?] 레온에서 하룻밤을 보낼 계획이고, 호스텔에서 묵을 것이라면 이 지점(순례자 정보 포인트이기도 하다)에서 결정을 내려야 한다. 알베르게로 가는 우회 루트로 가려면(추천하지는 않는다) 왼쪽으로 꺾어 페르난데스 라드레다 아베니다*Av. Fernandez Ladreda*로 들어서도록 하자. 이 길을 따라 계속 걸어 투우장*Plaza de Toros* 쪽으로 간 다음 왼쪽으로 꺾어 몬세뇨르 투라도 카예*c/Monseñor Turrado*로 들어서자. 그리고 시경찰청*Guardia Civil*을 지나 캄포스 고티코스 카예*c/Campos Goticos*로 들어서면 도시 외곽 지역이다.

우회 루트

도시 외곽 알베르게 시우다드 데 레온*Ciudad de León*(987-081 832)은 카미노에서 서쪽으로 1.8km 벗어난 떨어진 곳에 있는 지자체 호스텔이다(도시 지도 참고). 연중무휴이며 8개의 방 안에 침대 64개를 갖추고 있다. 현대적인 시설을 모두 갖추었는데 여기엔 TV도 포함된다. 그러므로 최신 드라마를 보고 싶거나 전자레인지를 이용하고 싶다면 다른 곳을 찾아보는 수고는 할 필요가 없다. 레온 유스호스텔(이전에는 페로비아스 고아원*Colegio de Huérfanos Ferrovias*이었다)은 큰 규모를 자랑하므로 만약 순례자 호스텔이 만원이라면 추가 숙소로도 이용 가능하다.

알베르게-시우다드 데 레온

옛 카미노를 따라 중심부의 알베르게와 오래된 도시로 들어서는 추천 루트로 가려면 주 교차로를 건너(횡단보도) 미겔 카스타뇨 아베니다*Av. Miguel Castaño*로 들어서도록 하자. 이 길은 델 에우로파 아베니다*Av. Del Europa*와 합쳐지는데 이 길을 건너가면 '성 앤의 광장*Plaza de Santa Anna*' 에 들어서게 된다. 이곳에는 분수와 그늘이 있는 작은 공원이 있어서 긴장을 풀고 잃어버린 물건은 없는지 점검해볼 수 있다. 짐과 가까이 있긴 하지만 눈 깜짝할 사이에도 많은 일이 생길 수 있는 법이니 말이다. 성 앤의 성당*Iglesia de Santa Ana*(따뜻한 노란색으로 칠해져 있다)의 왼쪽의 거리로 해서 바라오나 카예*c/Brahona*로 들어선 다음 '금전의 문*Puerta Moneda*'을 지나가라. 이 중세 도시(지나갈 때 도시의 거대한 성벽을 봐두자)로 들어서는 옛 관문들 중 하나이다. '시장의 성모' 성당*Iglesia N.S del Mercado*에 다다르기 바로 전에 오른쪽으로 꺾어 에스쿠리알 카예*c/Escurial*로 들어서자.

1.6km 시내 중심부 *Centro* 알베르게 산타 마리아 데 카바할라스*Santa María de Cabajalas*(베네딕트회 수도원*Monasterio de las Benedictinas*, 680-649 289)는 편리하게도 옛 도시의 조용한 광장에 위치하고 있다. 연중 무휴이며 도미토리 몇 개 안에 180개의 침

알베르게-산타 마리아

대를 갖춰 놓고 있다. 기본 시설들이 잘 되어 있지만 주방은 없다(이 동네에는 식당이 차고 넘친다). 베네딕트 수도회 수녀님들이 세심히 운영하고 있으며 그분들은 이 번잡한 도심 지역 안에 평화롭고 조용한 안식처를 만들어 놓았다(옆에 있는 학교가 개학을 했을 때는 예외). 저녁 예배(오후 7시)에 참석하는 순례자들은 별로 없다. 수녀원 예배당에서는 순례자 축복 기도(오후 9시 30분)가 열리는데 성스러운 기분을 흠뻑 느낄 수 있고 우리 여행 전체의 진정한 모습을 돌아보게 해준다. 이 알베르게에 묵게 된다면 아침에 길을 떠나기 전 마시는 차나 커피 한 잔으로 더 많은 축복을 받게 될 것이다.

Looking Point 잠자리에 들기 전에 근처에 분위기 좋은 바리오 우메도*Barrío Humedo*('축축한 동네'라는 뜻. 이곳에는 다양한 술집들이 아주 많이 있다)에 가보는 것도 좋다. 아름답고 친숙한 산 마르틴 광장*Plaza San Martín* 한가운데 위치하고 있다. 산 마르틴 광장은 고유의 17세기 바로크 양식으로 지어진 시청(알베르게에서 500미터밖에 떨어져 있지 않다)이 있는 중앙 광장과 연결된다. 아니면 이 광장들과 연결된 미로 같은 좁은 골목들 사이를 하릴없이 누벼보는 것도 나쁘지 않으리라. 하지만 주의할 것은 집으로 가는 마차는 밤 10시에 호박으로 변한다는 것이다. 이도 저도 아니면, 그냥 자갈로 포장된 그라노 광장*Plaza del Grano*(산타마리아 델 카미노 광장*Plaza Santa María del Camino*)을 감상해보자. 광장 가운데에는 마법의 도시를 감싸는 두 강을 상징하는 신고전주의 양식의 분수가 있는데, 여기 있는 케루빔(*Cherub*: 구약성서에서 성소를 지키는 천사를 일컫는다 - 옮긴이)들이 광장을 내려다보고 있다. 이 광장에는 10세기에 지어진 '시장의 성모 성

당*Iglesia Nuestra Señora de Mercado*'도 있다(사자상이 지키고 있다). 사실 성당은 예전에는 '카미노의 성모 성당'으로 불렸었다. 그 영광이 서쪽 교외 지역의 성지에 주어질 때까지는 말이다. 이 지역, 즉 도시와 중심지를 통과하는 루트 주위는 다음 단계에 설명되어 있다.

※ **기타 숙박 시설**: 대성당 부근의 구시가지 안쪽이며 바로 카미노상에 있는 곳들이 도시 지도에 표시되어 있다. 라 포사다 레히아*La Posada Regia Hr*(987-213 173, 레히도레스 카예/*Regidores* 9번지), 파리스*Paris H*(987-238 600, 안차 카예/*Ancha* 18번지), 구스만 엘 부에노*Guzman el Bueno HsR*(987-236 412, 로페스 카스트리욘 카예/*Lopez Castrillon* 6번지), 오스페데리아 페르난도 *Hospederia Fernando Hr*(987-213 173), 산 마르틴*San Martín HsR*(987-875 187, 플라사 토레스 데 오마냐*Plaza Torres de Omaña* 1번지), 보칼리노*Boccalino Hs*(987-223 060, 플라사 S. 이소도로*Plaza S. Isodoro* 9번지)가 있다.
프란시스코 광장*Plaza Francisco*(우체국)과 산 마르코스 광장*Plaza San Marcos* 사이의 신시가지에 있는 숙소들은 다음과 같다. 레이나*Reina Hr*(987-205 212, 푸에르타 데 라 레이나 카예/*Puerta de la Reina* 2번지), 파드레 이슬라*Padre Isla HsR*(987-228 097, 파드레 이슬라 아베니다 8번지)가 있고, 맞은편에는(별이 세 개짜리이고 가격도 세 배로 비싼) 알폰소*Alfonso*(987-220 900)가 파드레 이슬라 아베니다 1번지에 있다. 좀 더 가면 (파드레 이슬라 아베니다에서 조금 벗어나는 곳) 파드레 이슬라 *HsR*(987-092 298, 호아킨 코스타 카예/*Joaquin Costa* 2번지), 론드레스*Londres H*(987-222 274, 로마 아베니다*Av. Roma* 1번지), 돈 수에로*Don Suero HsR*(987-230 600, 수에로 데 키뇨네스 아베니다*Av. Suero de Quiñones* 15번지) 등이 있다. 그리고 다른 데와는 비교도 할 수 없이 좋은 5성급 호텔을 원한다면 산 마르코스 광장*Plaza San Marcos*에 있는 산 마르코스*San Marcos H*(987-237 300)로 가 보도록. 맘이 내키거나 주머니 사정이 허락하는 대로 골라보자. 식당과 바는 취향대로 골라잡아도 될 만큼 널려 있다.

한눈에 살피는 지역 정보

레온 시

예전에 레온은 로마 군대의 주둔지였고 제7군단의 기지였다. 레온이라는 이름은 군단, 즉 레기온*Legion*에서 나왔다. 그 뒤로는 아스투리아스와 레온의 옛 왕국의 수도가 되었다. 레온은 서고트 족과 무어, 마지막으로는 그리스도교 군대에게 점령, 재점령 당하기를 반복했다. 베르네스가 강*río Bernesga* 옆에 자리한 이 도시는 지금 고대와 현대가 어정쩡하게 뒤섞인 분위기인데, 법석대는 여느 현대 도시와 마찬가지로 별다른 노력 없이 그렇게 된 것이다. 강처럼 도시도 속국을 따라 자연스럽게 커갔고 모든 것을 용인하며 흡수했다. 여기엔 각 시대의 양식들이 전부 어색

하지 않게 녹아 있다. 중세 성벽을 받치고 있는 로마 시대의 유적에서부터 로마네스크 양식으로 우아하게 건축된 '성 이소도로 왕립 대성당Real Basilica de San Isodoro', 장엄한 고딕 양식을 보여 주고 있는 '레온 대성당 Pulchra Leónia', 정교하고 아름다운 플래터레스크 양식(plateresque: 후기고딕 양식에 이탈리아 르네상스 양식과 무어족의 이슬람 양식이 혼합되어 섬세하고 복잡하며 기교적인 16세기 스페인의 장식 양식 – 옮긴이)의 외관이 돋보이는 르네상스 시대의 '산 마르코스San Marcos', 가우디가 만든 카사 데 보티네스Casa de Botines에 녹아 있는 신고딕 양식의 때론 지나치게까지 느껴지는 엄숙함, 마지막으로 오늘날 현대 건축에 나타나는 유리와 철제 건물까지.

이곳에 사는 14만 명의 인구는 도시로 쏟아져 들어오는 많은 관광객들과 순례자들을 잘 맞이해준다. 이곳에 며칠 묵을 수도 있지만 그래봐야 반도 제대로 보지 못할 것이다. 특히 축제가 벌어지는 기간이 그러하다. 특별한 축제가 몇몇 있는데, 6월 21일부터 30일까지 펼쳐지는 산 후안San Juan과 산 페드로San Pedro 축제 땐 낮에는 어마어마한 전시와 황소 달리기를, 밤에는 콘서트와 불꽃놀이를 볼 수 있다. 10월 5일부터 12일까지는 산 프로일란San Froilan 축제인데 더 많은 퍼레이드가 진행되고 '카미노의 성모Virgin del Camino'까지 다녀오는 이 지역의 순례 여행인 로메리아romeria가 행해진다. 그냥 지나쳐 갈 생각이라면, 카미노를 따라 가기만 하면(좀 지나친 감이 없지 않은데, 포장된 길에 금속 조가비가 박혀 있다) 중세 구역에 있는 알짜배기 장소들을 다 들러서 갈 수 있다. 이 유서 깊은 지역들에 대해서는 다음 단계에서 자세히 설명하도록 하겠다.

20day note

"굵은 빗줄기가 계속해서 쏟아졌고, 뭔가 적으려 할 때마다 종이를 적셨다. 나는 관광 안내소에서 알려준 대로 표지를 따라갔고, 잠시 후 앞에 있는 음침한 길이 길을 도망을 건너야 하는 길이라는 사실을 깨달았다. 돌아가면 너무 오래 걸리기 때문에 도망의 깊이를 알지 못한 채 가파른 둑을 주르륵 미끄러져 내려갔고, 차가운 회색 물에 허리까지 잠기고 말았다. 후류가 밀려오다가 갑자기 어떤 충동으로 — 내 의지가 아니라 — 나는 스스로의 날씨를 내가 만들어낸다는 섬광과도 같은 깨달음을 얻었다. 나는 웃기 시작했고, 저 마음속 깊은 곳에서부터 터져 나오는 웃음의 물결로 내 안의 어둠을 몰아냈다."

시청(좌)과 카사 보티네스(우)

대성당 야경

베르네스가 강과 눈으로 뒤덮인 산

파라도르 입구 위의 산티아고 부조

산 마르코스 파라도르의 회랑

산 마르코스 광장

'산티아고 데 콤포스텔라'까지 | 325.3km(202.1마일)

레온에서
비야르 데 마사리페까지 - 23.1km

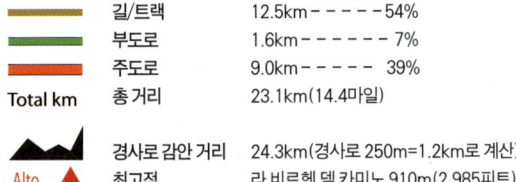

	길/트랙	12.5km - - - - 54%
	부도로	1.6km - - - - - 7%
	주도로	9.0km - - - - 39%
Total km	총 거리	23.1km(14.4마일)
	경사로 감안 거리	24.3km(경사로 250m=1.2km로 계산)
Alto	최고점	라 비르헨 델 카미노 910m(2,985피트)

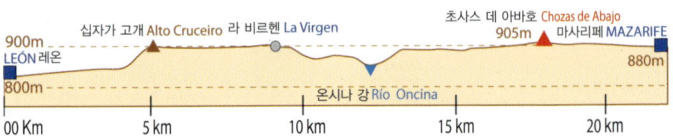

Road Point 앞으로 설명하는 루트는 대성당을 지나서 순회하는 길이며 길표지가 되어 있다. 그리고 산 마르코스를 통과해 도시 밖으로 나가게 된다. 하지만 조가비를 아주 신중히 살펴야 할 것이다. 길에는 정신을 산만하게 하는 것들이 많기 때문이다. 비르헨 델 카미노를 벗어나면 추천 루트에서는 상대적으로 고립된 길이기 때문에 편의 시설이라고 할 만한 것들이 거의 없다. 그러니 이 외곽 지역에서 충분히 쉬도록 하고 이번 단계의 후반부를 위해 과일과 군것질거리를 챙기도록 하자.

레온을 떠나며

> **soul road** 🔘🔘
> 성가시기 짝이 없는 주도로를 벗어나는 우회로를 개척해줄 명명의 순례자 친구들에게 어떻게 감사의 표시를 해야 할까? 이 루트의 발견으로 머칠 것이나 괴로운 경험을 훨씬 편안로운 세대로 바꾸었다. 생각이 깊은 소수의 시민이 세상을 바꿀 수 있다는 사실을 의심하지 말라. 역사는 실제로 그렇게 움직였다.

Looking Point 산타 마리아 광장Plaza Santa María의 알베르게를 떠나 루아 카예Rua로 접어들어 왼쪽으로 꺾은 다음 멋진 마르셀로 광장Plaza de San Marcelo으로 들어서자. 이곳은 아름다운 시청사Ayuntamiento와 12세기 건물인 산 마르셀로 성당Iglesia San Marcelo이 굽어보고 있다. 이곳에서는 가우디 건축의 백미인 신 고딕 양식 궁전, 카사 데 보티네스Casa de Botines의 아름다운 모습을 볼 수 있다. 이 건물은 종교와는 관계가 없는 민간 자금으로 건립된 첫 번째 기념적인 건물 중의 하나로, 역사적으로나 예술적으로나 하나의 전환점이 되었다. 이전까지 규모가 큰 건물들은 종교 단체나 귀족들의 기금으로 운영되었다. 가우디는 새로운 산업 혁명의 물결에 부합하려 애쓰는 여타 건축가들과는 달리 여전히 중세 양식을 좇아 날씬한 탑을 쌓고 정문 위에는 '용을 잡는 성 조지의 상'을 새겼다. 그 옆(오른쪽)에는 역시나 웅장한 16세기 건축이자 지금은 의회당으로 쓰이는 구스마네스 궁Palacio de los Guzmanes이 있는데, 들어가 보면 안뜰이 매우 아름답다.

0.8km 대성당 Catedral 레갈 광장Plaza Regal의 동쪽 끝, 여러 가지 자세한 정보(영어로 되어 있음)를 더 얻을 수 있는 투리스모 맞은편에는 대성당과 그밖에 다른 유적들이 있다. 서문으로 해서 13세기에 지어진 고딕 양식 대성당 안으로 들어가면 문의 기둥은 '눈의 성모 상Nuestra Señora la Blanca'으로 장식되어 있고 오른쪽에는 산티아고 페레그리노Santiago Peregrino가 있다. 신앙심 깊은 순례자들이 하도 쓰다듬은 탓에 반들반들 닳아 있다. 대성당은 벽 높은 곳에 만들어진 125개의 황홀한 스테인드글라스로 유명한데, 이 창문은 성당 내부에 섬세한 손

눈의 성모 상

길을 드리우고 있다. 북쪽 끝에 있는 회랑과 대성당 박물관Catedral Museo 역시 가볼 만한 곳들이다.

다음엔 여행자 사무소 옆쪽으로 돌아와 자그마한 토레스 데 오마냐 광장 *Plaza Torres de Omaña*으로 가보도록 하자. 수없이 많은 골목들이 사방으로 뻗어 있는 곳이다. 페르난데스 레게랄 카예 *c/Fernandez Regueral*(왼쪽에 알베르게 산 마르틴이 있다)를 따라 가면 산 이시도로 광장으로 들어선다.

대성당

`0.5km` 산 이시도로 *San Isidoro* 광장 안에 있는 분수는 로마 제7군단을 기념하여 만들어진 것이다. 로마 제국의 토대와 중세 도시의 성벽을 기초로 한 건물은 11세기에 지어진 아름다운 대성당이다. 산 이시도로의 유해가 세비야

'용서의 문'이 있는 성당

에서 이곳으로 옮겨졌는데, 당시엔 남쪽 지방이 여전히 무어인들의 세력권 안에 있었기 때문에 스페인의 그리스도교 지역에 묻기 위해서였다. 이곳에는 '용서의 문*Puerta del Perdon*'이 있는데, 병이 나서 산티아고까지 갈 수 없었던 중세 순례자들도 이곳을 통과하면 카미노를 완주한 순례자들과 똑같은 대접을 받을 수 있었다. 정교한 조각은 장인 에스테반 *Maestro Esteban*이 작업한 것인데, 산티아고 대성당에 있는 유명한 '은세공 문*Puerta de las Platerias*'을 만든 사람이 조각한 것이다.

회랑*Claustros*과 왕족의 묘실*Pantheon Real* 입구가 있는 매혹적인 박물관 *Museo*에도 들러 보도록 하자. 판테온은 원래 11세기에 만들어졌던 건물 잔해의 일부분이며 적어도 11명의 왕, 12명의 여왕, 23명의 왕자가 안식을 취하고 있다. 처음 그려진 이후 800년이 지난 뒤에도 화려한 색채를 잃지 않는 프레스코 벽화를 한번 보라. 이는 이곳이 스페인의 '로마네스크 로마교황 예배당*Romanesque Sistine Chapel*'이라 불리는 이유이기도 하다. 신선한 공기를 마시며 쉬고 싶다면 입구 맞은편 엘 시드 카예*c/El Cid*에 있는 카페에 가보라. 엘 시드 카예에는 아담하고 예쁜 공원도 있다.

사크라멘토 카예*c/Sacramento*로 쭉 가서 대성당 뒤쪽에서 왼편으로 꺾은

다음 라몬 이 카할 아베니다*Av. Ramon y Cajal*를 곧바로 건너 레누에바 카예*c/Renueva*로 들어서도록 하자. 그리고 파드레 이슬라 아베니다*Av. Padre Isla*를 건너 수에로 데 키노네스 아베니다*Av. Suero de Quiñones*로 들어서면 산 마르코스 광장이 나온다.

`0.8km` 산 마르코스 광장 *Plaza San Marcos*

성 마크에게 봉헌된 고대 수도원의 장엄한 건물을 만들고 장식한 르네상스 장인 정신에 한번 취해보자. 12세기에 도냐 산차*Doña Sancha*가 지은 건물은 지금보다 소박한 모습이었다. 원래는 순례자 병

산 마르코스 광장

원이었다가, 순례 길을 보호하기 위해 조직된 산티아고 기사단의 본부로 바뀌었다. 그리고 훗날 페르디난드 왕이 건물에 정교한 장식을 더했다. 산 마르코스 수도원 외벽은 수많은 순례자 모티프가 새겨진 이야기책 그 자체이다. 이 중에는 산 마르코스의 사자가 얽혀 있는 산티아고의 검도 포함되어 있다. 성당 입구의 박공벽은 수없이 많은 조개 껍질로 덮여 있다. 건물 정면에 양각으로 새긴 원형의 조각들은 우리가 지나온 순례자 도시와 마을들의 풍경을 담고 있어, 다소 닳긴했지만 아주 흥미롭다. 석조 십자가 기단 부분엔 소박한 순례자의 좌상이 있다. 그의 지친 발치에 앉아 주위의 장엄한 건물들을 감상해보라.

국영 호텔(*Parador*, 이곳 깊숙한 곳의 회랑은 그 자체로 박물관이다)의 아름다운 안뜰도 한번 슬쩍 들여다보는 것도 좋고, 아예 이 화려한 곳에서 하룻밤 보내며 휴식을 취해보는 것도 좋다. 아침에 보면 꽤 많은 순례자들이 체크 아웃을 하고 있을 것이다. 옆에 있는 박물관에 들러 감질나게 보이는 11세기 상아 십자가 *Cristo de Carrizo*를 감상해보자(전시물의 상당수가 현재 다른 장소로 이전중이다). '성 야고보의 길'의 영향으로 레온에 과거에는 적어도 17개가 넘는 순례자 구호

잠시 쉬어가는 순례자

시설이 있었다. 도심과 산 마르코스 광장을 떠나 베르네스가 다리를 건너자.

2.1km **베르네스가 다리** *Puente de río Bernesga* 베르네스가 강에 놓인 16세기의 석조 다리이다. 이제 번화한 레온 교외 지역을 통과하여 고원 *paramo*의 시골 지역까지 간다. 첫 2.9km는 N-120 도로를 걷거나 아니면 그 옆을 걷게 되고 라 비르헨 델 카미노에서 공업 지역을 통과하여 주도로와 합류하는 오르막길 지점에서 옆으로 빠진다.

케베도 아베니다*Av. Quevedo*로 들어서서 계속 걸어가면 케베도 공원(0.2km)을 지나게 된다. 이곳은 17세기의 유명한 스페인 시인 이름을 땄다. 그는 귀족에게 너무 도전적인 시를 지은 탓에 산 마르코스에 유폐되었다고 한다. 아스토르가 주도로를 따라 가면 순례자 십자가와 인도교(1.3km)가 나온다. 이 지점에서는 기찻길 위로 지나가는 산책로를 따라 N-120 도로를 잠시 벗어날 수 있다. 그리고 트로바호 델 카미노*Trobajo del Camino*에서 다시 주도로에 합류한다. 이 동네는 원래의 카미노와 여러 가지로 연관이 많다. 그 증거로 산티아고의 동상이 있는, 성 야고보에게 봉헌된 아담한 산티아고 예배당*Ermita Santiago*(오른쪽)이 있다. 이곳을 지나 길표지가 된 루트를 따라가면 주도로를 돌아서 시라 산 페드로 광장*Plaza Sira San Pedro*으로 들어서는 짧은 우회로로 가게 된다. 1.4km를 걸으면 네거리가 나온다.

2.9km **네거리** *Cruce-X* 주도로를 건너 처음으로 나오는 우측 가파른 오르막길로 바로 꺾는다[!]. 많은 순례자들이 언덕 쪽을 보지 않고 고개를 숙이고 있는 바람에 이 길로 들어서지 못하고 그냥 쭉 정신없는 N-120 도로를 따라 걷게 된다. 이제 와인 저장소가 모인 곳을 지나 언덕 꼭대기로 향한다. 여기엔 돌로 된 받침대(왼쪽)가 있는데, 산 마르코스 광장에 있던 것처럼 더 '중요한' 세팅을 위해 이곳에서 무엇인가를 가져간 것이 분명한 돌 십자가의 기단이 되는 부분이다. 이 부서진 흔적은 이상하게도 우리가 유서 깊은 카미노를 걷고 있다는 생각이 더 강하게 들게 만든다. 바라건대, 이곳이 높은 사람들의 눈에 띄지 않아서 지금처럼 초라한 모습 그대로 남아 있었으면 한다. 그리하여 콘크리트로 만든 현대

식 대체물로 바뀌지 않기를. 이 뒤쪽으로는 저 멀리 쭉 펼쳐지는 레온의 모습이 내려다보인다. 카미노 데 라 크루스 카예*Camino de la Cruz*를 따라 3.2km를 계속 걸어 비르헨*Virgen*의 공업 지역을 통과하면 라 비르헨 델 카미노에서 N-120 도로와 다시 만나게 된다.

3.9km 라 비르헨 델 카미노 *La Virgen del Camino* 산 프로일란 성당*Iglesia San Froilan*이 있다. 레온 교외의 끄트머리 지역이고, 카페이자 빵집인 엘 페레그리노*El Peregrino*에서 간식을 사먹을 수 있다. 이곳은 알베르게 산 프로일란*San Froilan Hs*(987-302 019)도 운영하는데, 주도로에서 조금만 빠져 나오면 있다. 맞은편에는 1961년에 지어진 초현대식 비르헨 성지가 있다. 성골함이 있는 지역으로, 이곳에서 한 양치기가 16세기 초에 성모*Virgen*의 환영을 보았는데 성모가 그에게 이르길 이 지점에 성당이 만들어지게 될 것이라고 했다 한다.

이곳에서 일어난 기적 덕분에 이 장소는 순례길이 되었다. 성 야고보가 산티아고 쪽을 바라보고 있는 서문 위에는 12사도의 거대한 동상이 서 있으며 이들 위에는 성모가 있다. N-120 도로를 건너[!] 우회 루트가 표시된 카미노 표지판 쪽으로 가자.

※**기타 숙박 시설:** 소토*Soto Hs*(987-802 925), 비야 팔로마*Villa Paloma* 센트랄*Central Hs*(987-302 041)이 있고 센트랄 뒤쪽, 마을 가장자리의 한적한 공원 안에 새 알베르게 D.안토니오 이 도냐 시니아*D. Antonino y Dña. Cinia*가 있다(615-271 335). 이전엔 신학교의 일부였던 지자체 호스텔이다. 5월부터 10월까지 문을 열며 잠자리는 40개가 갖추어져 있다. 훌륭한 현대식 시설들이 먼지 하나 없이 관리되고 있으며 세탁기와 건조기가 각각 분리된 남녀 화장실에 구비되어 있다.

루트들이 갈라지는 지점[?](0.2km)까지 걸어 내려가도록 하자. 마사리페와 비야당고스로 갈라지는 아스팔트 도로에 흐릿하고 보기 흉한 페인트로 표시되어 있다. 추천하고 싶은 시골길①은 마사리페를 경유하고, 대체 루트②는 비야당고스 델 파라모*Villadangos del Paramo*로 향한다.

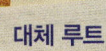
대체 루트

발베르데를 거쳐 비야당고스 델 파라모로 간다. 총 거리는 22.7km(레온에서 현 지점까지 9km이며 나머지가 13.7km다)인데 새 고속 도로가 뚫려서 N-120 도로의 일부 구간인 이 지점의 교통량은 감소했다. 손으로 그린 표지(마사리페는 왼쪽)에서 직진하여 아스팔트 도로로 들어선다. 이 길은 오솔길로 이어지며 크고 완만하게 휘어져 왼쪽으로 고속 도로 아래(2.8km)를 지나간다. N-120 도로와 나란히 난 작은 길을 따라 2.3km를 걸으면 발베르데 데 라 비르헨이 나온다.

4.8km 발베르데 데 라 비르헨 *Valverde de la Virgen* 예전에는 '델 카미노'라는 집미사가 붙어 있던 곳이었는데 순례자들과 인연을 끊어버린 것 같다. 마을을 통과해 주도로 옆을 따라 계속 걸어가면 산 미겔 델 카미노다.

1.5km 산 미겔 델 카미노 *San miguel del Camino* 카미노는 이제 내내 주도로 옆에 있는 오솔길을 따라 비야당고스로 향한다. 호텔 아베니다 Ⅲ *Atenida* Ⅲ *Hr*(987-390 311)와 주유소를 지나 비야당고스 델 파라모로 들어서는 길을 가로지르기 전까지 꽤 오랫동안 걸어야 한다.

7.4km 비야당고스 델 파라모 *Villadangos del Páramo* 알베르게 지자체(987-390 003)는 마을의 도로 쪽에 있다. 연중무휴이며 2개의 큰 방 안에 80개의 침대를 갖추고 있다. 추가로 바닥에서도 잘 수 있으며 원래 교원 사택이었던 곳을 개조한 호스텔이다. 모든 시설이 갖추어져 있고 잔디밭 너머로 주도로 바로 곁에 있다.

※ 기타 숙박 시설: 알토 파라모 *Alto Paramo Hs*(987-390 311), 리베르타드 *Libertad Hs*(987-390 123)에는 가게와 바, 식당 등이 있다. 산티아고 성당의 주 제단 위에는 '무어인 처단자 산티아고'의 동상이 있는데 특이하게도 (옆모습을 보이는 게 아니라) 우리 쪽을 보고 있다. 로마 시대를 기원으로 한 이 오래된 마을은 좀 불편하게 주도로를 끼고 있다. 예전에는 순례자 구호 시설이 있었고 전설에 의하면 수비학 *Numerology*적으로 중요한 해인 1111년에 이곳에서 '레온의 도냐 우라카 *Doña Urraca of León*'의 군대와 그녀의 전 남편 '아라곤의 알폰소 *Alfonso of Aragon*' 사이에 전투가 있었다고 한다.

N-120에서 떨어져 왼쪽 방향 자갈길로 들어선다. A-66과 A-71 도로의 교차점을 건너 한적한 도로를 따라 둘러 가면 프레스노 델 카미노다.

대체 루트

2.2km 프레스노 델 카미노 *Fresno del Camino* 산 안드레스 성당 *Iglesia San Andres* 이 있는 곳에 또 다른 대체 루트③이 있다. 오른쪽으로 큰 육교 아래를 지나 기찻길을 따라 쭉 가다가 비야당고스에서 대체 루트②와 만나는 코스다. 이 루트로 가려면 라 알데아 데 라 발돈시나*La Aldea de la Valdoncina* [F](3.0km) 쪽으로 방향을 잡고 가면 되고 로블레도 데 라 발돈시나*Robledo de la Valdoncina*(3.5km)도 지나게 된다. 이곳에 원래 있던 성당은 '산티아고 기사단'과 관련이 있지만 아마 현재 바뀌어 있는 현대식 건물을 보고 싶지 않을 것이다. 기찻길과 나란히 계속 걷다 보면 비야당고스 역 *Estacion de Villadangos*(7.0km)에 이르게 되고 N-120 도로상에 있는 비야당고스 마을(1.5km)에 들어서게 된다. 대체 루트의 총 거리(옵션 포인트 지점에서부터 계산)는 15.0km이다.

추천 루트①로 가려면 마을을 통과해 쭉 걸어 나무가 우거진 프레스노*Fresno* 계곡으로 들어서도록 하자.

2.3km 온시나 데 라 발돈시나 *Oncina de la Valdoncina* 샘[F]과 산 바르톨로메*San Bartolomé* 교구 성당이 있는 작은 마을이다. 갓길(초사스*Chozas* 방면)을 따라 계곡 바깥쪽으로 올라가 가슴이 시원해질 정도로 탁 트인 고원의 전원 벌판으로 나서자. 비옥한 붉은 흙은 농작물과 야생화들에게 공평하게 충분한 양분을 공급해주고 있다. 이 아름다운 시골길은 5.2km 정도 이어지고 아스팔트 도로를 만나 0.4km를 더 가면 초사스 데 아바호다.

5.6km 초사스 데 아바호 *Chozas de Abajo* 또 하나의 예쁜 마을이며 산 마르틴 성당에는 바와 상점이 있다. 한적한 시골길을 4.0km 더 걸어간 다음 아스팔트 도로를 0.1km 걸어가면 비야르 데 마사리페다.

4.1km 비야르 데 마사리페 *Villar de Mazarife* 알베르게 산 안토니오 데 파두아*San Antonio de Pádua*(987-390 697)는 마을 입구의 목조 단층집에 있는 사설 호스텔이다. 연중무휴이며 도미토리 하나 안에 50개의 침대가 있다. 알베르게 엘 레푸히오 데 헤수스 *El Refugio de Jesús*(987-390 697)는 코루호 카예*c/Corujo*에 있는 사설 호스텔이다. 연중무휴이며 9개의 작은 방 안에

침대를 40개 갖추고 있다. 티오 페페*Tio Pepe*
는 마을 중심부의 테소 데 라 이글레시아
카예*c/Teso de la Iglesia* 2번지(성당 바로 옆)에
있는 사설 호스텔이다. 연중무휴이고 28개
의 침대와 모든 시설이 갖추어져 있으며
식사도 가능하고 바도 있다. 새로운 순례자
대상 사업을 물색 중인 메손 로시*Mesón Rosy*
는 외곽에 있는 자신의 호스텔 방향을 가
리키는 노란색 화살표를 마을의 반은 되는
지역에 칠할 수 있도록 허락을 받았다.

알베르게-안토니오 데 파두아

알베르게-헤수스

한눈에 살피는 지역 정보

비야르 데 마사리페

이곳은 확실히 순례자들에게 친근한 마
을이다. 이 마을 중심지에 있는, 유쾌한 바

알베르게-티오 페페

가 딸린 과일 가게도 프루타스 데 카미노 데 산티아고*Frutas de Camino de Santiago*라고 불린다. 맞은편에는 성 야고보에게 봉헌된 성당이 있는데 내부엔 성인들의 상이 여러 개 있다. 인구가 500명이 채 안 되는 이 평화로운 마을엔 선물 가게, 박물관, 아트 갤러리가 전부이다. 종교 예술이 특기인 동네 예술가 몬세뇨르*Monseñor*는 자기를 신 로마네스크*neo-Romanesque* 화가라 칭한다. 이야기하는 것을 좋아하고 협조적인 그가 당신의 여권 *Credencial*에 스탬프를 찍어줄 것이다.

21day note

"카페는 붐볐지만 각기 다른 여섯 나라에서 온 사람들로 구성된 우리 무리는 도시의 삶과 시골을 비교하며 열띤 토론을 벌였다. 내게 도시는 너무나 번잡하고 말초적이며 지적인 자극이 넘쳐나는 곳이다. 가게와 공장들, 그리고 박물관과 교회들 틈에서 나는 고립되고 만다. 오감으로는 감지할 수 없는 저 세계의 진실로, 감각적인 세계의 화려함 뒤로 감추어져 버렸다. 내가 일종의 명상 상태에 다다르고 진정한 평화를 얻을 수 있는 건 카미노를 걸으며 고독 속에 있을 때뿐이다."

22 day

'산티아고 데 콤포스텔라'까지   302.2km(187.8마일)

비야르 데 마사리페에서
아스토르가까지 - 30.1km

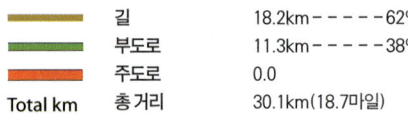

	길	18.2km — — — — 62%
	부도로	11.3km — — — — 38%
	주도로	0.0
Total km	총 거리	30.1km(18.7마일)
	경사로 감안 거리	31.3km(경사로 250m=1.2km로 계산)
Alto	최고점	산토 토리비오 십자가 905m(2,970피트)

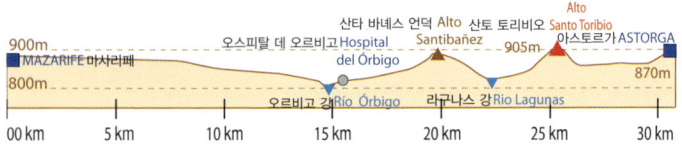

Road Point 이번 단계의 대부분은 인적이 드문 곳이니 미리 음식과 물을 챙겨야 한다 (지나는 길에 마을이 거의 없다). 하지만 햇빛을 피할 수 있는 숲이나 그늘진 쉼터는 종종 나온다. 오스피탈 데 오르비고Hospital de Orbigo까지의 첫 번째 구간은 대체로 평평해 걷는 데 그리 어렵지 않다. 아스토르가Astorga까지 계속 갈 생각이라면 총 거리는 29.9km이다. 아침에 서둘러 출발해서 오르비고에서 나름의 운치를 느껴보도록 하자 (약 절반 지점이므로 여기서 점심을 먹으면 된다). 오르비고를 지나 마지막 구간은 완만한 언덕이 있다는 사실을 알아두면 좋다.

비야르 데 마사리페를 떠나며

> **soul road** 🌰🌰
> 당신의 내면에서 벌어지고 있는 싸움은 무엇인가? 얼마나 쉽게 넘어지고 또 얼마나 재빨리 다시 일어나는가? 수많은 기사들, 심지어 축발명한 주교조차도, 바로 이 지점에서 다시 일어났다. 먼지 속에 뒹굴더라도 다시 시작한다. 진정한 쉬어함을 넘어지는 것이 아니라 매번 다시 털고 일어나는 우리들 자신 안에 있다.

마을을 통과하여 부도로(대체 루트에 있는 비야당고스와 산타 마리아 델 파라모를 연결한다)를 건넌 다음 탁 트인 고원을 가로지르는 조용한 시골길로 나서자. 길을 따라 쭉 가다보면 교차로가 나온다.

5.7km **네거리 Cruce-X** 곧바로 길을 건너 라 미야 델 파라모 *La Milla del Páramo* 마을(오른쪽)이 있는 흙길로 들어서자. 길은 쾌적하고 그늘진 쉼터가 딸린 파라모 수로 *Canal del Paramo* 로 향해 있다. 한적한 오솔길을 따라 계속 걷다가 기찻길을 건너는 다리와 연결된 아스팔트 도로로 들어서자.

3.9km **비야반테 Villavante** 바 하나와 17세기 교구 성당인 '촛불의 성당 *Iglesia de las Candelas* ' 외에는 제반 시설이 별로 없는 작은 마을이다. 철길 위 다리를 건너 왼쪽으로 꺾은 뒤 철길 옆으로 난 오솔길로 가자. 그러다가 우에르가스 천 *Arroyo Huergas* 을 건너는데, 나무가 늘어선 강둑을 따라 이 지역에 있는 오래된 풍차 몇 개 중 하나가 보인다. 아스팔트 도로에 다다르면 오른쪽으로 꺾는다. 이 도로는 고속 도로(2.5km)를 건너 N-120 도로[!]를 가로지른 뒤 시골길로 이어진다. 그리고 화려하게 장식된 벽돌 급수탑(0.8km)에서 대체 루트와 만난다. 이제 대체 루트와 함께 산타 마리아 교구 성당(오른쪽)이 있는 푸엔테 데 오르비고 *Puente de Órbigo* 마을(강의 '이쪽' 편이다. 건너편 마을은 '오스피탈 데 오르비고')이 나올 때까지 0.4km를 더 가게 된다. 12세기에 '성 야고보의 봉사 기사단'이 마을의 건너편에 구호 시설을 건설한 뒤 푸엔테 데 오르비고 마을의 중요성은 차차 희미해졌다.

3.7km 오르비고 다리 *Pente de Órbigo* 스페인에서 가장 길고 오래된 중세 다리 중 하나로, 건립 연도는 13세기까지 거슬러 올라가며 먼저 있던 로마 시대 다리 위에 증축되었다. 이 로마 다리는 카미노상에 있는 위대한 역사적

오르비고 다리

랜드마크 중 하나이다. 이 다리를 구성하는 수십 개의 아치들은 사람들이 소위 '명예의 통로*Paso Honroso*'라 불리는 곳을 통해 오르비고 강을 건널 수 있도록 해주었는데, 이런 이름이 붙은 이유는 '성스러운 해(聖年)'인 1434년에 유명한 마상창술 시합이 이곳에서 개최되었기 때문이다. 돈 수에로 데 키뇨네스*Don Suero de Quiñones*라는 멋진 이름의 레온 출신 귀족 기사가 있었다. 그는 아름다운 귀부인에게 모욕을 당한 후 건틀렛(갑옷과 이어진 장갑-옮긴이)을 바닥에 던지며 감히 이곳을 지나가려는 기사가 있다면 누구든지 그에게 맞서 이 다리(아마도 자신의 명예와 함께)를 지키겠다고 했다. 돈 수에로는 한 달 동안 300개의 창이 부러질 때까지 이 다리를 훌륭히 막아냈다. 그리고 충실한 동료와 함께 그는 산티아고로 갔다. 사랑에 대한 집착에서 벗어난 것과 이제는 회복된 자신의 명예에 대해 감사를 전하러.

이 다리는 이런 기사도 행위와 연관이 있기도 하지만, 무엇보다도 세르반테스*Cervantes*에게 『돈키호테*Don Quixote*』에 대한 영감을 제공한 것으로 유명하다. 452년에 서고트 족이 스와비아인들을 학살했던 전투를 말없이 목격하기도 했고, 그 이후에는 알폰소 3세가 이끄는 그리스도교 군대와 무어인들이 맞서는 대결의 장이 되기도 했다. 또한 로마 시대 이래로 가축을 운송하는 통로의 일부로서 무역의 발전에 이바지했다. 당신이나 나같이 땀에 전 순례자들에게 강을 건너는 통로로 이용된 것은 굳이 강조할 필요도 없다. 다리를 건너 건너편의 아름다운 마을 오스피탈 데 오르비고*Hospital de Órbigo*로 들어서자. 이 마을은 과거 '성 요한의 기사단 *Caballeros Hospitalarios de San Juan*'의 영지였다. 성 요한의 기사단은 교구 성당 산 후안 바우티스타 성당*Iglesia de San Juan Bautista*(오른쪽)과 순례자 구호 시설(0.4km)을 운영했다. 마을과는 0.1km 떨어져 있다. 마을에는 산

타 마리아*Santa María* 교구 호스텔(987 - 388 444)이 있다. 중심가인 알바레스 베가 카예*c/Alvarez Vega* 32번지에 위치한 곳이다. 5월부터 10월까지 문을 열고 3개의 방 안에 침대 70개를 갖추었다. 독일 신자회가 재단장한 유서 깊은 건물 안에 최소한의 시설을 모두 갖추고 있으며 여전히 건물의 고풍스러운 분위기를 유지하고 있다. 그리고 중심부의 안뜰은 순례자들이 모여 즐거운 시간을 보내기에 딱 좋다.

알베르게 - 산타 마리아

두 번째 알베르게는 산 미겔*San Miguel* 은 교구 호스텔 맞은편에 있는 네트워크 호스텔이다(609 - 420 931). 1년 내내 문을 열고 40개의 잠자리가 있다. 새단장된 건물이고 시설도 훌륭하다. 이곳 역시 옛 시대의 정취를 간직하고 있고 분위기도 쾌적하다.

알베르게 - 네트워크 호스텔

다리에서 다른 길로 조금 빠지면 엘 캠핑*El Camping* 지자체 호스텔(987 - 388 206)이 있다. 다리에서 0.8km 떨어져 있고 야영지 바로 너머에 있다. 연중무휴이고 작은 방 6개 안에 침대 32개를 구비하고 있다. 최소한의 시설들이 모두 갖추어져 있지만 다리 뒤의 야영장을 지나 다소 고립된 지역에 자리 잡고 있다.

알베르게 - 엘 캠핑

※ **기타 숙박 시설:** 엘 카미네로*El Caminero*(987 - 389 020, 시에라 팜블레이 카예*c/Sierra Pambley* 56번지)는 중심가에서 왼쪽으로 조금 벗어난 곳에 위치한 인기 있고 고급스러운 B&B이다. 예쁘게 새단장된 17세기의 건물이며 저녁 식사까지 가능하다. 돈 수에로 데 키뇨네스(987 - 388 238)는 다리 위 최고의 장소에 자리 잡고 있다(촌스런 네온사인은 못보고 지나갈 수가 없다). 하지만 좋은 자리에 대한 대가를 지불해야 한다. 파소 온로소 *Paso Honroso Hr*(987 - 361 010)와 폰다 이시도로*Fonda Isidoro*도 있다. 주도로상에 다른 호텔들도 있으며 마을 중심부 주변으로는 바와 식당들도 몇 있다. 다리 옆에 있는 라 피스타*La Pista*는 가격이 저렴하고, 더 고급스러운 곳을 원한다면 산타 마리아 교구 호스텔 옆에 있는 리모델링한 건물 오스텔레리아 모란 살바도레스*Hosteleria Moran Salvadores*에 가보도록 하자.

대체 루트

비야당고스 델 파라모에서 출발하여 N-120을 따라 가는 대체 루트 알베르게를 나서서 오른쪽으로 꺾어 마을을 통과한다. 나무가 늘어선 오솔길로 들어서면 이 길은 야영지에서 N-120 도로로 이어진다. 길은 N-120 도로와 대체로 쭉 나란히 간다.

4.4km 산 마르틴 델 카미노 San Martín del Camino 알베르게 아나Ana(987-378 653)는 주도로상에 있는 신축 사설 호스텔(왼쪽)이며 도미토리 2개 안에 48개의 침대를 갖추고 있다. 뒤에는 독실도 있으며 정원의 쉼터를 비롯한 모든 시설을 갖추고 있다. 식당에서는 하루 종일 식사가 가능하다.

알베르게-아나

두 번째 알베르게는 마을의 다른 편 끝(오른쪽) 급수탑 아래(정말 말 그대로)에 있다. 지자체 호스텔(987-377 086)은 교원 사택을 개조한 건물에 60개의 침대를 갖추고 있다. 연중무휴이고 모든 시설이 구비되어 있으며 주도로 상에 그늘진 정원도 있다. 마을 통과해 계속 걸어 파라모 수로Canal del Paramo를 지나자마자 오른쪽으로 꺾으면 포플러나무가 늘어선 그늘진 시골길로 들어선다. 길은 기본적으로 계속 주도로와 나란히 간다.

알베르게-지자체 호스텔

4.1km 프레사 데 세라헤라 수로 Canal Presa de Cerrajera 이제 푸엔테 데 오르비고 마을이 지평선에 모습을 드러낸다. 1.9km를 더 걸은 다음 길 표지를 잘 살피면 비스듬히 시골길을 가로질러 추천 루트①과 만나게 될 것이다. 이제 푸엔테 데 오르비고 마을과 다리까지는 1.2km다.

3.1km 오르비고 다리 Puente de Órbigo

다리에서 곧장 직진하여 알바레스 베가 카예에 있는 알베르게들과 성당을 지나면 옵션 포인트이다.

0.9km 옵션 Opción[?] 추천 루트①로 가려면 마지막 집(분수형 우물이 있다)에서 오른쪽 갈림길로 나와 오솔길을 따라 계속 걷는다.

2.1km 비야레스 데 오르비고 Villares de Órbigo 성 야고보에게 봉헌된 교구 성당이 있다. 성당 안에는 '무어인 처단자 산티아고'의 상이 있다. 이제 쾌적한 시골길을 따라 완만한 오르막길을 걷게 된다. 중간에 식수대[F]

가 있는 쉼터를 지나 아스팔트 길에 다다르면 작은 개울을 건너 산티바네스데 발데이글레시아에 이른다.

2.6km 산티바녜스데 발데이글레시아 *Santibañezde Valdeilesia* 알베르게 교구 호스텔인 사라*Sara*(987-377 698)는 마을 회관 바로 너머에 있다. 부활절부터 9월까지 문을 열고 몇 개의 방 안에 60개의 침대를 갖추고 있으며 뒤의 과수원을 비롯한 모든 시설을 구비하고 있다.

알베르게-사라

외관은 초라하지만 차분하고 유쾌한 내부가 숨겨져 있다. 마을의 '성 삼위일체 성당*Iglesia de la Trinidad*'에는 '순례자 산 로케'와 '무어인 처단자 산티아고'의 상이 있다. 마을을 나서면 카미노 중에서 가장 평화롭고 자연적인 아름다움을 간직한 길로 들어서게 된다. 7.2km 동안은 과수원과 오크나무와 감귤나무가 우거진 숲을 통과해 외딴 작은 호수를 지나간다. 그리고 나지막한 계곡을 벗어나 오르막길을 오르면 관목지를 통과해 경작지에 다다른다. 농장 건물을 지나 조금 더 걸으면 산토 토리비오 십자가가 한눈에 들어온다.

6.5km 산토 토리비오 십자가 *Cruceiro Santo Toribio* 5세기 사람인 '아스토르가의 토리비오 주교*Bishop Toribio of Astorga*'를 기려 만든 석조 십자가이다. 그가 마을에서 추방당할 당시 바로 이곳에서 마지막 작별인사를 하며 무릎을 꿇었다고 전해진다. 이곳 이름은 '기쁨의 산*Monte Gozo*'이며 이곳에서는 북서쪽으로 펼쳐진 경치를 볼 수 있다. 넓게 펼쳐진 비옥한 대지 저편으로 대성당이 쌍둥이 탑과 함께 눈에 들어온다. 도시 뒤에 우뚝 선 레온 산맥은 며칠 안에 우리가 넘어야 할 곳이고 해발 1,515m로 전체 여정을 통틀어 가장 높은 지점이기도 하다. 남서쪽으로는 텔레노 산맥*Sierra del Teleno*의 꼭대기에 해당하는 해발 고도 2,185m의 엘 텔레노*El Teleno*가 있는데, 이 산은 로마의 신 마르스에게 봉헌되었다. 북쪽에는 코르딜레라 칸타브리카*Cordeilera Cantabrica*의 동쪽 줄기를 이루는 2,417m의 페냐 우비냐*Peña Ubiña*가 솟아 있다. 이 경치를 둘러봤다면 정신을 가다듬고 내려가도록 하자. 가파른 길은 아스팔트 도로로 이어진다.

1.4km 산 후스토 데 라 베가스 San Justo de la Vegas 마을에 들어서면 바로 이곳에서 대체 루트와 만난다. 아스토르가의 위성 도시 역할을 하는 마을이며 바와 식당 등이 있다. 중심가에 위치한 오스탈 훌리 Hostal Juli HsR(987-617 632)도 그중 하나이다.

대체 루트

N-120을 통하는 대체 루트 오스피탈 데 오르비고의 마지막 집 옆 옵션 포인트에서 직진하여 N-120 도로 쪽으로 꺾어지는 왼쪽 길로 들어서자. 이 지점에서부터 길은 N-120과 겹쳐지기도 하고 바로 옆에서 나란히 가기도 하며 굽이치는 시골길을 따라 오르락내리락거리기도 한다. 그러다가 언덕 꼭대기에서 오른쪽으로 꺾어 교차로에 다다른다.

9.0km 네거리 Cruce-X 골짜기 꼭대기를 따라 난 길로 들어선다.

0.9km 산토 토리비오 십자가 Cruceiro Santo Torbio 추천 루트①과 오른쪽 지점에서 만난다.

산 후스토 데 라 베가에서 출발하여 다리로 투에르토 Tuerto 강(0.6km)을 건넌다. 오른쪽으로 꺾어 기분 좋은 시골길로 들어서면 길은 맑은 계곡을 따라 큰 공장의 옆을 지나고 로마 시대의 인도교 몰데리아 다리 Puente de la Molderia(1.6km)에 이른다. 다리를 건너 주도로로 들어서서 기찻길을 건너면 길은 왼쪽으로 꺾어 마을의 성벽 아래를 지나고 가파른 나선형 오르막길을 올라간다. 그리고 '태양의 문 Puerta del Sol'을 통과해 아스토르가의 산 프란시스코 광장으로 들어서게 된다.

알베르게 - 세르비아스 데 마리아

알베르게 - 산 하비에르

3.3km 아스토르가 Astorga 산 프란시스코 광장Plaza San Francisco에는 알베르게 세르비아스 데 마리아Servias de María(987-616 034)가 있다. 새로 지은 지자체 호스텔이며 광장의 왼쪽에 있고 지역 순례자 협회가 운영하는 곳이다. 연중무휴이며 도미토리 안에 150개의 잠자리가 있다. 더 작은 독실도 있다. 현대식이고 좋은 시설이 모두 갖추어져 있다(이 호스텔은 마을 반대편에 예전에 있던 허름한 건물을 대신해 생겼으며 지금 그 건물은 옆에 있는 경찰서의 일부가 되었다). 대각선 맞은편에 있는 다른 지자체 호스텔의 운명은 불확실하지만 어쨌든 여전히 계속해서 여분의 잠자리를 제공하고 있다. 원래는 지자체 호스텔이었던, 광종 모퉁이에 있는 알베르게는 시나고그 정원Jardin de Sinagoga과 인접한 마티아스 로드리게스 카예c/Matias Rodriguez에 위치하고 있으며 최소한의 시설과 침대 36개를 갖추고 있다.

마을의 반대편 끝 대성당 근처에도 인기 있는 네트워크 호스텔이 하나 있다. 알베르게 산 하비에르St. Javier(987-618 532)는 아스토르가와 함께 비아 데 플라타Via de Plata와 이어진 네트워크 호스텔이다. 대성당에서 가까운 포르테리아 카예c/Porteria 6번지에 위치한다. 연중무휴이고 110개의 침대(방 4개, 다락방)를 갖추고 있다. 그리고 식당, 휴게실과 작은 마당을 비롯해 모든 시설을 구비하고 있다. 이 호스텔은 마을 중심가에서 가까운 구시가지 안의 역사가 오래된 건물들 중 하나를 예쁘게 개조한 것이다. 가우디Gaudí 호텔도 그런 건물인데, 서로 관련이 있다.

※ **기타 숙박 시설**: 라 페세타La Peseta Hsr(987-617 275)는 산 바르톨로메 광장San Bartolomé에 있으며 상을 받은 식당인 마라가테리아Maragateria가 붙어 있다. 펜시온 가르시아Pension Garcia(987-616 046, 바하다 포스티고 카예c/Bajada Postigo), 아스트르 플라사Astvr Plaza H(987-618 900, 중앙 광장), 카사 데 테파Casa de Tepa(987-603 299, 산티아고 2번지에 있는 오래된 건물), 가우디(987-615 654, 가우디 궁전과 대성당 맞은편)가 있다. 주도로 상에는 다른 호스텔과 펜션들(더 시끄럽고 더 싸다)이 있는데 가예고Gallego(987-615 450, 폰페라다 아베니다Av. Ponferrada), 코루냐Coruña(987-615 009) 등이 그것이다. 식당, 바 등에서 이 동네 전통 요리vocido maragato를 먹어보라. 영양가 가득한 고기 스튜(보통 돼지고기)로 시작해 콩과 양배추를 곁들인 블랙 소시지가 나오고 야채가 나온 다음 마무리는 수프 한 대접이다. 아니면 이 지역의 빵과 비스킷mantecadas이라도 꼭 맛봐라.

Looking Point 대성당에서 가까운 글로리에타 에두아르도 카스트로*Glorieta Eduardo Castro* 5번지에 관광 안내소(987-618 222)가 있지만 박물관에도 보통 마을 지도(순례자 루트*Ruta Peregrino*와 로마 루트*Ruta Roma*가 나와 있다)가 있으며 기본적인 정보들도 제공한다. 만약 그냥 이 마을을 지나치며 주요 유적지를 둘러볼 계획이라거나, 호스텔 중 한 곳에서 묵을 작정이라거나, 산 하비에르 알베르게까지 곧장 가고 싶다면 주요 유적지(마을 지도 참조)를 지나는 다음 '투어'를 따라가면 된다. 우리가 들어선 마을 남쪽 입구 '태양의 문'에서 시작한다.

[1] **산 프란시스코 광장** *Plaza San Francisco* 순례자 호스텔과 마음에 쏙 드는 공원(산 경치가 근사하게 눈에 들어온다), '아시시의 성 프란시스 성당*Convento de San Francisco*'이 있다. 옆에는 로마 시대의 유적이 있다(풀로 덮여 있음).

[2] **바르톨로메 광장** *Plaza Bartolomé* 산 바르톨로메 성당과 에르가스툴라*Ergastula*가 있다. 에르가스툴라는 로마 건축물인데 예전에 입구용 터널과 노예 주거지, 감옥 등으로 사용되었다. 지금은 박물관이며 로마 시대 아스토르가의 생활상을 설명하는 짤막한 비디오(스페인어)를 틀어 준다.

[3] **중앙 광장** *Plaza Mayor* 아름다운 17세기 바로크 양식의 시청사가 있다. 이곳에는 클라비호 전투에서 쓰였던 깃발들 중 하나가 보관되어 있다. 광장에서 잠시 숨을 돌리고 있으면 유려하게 장식된 시계의 기계장치 인형 두 개(전통 복식을 한 남자와 여자)가 중앙의 종을

쳐서 매 시각을 알리는 걸 볼 수 있다. 마을의 끄트머리에는 흥미로운 로마 유적들이 꽤 많다. 지자체 도서관 뒤편의 시나고그 정원 바로 곁에 있는 로마 시대 성벽과 배수 시설*murallas y cloachas Romanas*, 로마 시대 목욕탕*termas Romanos* 등이다.

[4] **산토실데스 광장** *Plaza Santocildes* 반도 전쟁(*Peninsular War*, 1808~1814에 있었던 영국·스페인·포르투갈과 나폴레옹의 전쟁 – 옮긴이) 당시 아스토르가에서 벌어진 공성전을 기념하는 멋진 사자상*monumento a los Sitos*이 특징이다. 광장 건너편으로 가서 왼쪽으로 호세 마리아 카예*c/Jose María*가 있고, 초콜릿 박물관*Museo del Chocolate*이 있다. 아스토르가는 초콜릿 생

산의 중심지이며 박물관의 큐레이터는 순례길의 동지이자 이 지역 협회의 회장이기도 하다.

[5] **오비스포 알콜레아 광장** *Plaza Obispo Alcolea* 성곽 도시로 들어오는 또 하나의 입구이다. '왕의 문*Puerta de Rey*'이라고 하는데 현재 없어졌지만 카사 그라넬*Casa Granell*의 외관을 이루는 한쪽 면은 감상할 수 있다. 이제 아스토르가의 보물들을 구경하러 가보자.

[6] **카테드랄 광장** *Plaza Catedral* '주교의 궁*Palacio Episcopal*'이라고 알려진 놀랍도록 아름다운 가우디 건축물이 우리를 맞이한다. 이 건물의 신고딕 양식 탑은 하늘로 날아오르기라도 할 것 같다. 이곳에 주교는 없지만 환상적인 '카미노 박물관*Museo de los Caminos*'이 있다. 여기엔

카미노 박물관

북부 스페인의 주요 교역, 군사, 순례 루트가 된 많은 로마 시대 길들의 역사적인 기록과 유물이 있다. 카미노스 데 산티아고*Caminos de Santiago*에 대한 섹션과 예전엔 이라고 산 *Monte Irago* 꼭대기에 있었던 오리지널 '철십자가*Cruz de Ferro*'는 빼놓지 말아야 한다. 또한 이 지역은 로마 시대 매춘부들의 숙소*Celda de las Emparedadas*가 있었다. 산타 마르타 성당*Iglesia de Santa Marta* 뒤에는 관광 안내소가 있다. 산타 마르타 성당은 광장을 근엄하게 내려다보는 15세기의 고딕 대성당인데 로마네스크 양식과 고딕 양식, 이후의 건축 양식이 아름답게 혼합되어 있으며 르네상스 시대의 제단에는 대성당이 봉헌된 '성모 마리아상*Virgen de la Majestad*'이 있다. 대성당 뒤에는 '로마의 문*Puerta Romana*'과 잘 보존된 로마 성벽이 있어 그 자체로 야외 박물관이나 다름없다.

근처의 대성당 박물관*Museo de Catedral*(이곳의 입장권으로 주교의 궁에도 들어갈 수 있다)도 들러볼 만하다. 이 박물관에는 성 야고보의 매장식을 그린 장엄한 15세기 그림이 있는데 제목은 '삶의 다리와 루파 여왕*El Puente de la Vida y la Reina Lupa*'이다. 이 그림에는 성 야고보의 석관을 끄는 황소들과 성스러운 힘에 의해 함몰된 다리가 나타나 있다. 다리가 무너져 로마 군인들은 사도의 제자들과 그들의 짐을 압류할 수 없었다. 그밖에도 순례 여정을 묘사한 수많은 그림과 성스러운 예술품, 유물들이 잘

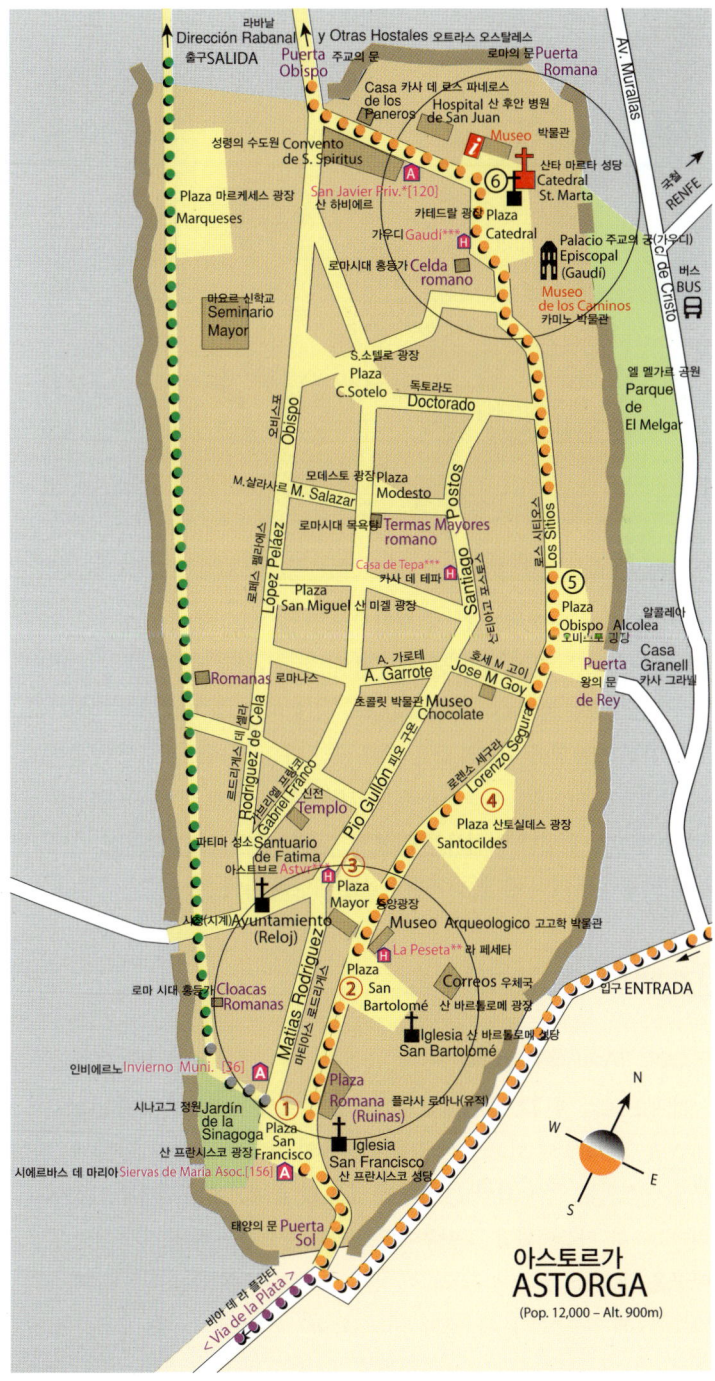

대성당 박물관

전시되어 있다.

대성당 박물관 옆에는 건 성 프란시스가 산티아고에 가는 도중에 묵었다고 전해지는 유서 깊은 산 후안 병원*Hospital de San Juan*이 있다. 더 가면 '성령의 수도원*Convento de Sancti Spiritus*' 건물이 있다. 라바날로 향한다면 오른쪽으로 꺾어 주교의 문을 통해 나간 다음 산 페드로 카예로 들어서라. 그리고 마드리드*Madrid*에서 라 코루냐*La Coruña*로 이어지는 복잡한 N-VI 도로를 건넌다. 여기서 밤을 보낼 거라면 맘에 드는 호스텔로 가자. 아니면 활기찬 여러 광장들 주변에 있는 식당과 바에 가는 것도 좋겠다.

한눈에 살피는 지역 정보

아스토르가*Asturica Augusta*

가파른 계곡 꼭대기에 세워진 매력적인 도시이다. 다양한 가게와 일반적인 부대시설들이 있고 유서 깊은 건물들이 성벽 안에 붙어 있다. 메인 루트가 겹치는, 눈에 확 띄는 위치에 있는 탓에 예전에는 강력한 아스투리아*Asturian* 마을이었고 그 이후에도 그만큼 중요한 로마 도시가 되었다. 이곳은 '프랑스 길*Camino Frances*(이 지역을 보르도와 연결하는 비아 트라하나 *Via Trajana*의 일부분이다)'과 '로마 길*Calzada Romana*(비아 아키타나*Via Aquitana*

로도 알려져 있다)'이 세비야와 남쪽에서 오는 '비아 데 라 플라타*Via de La Plata*(카미노 모사라베*Camino Mozarabe*로도 알려져 있다)'와 만나는 지점이다. 이 루트들이 모이는 곳인 탓에 중세에는 20개가 넘는 순례자 구호 시설들이 있었다. 1840년에 아스토르가를 방문한 조지 보로*George Borrow*는 '스페인의 거의 절반을 차지하는 교역량 대부분은 마라가토인(이 지역의 현지 주민을 일컫는다 - 옮긴이)의 손을 거친다. 이들은 신용은 비스케*Biscay* 만에서 마드리드까지 1톤의 보석을 나른다 하더라도 이를 의심하는 사람이 없을 정도이다.'라고 썼다. 이걸로는 충분치 않다는 듯, 아스토르가는 또한 왕실의 가축을 몰고 가는 길들*Cañadas Reales*의 교차점으로도 기능했다. 무리지은 가축들은 이베리아 반도를 오갔다. 이 유럽 전역에 걸친 이 유목 시스템은 이동 방목으로 알려졌으며 여러 카미노들을 지나다니다 보면 여전히 눈에 띈다. 그리고 아스토르가에서는 양들이 마을을 통과하는 때 '가축의 대이동 축제*Fiesta de Transhumanica*'를 열어 이를 기념한다.

아스토르가는 마라가테리아의 '수도'로 불리기도 한다. 하지만 정작 마라가토인들 스스로는 어느 한 쪽으로 분류되는 것을 거부한다. 어떤 사람들은 8세기 경 무어인들이 침입해 올 때 함께 스페인으로 와 이 외딴 지역에 '실수로' 정착해버린 베르베르*Berber* 족의 후손이 마라가토인 이라고 추정한다. 마라가토인이 서고트 족과 서고트 족의 왕 마우레가 토와 관계가 있을 거라고 주장하는 이들도 있다. 어쨌든 대부분은 마라가토인이 노새를 끌고 다니고 이 일대 40여개의 마을에 4천여 명이 흩어져 산다는 사실엔 동의하고 있다.

22day note

"오렌지나무 숲 그늘에 앉아 한새가 물고기를 낚아채려고 물속에서 참을성 있게 기다리는 모습을 스케치하고 있다. 왜 진작 주변을 더 주의 깊게 살펴보고 삶의 아름다움을 그림으로 그리려 하지 않았던지. 난 너무 쓸데없이, 이것저것 걱정과 책임감 따위에 얽매이곤 했다. 그래서 지금 이 순간의 것이들 놓쳐버린 것이다. 이런 내용을 적고 있는데 또 눈물이 흘러내린다. 이 눈물은 기회를 잃었다는 슬픈 감정에서 흘러나온 것일까, 아니면 평화로운 장소에서의 조용한 깨달음 속에 나를 사로잡은 감사한 마음 때문일까?"

깨달음을 향한 마지막 발걸음
(23day~32day)

23 day

'산티아고 데 콤포스텔라'까지 | 272.1km(169.1마일)

아스토르가에서
라바날 델 카미노까지 — 21.4km

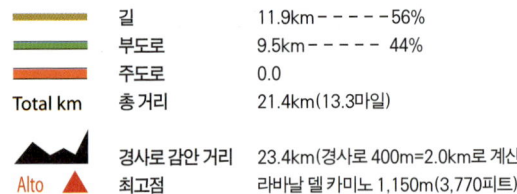

	길	11.9km – – – – 56%
	부도로	9.5km – – – – 44%
	주도로	0.0
Total km	총 거리	21.4km(13.3마일)
	경사로 감안 거리	23.4km(경사로 400m=2.0km로 계산)
Alto ▲	최고점	라바날 델 카미노 1,150m(3,770피트)

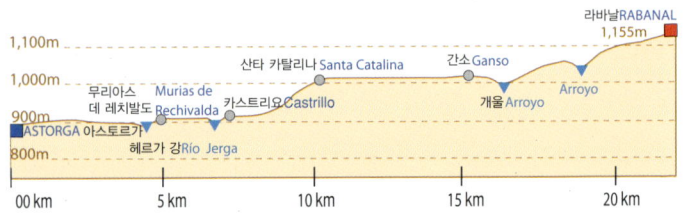

Road Point 오늘은 산을 넘고 내일은 전체 여정에서 가장 높은 지점을 올라야 한다. 라바날에서 먹고 쉴 수 있지만 예측 불허인 산의 기후에 적합한 옷을 살 수는 없다. 아스토르가는 산에 오르기 전에 장비 일습을 장만할 수 있는 마지막 기회이다. 하지만 오늘 여정엔 중간 중간 작은 마을들이 몇 있으니 음식과 음료는 살 수 있을 것이다. 이 마을들에는 소모사 *somoza*라는 접미사가 붙어 있는 경우가 많은데 라틴어의 서브 몬티아 *sub montia*, 즉 '산 아래'라는 말에서 나온 것이다. 오늘은 상대적으로 편안한 코스이고 내일의 등산 여정을 위해 라바날에서 편안한 밤을 보낼 수 있을 것이다.

에스테야를 떠나며

> **Soul road**
> 영혼의 산맥은 어디에 있는가? 정상에 오르려면 얼마나 높이 올라가야 하고, 그곳에서 당신은 무엇을 찾을 것인가? 장비는 얼마나 잘 갖추고 있는가? 무엇을 가지고 갈 것이고, 더 중요한 사항으로 무엇을 뒤에 남겨놓을 것인가? 입구를 지키는 파수꾼을 만나기 전에 잠시 멈춰 서서 뒤돌아보는 시간을 가져보자. 내일은 당신 여정의 정점에 도달하기에 좋은 시간이다. 계속해서 나아가기 위해, 삶의 찌꺼기들을 벗어버리기 위해 정상엔 무엇을 선물로 내려놓고 올 것인가?

길 표지를 따라 대성당(0.8km) 쪽으로 향하자. 서문 맞은편에서 왼쪽으로 꺾어 '주교의 문'을 통해 나가면 바리오 데 렉티바 *Barrío de Rectiva*가 나오는데 거기서부터 산 페드로 카예이다. 그리고 같은 이름을 가진 현대 교회를 지나 번화한 교차로(현대식 가게들과 카페들이 있다)에서 N-Ⅵ(마드리드–아 코루냐)를 건넌다. 직진하면 산타 콜롬바 데 소모사 *Santa Colomba de Somoza*라는 표지가 있다.

Looking Point 아스토르가가 로마 시대 이래로 교통의 중심지이자 세비야와 남쪽에서 오는 루트의 연결 지점이 된 경위를 앞에서 설명했다. 이 루트는 학자들이 '플라타 *Plata*'란 '은'이 아니고 '넓음'을 의미하는 아라비아어가 와전된 것이라고 주장함에도 불구하고 보통 그냥 '은 루트 *Silver Route, Via de la Plata*'라고 불린다. 어학적인 이야기는 제쳐두고, 우린 이제 며칠 동안 산악 지역을 지나가게 되는데 이 지역과 폰페라다 *Ponfferada*(라스 메둘라스 *Las Medulas*) 사이의 광산에서는 금, 은을 비롯하여 여러 가지 귀금속류가 많이 생산된다. 중세 순례자들은 선택을 해야 했다. 라바날과 푸에르토 이라고 *Puerto Irago*(1,505m)를 지나는 빠르지만 가파른 루트로 갈 것인지, 좀 둘러가지만 덜 험한 푸에르토 만사날 *Puerto Manzanal*(1,225m)로 갈 것인지. 오늘날 이 지역은 N-Ⅵ과 A-6 고속 도로, 철도 등이 레온 산맥을 가로질러 폰페라다와 아스토르가를 잇는다. 중세 시대 작가 쾨닉 폰 바흐 *König von Vach*는 '라바날은 무조건 피하라고 말해주고 싶다'고 했지만, 오늘날에는 그런 충고는 무시할 수 있게 되었다. 라바날은 이제 카미노 전체를 통틀어 가장 괜찮고 순례자들을 잘 대해주는 마을 중 하나로 손꼽히기 때문이다. 그러니 자신감을 가지고, 다만 신중히(최근 몇 년간 순례자들이 바로 이 길 위에서 사망했다. 바로 오른쪽에 있는 십자가가 그 지점을 표시해주고 있다) 길을 떠나도록 하자. 2.3km를 걸으면 레시덴시아 산 프란시스코와 아담한 중세 시대 암자 에세 오모를 지나게 된다.

3.1km 고속 도로 고가 *Autopista flyover* 부도로와 나란히 난 순례자 길로 들어선다. 그리고 헤르가 강을 건너 풀숲 길로 가 왼쪽으로 꺾으면 무리아스 데 레치발도다.

2.2km 무리아스 데 레치발도 Murias de Rechivaldo 알베르게 라스 아게다스Las Águedas는 네트워크 호스텔(987-616 765)로 마을을 나서자마자 나오는 오른쪽 마지막 건물이다. 연중무휴이며 방 3개 안에 침대 60개를 갖춰놓고 있다. 작은 식료품점을 비롯해 모든 시설을 갖추고 있으며 예쁜 안마당이 있는 전통 가옥이다.

알베르게-라스 아게다스

알베르게는 지자체 호스텔(987-691 150)로, 야외 쉼터 바로 옆 주도로 상에 위치하고 있다. 연중무휴이고 22곳의 잠자리가 있으며 최소한의 시설은 모두 갖추고 있다. 맞

알베르게-지자체 호스텔

은편에 있는 메손 카사 플로르Mesón Casa Flor(987-603 148)에서는 마라가토 전통 음식과 B&B 서비스를 제공한다.

대체 루트

이 대체 루트①로 가려면 지자체 호스텔 옆에서 부도로로 들어선 다음 왼쪽으로 꺾어 (산타 콜룸바Santa Columba로 가는 LE-142 도로) 앞에 보이는 마을까지 곧장 가면 된다.

2.1km 카스트리요 데 폴바사레스 Castrillo de Polvazares 중심 거리가 자갈로 덮여 있고 양쪽엔 돌로 된 전통 양식 건물들이 쭉 늘어선, 전형적인 마라가토 마을이다. 여행자 숙소, 바, 식당 등이 들어서 있다. 동네 장인들이 최선을 다해 재건을 한 덕에 카미노 위의 쇠락한 마을들에서 느껴지는 진짜 마라가토의 분위기는 찾아보기 힘들다. 마을 입구의 주차장엔 관광 버스가 자주 드나든다. 소설

카스트리요 데 폴바사레스

가 콘차 에스피나Concha Espina가 스페인어로 쓴 소설 『마라가토 스핑크스La Esfinge Maragata』에 카스트리요에서의 삶을 묘사한 덕에 마을의 인지도가 높아졌다. 게스트하우스가 있으며 중심부에는 오스테리아 쿠카 라 바이나Hostería Cuca La Vaina(987-691 034)도 있다. 마을을 통과해 0.7km를 걸어 중심부의 십자가에서 왼쪽 방향으로 (희미하게 표시된) 길 표지가 있는 카미노로 가자. 작은 개울(헤르가 강의 지류)을 건너 1.9km를 더 걸어 올라가 위에 보이는 아스팔트 도로에 다시 합류한다.

2.8km 교차로 Cruce-X 여기서 추천 루트와 합류해 산타 카탈리나까지 남은 1.1km를 간다

널따란 흙길을 걷는 추천 루트로 가려면 카페(왼쪽)와 알베르게(오른쪽)가 있는 순례자 샘[F]을 지나 계속 걸어 오솔길로 가면 된다. 이 길은 일직선으로 머리 위를 지나가는 전선을 따라 나 있다.

2.1km 네거리/Cruce-X 부도로(카스트리요 데 폴바사레스가 오른쪽이다)를 건너 순례자용 오솔길로 들어선다. 오래된 아스팔트 도로와 나란한 길이다.

2.0km 산타 카탈리나 Santa Catalina 알베르게 엘 카미난테 El Caminante는 사설 호스텔(987-691 098)로 독실과 함께 카페 겸 바, 스페인식 안뜰이 있다. 엘 카미난테를 지나면 바로 레알 카예 11번지의 알베르게 오스페데리아 산 블라스 Hospederia San Blas(987-691 411)가 나온다. 1년 내내 문을 여는 사설 호스텔이며 여러 방 안에 24개의 잠자리를 갖추고 있다. 시설엔 식사가 가능한 카페 겸 바가 포함되어 있다. 중심가를 따라 더 내려가서 카미노 레알 Camino Real 바를 지나 돌로 된 벽 사이(왼쪽)로 들어가면 지자체 호스텔(987-691 819)이 나온다. 연중무휴이고 침대는 38개가 있으며 시설은 기본적인 것들만 있다(주방은 없다).

지자체 호스텔

4.9km 엘 간소 El Ganso 상실감을 불러일으키기도 하고, 세상이 덜 빠르게 돌아가던 시절을 떠올리게도 하는 다 쓰러져가는 마을이다. 12세기엔 수도원과 순례자 구호 시설이 자랑거리인 마을이었지만 현재는 카우보이 바와 최신식 알베르게 가비노 Gabino(660-912 823)만이 마을에 활기를 불어넣고 있다. 레알 카예 위에 있고 모든 시설을 갖춘 새 사설 호스텔이다. 연중무휴이고 방 2개에 잠자리 28개를 구비하고 있다. 루트에서 30m 벗어나면 지자체 호스텔(987-691 088)이 있다. 마을 건강 센터 건물의 일부를 사용하고 있으며 학교로 쓰이던 곳을 개조했다. 라스 에라스 카예 c/las Eras의 끄트머리, 식수대[F] 옆에 자리 잡고 있다. 연중무휴이며 16개의 침대와 최소한의 시설뿐이다. 하지만 깨끗한 곳이고, 부족한 편의 시설은 아름다운 경치로 보상이 된다.

Looking Point 엘 간소는 비교적 한적한 산지를 걸으며 첫 번째로 만나는 마라가토 마을이다. 여기처럼 폐허 직전의 마을들을 더 만나게 될 것이다. 그렇지만 무너져가는 초가집들 가운데서도 카우보이 바처럼 새로운 삶의 징표들이 존재한다. 물론 오랜 역사와 매력을 안은 이 마을과는 어울리지 않는 징표. 성 야고보에게 봉헌된 교구 교회 안에는 '순례자 산티아고'의 조각상이 있다. '순례자의 그리스도 예배당*Capilla de Cristo de los Peregrinos*'도 있다. 현지인과 만날 기회를 갖고 싶다면 그냥 지나치지 말자.

여기서부터 철십자가*Cruz de Ferro*에 이를 때까지, 진짜 '카미노의 친구들'이 최근 LE-142 양옆으로 보행로를 닦아두었다. 몹시 구불거리는 길이라 사각지대가 많으니 주의하도록 하고, 기회가 닿을 때마다 그 옆에 있는 오솔길을 이용하길 권한다. 여기서도 좁은 아스팔트 길을 고집하다 경사로에서 다치는 경우가 많다. 피곤하다는 이유로 집중력을 흩뜨리지 않는 것이 좋다. 라바날 비에호*Rabanal Viejo*와 황금 루트*Ruta de Oro* 방향을 가리키는 표지는 무시하라(오른쪽으로 1.5km 거리의 로마 시대 금광 *Minas de La Fucarona* 유적에 굳이 들를 마음이 없다면). 평온한 계곡을 감상하며 쭉 가면 파뇨테 다리가 나온다.

3.9km **파뇨테 다리** *Puente de Pañote* 현대식 다리를 통해 시원한 계곡물로 기분 전환을 하며 라바날 데 비에호 계곡을 건너면, 사철나무*encina*와 참나무*roble*와 소나무*pino*가 뒤섞인 숲이 있는 가파른 오르막이다. 중간에 '순례자 숲'의 전형을 보여주는 쉼터를 지나치는데, 벤치가 놓여 있어 나무그늘 아래 앉아 쉴 수 있다(그러나 이 정도 고도에서는 잎이 무성한 기간이 아주 짧다). 라바날에 입성하기 직전 18세기의 '십자가 옆의 성 그리스도 예배당*Ermita del Benito Cristo de la Vera Cruz*'(왼쪽)을 지나 오른쪽으로 도로를 벗어나면 라바날 델 카미노(2.8km)의 중심 거리인 레알 카예*c/Real*에 들어선다. 마을에 들어서자마자 알베르게 엘 테신*El Tesin*(650-952 721)이 나온다(왼쪽). 전통 석조 가옥을 새로 개조한 사설 호스텔로, 도미토리와 독실에 34개의 침대가 있고 카페 겸 바와 상점도 운영한다. 가파른 레알 카예를 0.4km 더 가면 18세기의 산 호세 예배당*Capilla de San José*(오른쪽)에 닿는다. 정문 포치에서 '순례자 산티아고'의 그림으로 꾸민 제단이 보인다. 예배당과 작은 상점을 지나면 마을의 중앙 광장에 닿는다.

3.2km 라바날 델 카미노 *Rabanal del Camino*

12세기 로마네스크 양식의 산타 마리아 성당*Iglesia de la Santa María*이 좁은 중앙 광장을 거의 다 차지한다. 그 왼쪽에는 알베르게 가우셀모*Gaucelmo*(987-691 901)가 있다. 런던과 비에르소*Bierzo*에 본부를 둔 성 야고보 신자회가 운영한다. 4월~10월까지 문을 열고, 헛간을 개조한 공간과 2개의 방에 46개의 침대가 있으며, 아담한 도서관과 안뜰, 과수원 등의 편의 시설을 갖추었다. 1991년에 세심하게 복원된 이래 놀랍도록 관리가 잘 되고 있다. 아침 식사도 제공된다.

알베르게-가우셀모

알베르게 N.S. 델 필라르*N.S. del Pilar*는 헤로니모 모란 알론소*Gerónimo Morán Alonso* 광장의 주도로에 위치한 사설 호스텔이다(987-691 890). 입구 위에 문장이 새겨진 방패가 있는 건물을 찾으면 쉬울 것이다. 연중무휴이고 커다란 도미토리에 74개의 침대가 있다. 중앙의 매혹적인 안뜰에 테이블이 있는 활기 넘치는 바 등 모든 편의 시설을 갖추고 있다. 주도로 앞쪽에는 지자체 호스텔도 있다(987-691 272). 5월~10월에 문을 열고 42개의 잠자리(매트리스 포함)와 야외 바비큐 시설이 있으며 도로와 인접해 있다.

※ **기타 숙박 시설**: 카미노상에 오스테리아 엘 레푸히오*Hostería del Refugio Hs*(987-691 274)가 있다. 교회와 붙어 있으며 유명한 바와 식당(순례자 메뉴 제공)을 함께 운영한다. 좀 더 비싼 라 포사다 가스파르*La Posada Gaspar*(987-691 079)는 17세기의 순례자 구호 시설을 개조한 건물로, 마을의 맨 꼭대기에 위치한다.

한눈에 살피는 지역 정보

무리아스 데 레치발도

성 스테파노 교구 성당과 식당, 바 등이 있고 카미노상에 식수대[F]가 있다. 산타 카탈리나*Santa Catalina*로 직행하는 추천 루트①(4.3km)이 있고, 지방 도로를 따라 전통적인 마라가토 마을인 카스트리요 데 폴바사레(국가 유적으로 지정되었다)에 들렀다가 메인 루트와 만나는 방법도 있다.

산타 카탈리나

형태로 보나 50여 명으로 줄어든 인구로 보나 이 지역의 전형적인 마을 모습이다. 예전에는 순례자 구호 시설이 있었다. 교구 성당에는 산 블라스의 유골이 안치되어 있으며 그의 이름을 따 성당과 알베르게의 이름이 지어졌다. 마을을 지나 소도로 다시 나와 그 곁에 나란히 난 오솔길을 따라가면 엘 간소가 나온다.

라바날 데 카미노

가파른 이라고 산길을 넘는 코스를 앞두고 있는 순례자들을 돌보는, 수세기에 걸친 전통을 이어오고 있다. 12세기에 템플 기사단이 이곳에 등장했을 때 순례자들이 이 외딴 산지를 안전하게 지날 수 있도록 보호했다고 전해진다. 12세기의 산타 마리아 성당도 그들이 지은 것으로 추정된다. 최근에는 독일에서 조직된 어느 사제단이 광장의 한 건물에 입주했으며, 복원된 성당에서 다시 한 번 그레고리안 성가가 울려 퍼지기 시작했다. 2001년 이곳에 설립된 산 살바도르 델 몬테 이라고*San Salvador del Monte Irago* 수도원의 베네딕트회 사제들과 오스트리아에 본부를 둔 상트 오틸리엔 대수도원*Abbey church of St. Ottilien*이 제휴하여 저녁 예배(저녁 7시)와 밤 예배(밤 9시 30분)를 열고 순례자들을 축복하게 된 것이다. 이들 사제단은 이렇게 영적인 명맥을 이어감과 동시에 광장에 조그만 상점과 최소 2박 이상의 숙박 시설을 운영하기도 한다(987-691 277).

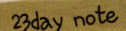

24 day

'산티아고 데 콤포스텔라'까지 252.7km(155.8마일)

라바날 델 카미노에서
몰리나세카까지 - 26.5km

	길	13.6km	51%
	부도로	12.5km	47%
	주도로	0.4km	2%
Total km	총 거리	26.5km(16.4마일)	
	경사로 감안 거리	29.5km(경사로 600m=3.0km로 계산)	
Alto ▲	최고점	철십자가 1,505m(4,940피트)	

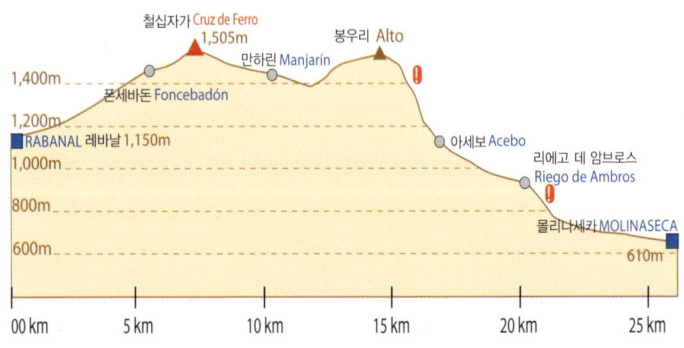

Road Point 오늘은 이라고 고갯길을 걸어 전체 여정 중 가장 높은 지점에 도달한다. 군데군데 몹시 가파른 오르막이 있어 단단히 맘먹고 고된 등반을 해야 하지만, 대부분의 부상(염좌, 근육 뭉침, 골절 등)은 '내리막'에서 자주 발생한다는 사실을 잊지 말자. 사각지대가 많아 위험한 아스팔트 도로에서 벗어나려 하지 않는 순례자가 많다. 도로와 대체로 나란하게 새로 난 보행로가 대부분 더 안전한 자연의 흙길이므로 이를 이용하면 좋다. 휴식이나 명상을 위해 걸음을 멈출 때는, 고도가 높아 움직임을 멈추는 즉시 땀이 빨리 식는다는 사실을 기억하라. 그러니 산바람을 피할 수 있는 장소를 선택하고 옷을 따뜻하게 입어야 한다. 오늘 단계에는 식수대(F)가 여러 군데 있으며, 호스텔과 카페를 갖추고 순례자들을 맞이하는 몇몇 산촌도 만나게 된다. 그러나 라바날을 떠나기 전에 수통을 채우고 간식을 준비해가는 것이 현명할 것이다.

라바날을 떠나며

> **soul road**
> 많은 이들에게 오늘은 최상의 경험이 될 것이다. 평화가 모든 이해를 넘어선다는 말은 이성적으로 생각해보면 모호한 표현이다. '평화한 상태'란 당신에게 어떤 의미인가? 통합된 시각의 경험, 물리적인 눈으로 보는 이원적인 시각을 넘어서는 경험을 말로 설명할 수는 없다. 감각으로 인지하는 세상이 우리의 시각을 제한하고 가둔 지 얼마나 오래 되었는가? 오늘, 우리의 '자아'가 더 높이 비상하도록, 우리의 감각이 공간과 시간을 초월한 초감각으로 올라서도록 기회를 주는 것은 어떨까?

거친 보행로로 마을을 통과하여 길 끝자락의 아스팔트 도로를 가로지른다. 투리엔소 계곡río Turienzo 위로 펼쳐진 아름다운 풍경을 감상하며 엘 텔레노 산Monte El Teleno을 향해 쭉 올라간다. 카미노 표지판에 닿으면 왼쪽으로 꺾어 폰세바돈에 들어선다.

5.8km **폰세바돈** Foncebadón 알베르게 몬테 이라고Monte Irago(695-452 950)는 돌로 지은 가옥을 개조한 신축 네트워크 호스텔이다. 1년 내내 운영하고 35개의 잠자리와 훌륭한 시설을 갖추고 있다. 알베르게 콘벤토 데 폰세바돈Convento de Foncebadón(658-974 818)은 개보수한 건물에 자리한 신축 사설 호스텔로, 독실을 포함하여 20개의 잠자리를 갖추고 바와 식당을 겸하고 있다. 알베르게 도무스 데이Domus Dei는 마을 중앙에 위치하며 최근 개보수를 마친 성당의 일부이다. 4월~9월에 문을 열고 22개의 침대와 기본적인 시설들이 있다. 조용하게 기도를 하기 좋은 곳이다.

알베르게-몬테 이라고

알베르게-도무스 데이

2.0km **푸에르토 이라고** Puerto Irago/**철십자가**Cruz de Ferro 참으로 고귀한 문을 표시하는 참으로 소박한 기념비이다. 실로 뜻깊은 이 지점의 해발 고도는 1505m이고, 그 꼭대기에는 단조로운 철십자가가 우뚝 서 있다. 세월과 비바람을 견뎌낸 십자가 기둥은 '순례자 성 야고보 길'의 영

원한 상징 중 하나가 되었다. 잠시 걸음을 멈추고 이번 여행의 목적을 되새겨본 후, 조약돌이나 다른 사랑의 상징물을 얹고 지금까지 앞선 순례자들이 얹은 돌과 상징물 더미를 향해 신의 가호를 빌어보자. 이전 가톨릭 성년을 기념하여 현대식 석조 예배당 '에르미타 데 산티아고*Ermita de Santigo*'가 지어졌는데, 문은 계속 잠겨 있다. 그러나 우리 주위를 감싼 더욱 장대한 예배당은 언제나

푸에르토 이라고 – 철 십자가

활짝 문을 열고 우리를 맞이해줄 것이다. 길은 도로와 계속 나란히 이어져 만하린에 닿는다.

2.2km 만하린 *Manjarín* 1년 내내 문을 여는 사설 호스텔로, 30개의 잠자리(매트리스)와 기본 시설들을 갖추고 있다 도로 반대편의 우물에서 길어온 물을 사용할 수 있고 화장실은 야외에 있다. 온수를 제공하는 태양전지판과 연기 나는 히터 벽난로 등 간단한 친환경 시설들이 있다. 이 산속 성지에서 하룻밤을 묵는 이들에게 간단한 배식도 제공한다.

2.3km 군사 교차로 *Cruce-X Militar* 산꼭대기 전망대를 지나친 후에 또 한 번 해발 고도 1,515m의 고점에 다다른다. 서쪽 지평선을 바라보면 마구잡이로 퍼진 폰페라다 교외 지역이 얼룩처럼 확실히 보인다. 이제 길은 가파른 내리막이다[!]. 협곡으로 난 길을 잘 따라가다가 길을 건너자마자 오른쪽으로 돌아(권투 선수처럼 지그재그로 발걸음을 놀려야 할 것이다) '송어의 샘터*Fuente de la Trucha*'[F]까지 가파른 내리막을 내려와 아세보로 들어선다.

4.7km 아세보 *Acebo* 엘리사르도 파니소*Elisardo Panizo* 기초 지자체 호스텔로, 산촌 아세보에 들어서자마자 보이는 첫 번째 건물(오른쪽)이다. 여름에만 문을 열고 방 하나에 침대 10개가 있다. 샤워기 하나, 화장실 하나가 편의 시설의 전부다. 열쇠는 알베르게 메손 엘 알세보에서 받는다.

알베르게 메손 엘 아세보*Mesón el Acebo*(987-695 074)는 레알 카예*c/Real* 16번지에 위치한 사설 호스텔이다. 연중무휴이고 3개의 방에 24개의 침대가 있다. 시설을 잘 갖춘 편이고 주방은 없지만 순례자 메뉴를 제공하는 바가 있다. 후방에는 야외 테라스도
알베르게-산 미겔

있다. 알베르게가 꽉 차면 현지인 호세가 바*Taberna de José*를 숙박 시설로 이용하기도 한다. 마을의 아래쪽 레알 카예 19번지에 위치하며 3개의 방에 14개의 잠자리와 기본 시설을 갖추고 있다. 알베르게 파로키나 산 미겔*Parroquina San Miguel*은 교구 성당과 붙어 있는 석조 건물을 개조한 곳으로, 하나의 도미토리 안에 24개의 침대가 놓여 있다. 훌륭한 현대식 편의 시설을 제공한다.

아세보도 이 지역의 전형적인 산지 마을이다. 단 하나의 중심가가 가운데를 관통하고 빗물이 지나가라고 파놓은 도랑은 정작 비가 오면 넘치기 일쑤인 그런 마을 말이다. 마을 끝자락 왼편에 위치한 산 미겔 교구 성당에는 순례자 산티아고의 상이 있다.

※ **기타 숙박 시설**: 라 로사 델 아구아*La Rosa del Agua CR*(616-849 738, B&B), 라 트루차*La Trucha CR*(987-695 548), 라 카사 델 몬테 이라고*La Casa del Monte Irago CR*(638-721 242)가 있다. 성당 옆의 페나 광장*Plaza Pena*에 티엔다 카사 호세피나*Tienda Casa Josefina*라는 작은 상점과 예쁜 피크닉 장소가 있다. 마을을 빠져나가는 길의 묘지 바깥쪽에 있는 자전거 상은 이곳의 도로에서 죽은 어느 순례자를 기리기 위해 만들어졌다. 이 지점은 한적한 시골길로 난 여러 우회로로 갈라지는 곳이기도 하다(푯대는 있지만 표지는 없다).

우회 루트

우회로①은 에레리아*Herrería* 묘지 뒤편에서 곧장 중세의 대장간 에레리아 쪽으로 빠진다. 가파른 계곡 바닥에 '숨어' 있다. 물방아를 동력으로 사용하는, 가장 오래된 대장간 중 하나이다. 계곡가를 따라 난 숲길을 걸어 이 역사적인 장소에 닿을 수 있다.

Looking Point 거리상으로는 왕복 4km이지만 아주 가파른 비탈을 오르내려야하므로 체감 거리는 두 배로 늘어난다. 엘 아세보나 다음 마을에서 묵을 계획이라면 그냥 이런 데가 있다는 것만 알아두고 꼭 가진 않아도 좋다.

우회로②인 콤플루도*Compludo*(에레리아에서 2km)는 7세기에 산 프룩투오소*San Fructuoso*가 이곳에 수도원을 지음으로서 이 지역에 수도원 문화가 전파되었다. 이 우회로는 엘 아세보부터 부도로를 이용하는 왕복 7km의 다소 힘든 코스다. '침묵의 계곡*Valle de Silencio*'으로 가는 순례자들이 따랐던 루트의 일부였고 템플 기사단과 콤플루도 수도원의 보호를 받았다(지금은 그 흔적을 찾을 수 없다). 에스피노소 데 콤플루도 *Espinoso de Compludo*에는 숙박과 식사를 함께 제공하는 곳이 꽤 많다. 라스 콰트로 에스타시오네스*Las Cuatro Estaciones CR*(987-970 092, 1인당 50유로부터)도 있다. 콤플루도에서 19km를 아스팔트 길로 더 올라가면 아름다운 '침묵의 계곡'과 페냘바 데 산티아고*Peñalba de Santiago*가 나타난다. 10세기에 산 헤나디오*San Genadio*가 이곳 흰 바위*peñalba* 위에 만든 암자다(눈으로 덮여 있을 때가 많다). 이 우회로는 체력이 받쳐줘야 갈 수 있으며, 충분히 감상할 시간과 공간을 할애해야 한다. 모사라베 양식의 말발굽 아치가 있는 교회(국가 유적)만 덩그러니 남아 있지만, 경이로운 산 풍경과 고요함이야말로 진정 영원한 유산이리라. 안타깝게도 요즘은 27km 거리의 폰페라다에서 택시나 버스로 손쉽게 올 수 있어 관광객이 들끓을 위기에 처했다.

아스팔트 도로를 따라 1.8km 정도 가다가 왼쪽으로 꺾으면 구불구불한 오솔길이 리에고 데 암브로스(1.5km)로 이어진다.

3.8km 리에고 데 암브로스 *Riego de Ambrós*

예쁜 마을로 들어서자마자 보이는 산 세바스티안*San Sebastián* 예배당(오른쪽) 바로 아래에 사설 호스텔(987-695 190)이 있다. 연중무휴이고, 4칸으로 나눈 침실에 24개의 침대(매트리스 25개)가 있다. 밝고 넓은 건

알베르게-리에고 데 암브로스

물 안에 조그만 안뜰을 비롯하여 여러 편의 시설을 잘 갖추었다. 암브로스는 아름다운 산 마을로, 돌출형 발코니가 특징인 전통 가옥이 많다. 폰페라다와 가깝고 비교적 고도가 낮아 온화한 기후인 탓에, 예전에 사람이 다 떠났던 건물들을 모두 개조해서 숙박 시설로 재단장했다. 과거엔 유쾌한 술집이었던 곳마저 아쉽게도 숙박 시설로 바뀌었다. 그렇지만 친절한 바 겸 식당 하나가 남아 순례자 메뉴를 제공하는데, 마을 중앙에서 산타 마리아 막달레나 교구 성당 맞은편의 오른쪽 위로 뻗은 주도로상에 위치한다. 교구 성당에는 18세기 초기의 아름다운 제단

이 있다. 카미노에서 200m 떨어진 곳에 식당 루타 데 산티아고*Ruta de Santiago*(987-418 151)가 있고, 주도로 뒤편에는 펜시온 카사 리에고 데 암브로스*Pensón Casa Riego de Ambrós*(987-695 188)가 있다.

마을 중앙에서 왼쪽으로 방향을 틀어 마을 중심가를 따라 걷다가 오른쪽의 가파른 바위 협곡으로 조심하여 내려간다(땅이 젖으면 몹시 미끄럽다)[!]. 거대한 밤나무*castañas* 숲이 우거진 마법 같은 오솔길로 접어들자. 이제 오르막을 타고 도로를 건너 숨 막힐 듯 아름다운 계곡을 따라 내려가다가 몰리나세카 위쪽에서 도로와 다시 합류한다. 그 전에 벼랑 끝에 지어진 앙구스티아스 성당*Iglesia de las Angustias*을 지나 다리를 건너야 한다.

4.5km 순례자 다리 *Puente de Peregrinos* 멋진 중세풍 다리로 메루엘로 강 *río Meruelo*을 건너면 아름답고 유서 깊은 마을 '몰리나세카'에 닿는다. 17세기에 지은 산 니콜라스 성당이 꼭대기에 우뚝 서 있고, 원조 카미노는 레알 카예를 따라 쭉 이어진다. 토레 카예*c/Torre*와 만나는 지점에 있는 가옥은 훗날 카스티야 이 레온의 여왕이 된 도냐 우라카의 집으로 유명하다. 그래서 오늘날 유독 많은 이들이 이곳으로 몰려드는데, 그에 맞추어 다양한 바와 식당이 늘어서 있어 모든 취향과 주머니 사정을 아우른다.

※ **기타 숙박 시설**: 엘 팔라시오티 *Palacio HsR*(987-453 094, 다리 옆), 라 포사다 다 무리엘*La Posada de Muriel H*(987-453 201, 크리스토 광장*Plaza del Cristo*, 「미슐랭」 추천 업소)이 있다. 레알 카예 부근에도 B&B가 여럿 있다. 파키타*Paquita CR*(987-453 037), 엘 렐로*El Reloj CR*(987-453 124)가 있고, 레알 카예로 쭉 가다가 도로와 합류하여 조금만 더 걸어가면 드디어 마을이다.

`1.2km` **몰리나세카** *Molinaseca* 알베르게 산타 마리나*Santa Marina*(653-375 727)는 새로 생긴 네트워크 호스텔로, 널따란 도미토리에 84개의 잠자리를 갖추었다. 현대식 시설이 훌륭하게 갖춰져 있고 저녁과 아침 식사를 먹을 수 있을 뿐 아니라 야외 테라스도 만끽할 수 있다. 알베르게 산 로케*San Roque*는 유서 깊은 마을에서 벗어나자마자 주도로상에 위치한 지자체 호스텔이다(987-453 180). 연중무휴이고 85개의 잠자리를 보유했다. 여름에는 텐트를 제공하기도 한다. 야영장을 비롯하여 모든 편의 시설을 갖추고 있다. 예전 산 로케 예배당을 창의적으로 개조한 공간이며, 주도로상에 위치하지만 지나가는 차는 별로 없다.

알베르게-산타 마리나

알베르게-산 로케

24day note

"이 글을 적는 순간에도 이 거대한 밤나무가 나의 등을 받쳐주고 있다. 오후의 햇살을 가리는 그늘을 만들어주면서. 나를 감싼 거대한 자연 속에서 나는 평화를 느낀다. 과거에 이곳을 찾았던 것 힘에서 비롯한 관계를 통해 환대받는 기분을 느낀다. 완고하지만 아무것도 요구하지 않는 존재의 축복을 느낀다. 강하나 고요한, 부드럽게 바스락대는 소리만을 내는 너의 잎들."

'산티아고 데 콤포스텔라'까지 224.2km(139.3마일)

몰리나세카에서
비야프랑카 델 비에르소(폰페라다 경유)까지 - 30.7km

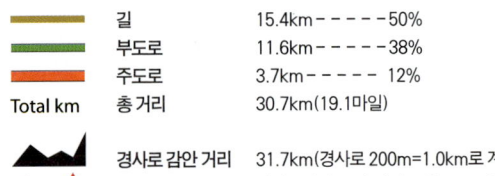

	길	15.4km - - - - 50%
	부도로	11.6km - - - - 38%
	주도로	3.7km - - - - 12%
Total km	총 거리	30.7km(19.1마일)
	경사로 감안 거리	31.7km(경사로 200m=1.0km로 계산)
Alto	최고점	비야프랑카 고개(알베르게) 550m(1,805피트)

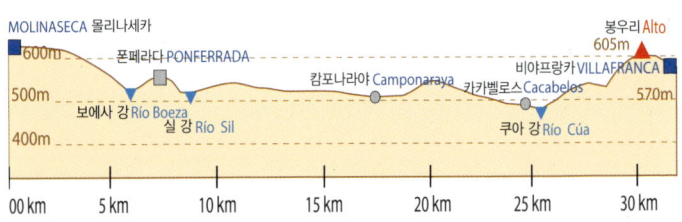

Road Point 폰페라다 주위의 번잡한 도로망을 피할 수 있는 여러 가지 옵션이 있다. 도시를 지나치면서 어쩔 수 없이 도로를 걸어야 하지만, 기분 전환을 할 만한 카페와 바도 많다. 도시와 인근 지역의 길 표지는 상업적인 광고판과 경합을 벌이므로 각별한 주의가 필요하다. 유명한 와인 '비에르소Bierzo'를 생산하는 포도원을 지나게 되므로 기대해도 좋다.

※ 중간 숙박 시설: 폰페라다(7.0km) – 카카벨로스(23.9km)

도로가 헷갈리지 않도록 몰리나세카에서 비야프랑카까지의 구간을 이번 단계로 삼았다. 폰페라다에서 숙박할 작정이라면 기꺼이 그렇게 하라. 할 것도 볼 것도 많고, 들러볼 만한 곳도 많다. 아니면 주요 관광지(모두 카미노와 붙어 있다)를 방문하고도 비교적 찾기 쉬운 카카벨로스의 알베르게(23.9km)에 충분히 도착할 수 있다. 좀 더 열심히 걷는다면 저녁 즈음에 비야프랑카 델 비에르소(30.7km)에 닿는 것도 가능하다. 그렇지만 후자의 경우 몰리나세카에서 아침 일찍 떠나야 할 것이다.

25

MOLINASECA - VILLAFRANCA - 30.7 km

비야프랑카 델 비에르소
VILLAFRANCA del BIERZO
(Pop. 4,000 – Alt. 530m)

Plaza Mayor 중앙광장
p.321

알베르게 Albergue 2.9
A
3.2 Albergue 알베르게
Muni.[72]

A-6

네거리 Cruce 1.8

발튀에 데 아바호
1.5 Valtuille de Arriba

발튀에 데 아리바 Valtuille de Abajo

퍼에로스 PIEROS

산 클레멘테
San Clemente

2.1

카스트로 벤토사 Castro Ventosa

쿠아 강 río Cúa

카라세도 수도원
Monasterio de Carracedo

1.5 Albergue 알베르게
Muni.[70]

카카벨로스 CACABELOS

3.4 Fuente 식수대

N-120

W
일몰

N

S
일출
E

다리 Puente 1.6

와인 협동조합 Co-op de Vinos

캄포나라야
CAMPONARAYA

1.9 Cruce 교차로

N-VI

2.7 Fuentes Nuevas 푸엔테스 누에바스

실 강 río Sil

콜룸브리아노스 (예배당)
2.2 Columbrianos (ermita)

Av. De Portugal

터널 Túnel

CL-631

폰 페라다
PONFERRADA
(Pop. 62,000 – Alt. 540m)

Av. De Galicia

2.7 Compostilla (Iglesia) 콤포스티야(성당)

산타 마리아 비스바요
Santa María Vizbayo

p.311

마스카론 다리
Puente 2.5
Mascarón

1.7 Pons Ferrada 페라다 다리

Conv.[180] San Nicolás de Flüe 산 니콜라스 데 플루에

바르세나 저수지
Embalse de Bárcena

캄포 Campo 1.5

로마노 Romano

비야르 데 로스 바리오스
Villar de los Barrios

río Boeza

A-6

2.2

Muni.[85] 0.0
알베르게 Albergue A

(Pop. 800 – Alt. 610m)
MOLINASECA 몰리나세카

🚶 몰리나세카를 떠나며

> **soul road** 🔵🔵
> 템플 기사단 성의 유적을 돌아보며, 이곳에 살던 이들을 잠시 잠긴 회상을 떠올린다. 물리적으로 보이는 현상 이면의 신성을 드러내는 변화와 성장의 영원한 상징, 불소조가 깨어난 것이다. 상징 속에 숨은 의도는 신의 사랑을 현시하는 것이다. 과연 우리는 희망이 넘쳐나는 옛 신념을 해체해버리고 스스로 해석할 수 있을까? 사회적으로 합의된 '제한적인' 현실을 버리고 '무제한'의 현실을 받아들일 준비가 되어 있는가?

주도로를 따라 계속 내려가거나, 테니스 경기장 바로 뒤에서 오른쪽으로 꺾어 도로와 나란한 보행로를 택한다. 과수원 가장자리로 구불구불 난 이 길은 얼마 후 주도로와 다시 합류한다. 정면 위쪽으로 폰페라다가 보이기 시작하는 지점에서 길이 갈린다.

`2.2km` **옵션** *Opción* [?] 또 하나의 '고소 산'을 오른다. 막 가시거리 안에 들어온 유서 깊은 마을의 꼭대기에 있는 대성당의 탑이 보인다.

대체 루트

폰페라다 *Ponferrada*로 가는 대체 루트 1.2km 더 짧다. 주도로를 따라 오른쪽으로 방향을 틀면 보에사 다리 *Puente río Boeza*(1.0km)로 이어진다. 과거에는 폰페라다로 들어가는 입구였고, '배의 통로 *Paso de la Barca*'라고 불렸다. 전에는 다리가 없었기 때문에 깊은 강을 건너려면 반드시 배를 타야 했다고 한다. 0.4km를 더 가서 주도로에서 왼쪽으로 벗어나 공장 맞은편으로 가면 오솔길로 접어들게 된다. 잉여 부지의 수영장을 지나 철로를 건너 1.3km 걷다가 왼쪽으로 꺾어 0.1km를 더 가면 알베르게에 닿는다.

`2.8km` 알베르게 산 니콜라스 데 플뤼에 *San Nicolás de Flüe*(987-413 381) 로마 카예 */de la Loma*의 카르멘 수녀원 *Convento del Carmen* 부지에 위치한 교구 호스텔이다. 연중무휴이고 아담한 방 4개와 예비 공간에 180개의 침대를 갖추고 있다. 호스텔을 목적으로 지어진 건물로, 모

알베르게-산 니콜라스 데 플뤼에

든 현대식 편의 시설을 갖추었고 지붕이 있는 널찍한 안뜰과 정원도 있다. 이어서 템플 기사단 성과 카미노로 가려면, 카스티요 아베니다에서 왼쪽으로 꺾어 걷는다. 그 다음 관광 안내 게시판에서 오른쪽으로 돌아 페레그리노스 카예 */Peregrinos*와 템플 카예 */Temple*를 차례로 걸어 템플기사단 성에서 추천 루트와 합류한다.

`0.8km` 템플기사단 성 *Castillo de los Templarious* 아니면 카스티요 아베니다를 가로질러 곧장 에스테반 데 라 푸엔테 카예 */Esteban de la Puente*로 진입하여 시청사 앞의 중앙 광장 *Plaza Ayuntamiento* 방향으로 간다. 대부분의 상점과 식당이 몰려 있고 자리를 옮긴 관광 안내소도 여기에 있다.

1.5km **캄포** *Campo* 건물들이 잘 보존된 유서 깊은 마을이다. 건물마다 무기 모양의 조각이 새겨져 있다. 마을에 들어서면 오른쪽에 아직도 제대로 기능하는 로마 시대의 저수지*Fuente Romano*가 있는데, 200m를 돌아가는 게 아깝지 않을 만큼 흥미롭다. 올리브 과수원으로 둘러싸인 17세기의 블라세 성당도 있다. 프란세사 카예*c/La Francesa*를 따라가면 지저분한 쓰레기 하치장을 지나 현대적인 도시 근교지인 로스 바리오스*Los Barríos*로 들어서는 다리에 이른다.

2.5km **마스카론 다리** *Puente Mascarón* [?] 폰페라다의 새 알베르게에서 하루 묵을 작정이라면 보에사 강을 가로지르는 다리 위로 직진하여 철로(산티아고-레온)를 건넌 후 카스티요 아베니다(0.4km)로 진입한다. 여기서 오른쪽을 보면 알베르게(0.3km)가 눈에 들어온다. 우회로①로 가면 산타 마리아 데 비스바요 성당

산타 마리아 데 비스바요 성당

*Iglesia de Santa María de Vizbayo*을 만나게 되는데 이 성당은 '국가적 문화 자산'으로 설계되었다. 다리를 건너기 직전 우회전하여 카미노 데 오테로로 들어선다. 2km가량 뱀처럼 구불구불거리는 오르막이 이어지는데, 숲으로 둘러싸인 11세기 로마네스크 양식의 성당에 이르면 도시의 전경이 한눈에 들어온다.

Road Point 이어지는 루트는 중세의 도시를 관통하며 주요 역사 유적지를 지나간다. 거리는 1.7km인데, 유적지에서 얼마나 시간을 보내느냐에 따라 이곳을 지나는 데 걸리는 시간이 달라진다. 오늘 비야프랑카에 도착할 작정이라면 서두르는 게 좋다.

Looking Point 중세풍 다리에서 왼쪽으로 방향을 틀어 길 표지를 따라 카미노 바호 데 산 안드레*Camino Bajo de San Andre*를 걷는다. 철로 아래를 지나고 카미노 하코베오 카예 *c/Camino Jacobeo*도 지나친 후 오른쪽으로 꺾어 오스피탈 카예*c/del Hospital*로 접어든다. 르네상스 시대의 왕립 병원*Hospital de la Reina*을 지나 구시가에 들어서면 맞은편 끝에 있는 17세기 바로크 양식의 산 안드레스 성당*Iglesia San Andrés*(템플 기사단과 연관이 있는 '카스티요의 그리스도 상'이 있다)이 있고, 여기서 왼쪽으로 돌면 곧바로 템플기사단 성 *Castillo de los Templarios* 입구가 나온다. 12세기에 지어진 성대한 성으로, 국가 유적으로 지정되었으며 대대적인 개보수 작업을 마치고 최근 재개장하였다. 이제 내부를 돌아보며 로맨틱한 과거를 마음껏 향유할 수 있다. 1178년 폰페라다는 페르난도 2세의 법령 발표로 템플 기사단의 보호를 받게 되었다. 그들이 공식적으로 이곳에 모습을 드러낸 기간은 의외로 짧다. 기사단의 권력이 강해지고 그들의 난해한 전통을 두려워한 교회 세력에 의해 1312년 기사단은 무법자로 선포되고 결국은 해체되고 말았다.

성 입구에서 실 강*río Sil* 건너편(서쪽)의 신시가지가 보인다. 성 맞은편에 자리한 여러 카페가 순례자 메뉴를 제공하고(몰리나세카에서 온 순례자에게는 아침 식사도 제공한다), 관광 안내소가 성벽에 붙어 있다(987-424 236, 힐 이 카라스코 카페c/*Gil y Carrasco* 4번지). 관광 안내소 뒤편 엘 비에르소*El Bierzo*는 '카미노의 친구들' 사무소이다. 알베르게 시내 안쪽으로 800m 지점에 새로 지은 호스텔이 있다.

※ 기타 숙박 시설: 엘 카스티요 호텔*Hotel El Castillo H*(987-456 227, 엘 카스티요 아베니다의 템플기사단 성 옆)이 있고 최근 재단장을 마친 로스 템플라리오스 호텔*Hotel Los Templarios H*(987-411 484, 플로레스 오소리오 카페c/*Flores Osorío* 3번지)은 박물관(시계탑 직전 왼쪽) 맞은편에 있다. 구시가에는 저렴한 식당이 다양하게 존재한다. 특히 엔시나 광장*Plaza Encina*의 라 포르탈레사*La Fortaleza*(성 맞은편)과 중앙 광장의 라 폰다 *La Fonda*(1층)가 가장 유명하다. 관광 안내소에 가면 신시가의 호텔 및 숙박 시설 목록을 얻을 수 있다. 그중에서 몇 군데를 소개하면 다음과 같다. 오스탈 산타 크루스*Hostal Santa Cruz Hsr*(987-428 351, 마르셀로 마시아스 카페c/*Marcelo Macías* 4번지, 기차역 근처), 오스탈 콘데 데 레모스*Hostal Conde de Lemos*(987-411 091, 갈리시아 아베니다*Av. Galicia* 85번지)가 있고, 호화로운 고급 호텔인 템플 호텔*Hotel Temple*(987-410 058)은 포르투갈 아베니다에 있다.

비야프랑카 델 비에르소까지 가기로 했다면 더 이상은 이곳에서 지체할 시간이 없을 것이다. 이제 왼쪽으로 굽은 계단(현대식 공중전화 박스 옆)으로 내려가서 다시 왼쪽으로 꺾어 칼사다 카페c/*Calzada*를 따라가다 철교를 통해 실 강을 건넌다.

1.7km 철교 **Pons Ferrada**(도시 입구인 마스카론 다리에서 1.7km 거리) 다리를 건너면 푸에블라 아베니다*Av. de la Puebla*로 들어서게 된다. 버스 터미널 방향을 가리키는 낡은 길 표지는 무시하라. 혼잡하고 헷갈리는 현대의 거리로 들어설 뿐이다. 대신 곧장 오른쪽으로 방향을 틀어 예쁘게 일자로 뻗은 콘코르디아 공원*Parque de la Concordia*을 지나는 추천 루트를 이용하자. 실 강변을 따라 걸으며 이에로 다리*Puente de Hierro*도 지나치게 된다. 그 다음 축구장(0.6km) 옆에서 왼쪽으로 돌아 로터리와 합류한다. 현대식 도로인 리베르타드 아베니다*Av. de la Libertad*에 조각상이 서 있다.

외곽으로 1.5km를 더 가면 석탄 폐광과 버려진 발전소가 나타나고, 여기서 왼쪽으로 꺾으면 콤포스티야 교외지에 들어서게 된다. 이곳은 단정하게 질서가 잡혀 있어 길 표지도 잘 돼 있다. 콘크리트 기둥의 표지판이 가리키는 방향을 따라 아치를 하나 통과하면 콤포스티야다.

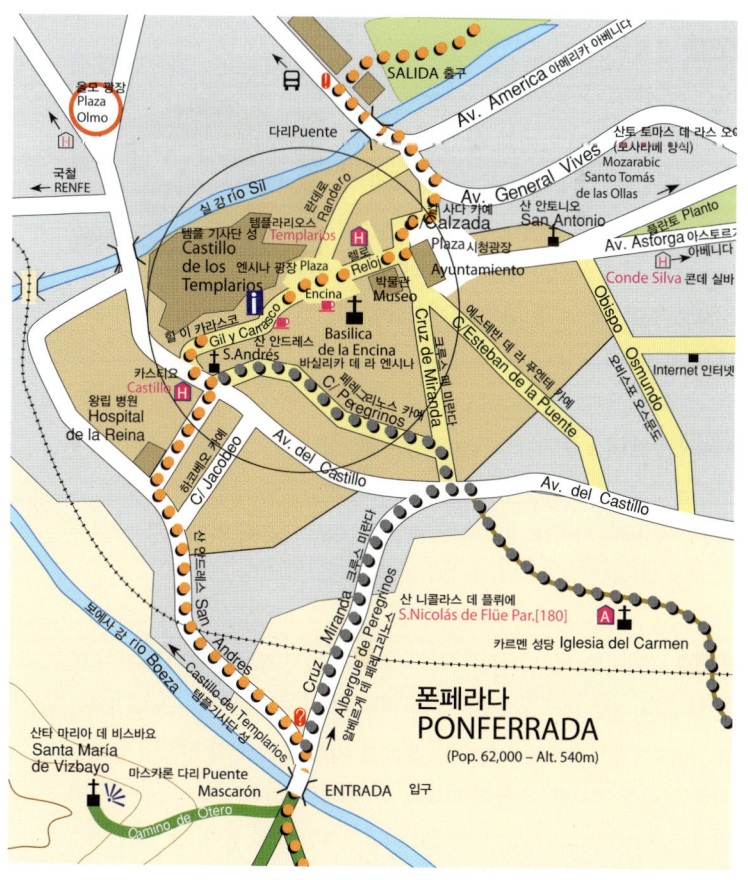

`2.7km` **콤포스티야** Compostilla 산타 마리아 성당에 주랑 현관 주위를 장식한 벽화와 순례자 산티아고 기념비가 있다. 스포츠 센터 측면에서 오른쪽으로 꺾어 순례자 십자가를 지나고 어느 작은 예배당(0.4km)의 박공 벽 끝에 그려진 벽화를 잠시 감상한 후 보행로를 탄다. 길은 교외지 끝자락인 쿠보 데 피니스테레 카예c/Cubo de Finisterre로 이어진다. 환상 도로(0.8km) 아래로 난 터널을 통과하여 포도원을 지난 후 콜룸브리아노스 성당(0.5km)으로 향한다. 아치 지붕이 있는 뒷문 포치에서 산을 배경으로 한 폰페라다 전경이 멋들어지게 보인다. 네거리(0.3km)를 만나면 복잡한 주도로[!]를 건너 콜룸브리아노스 마을로 들어서자. 바와 식당이 많아 북적이는 폰페라다 교외지인데, 마을 끝에서 왼쪽으로 돌면 자그마한 예배당이 하나 나온다.

`2.2km` **콜룸브리아노스** Columbrianos 산 블라스 이 산 로케 예배당Ermita San Blas y San Roque은 원래 순례자 구호 시설이 있던 자리로, 예배당 안에는 형형색색의 순례자 벽화가 그려져 있다. 펠릭스 카스트로S.A.Felix Castro S.A. 방향을 가리키는 표지를 따라 부도로로 들어서서 시장 판매용 채소밭을 지나면 작은 마을과 또 하나의 작은 예배당에 닿는다.

콜룸브리아노스의 산 블라스 예배당

`2.7km` **푸엔테스 누에바스** Fuentes Nuevas '성 그리스도Divino Crisoto' 예배당에는 순례자 샘터[F]가 있다. 물보다 진한 음료를 마시고 싶다면 바로 맞은편에 있는 카페를 찾으면 된다. 기분 좋게 나른한 이 마을의 중심가를 따라 쭉 가면 교차로를 만나게 된다.

`1.9km` **네거리** Cruce-X/ 캄포나라야Camponaraya 공장이 뿔뿔이 흩어져 있는 산업 지대로, N-VI 도로가 가운데를 관통하여 지나간다(도로 표지판에 큼지막하게 방향이 표시돼 있다). 도로를 따라 그늘과 식수대[F]가 있는 작은 정원을 지나면 그 옆에 현대식 산 일데폰소San Ildefonso 교구 성당이 있다. 알베르게 지자체 호스텔이고 여름철에만 문을 연다. 잠자리는 6개

에 기본적인 시설뿐이고 주방도 없다(이용 가능 여부는 성당이나 마을 회관에서 확인할 것). 계속하여 나라야 강*río Naraya*을 건너 마을 끝까지 가면 바로 왼쪽으로 와인 협동조합*Cooperativa Viñas de Bierzo*이 있다(페트로노르 *Petronor* 역을 지나칠 때까지 가지는 말 것). 그늘진 야외 쉼터와 식수대[F]를 지난 후 곧바로 고속 도로 위로 난 육교를 건넌다.

1.6km 다리 Puente A-6 널찍하고 아름다운 흙길을 따라 포도원을 통과하면 평화로운 마가스*Magaz* 계곡에 들어선다. 숲길로 가다가 N-Ⅵ 도로(2.7km)를 건넌 후 널찍한 길로 0.7km를 더 가면 식수대[F]가 나온다.

3.4km 식수대 Fuente/ 카카벨로스 Cac abelos 순례자 쉼터와 식수대[F]를 지나면 바로 카카벨로스 마을이 나타난다. 알베르게는 마을 맞은편에 있다(1.5km 거리). 한적한 동쪽에서 마을로 진입하고 페레그리노스 카예*c/de los Peregrinos*를 따라간다. 돌로 지은 커다란 건물에 프라도 델 토페 *Prado del Tope*라는 와인 상점이 있고, 가까이에 있는 산 라사로 광장*Plaza San Lázaro*에 전 순례자 구호 시설 부지가 있다. 이 부지에는 현재 몽클로아 호텔*Hotel Moncloa H*(987-546 1012)이 서 있다. 계속하여 다양한 바와 식당을 지나치면 16세기에 지은 산타 마리아 성당이 나온다. 기존에 있던 10세기의 앱스(*apse*: 초기 기독교 건축 양식의 특징으로, 동쪽 벽면에 반원형으로 튀어나온 부분-옮긴이)가 아직도 남아 있고, 내부의 바로크 시대 성모상이 성당을 수호한다. 100m 정도 왼쪽으로 우회하여 가로수가 늘어선 중앙 광장에 들러보자. 여러 건물과 카페, 관광 안내소(987-546 011)가 그 주위를 감싸고 있다.
성당을 지나 계속 가다가 N-Ⅵ와 합류한 후 다리로 쿠아 강*río Cua*을 건넌다. 그 다음 고대의 올리브 기름 짜는 도구와 생선 잡는 도구를 지나 예배당에 다다른다.

1.5km 라스 앙구스티아스 Las Angustias 카카벨로스에서 벗어나기 직전, 산투아리오 광장*Plaza del Santuario* 오른쪽(왼쪽은 레시덴시아 엘 카미노*Residencia El Camino*라는 숙박 시설이다)에 알베르게가 하나 있다(617-909 991/987-546 011). 지자체 호스텔로, 4월~10월에 운영하고 침대는 70

개와 모든 편의 시설을 갖추었다. 각각 2개의 침대가 놓인 산장 같은 분위기의 방이 교회를 가운데 두고 반원형으로 나열된 형태이다. 교회 주변에 그늘진 야외 쉼터가 있다. 18세기 라스 앙구스티아스 예배당이, 이전에 예배당 겸 순례자 구호 시설이었던 부지에 세워져 있다.

지자체 호스텔

번잡한 주도로 N-VI를 따라가다 보면 왼쪽에 소박한 나무 십자가가 보일 것이다. 그 뒤의 언덕은 카스트룸 베르히둠*Castrum Bergidum*이 있던 곳이다. 이 고대 아스투리아스 도시는 훗날 로마인의 지배를 받아 로마인 거주지가 되었다고 한다. 계속하여 가면 아담한 피에로스*Pieros* 마을(1.7km)에 닿는데, 이곳에는 11세기의 교구 성당과 식수대[F]가 있다. 마을을 지나 0.4km를 더 걸으면 언덕 꼭대기에 닿게 된다.

2.1km 옵션 *Opción* [?]

추천 루트

대체 루트로 가려면 발튀에스 개울*Arroyo Valtuilles*을 지나쳐 계속 직진하다가 방향을 틀어 발튀에 데 아바호*Valtuille de Abajo*에 도착한다. 바로 뒤에 벤타 델 후빌레오*Venta del Jubileo*의 집이 있다. N-VI를 계속 타고 가되, 교차로의 노란 화살표를 유심히 찾아보라. 주도로에서 벗어나 기분 좋은 흙길로 비야프랑카까지 갈 수 있다.

1.8km 교차로 *Cruce-X* 오른쪽으로 꺾어 오솔길로 접어든다. 포도원 사이를 구불구불 지나다가 2.5km 지점에서 추천 루트와 다시 합류한다. 여기서 0.5km만 더 가면 비야프랑카에 닿는다.

2.9km 비야프랑카 델 비에르소*Villafranca del Vierzo* 알베르게

추천 루트는 오래된 도로인 비에호 카예*c/Viejo*를 따라가다 우회전하여 아스팔트 길로 접어든다. 잠시 후 왼쪽으로 꺾으면 포도원 사이로 난 널따란 자갈길이 구불구불 이어진다. 그늘진 샛길로 해서 내려가면 금세 평화롭고 아름다운 산촌에 도착한다.

1.5km 발튀에 데 아리바 *Valtuille de Arriba*[F] 중세에도 순례자들이 다녔을 카미노 데 산티아고 카예를 지나 계속 간다. 최근 들어 부쩍 늘어난 순례자들의 물결에 당황했을 법도 한데, 마을 주민들은 여전히 산티아고 길과 그 길을 걷는 이들에 대한 깊은 존경심을 유지하고 있는 듯하다. 마을을 지나면서 왼쪽의 아스팔트 길을 타지 않도록 주의하라. 다시 주도로와 합류하는 길이다. 마을 끝의 작은 개울을 건너 폰도 델 루가르 광장*Plaza del Fondo del Lugar*에 이르면 농경지로 난 길로 접어든다. 포도원으로 덮인 언덕을 오르내리다(지평선에 두 개의 소나무 사이의 하얀색 집이 보이는 방향으로) 마지막 내리막에 이르면 비야프랑카가 보인다.

3.2km 비야프랑카 델 비에르소*Villafranca del Bierzo* 알베르게는 마을이 내려다보이는 길 아래에 위치한 지자체 호스텔이다(987-542 680). 길목에서 가장 처음 보이는 오른쪽 건물을 찾으면 된다. 4월부터 11월까지 문을 열고 4개의 별실과 다락방(여름엔 매우 덥다)에 72개의 잠자리가 있다. 호스텔을 목적으로 지어진 현대식 건물이라 모든 편의 시설을 갖추고 있다. 알베르게를 지나면 곧바로 12세기 로마네스크 양식의 산티아고 성당이 나온다. 성당의 북쪽 입구는 '용서의 문*Puerta del Perdón*'인데, 산티아고까지 갈 수 없는 중세의 순례자들은 산티아고에 도착했을 경우와 똑같이 여기에서 사죄 의식을 받을 수 있었다. 이러한 이유로 비야프랑카는 때때로 '또 다른' 산티아고라 불리기도 했다. 비야프랑카의 산티아고 성당이 유명한 이유는 중세에 이루어졌던 이러한 육체와 영혼의 '대안적' 치유가 현대의 순례자들에게도 허용되기 때문이다.

알베르게-지자체 호스텔

알베르게 아베 페닉스*Ave Fenix* 네트워크 호스텔(987-540 229)은 연중무휴이고, 77개의 침대와 여분의 매트리스가 있다. 태양열로 온수를 제공하는 샤워 시설(한낮이 지나면 물이 차가워질 수 있다)을 비롯한 편의 시설들을 갖추고 있으며, 주방은 없지

알베르게-아베 페닉스

만 바와 다이닝룸에서 순례자 저녁 배식을 제공한다. 보통 신비의 음료인 케이마다*Queimada*가 함께 나오기도 한다. 마을 전경이 한눈에 보이는 아름다운 안뜰도 있다. 알베르게를 운영하는 가족이 부가 서비스를 제공하는데, 약간의 기부금을 내면 오세브레이로*O'Cebreiro*의 알베르게까지 짐*mochilas*을 옮겨주거나 안수 치료를 해주기도 한다. 아베 페닉스는 말 그대로 잿더미에서 생겨난 곳이다. 이전의 호스텔이 화재로 타버렸던 것이다. 새 알베르게를 짓기까지 중간에 이곳을 찾은 순례자들은 텐트에서 야영을 해야 했다. 그러나 관리인 헤수스 하토와 그 가족들의 진심 어린 환대와 치유 덕분에 많은 순례자들이 이곳에서의 야영 경험을 아름답게 추억한다. 최근의 기록은 예전만큼 호의적이지 않지만 순례자들은 변화한 상황을 담담하게 받아들인다. 그렇다고 헤수스의 철학 이면에 담긴 진실이 변한 것은 아니다. 벽에 걸린 낡은 신문기사를 보면 알 수 있을 것이다. 번역이 필요하지만, 기사가 담은 메시지는 몇 번이고 되새길 가치가 있다. 메시지의 심오한 뜻을 진실로 체득하려면 평생이 걸릴지도 모른다.

'카미노는 자기 안의 명상을 위한 시간이지, 단순히 관광을 위한 길이 아니다*El Camino es tiempo de meditación interior, no itinerario turístico*.'

알베르게 데 라 피에드라*de la Piedra*는 새로 생긴 친절한 사설 호스텔이다(666 - 655 052/987 - 540 260, 에스피리투 산토 카예*/Espíritu Santo* 14번지). 마을에서 벗어날 때 거의 마지막에 있는 건물이다. 1년 내내 문을 열고 도미토리와 독실에 38개의 잠자리가 마련돼 있으며 편의 시설도 모두 갖추었다.

※ **기타 숙박 시설:** 파라도르*Parador*(987 - 540 175, 칼보 소텔로 카예*/Calvo Sotelo*)는 마르케세스 성*Castillo de Marqueses* 바로 뒤편에 위치한다. 코메르시오*Comercio Hs*(987 - 540 008, 푸엔테 누에보 카예*/Puente Nuevo* 9번지)는 마을 중앙에 있고, 산 프란시스코*San Francisco H*(987 - 540 465) 역시 중앙 광장에 위치한다. 오스페데리아 콘벤토 데 산 니콜라스 엘 레알*Hospedería Convento de San Nicolás el Real*(987 - 540 483)은 중앙 광장 뒤편의 엄숙한 수도원 건물에 있으며, 100개의 침대(독실 포함)를 보유했고 소박한 순례자 메뉴를 제공하는 식당도 있다. 라 야베*La Llave CR*(987 - 542 739, 델 아구아 카예*/del Agua* 37번지), 라 푸에르타 델 페르돈*La Puerta del Perdón*(987 - 540 614, 프라사 프림*Plaz Prim* 4번지)도 있다. 마을에서 벗어나는 길목에 있는 곳들은 카사 멘데스*Casa Mendez Hs*(987 - 542 408, 에스피리투 산토 카예 1번지), 베네시아*Venecia P*(987 - 540 468, 주도로 N - VI

상에 위치), 엘 크루세*El Cruce Hs*(987-542 469, 산 살바도르 카예 37번지), 카사 부르비아*Casa Búrbia Hs*(푸엔테 쿠베로*Fuente Cubero* 13번지)인데 부르비아 강변에 위치해 전망이 좋다. 라스 도냐스 델 포르타스고*Las Doñas del Portazgo*(987-542 194)는 2009년 여름에 개장한 고급 호텔로, 델 아구아 카예와 부르비아 다리 모퉁이에 위치한다.

Looking Point 여정을 어떻게 짰건간에 밤에는 푹 자두어야 한다. 다음날 몹시 힘들고 또 몹시 놀라운 하이킹을 해야 하기 때문이다. 내일은 산길을 오르고 고개를 넘어 오 세브레이로와 갈리시아에 닿게 된다.

한눈에 살피는 지역 정보

폰페라다

인구 6만 명의 대도시로, 독특한 국지 기후 덕에 훌륭한 와인 '비에르소'가 생산된다. 현지에서 절임한 두터운 돼지고기 소시지*botillo*와 삶은 감자, 채소*cachelos*를 안주 삼아 꼭 맛보길 바란다. 유적지는 대부분 중세 구시가에 밀집되어 있는데 그중 백미는 단연 템플기사단 성이다. 카미노가 이들 유적지를 하나하나 지나므로 마스카론 다리(입구)와 철교*Pons Ferrata*(출구) 사이를 지나는 길에 마음 내키는 대로 들러보도록 하자. 도시명 '폰페라다'는 마을을 빠져나가는 통로인 철교에서 비롯된 것이다. 현대적인 도시 근교지가 마구잡이로 퍼진 것은 중세 시대부터 이 지역에 존재했던 석탄과 철 광산을 등에 업고 강력한 산업적 기반이 마련되었기 때문이다. 기존의 다리를 11세기에 철로 덧씌워 강화하여 지금의 철교가 되었다고 한다. 이 지역에서 둘러볼 만한 초기 로마 시대 및 모사라베 유적지는 다음의 우회 루트에 소개되어 있다.

우회 루트

우회로①은 산타 마리아 데 비스바요 성당*Iglesia de Santa María de Vizbayo*으로 이 지역에서 가장 오래된 성당 중 하나이다. 한적한 언덕 위에서 도시의 전경을 감상하기에 그만인 장소이다. 우회로②는 산토 토마스 데 라스 오야스*Santo Tomás de las Ollas* 시내의 중앙 광장에서 북쪽으로 2km 떨어진 지점인 플란토 공원*Parque del Planto*을 지나서 있다. 장려한 모사라베 양식의 10세기 성당으로, 말발굽 모양 아치가 특징이다. 원래는 도시로 향하는 순례 도로가 이곳을 지나쳤다. 많은 순례자들이 찾는 곳은 아니지만, 폰페라다에서 하룻밤 묵는다면 한번쯤 들러보는 것도 괜찮을 것이다. 택시 합승을 하거나 버스를 이용해 좀 더 멀리 갈 만한 곳도 있다. 우회로③은 산티아고 데 페냘바*Santiago de Peñalba*인데 또 하나의 10세기 모사라베 양식의 성당이다. 폰페라다에서 25km 떨어진 '침묵의 계곡' 깊숙한 곳에 숨어 있다(아세보 우회로를 설명할 때 언급했다). 페냘바로 우회하는 순례자들이 보통 들르는 곳이 또 있다. 우회로④는 라스 메둘라스*Las Médulas*의 로마 시대 금광으로, 페냘바로 향하는 도로에서 23km 떨어진 아킬리아노스 산맥*Montes Aquilianos* 비탈에 위치해 있다.

템플기사단 성에서 새로 생긴 알베르게로 곧장 돌아가거나, 힐 이 카라스코 카예(왼쪽에 야외 활동에 유용한 의복과 장비를 파는 피츠로이*Fitzroy* 상점이 있다)를 따라 아름다운 엔시나 광장*Plaza Virgen de la Encina*에 들러 유명한 카페(오른쪽)에 들어가거나 16세기의 엔시나 대성당*Basílica de la Encina*을 감상할 수 있다. 과거에는 이 지역 전체가 상록수인 사철나무 *encina*로 뒤덮여 있었는데, 그중 하나에 성모의 환영이 나타나 이에 감화를 받은 비에르소 지역의 독지가가 이 성당에 바실리카 상과 성모상을 안치했다고 한다. 렐로 카예*c/del Reloj*를 따라가다 보면 이 카예 이름의 유래가 된 멋진 시계탑이 나타난다. 시계탑 바로 앞에 비에르소 박물관 *Museo del Bierzo*(오른쪽)이 있는데, 아름답게 복원된 건물 안으로 들어가 흥미로운 예술품들을 감상해보길 바란다. 16세기 라 토레 델 렐로*La Torre del Reloj* 아치를 통과하여 중앙 광장으로 들어서면 관광 안내소와 인상적인 시청사가 있다. 바로 여기가 폰페라다 구시가의 정점을 찍는 곳이다.

카카벨로스

인구는 5천 명이고 중세에는 카미노 순례자를 돌보기 위해 설립된 구호 시설을 5개나 갖추었던 주요 순례 기착지였다. 이제는 순례자 구호 시설 대신 호텔과 펜션이 순례자들을 맞이한다. 마을의 고고학 박물관에는 근처의 고대 로마 유적에서 발굴한 유물들이 전시되어 있고, 이 지역에서 생산된 와인의 인기가 높아지면서 생긴 와인 박물관에는 이곳의 와인 생산 역사와 갖가지 자료들이 전시되어 있다. 알베르게는 아직도 1.0km를 더 가야 한다.

비야프랑카 델 비에르소

인구 5천 명에 갖가지 식당과 상점이 있는 마을이다. 델 아구아 카예(리베이라 카예c/Ribeira)에 있는 라 카시타 델 에스페호 La Casita del Espejo는 레이키 마사지와 타로 점 등 순례자들에게 선물과도 같은 서비스를 제공한다. 유용한 관광 안내소(987-540 028, 베르나르도 디에스 올레바르 아베니다Av. Bernardo Díez Olebar)가 중앙 광장 뒤편에 위치하여 공원을 굽어보고 있다.

11세기, '카미노 프랑세스'의 한 지점, 전원적인 분위기가 물씬 풍기는 이곳에 마을이 자리 잡기 시작했다. 주요 역사 유적지가 많이 있는데, 정교한 '용서의 문'과 왕족의 순례 복장을 한 멋진 성 야고보 상이 있는 산티아고 성당은 12세기 로마네스크 양식의 보물이라 할 만하다. 마르케세스 성/궁 Castillo/Palacio de los Marqueses은 알베르게와 인접한 15세기 건축물이다. 독특한 망루들이 특징인데, 일부는 1808년 반도 전쟁 중에 파괴되었다. 시내 쪽으로 좀 더 가면 중앙 광장에 마을 회관이 있고 광장 주변에 카페 테이블이 흩어져 있다. 광장에서 곧장 이어지는 산 헤로니모 카예c/San Geronimo를 따라가면 산 프란시스코 수도원에 닿는다. 13세기 여왕 도냐 우라카Doña Urraca의 명으로 지어졌는데, 일설에 의하면 성 프란시스 자신이 설립했다고도 한다. 중앙 광장에서 산 헤로니모 카예 반대편 길로 가면 엄숙한 분위기의 17세기 산 니콜라스 성당에 닿고, 조금 더 가면 관광 안내소와 그 옆의 디비나 파스토라 수녀원 Convento Divina Pstora이 나온다. 과거에는 순례자 구호 시설 5군데 중 하나로서 수많은 중세의 순례자들이 이곳에서 묵었다. 길 왼편의 지자체 정원 Jardin Municipal(Alameda)을 감상하며 걷다 보면 콜레히아타 성당 Iglesia Colegiata에 닿는다. 과거에는 '클뤼니아코의 성모 성당Iglesia Nuestra Señora de Cluniaco'이었다. 클뤼니아코란 프랑스 클뤼니에서 온 사제단 중 처음으로 이곳에 발을 들인 이들을 일컫는다.

비야프랑카 유적 순회의 마지막은 마을을 빠져나가 오세브레이로로 향하거나 중세풍의 아구아 카예를 따라 알베르게로 돌아가는 것으로 장식하자. 아구아 카예에는 옛 귀족들의 저택이 늘어서 있는데, 저마다 안에는 문장을 새긴 방패를 간직하고 있다. 저명한 스페인 소설가 힐 이 카라스코Gil y Carrasco가 여기에서 태어났다고 한다. 산티아고 대성당의 종규에 따라 17세기에 설립된 산 호세 수녀원Convento San José도 지나고 마침내 루아 누에바 카예c/Rua Nueva로 들어서면 아눈시아다 수녀원 Convento Anunciada에 이르게 된다. 이 유적 투어의 시작점인 성(마르케세스 성)에 살았던 후작Marqueses이 묻힌 곳이다.

25day note

"어디선가 손수레를 끄는 노인을 지나쳐 왔다. 이가 없어 잇몸만 드러낸 채 미소를 짓는 모습이 왠지 슬픔을 불러 우리 아버지 같다는 인상마저 받았다. 눈물이 솟구쳐 아무 말 없이 자리를 떴다. 내가 점점 변하고 있다. 지난 시간이 전혀 기억나지 않는 까닭이 무엇일까? 시각의 변화, 감정의 큰 파도가 나를 압도하고 있다. 마음이 너무 활짝 열린 탓에 가슴이 아플 지경이다. 의식의 자각을 넘나드는 경험을 하는 중인가보다. 온전히 맑고 명료한 순간의 다가옴을 그저 몽롱할 뿐이다."

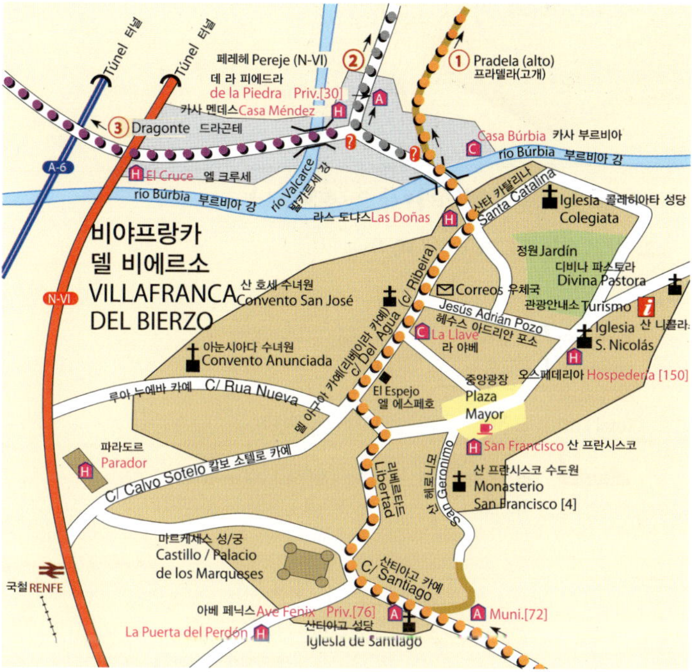
Túnel 터널
Túnel 터널
페레헤 Pereje (N-VI)
데 라 피에드라
de la Piedra Priv.[30]
카사 멘데스 Casa Méndez
③ Dragonte 드라곤테
②
① Pradela (alto)
프라델라(고개)
Casa Búrbia 카사 부르비아
río Búrbia 부르비아 강
A-6
El Cruce 엘 크루세
río Búrbia 부르비아 강
río Valcarce
발카르세 강
라스 도냐스 Las Doñas
산타 카탈리나
Santa Catalina
Iglesia 콜레히아타 성당
Colegiata
비야프랑카
델 비에르소
VILLAFRANCA
DEL BIERZO
산 호세 수녀원
Convento San José
정원 Jardín
디비나 파스토라
Divina Pastora
Correos 우체국
Jesús Adrián Pozo
헤수스 아드리안 포소
관광안내소 Turismo
N-VI
Iglesia 산 니콜라
S. Nicolás
La Llave
라 야베
아눈시아다 수녀원
Convento Anunciada
C/ Ribeira
델 아구아 카예(리베이라 카예)
C/ Del Agua
El Espejo
엘 에스페호
중앙광장
Plaza
Mayor
오스페데리아 Hospedería [150]
루아 누에바 카예 C/ Rua Nueva
San Francisco 산 프란시스코
파라도르
Parador
C/ Calvo Sotelo 칼보 소텔로 카예
리베르타드
Libertad
산 헤로니모
San Geronimo
산 프란시스코 수도원
Monasterio
San Francisco [4]
마르케세스 성/궁
Castillo / Palacio
de los Marqueses
국철 RENFE
산티아고 카예
C/ Santiago
아베 페닉스 Ave Fenix Priv.[76]
Muni.[72]
La Puerta del Perdón
산티아고 성당
Iglesia de Santiago

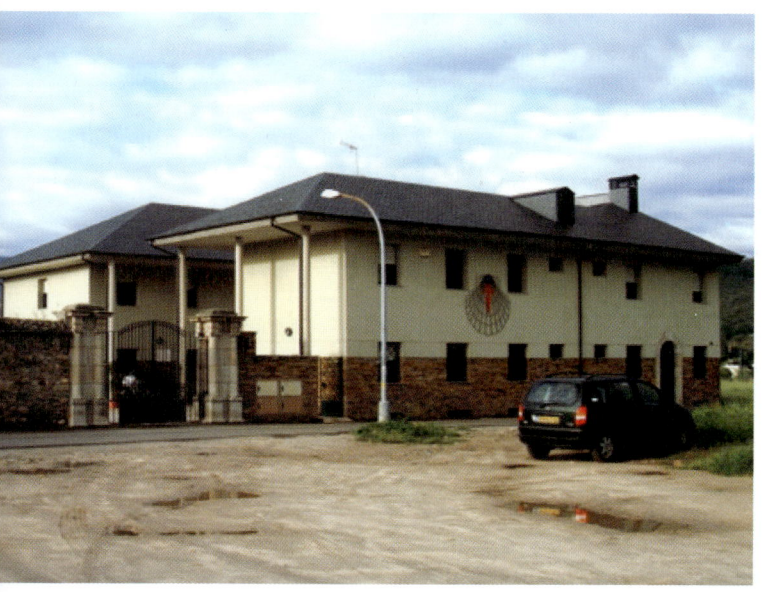

26 day

'산티아고 데 콤포스텔라'까지   193.5km(120.2마일)

비야프랑카 델 비에르소에서
오세브레이로까지 - 30.1km

	길/트랙	15.3km - - - - 51%
	부도로	12.6km - - - - 42%
	주도로	2.2km - - - - - 7%
Total km	총 거리	30.1km(18.7마일)
	경사로 감안 거리	36.1km(경사로 1,200m=6.0km로 계산)
Alto ▲	최고점	오세브레이로 1,310m(4,297피트)

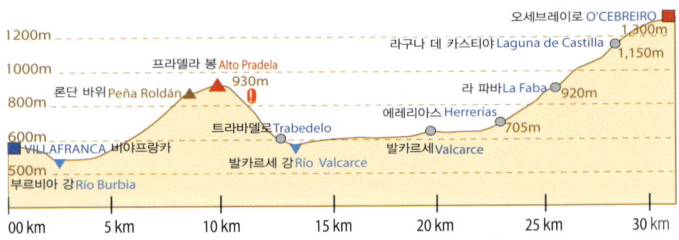

Road Point 오르막을 걸어 갈리시아Galicia로 진입하는 고된 하루이다. 비야프랑카를 떠날 때 세 가지 옵션이 있는데, 다음 사항에 따라 결정하면 된다. 주로 날씨가 어떤지, 체력은 어떤지, 어떤 종류의 경험을 해보고 싶은지. 오늘 단계는 순례 여정 전체에서 가장 가파른 길에 속한다. 그러나 그 오르막길은 우리의 영혼을 숭고하게 지켜줄 발카르세Valcarce 계곡의 멋진 경치로 보상 받는다. 가장 피곤한 부분은 N-Ⅵ 도로이다. A-6 고속 도로의 완공으로 교통량이 많이 줄긴 했지만 위험한 커브가 몇 있으므로 계속 긴장하도록 하자.

※ 중간 숙박 시설(거리는 알베르게 기준): 트라바델로Trabadelo(12.6km) - 포르텔라 발카르세Portela Valcarce(15.2km) - 암바스메스타스Ambasmestas(17.6km) - 베가 데 발카르세Vega de Valcarce(19.2km) - 루이텔란Ruitelan(21.4km) - 에레리아스Herrerías(22.7km) - 라 파바La Faba(25.8km) - 라구나Laguna(28.3km)

대체 루트②의 첫 번째 호스텔은 페레헤Pereje(5.0km)이고, 대체 루트③에서 이용할 수 있는 첫 번째 호스텔은 에레리아스Herrerias(28.5km)이다. 계곡엔 가파른 지역이 있고 (발 카르세 라틴Val carce Latin, 바이스 카르세라스Vallis Carceras=협곡) 주로 소나무와 밤나무로 된 숲이 우거져 있어 그늘은 충분할 것이다. 우리가 통과하는 마을 안 계곡의 바닥을 따라서는 가게와 바, 호스텔들이 있다. 그러나 드라곤테Dragonte 루트로 가려면 양식을 충분히 준비해야 하고, 프라델라Pradela 루트를 따르려면 물과 간단한 간식을 준비해야 한다. 그러므로 비야프랑카를 떠나기 전에 만반의 준비를 갖추도록 하자.

비야프랑카 델 비에르소를 떠나며

> **Soul road** 🌰🌰
> 먼저 스스로의 마음과 정신 안에 평화가 깃들게 하지 못한다면, 타인에게도 평화를 줄 수 없다. 우리는 사랑을 줌으로써 사랑을 배운다. 반대로, 사랑에 관한 이 세상의 법칙은 우리가 더 많이 줄수록 더 늘어난다. 오늘날 우리는 얼마나 타인에게 사랑을 주는가? 우리가 서로 따뜻하게 대할 때 우리는 공포로 가득찬 세계를 향해 사랑의 에너지를 보낼 수 있을 것이다.

아구아 카예(리베이라 카예) 아래로 향하자. 그리고 길 끝(라스 도냐스 호스텔 옆)에서 왼쪽으로 꺾어 순례자 동상 옆의 계단을 오른다.

1.0km 부르비아 다리 *Puente de río Burbia*

다리를 건너서, 발카르세*Valcarce* 강(상류 오른쪽에 부르비아 호스텔이 있다) 합류점 바로 위쪽 50m 지점[!]에 잘 보이지 않는 첫 번째 옵션 포인트가 있다. 만약 추천하는 프라델라 루트로 갈 작정이라면 이 지점에서

프라델라

아스팔트 도로를 벗어나야 한다. 오른쪽[!]의 가파른 자갈길로 올라가 새로 생긴 아나 미용실*peluquería Ana*을 지난다.

추천 루트

카미노 데 프라델라 *Camino de Pradela* 오른쪽으로 꺾어 프라델라 카예로 들어서자. 체력이 걱정이라면 지금까지 꾸준히 잘 해냈으니 앞으로도 그리 큰 문제는 겪지 않는다는 사실을 기억하자. 사실, 주도로 N-VI를 따라가는 대체 루트에서 다칠 위험이 더 클 수 있다. 그때그때 다르지만 아침에는 태양이 계곡 바닥을 내리쬐지 않을 것이다.

다른 루트가 있다는 걸 모르거나 프라델라로 올라가는 좁은 길을 놓치는 바람에 주도로 루트를 이용하는 순례자들이 많다. 가파른 오르막길을 걸어 올라가면 바로 흙길로 내려서야 한다. 길은 왼쪽으로 소작 농지와 포도원을 끼고 이어져 돌출된 바위에 이르게 된다. 여기에 큰 알돌이 길에 뛰어나 있는데 다리로부터 1km(알베르게로부터 2km) 지점이라는 표지 역할을 해주고 있다. 지금부터 길은 다소 완만해지면서 '롤단의 바위*Peña de Roldán*'를 지나 산등성이를 따라 평탄하게 펼쳐진다. 여기서부터 발카르세*Valcarce* 계곡 위로 멋진 경치가 펼쳐지고 길은 매혹적인 밤나무 숲으로 들어선다. 그리고 바로 이 루트의 가장 높은 지점인 900m에 이른다. 이곳의 오른쪽 갈림길은 나

무들 사이로 조금 보이는 프라델라 마을로 곧게 뻗어 있다. 마을에는 바(종종 문을 닫는다)가 있는데 마을에 들렀다 오기까지는 3km 정도가 더 걸린다. 추천 루트로 계속 가려면 계속 직진(왼쪽)하여 밤나무 숲을 지나 아스팔트 도로로 합류하자.

4.3km 트라바델로 *Trabadelo* 도로를 경유하는 대체 루트②를 따라 온 순례자들과 만나는 곳이다. 옵션[?]은 카페와 호스텔이 있는 페레헤*Pereje*는 이 지점에서 500m 왼쪽이다. 계곡을 계속해서 올라가려면 오른쪽으로 꺾자.

길은 포르텔라 외곽에 도착할 때까지 주도로 N-Ⅵ과 몇 번 만나기도 하면서 계속 간다. 오스탈 발카르세*Hostal Valcarce Hs*(987-543 180)와 식당이 주도로에 있다(먼저 트럭 휴게소를 지난 후 갈리시아로 들어서는 산의 문턱 '페드라피타의 문*Puerto de Pedrafita*'을 통과한다). 도로를 건너면 라 포르텔라 데 발카르세다.

대체 루트

N-Ⅵ을 경유하는 대체 루트 뱀처럼 꾸불꾸불한 이 길은 주도로와 나란히 올라가고 강의 계곡을 따라간다. 여러 번 재정비된 길이고 지금은 새 고속 도로가 생겨 교통량이 훨씬 줄어들었다. 게다가 지금은 순례자들을 자동차들과 분리시켜주는 가드레일이 생겨 더 좋아졌다. 하지만 길을 건널 때는 여전히 조심해야 한다. 부르비아 다리*Puente del rio Burbia*(비야프랑카 변두리에 있는 첫 번째 옵션 포인트)에서 계속 직진하여(오른쪽에 있는 프라델라 길 표지들은 무시) 150m 정도를 더 가면 카사 멘데스*Casa Mendez*(드라곤테 루트③으로 가려면 왼쪽으로 꺾어 두 번째 다리를 건넌다) 옆의 두 번째 옵션 포인트이다. 도로 루트로 가려면 호텔에서 오른쪽으로 꺾어 발카르세 강을 따라 쭉 N-Ⅵ 도로를 걸어가면 된다.

4.5km 페레헤 *Pereje* 지자체 호스텔(987-542 670)이다. 방 2개 안에 침대가 30개 마련되어 있고 모든 시설이 구비되어 있으며 바깥뜰도 있다. 연중무휴로 운영한다.

※ 기타 숙박 시설: 라스 코리나스*Las Corinas*(987-540 138)가 있는데 원래의 중심가는 카미노 산티아고*Camino Santiago*로 불린다. 예전엔 순례자들이 주로 모이던 곳이었다. 사실 페레헤 행정 당국을 오세브레이로와 비야프랑카 중 어디에 둘지에 관한 분쟁이 오랫동안 이어졌다. 두 곳은 군주제와 교황제를 모두 채택했지만, 순례자 구호 시설을 갖추었던 오세브레이로 쪽에 유리하게 상황이 종결되었다. 이러한 역사는 저지대(레온)와 고지대(갈리시아)

의 문화 간 투쟁을 반영한다. 비록 오세브레이로 바로 아래까지는 공식적으로 갈리시아에 들어선 게 아니지만, 이 계곡 안에서는 분위기, 지형, 날씨 등 모든 것이 변한 것처럼 보인다. N-VI 도로로 다시 들어서자.

4.8km 트라바델로 Trabadelo 알베르게 크리스페타Crispeta(620-329 386)는 도미토리 안에 27개의 잠자리가 있고 7개의 독실이 따로 있는, 2008년에 문을 연 사설 호스텔이다. 모든 편의 시설을 갖추었고 야외 테라스도 있다. 지자체 호스텔(987-556 447)은 30개의 침대가 있고 연중무휴로 운영한다. 모든 편의 시설과 야외 테라스가 있다. 둘 다 카미노 데 산티아고 카예에 위치한다.

※ 기타 숙박 시설: 노바 루타Nova Ruta 호스텔 겸 식당(987-566 431), 카사 라몬Casa Ramon CR(665-610 028)이 있다.

3.6km 라 포르텔라 데 발카르세 La Portela de Valcarce 엘 페레그리노El Peregrino 사설 호스텔(987-543 197)이 있다. 위치가 아주 좋고, 현대식 건물 안에 1인용 방을 포함한 50개의 침대가 있으며 연중무휴이다. 순례자 메뉴가 제공되는 식당과 바를 비롯하여 갖가지 편의 시설과 야외 테라스가 있다. 포르텔라를 통과하여 계속 걷다가 베가 데 발카르세Vega de Valcarce 표지가 있는 지점에서 암바스메스타스Ambasmestas 방향의 옆길로 빠진다. 이 지점에서 마침내 N-VI 도로를 벗어난다. (이제 4일 동안은 국도와 만나지 않다가 팔라스 데 레이Palas de Rei에서 N-547과 만나게 된다.) 계속 걸으면 전통 마을 암바스메스타스(1.4km)에 닿는다. 호스텔로 가려면 마을 가운데에서 왼쪽으로 돌아서 강을 건너야 한다. 알베르게 다스 아니마스Das Animas 사설 호스텔(619-048 626, 캄포 바호 카예Campo Bajo)은 잠자리 30개(침대 20개, 매트리스 10개)와 모든 시설들(주방에는 전자레인지만 있다)과 강이 내려다보이는 안뜰이 있고, 부활절부터 11월까지 문을 연다. 암바스메스타스는 발보아 강río Balboa과 발카르세 강이 합류하는 곳이다. 마을 뒤편에 배경처럼 A-6 고가도로가 지나게 되는 바람에 아름다운 전원 풍경이 다소 망가졌다. 계곡 바닥을 따라 0.6km를 더 가면 알베르게 도 브라실Do Brasil 네트워크 호스텔이 있다(987-543 045). 베가 데 발카르세 외곽, 도로 뒤편의 현대식 건물을

알베르게-도 브라실

찾으면 된다. 한 개의 도미토리에 84개의 침대가 있고 여분의 매트리스도 있다. 연중무휴이고 모든 시설들이 갖추어져 있으며 배식이 가능하다. 1.0km 정도를 더 가자.

3.0km **베가 데 발카르세** *Vega de Valcarce* 알베르게 지자체 호스텔(987-543 248)이 마을로 들어서는 초입에 오른쪽으로 꺾으면 지자체 광장 부근의 판델로 카페*c/Pandelo*(A-6 고가도로 아래)에 있다. 64개의 침대와 매트리스, 모든 시설들이 있고 연중무휴로 운영한다. 발카르세 강가에 위치한, 다양한 종류의 상점과 바, 식당이 있는 쾌적한 마을이지만 위쪽으로 A-6 고속 도로가 가까이 지나가게 되어 전원적인 분위기가 조금 망가져 버린 감이 있다. 마을을 떠나자마자 14세기 사라신 성*Castillo de Sarracin*의 위협적인 윤곽이 왼쪽 산등성이에 펼쳐진다. 마을은 9세기에 아스토르가*Astorga*의 사라세노*Sarraceno* 백작(무슬림 왕은 아니다)이 세웠다. 한적한 도로를 따라가면 쇠락했지만 아름다운 '세례자 성 요한의 교구 성당'이 나온다. 가끔 문이 열려 있을 때도 있다. 이 부근에서 고맙게도 고속 도로가 보이지 않아서 산 프로일란*San Froilan*의 암자가 있는 이 예스러운 마을의 조용한 환경이 잘 지켜지고 있다.

2.2km **루이텔란** *Ruitelan* 알베르게 페케뇨 파탈라*Pequeño Patala*는 마을의 모퉁이 오른쪽에 있는 사설 네트워크 호스텔(987-561 322)이다. 3개의 방 안에 34개의 침대가 있으며 연중무휴로 운영한다. 시설들이 좋고 (주방은 없지만 뷔페식 저녁 식사와 아침이 제공됨) 마사지도 받을 수 있다. 마을에는 작은 상점 겸 바가 하나 있다. 새로 생긴 엘 파라이소 델 비에르소*El Paraiso del Bierzo CR*(987-684 137)를 지나 마을을 나서도록 하자. 그리고 왼쪽 옆길(바와 라 파바*La Faba* 표지 반대쪽)로 빠져 로마네스크식 다리를 건너 앞에 보이는 마을(1.1km)로 진입한다.

알베르게-페케뇨 파탈라

1.3km **에레리아스** *Herrerías* 알베르게 미리암*Miriam*은 2008년에 문을 연

새로운 사설 호스텔(654-353 940)이다. 마을 초입 왼쪽에 위치하고 있다. 2층 침대로 20개의 잠자리가 있으며 연중 무휴로 운영한다. 전통 가옥을 개조한 곳이고 최소한의 시설들을 갖추고 있으며 채식주의자들을 위한 저녁 및 아침 식사가 제공된다.

알베르게-미리암

※ **기타 숙박 시설**: 카사도 페레이로*Casado Ferreiro*는 식당을 겸한 B&B이다. 상점 반대편에 카페 겸 바 폴린*Polin*이 있고 지방 택시 호세 로페스 바레이로*Jose Lopez Barreiro*(649-647 504)도 있다. 이 오래된 마을은 강을 따라 형성되어 있는데 마을 이름은 오래 전에 사라진 철주조물 용광로에서 유래되었다. 드라곤테 루트가 추천 루트와 다시 합류하는 곳이다.

대체 루트

드라곤테 *Dragonte* 를 경유하는 대체 루트 순례자들이 발카르세 계곡을 넘을 때 사용했던 길 중 하나이다. 오늘 단계의 옵션 중 가장 길고, 깊은 강을 세 번이나 건너야 하며, GR-11의 일부라는 표지가 되어 있다. '프랑스 길*Camino de los Franceses*' 또는 '드라곤테 길*Camino Dragonte*' 등 다양한 이름이 있다. 길가에는 진녹색와 흰색의 동그란 보행로 표지판이나 흰색 바탕에 붉은색으로 칠한 표석이 대부분이고, 노란색 화살표는 간간이 눈에 띈다. 에레리아스에 도착할 때까지는 편의 시설도 숙박 시설도 거의 없지만, 중간 중간 큰 골짜기로 내려가는 샛길을 타면 숙박 시설이 있는 다른 루트와 합류할 수 있다.

'사람들이 덜 다니는 길'이므로, 명상에 잠겨 걸을 수 있는 길을 찾는 이들이 좋아할 만하다. 매우 아름답고, 아직까지는 사람들에 의해 훼손되지도 않았다. 비야프랑카에 있는 알베르게를 기준으로 드라곤테를 경유하여 에레리아스로 가는 거리는 28.5km이며 여기에 오세브레이로까지는 8.7km가 추가된다(총 37.2km). 올라가야 하는 총 높이가 1,900m이므로 제일 좋은 건 에레리아스에 하루 묵는 것이고 만약 숙소가 꽉 찼다면 루이텔란이나 라 파바에서 머무르는 게 좋다. 이 길은 길 표지가 분명하지 않고 드라곤테를 넘은 다음은 관목 등이 우거진 산길이 많은데, 특히 에레리아스로 들어서는 마지막 구간이 그렇다. 그래서 이 루트는 본인이 할 수 있는지 곰곰이 생각해본 뒤에 선택하기를 권한다. 예상치 못했던 상황에 직면했을 때, 방향 감각과 본능적인 감이 좋은 편인지 객관적으로 판단해서 말이다. 길을 잃을 걱정은 기우일 가능성이 높지만 만에 하나 그럴 경우 왔던 길을 되짚어 방향을 찾아야 하니 시간을 충분히 확보해두자. 이른 아침에 출발하도록 하고, 해가 짧거나, 날씨가 나쁘거나, 혹은 나쁘기 시작하려고 하는 겨울에는 도전하지 말아야 한다.

5.8km 드라곤테 *Dragonte* [F] 순례자를 환영해주는 샘이 이곳에 마련되어 있다. 길은 계속 올라가 널따란 흙길(0.6km)로 이어져 등고선을 따라 계속 펼쳐진다. 채석장과 라 코로나*La Corona* 언덕(오른쪽) 사이에서 왼쪽으로 빠져 1,050m의 높은 지점으로 향한다. 작은 숲의 반대편 길 왼쪽, GR-11 표지가 있는 지점(1.4km)에서 오른쪽으로 빠지도록 하자[!]. 길은 좁은 오솔길이 되어 관목지를 지난다. 대개 금작화, 히스, 가시금작화 덤불이다. 이제 내리막길을 따라 아스팔트 도로로 가자(0.7km). 아스팔트 도로를 1.1km 정도 걸으면 모랄 데 발카르세로 들어선다.

3.0km 모랄 데 발카르세 *Moral de Valcarce* 식수대(다른 시설들은 없다) 옆에 있는 마을로 들어서서 쾌적하게 나무가 우거진 계곡으로 강을 따라 내려가자. 그 길은 모랄*Moral* 시냇물이 된다. 낙엽송이 우거진 숲(대부분 밤나무)을 통과해 1.8km를 쭉 가면 성당과 공동묘지 옆으로 이어지는 길과 교차하게 된다. 길은 고대의 수도원과 산 프루크투오소*San Fructuoso*의 순례자 구호 시설 왼쪽을 지나 빌라르 데 코랄레스로 이어진다.

2.7km 빌라르 데 코랄레스 *Vilar de Corrales* 식수대 몇 개 외에는 다른 시설이 없는 고립된 촌락이다. 마을로 가는 진입로(오른쪽)를 지나 계속 전진하기 전에 바로 너머에 있는 식수대[F](오른쪽)에서 물통을 가득 채우도록 하자. 이제 계속해서 올라가 용기를 북돋는 '프랑스 길*Camino de los Franceses*' 표지에서 오른쪽으로 방향을 튼다. 하지만 지금부터는 표지가 아주 띄엄띄엄 나온다. 긴 산등성이를 올라 1040m 지점(1.2km)에 도달하면 길이 평평해지기 시작한다. 계곡을 건너 우리가  지나가야 하는 3개의 계곡들 중 두 번째 계곡으로 내려간다. 0.8km 지점에서 왼쪽으로 꺾어(중심 보행로는 오른쪽으로 방향을 바꾼다) 깨진 돌들이 널린 채석장을 따라 가파른 길을 내려간다[!]. 내리막길은 가파를 뿐만 아니라 좁고, 채석 공사 때문에 길 표지들이 지워졌기 때문에 헷갈릴 것이다. 하지만 목적지인 계곡 바닥은 분명하므로 할 수 있는 한 지그재그로 내려간다. 개략적인 방향 판단에 따라 계곡의 반대쪽에 보이는 마을(산 피스*San Fiz*) 옆에서 루트를 수정하자. 이미 짜릿한 길이지만 양념을 더하기 위해 '괴로운 동네*Zona de Voladuras*'라고 기록해두도록! 당신 전에도 많은 사람들이 이 길을 지나갔고, 다른 사람들도 뒤따를 것이라는 사실로 위안을 삼아보자. 이제 드디어 채석장으로 들어서는 도로 진입로다. 강을 건너 국도(3.0km)에 들어서면 GR-1 루타 올프람*Ruta Wolfram*과 루타 베르데*Ruta Verde* 표지들이 있다(이 부근에 많은 동네 산책길과 혼동하지 않도록 주의할 것).

아스팔트 도로 A를 따라 오른쪽으로 돌자. 야영장과 식당을 겸한 송어 양식장(오른쪽)은 여름에만 문을 연다. 왼쪽으로 0.4km 올라간 다음 바로 다시 왼쪽으로 꺾자. 마을 입구 지점(0.5km)에서 0.3km를 더 걸어 올라가면 산 피스 도 세오다.

4.7km 산 피스 도 세오 *San Fiz do Seo* [F] 이제 길은 평탄하게 펼쳐진다. 기본적으로 오른쪽 언덕의 기반 부분을 쭉 따라간다고 생각하면 된다. 오른쪽 언덕 위로 향하는 길들은 무시하라. 갈림길(1.3km)에서 벌통들이 늘어선 완만한 내리막 쪽으로 계속 가다가 계곡 바닥에 이르면 개울(0.8km)을 건너 비야신데 방향으로 올라가기 시작한다. 루타 베르데*Ruta Verd* GR-1로 가는 왼쪽 길(2.0km)은 무시하고 0.4km를 가파르게 올라가 아스팔트 도로를 건너면 비야신데다.

4.1km 비야신데 Villasinde 식수대[F]와 바(종종 문이 닫혀 있다)가 있다. 이 지점에서는 부도로를 따라 내려가 알베르게가 있는 베가 데 발카르세로 갈 수 있다(전부 아스팔트인 3.9km 구간이다). 하지만 아직 모험심이 남아 있고 한낮의 햇빛이 왼쪽에서 충분히 비춘다면 가던 길을 계속 가자. 마을을 벗어나 교구 성당을 지나서 오른쪽 오르막길로 방향을 틀어 방향 표지를 따라가면 된다. 저 앞쪽 지평선에 보이는 무선 통신탑 방  향으로 빌렐라Vilela(오른쪽)와 테소 레돈도Teso Redondo(왼쪽) 언덕 사이로 가자. 식수대(왼쪽)를 지나 언덕 꼭대기까지 올라간 다음 무선 통신탑으로 가는 길과 합류한다(1.5km). 이 길(해발 1,002m)에서 왼쪽으로 꺾어 능선을 따라 쭉 가면 길은 오른쪽으로 빙 돈다(왼쪽으로 올라가는 루타 S. 홀리안Ruta S. Julian 방향 표지판은 무시할 것). 얼마 후 또 다른 무선 통신탑이 앞쪽 정상에 나타난다. 표지판이 있는 곳(0.6km)에서 왼쪽 길로 빠져 계곡 바닥을 향해 내려가라. A-6 고가 도로와 목적지인 에레리아스가 저만치 보이기 시작한다. 이 지점까지는 길이 별 문제없이 잘 나 있고 표시도 잘 되어 있지만, 계곡 바닥으로 내려가는 길은 풀숲이 우거져 있어 금작화와 히스 덤불을 뚫고 지나가려면 꽤 힘이 들 것이다. 정상에서 길이 가파른데 이럴 땐 금작화가 움켜쥐기에 딱 좋다. 하지만 가시나무는 붙잡지 않도록 주의해라. 철조망을 움켜쥐는 것이나 마찬가지다. 올바른 방향으로 잘 가고 있다면 또 다른 보행자 표지가 나올 것이다.(1.0km) 길은 평평해지고 나무숲 사이에서 더 명확히 보인다. 작은 다리(1.1km)를 건너 오른쪽으로 꺾은 다음 0.1km를 더 가면 에레리아스에 새로 생긴 순례자 호스텔이 나온다.

4.3km 에레리아스 Herrerías 드디어 오세브레이로로 향하는 다른 루트와 합류하는 곳이다. 8.4km의 쭉 뻗은 길과 620m의 오르막길은 또 다른, 매우 큰 노력을 요한다. 하루 종일 걸을 만큼 걸었다면 에레리아스에 새로 생긴 호스텔이나 루이텔란(1.1km 뒤로 돌아가면 있다)에서 잠자리를 확보하자. 아니면 근처의 B&B 중 한 곳을 골라보는 것도 좋다.

에레리아스 다리를 건너 예스러운 이 마을을 지나가자. 마을에는 소박한 석조 건물들이 강을 따라 늘어서 있다. 강 옆에 있는 키노네스의 샘Fuente de Quinones은 오르비고 다리Puente de Orbigo를 지켰던 용기 있고 예의바른 기사와 연관이 있다. 몇 개의 바와 오래된 대장간 아 카사 도 페레이로A Casa do Ferreiro, 그리고 심지어는 저쪽 멀리 마을 외곽(서쪽)에 있는 영국인 구호 시설Hospital Ingles도 지나게 되는데, 이 길(현재는 건물들을 전혀 찾아볼 수 없긴 하지만 예전에는 순례자 예배당과 공동묘지도 있었다고 한다)을 지나갔던 중세 영국인 순례자들과 관계가 있는 곳이다. 이제 앞쪽에 보이는 산을 마지막으로 공략하기 전에 물통에 물을 채워 허리에 둘러매자. 한산한 아스팔트 도로로 계속 걷다가 왼쪽으로 꺾어 계곡 바닥으로 내려서는 오솔길(2.0km)로 들어서자. 이 지점부터는 기분 좋은 숲을 통과해 가파른 오르막길을 오르게 된다. 길은 바위가 많고(젖었을 때는 미끄럽다) 나무는 대부분 밤나무castanos다. 이 길을 1.1km 오르면 산 중턱의 아담한 마을 라 파바에 닿는다.

3.1km 라 파바 *La Faba* 알베르게는 산 안드레스 성당*Iglesia San Andres*(왼쪽)과 붙어 있는 교구 주택이다. 독일 신자회가 개축하였고 35개의 침대가 있으며 4월부터 10월까지 문을 연다. 성당과 인접한 곳에 모든 시설과 그늘진 공원이 갖추어져 있다. 이 쾌적한 마을에는 작은 상점과 바, 마사지 서비스를 제공하는(그리고 마사지를 받은 후 몸이 완전히 늘어지면 바닥에 누울 수 있게 해주는) 집이 있다. 마을을 벗어나면 스페인 밤나무가 늘어선 길을 따라간다. 뒤쪽으로 발카르세 계곡의 아름다운 경치가 보인다.

2.5km 라구나 데 카스티야 *Laguna de Castilla* 알베르게 사설 호스텔(989 – 157 392)이다. 하나의 커다란 방 안에 매트리스로 된 잠자리가 15개 마련되어 있고 야외 테이블이 있는 카페 겸 바를 포함하여 최소한의 시설은 모두 갖추고 있다. 카스티야의 마지막 마을이지만, 샘터[F] 바로 뒤 경작지에는 갈리시아 특유의 초가집을 일컫는 '파요사*palloza*'의 전형을 보여주는 가옥이 있다. 오세브레이로에 도착하면 짚으로 된 지붕이 있고 동그랗게 지어진 이 전통 가옥을 많이 볼 수 있다.

라구나 바로 위에서 '*K.152.5 OS Santos*'라고 적힌 콘크리트 표석을 지나게 된다. 산티아고까지 이런 식의 표석이 규칙적으로 늘어서 있다(루트는 계속 변했기 때문에 표석의 거리는 이제 정확하다고 볼 수 없다. 하지만 길 표지가 있다는 것만으로도 안심이 된다). 얼마 후 갈리시아 경계*Frontera*(1.1km)에 이른다. 믿을 만한 표지들이 우리가 마침내 카스티야 이 레온*Castilla y Leon* 자치구를 벗어나 갈리시아(루고 주*provincia de Lugo*)로 들어선다는 사실을 보여주고 있다. 길은 가시금작화 덤불과 관목지를 지나 돌벽을 끼고 돈다. 나머지 1.2km를 마저 걸으면 오세브레이로 성당에 닿는다.

2.4km 오세브레이로 성당 *O'Cebreiro Iglesia* 카미노 데 산티아고에 있는 건물 중에서도 가장 오래된 건물 하나가 순례자들을 맞이한다. 산타 마리아 왕립 성당*Iglesia de Santa María Real*은 연대가 9세기까지 거슬러 올라

가는, 순례길과 직접적으로 관련이 있
으면서 현존하는 가장 오래된 성당이
다. 카미노의 중요한 관문 중 하나인
오세브레이로(정확한 발음은 오-세이-
브레이-에어-로)는 첫 밀레니엄이 밝
은 이래로 쭉 순례자들을 위해 관리되

산타 마리아-성배와 성반

어 왔다. 산타 마리아 라 레알*Santa María la Real*은 이 지역의 후원자였고
12세기에 만들어진 그녀의 조각상이 '오세브레이로의 기적*Santo Milagro*'
과 관계 있는 성반, 성배와 함께 잘 전시되어 있다. 오세브레이로의 기적
이란 이런 내용이다 '독실하나 가난한 소작농 한 명이 무시무시한 눈보
라 속에서 목숨을 걸고 미사에 참석하러 이 성당을 찾았다. 오만한 사제
는 멸시의 눈초리를 숨기지 않으며 이 농부에게 빵과 포도주를 건넸다.
그 순간, 빵과 포도주가 그리스도의 살과 피로 변했다. 또한 성당 안의
마리아상도 이 기적적인 광경에 고개를 기울였다고 전해진다.'

이 성당은 교구사제 돈 엘리아스 발리냐 삼페드로*Don Elias Valiña
Sampedro*(1929~1989)가 잠들어 있는 장소이기도 하다. 그는 루트를 완전
하게 보존하고 복구하기 위하여 일생 동안 아주 많은 일을 했다. 친숙한
노란색 화살표로 루트를 표시하는 것이 바로 그의 생각이었고, 그 노력
의 결과로 오늘날 우리는 이 루트를 걷고 있다. 그의 흉상이 교회 광장
에 있고, 많은 봉사단체들이 돈 엘리아스의 인생과 노력에 대한 깊은 존
경의 표시로 자신들의 이름을 흉상 대좌에 새겼다. 바로 옆에 있는 호스
텔 산 히랄도 데 마우리야크 *Hostal San Giraldo de Aurillac*의 재건을 맡은 사람
도 바로 그였고, 현재 그곳은 가족들이 운영한다. 이 아름다운 석조 건
물들은 원래는 11세기 수도원의 일부였다. 알
폰소 6세가 프랑스에서 온 산 히랄도 대수도원
사제들에게 이곳의 관리를 명했다. 1486년에
는 이사벨라 여왕이 산티아고 순례 여행 중 이
곳에 머물렀다고 한다. 교회 반대편의 개보수
된 파요사 안에 박물관이 있다. 이제 바와 상점,
식당들 몇 군데를 지나 조금만 걸어가면 오세
브레이로다.

돈 엘리아스 발리냐 삼페드로

0.3km **오세브레이로** *O'Cebreiro* 알베르게 마을의 서쪽 (가장 먼) 끝, 주도로 위 지대 높은 곳에 위치한 현대식 갈리시아 정부 호스텔이다(660-396 809). 연중무휴이고, 80개의 침대가 마련되어 있으며 최근에 새단장했다.

갈리시아 정부 호스텔

※ **기타 숙박 시설**: 산 히랄도 데 아우리야크 *San Giraldo de Aurillac HsR*(982-367 125)에 유명한 바와 식당이 있으며 교회 바로 옆에 위치한다. 산투아리오 도 세브레이로 *Santuario do Cebreiro H*(982-367 125)는 기념품 상점과 바 근처에 위치하며 예약이 필요하다. 카사 카롤로 *Casa Carolo CR*(982-367 168)와 벤타 셀타 *Venta Celta CR&*식당(667-553 006)은 마을 중심부에 있고 메손 안톤 *Mesón Anton*(952-151 336)은 마을 아래 주도로상에 있다. 오세브레이로는 순례자들의 휴식처인 동시에 인기 있는 관광지가 되었다. 따라서 여름엔 숙박 수요가 공급을 초과할 수 있으니 이곳에 온 것을 축하하기 전에 숙소를 먼저 잡도록 하자.

Looking Point 갈리시아 정부 *Xunta de Galicia*는 갈리시아이 알베르게에서부터 피니스테레 *Finisterre*까지의 루트 전체를 따라 현대식 순례자 호스텔을 건설하거나 예전에는 학교였던 건물들을 개조했다. 천편일률적이라 아무런 감흥이 일어나지 않는 디자인의 전형이다. 일반적으로 장식이 없는 흰 벽으로 되어 있고 밖에는 파란색 공중전화 박스 *telefonica kiosk*가 있어 다 똑같아 보인다. 내부에는 온수 샤워 시설과 화장실 같은 합리적인 시설들이 잘 갖추어져 있다. 하지만 주방은 내부 시설이 종종 고장 나 있는 경우도 있고 조리 도구도 부족한 편이다. 더 냉소적인 이들은 식당과 상점들이 우후죽순 격으로 생기는 카미노의 상업화를 지적할 수도 있다. 그러나 이런 사실을 미리 아는 사람들은 대비를 해서 오기 마련이고, 카미노 사람들도 먹고살 궁리는 해야 하지 않겠는가? 대체로 가까운 곳에서 식당을 찾을 수 있고, 호스텔 관리인이 운영하는 경우도 종종 있다.

한눈에 살피는 지역 정보

갈리시아 개요

발카르세 계곡과 오세브레이로는 앞으로 경험하게 될 독특한 갈리시아 문화를 맛볼 수 있는 좋은 기회가 되어준다. 첫 번째 순례지는 대서양 너머에서 서풍이 불어오는 갈리시아 산맥이다. 날씨는 급변하여 비가 자주 오고 소나기와 뇌우 *lluvia y tormenta*가 있기도 하며 두터운 산 안개가 끼기도 한다. 이런 날씨는 산 계곡물과 깊은 강의 토대가 된다. 시골 벌판엔 작고 친숙한 들이 있고 양이 나 돼지, 거위, 닭과 더불어 소가 풀을 뜯는 목장이 있다.

진하고 뜨거운 수프*caldo gallego*와 풍부한 채소, 고기 스튜 같은 음식들이 안개로 덮인 날씨 속에서 마음을 따뜻하게 덥혀준다. 해안에 더 가깝기 때문에 파

갈리시아 산안개

프리카를 곁들여 삶은 문어*pulpo a la galega*와 조개 요리*mariscos* 등 해산물 요리들이 탁월하다. 거친 풍미의 이 지역 레드 와인이 대부분의 요리와 함께 나오고, 역시나 몸 안에 온기를 가득 채워준다. 가리비*vieiras*와 함께 부드러운 화이트 와인을 맛보려면 리베이로스*Ribeiros*나 알바리뇨*Albariño*를 주문해보라. 이 지방 치즈와 모과 젤리*queso y membrillo* 또는 유명한 아몬드 타르트*tarta de Santiago* 등을 후식으로 삼으면 좋다. 날씨가 여전히 춥게 느껴진다면 포도 껍질을 증류한 독주 오루호*orujo*나 이 지역 허브들을 섞어 증류한 독주 이에르바스*hierbas*를 들이켜보라.

갈리시아는 켈트 족이 사는 다른 지역, 특히 아일랜드의 서쪽과 여러 가지로 역사적·지리적 유사성을 보인다. 너무 척박해서 대가족 형태의 인구가 모두 고용될 수 없기에 이민의 물결이 퍼져 나갔다. 이곳에서는 여자들이 시간을 쪼개어 트랙터를 운전하거나 황소 떼를 치면서 요리를 하고 바까지 운영한다. 놀랍게도 이 지역민 중에는 영어를 꽤 하는 이들이 많은데, 외국에서 일을 했기 때문이다. 이곳에 켈트 족의 전통이 존재한다는 사실이 의심스러운가? 백파이프*gaita*에서 뿜어져 나오는 뿌뿌대는 소리를 한 번만 들어보면 의심이 말끔히 사라질 것이다. 갈리시아어 *Galega*는 여전히 상당수의 소수 민족이 사용하고 있다. 로살리아 데 카스트로*Rosalia de Castro* 등의 시인을 비롯한 여러 작가들이 아일랜드와 스코틀랜드의 게일어보다 배우기 더 어려운 갈리시아어를 보존하기 위해 애를 써왔다. 가장 눈에 띄는 차이점은 지명의 철자법과 어떤 위치를 표기하는 방법이다. 예를 들어 *Xunta* 또는 *Igrexa*처럼 지금은 X가 J를 대체한다.

Céad míle fáilte(수만 번 환영합니다)!

갈리시아는 물질적으로 빈곤한 곳이지만 영적인 풍요로움을 간직하고 있다. 이 지역은 대체로 평화로우며 전통 역시 손상되지 않았다. 강

력한 가톨릭 신앙이 이 지역 고유의 토속적인 믿음을 압도할지라도, 이 교도적인 과거 전통은 결코 완전히 없어지지 않을 것이다. 피니스 테라 *Finis terra*는 결국, 고대 세계의 끝이다. 피니스테레*Finisterre*의 서쪽은 태양이 지지 않는 '영원한 젊음의 땅*Tir-na-nog*'이었다. 이 지방에 기독교가 퍼지기 전에, 태양이 서쪽에서 지는 것을 눈으로 확인하기 위하여 전 세계에서 순례자들이 이곳으로 왔다. 앞에 펼쳐지는 시골 풍경엔 고인돌과 마모아스*mamoas*가 가득하다. 정착민이 만든 석조 예배당이다. 거기에 길가 십자가가 장엄한 분위기를 더하며, 갈리시아의 깊은 신앙을 되새기게 한다. 산티아고 데 콤포스텔라는 아 코루냐*A Coruña*, 루고*Lugo*, 오우렌세*Ourense*와 폰테베드라*Pontevedra*까지 4개의 지방으로 나뉜 갈리시아 자치구의 주도이다. 그리고 이 길의 끝, 나아가 세계의 끝으로 나아가는 루트를 걸어보라.

26day note

"오늘은 육체와 영혼이 아프고 마음도 힘겹다. 내게 무슨 일이 일어난 건지 이해할 수 없지만, 결국에는 '선생님이 나타나기를 기다리는 학생'처럼 모든 것이 자연히 나타날 것이라는 믿음과 침묵 속에 나는 계속해서 걸어갈 것이다. 소란스러운 순례자들의 버스 패뮴에 피로감이 더 커졌다. 그들이 가는 길에 대한 자비심 따윈 없는 모양이다. 마침내 지칠 대로 지쳐 도착했을 때 나는 홀로 그들 차지였다. 밤을 달래는 나의 메모 주인이 읽기까지는 꽤 오랜 시간이 걸렸다. 나도 모르게 그만 분노에 휩싸이고 말았다. 평화를 스스로의 내면에서부터 시작한다는 교훈을 실천하는 데 나는 실패했다. 마음의 평정이라는 것이 다른 사람들의 행동에 좌우된다면 나는 자유를 얻을 수 없을 것이다."

오세브레이로에서
트리아카스텔라까지 – 20.7km

▬▬	길/트랙	14.2km	69%
▬▬	부도로	6.5km	31%
▬▬	주도로	0.0	
Total km	총 거리	20.7km(12.9마일)	
▲ Alto	경사로 감안 거리	21.7km(경사로 200m=1.0km로 계산)	
	최고점	포이오 고개 1,335m(4,380피트)	

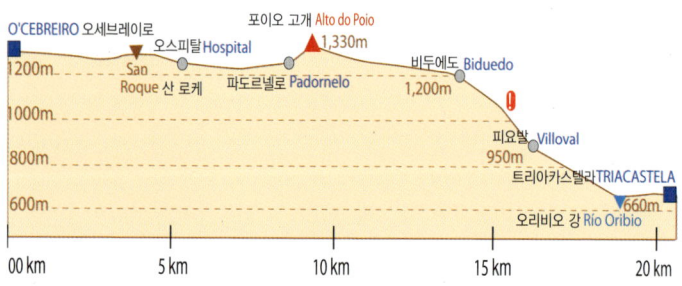

Road Point 이번 단계는 20.7km밖에 안 되지만 대부분이 가파른 내리막임을 명심하라. 대부분의 부상은 오르막이 아닌 내리막에서 발생하므로 특별한 주의가 필요하다. 도중에 마을과 식수대가 여럿 있고 (비가 퍼붓지만 않는다면) 사방 어디를 둘러봐도 굉장한 장관이 펼쳐진다. 산 중턱에 새벽 안개가 자욱이 깔리면 그 위로 솟은 봉우리들이 하늘을 떠다니는 섬처럼 영묘한 광경을 자아낸다. 이렇게 매혹적인 경험을 했다면 그날은 더욱 하늘이 청명할 것이라는 징조다. 태양빛이 안개를 모두 휩쓸어 가기 때문이다. 1년 중 어느 때건 '모든' 날씨에 대비해야 한다. 산악 지대, 특히 갈리시아 지방의 날씨는 변덕이 심하기 때문이다.

오세브레이로를 떠나며

> **soul road**
> 높은 장소에 있으면 '더 높은 마음가짐'을 갖는 데 도움이 된다. 그만큼 고도에 서 있으면 둘러 적인 시야와 내면의 시야가 더 넓게 활짝 열린다. 높은 곳에서 당신은 무엇을 보고, 느끼고, 듣는가?

3.1km **리냐레스 이글레시아 산 에스테반** *Liñares Iglesia San Esteban* 한때 린넨 교역용 아마*lino*를 재배했던 작은 촌락으로, 현재는 바 하나와 B&B 카사 하이메*Casa Jaime CR*(982-367 166)가 있다. 길은 옛 교구 성당을 지나 짧은 오르막을 거쳐 산 로케 고개*Alto de San Roque*까지 이어진다(0.8km). 여기에 놓인 인상적인 순례자 기념비가 광활한 갈리시아 지역과 그 아래 깊은 계곡들을 굽어보고 있다. 도로와 나란히 난 길을 계속 걸어가면 (1.6km) 오스피탈에 닿는다.

2.4km **오스피탈 데 라 콘데사** *Hospital de la Condesa* 알베르게는 정부 호스텔*Xunta*(접수처 982-161 336)로 마을로 들어서자마자 도로 위(오른쪽)에 우뚝 서 있다. 연중무휴이며 80개의 침대와 모든 편의 시설을 갖추고 있다. 과거에는 순례자 병원이 이 마

정부 호스텔

을의 자랑거리였다(그래서 마을 이름도 이렇다). 산티아고로 향하는 그리스도교 순례자들을 위해 지어진 최초의 병원이 있다는 이유로 명성이 자자한 마을이었지만, 이제 남은 볼거리라고는 돌 지붕으로 된 종탑과 산티아고를 받쳐 든 십자가가 있는 흥미로운 성당뿐이다.
주도로와 합류하여 1.2km를 가다가 오른쪽으로 꺾어 부도로(사르부고스 *Sarbugos* 방향)로 접어든다. 0.3km를 걸은 후 다시 오솔길을 택하여 파도르넬로*Padornel*까지 1.0km를 더 간다. 최근 보수를 마친 산 옥산 예배당 *ermita San Oxan*은 파도르넬로와 성 요한 기사단을 이어준 일등 공신이다. 짧지만 가파른 오르막을 0.6km 더 가면 갈리시아 카미노에서 가장 높은 지점에 오르게 된다.

3.1km 포이오 고개*Alto do Poio 1,335m* 알베르게 델 푸에르토 *Albergue del Puerto*(982-367 172)는 1년 내내 운영하고 50개의 잠자리(침대 30개, 매트리스 20개)가 있는 네트워크 호스텔이다. 주방은 없지만 편의 시설이 잘 되어 있고, 바 푸에르토*Bar Puerto*에서 배달 오는 저녁 및 아침 식사가 오세브레이로에서 온 순례자들의 원기를 회복시켜준다. 도로 맞은편의 산타 마리아 데 포이오 호스텔*Hostal Santa María de Poio*(982-367 167)에서도 묵을 수 있다. 도로에 들어서서 조금만 더 걷다가 오른쪽으로 꺾으면 폰프리아로 향하는 오솔길이 나온다.

알베르게 겸 바 - 포이오 고개

3.5km 폰프리아 *Fonfría* 또 하나의 전형적인 갈리시아 마을이다. 카사 누녜스*Casa Núñez CR*(982-161 335)는 친절한 바와 식당이 있는 숙소다. 이 마을에 이름을 부여한 '차가운 샘물*fons fría*'[F]로 물병을 가득 채워라. 마을을 나서자마자 오른쪽에 네트워크 호스텔 알베르게 아 레볼레일라*A Reboleira*(982-161 335)가 보인다. 현대식 건물 안 6개 방에 47곳의 잠자리를 마련해두고 있으며, 일부는 독실로 사용도 가능하다. 주방은 없으나 편의 시설은 잘 갖춘 편이고 식사도 해결할 수 있다. 주도로와 평행한 길을 따라 계속 걷다가 오른쪽으로 꺾으면 비두에도에 닿는다.

알베르게 겸 바 - 폰프리아

2.3km 비두에도 *Viduedo* 아주 작은 산 페드로 예배당이 있는 한적한 시골 마을이다. 순례자를 따스하게 맞이하며 식사도 제공하는 메손 베툴라리아*Meson Betularia*(982-367 172)에 묵을 만한 방이 있다. 근처에는 카사 키로가*Casa Quiroga CR*(982-187 299)가 있다. 이제 길은 한층 더 가팔라지는데, 서쪽으로 펼쳐진 전원 풍경이 장관을 이룬다. 돌로 된 이정표 132를 지나자마자 교차로가 나온다.

3.2km 교차로 *Cruce-X* 피요발 *Filloval* 주도로를 가로질러(가거나 진흙탕인

지하도를 통하여) 피요발 외곽을 따라 걷다가 주도로와 다시 합류한다. 그 다음으로는 숱한 순례자와 가축들의 발걸음에 닳고 닳은 옛 카미노를 타고 아스 파산테스*As Pasantes*와 라밀*Ramil*을 통과한다. 이 길은 화강암으로 벽을 두른 좁은 통로*corredoira*다. 오리비오 산*Monte Oribio*에서부터 흘러 내려오는 록시노*Roxino* 계곡의 물소리와 푸른 숲의 적막 속을 걸으면서, 그 평화로운 분위기에 흠뻑 젖어보자. 원시 그대로의 모습을 간직한 이 길은 짙은 그늘을 드리우는 고색창연한 오크나무와 밤나무 숲이 굳건히 지키고 있다.

3.1km 트리아카 스텔라*Triacastela* 정부 호스텔*Xunta*(982-548 087)은 마을 입구 카미노 왼쪽의 초원에 위치하며 강이 내려다보인다. 전통적인 석조 건물을 복원하여 현대식으로 확장한 곳이다. 연중무휴이며 14개의 방에 82개의 침대가 있고 시설도 잘 갖추고 있다. 주방은 없지만 넓은 라운지와 야외 활동 공간이 있다. 500m 떨어진 마을 중심으로 가면 알베르게 콤플렉소 사코베오*Complexo Xacobeo*(982-548 037)가 있다.

알베르게 - 콤플렉소 사코베오

새로 생긴 네트워크 호스텔로, 카미노상에 위치하며 바 겸 식당인 사코베오와 붙어 있

알베르게 - 아이체네아

다. 44개의 잠자리를 갖추고 1년 내내 운영하며 후방의 현대식 확장 공간에 훌륭한 편의 시설을 갖추었다. 카미노를 따라 더 가면 사설 호스텔인 알베르게 베르세 도 카미뇨*Berce do Camiño*(982-548 127)가 나온다. 6개 방에 28개 잠자리를 갖추고 연중무휴로 운영한다. 모든 편의 시설과 테라스까지 갖춘 현대식 건물은 카이샤 갈리시아*Caixa Galicia*와 붙어 있다. 주도로로 돌아가면 알베르게 아이체네아*Aitzenea*(982-548 076)가 있다. 유명한 네트워크 호스텔로, 4월에서 10월까지 문을 열고 3개 방에 38개의 침대가 있다. 주방은 없지만 음료 자판기를 비롯한 여러 편의 시설을 갖추고 있다. 바스크인 건축가가 전통 석조 가옥을 근사하게 개조했다 ('*aitzenea*'란 바스크어로 '석조 가옥'이라는 뜻이다). 주도로를 따라 더 가면 알

베르게 레푸히오 델 오리비오Refugio del Oribio(982-548 085)가 나온다. 현대식 건물 안에 자리한 네트워크 호스텔로, 근처에 빵집panaderia이 있다. 1년 내내 문을 열고 2개의 방에 27개의 침대가 있으며 라운지를 제외한 모든 편의 시설이 있다.

※ **기타 숙박 시설**: 가르시아García Pr(루아 페레그리노Rúa Peregrino 8번지), 카사 올가Casa Olga(982-543 184, 루아 데 카스트로 카예r/Rúa de Castro)가 있고, 마을 끝에는 오스페다헤 오노보Hospedaje O'Novo(982-548 105)와 빌라산테Vilasante Pr(982-548 116)가 있다. 알베르게 베르세 도 카미뇨 맞은편에도 카사 다비드Casa David Pr(982-548 105)가 있다. 이 마을에는 순례자 메뉴를 제공하는 식당이 여러 군데 있다.

한눈에 살피는 지역 정보

트리아카스텔라

한때 성이 세 채나 있었으나 현재 남아 있는 것은 없다. 순례자 구호 시설과 넓은 수도원이 있어, 산길을 걷다 내려온 중세 순례자들에게 중요한 휴식처가 된 마을이다. 오늘날도 순례자들의 발길을 이끄는 휴식처로서, 다양한 바와 식당, 호스텔이 순례자 손님을 맞이한다. 산티아고에게 봉헌된 교구 성당에 희귀한 18세기 종탑이 있다. 탑에는 세 채의 성이 부조로 새겨져 있다. 마을 근교는 채석장인데, 산티아고 대성당을 짓는 데 사용된 석회석을 조달했다. 중세 순례자들이 힘 닿는 만큼 카스테네다Casteñeda의 가마터로 석회석을 날랐다고 한다. 마을 광장의 순례자 기념비가 옛 전통을 알려주는 동시에 카미노의 재탄생을 축복하고 있다. 중세의 순례자와 현대의 순례자 모두에게 경의를 표하는 것이다.

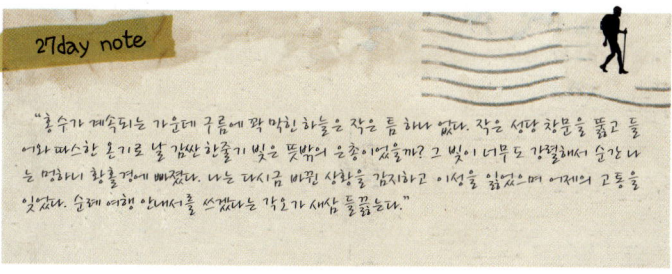

'산티아고 데 콤포스텔라'까지   142.3km(88.4마일)

트리아카스텔라에서
사리아까지 - 25.0km

	길/트랙	12.9km	52%
	부도로	11.1km	44%
	주도로	1.0km	4%
Total km	총 거리	25.0km(15.5마일)	
	경사로 감안 거리	26.0km(경사로 200m=1.0km로 계산)	
Alto ▲	최고점	렌체 690m(2,264피트)	

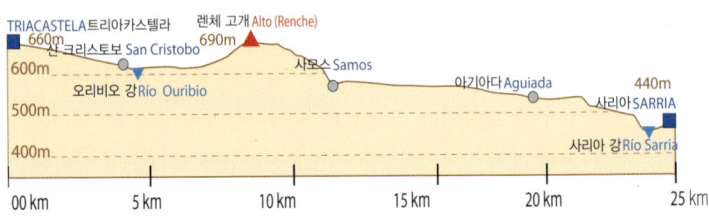

Road Point 트리아카스텔라를 떠날 때 사모스*Samos*를 경유하는 남쪽 루트(추천 루트 ①)와 산실*San Xil*을 경유하는 북쪽 루트(대체 루트②) 중 하나를 선택해야 한다. 둘 다 부도로를 따라 사리아*Sarria*로 들어간다. 산실 루트는 6.5km 더 짧지만 더 가파르고, 전통 루트로 알려져 있긴 하지만 이제는 대부분 아스팔트 길이 되었다. 이러한 이유로 여기서는 남쪽 루트 혹은 사모스 루트를 추천한다. 더 길긴 하지만, 아름다운 오리비오 강가를 걸을 수 있다. 덤으로, 스페인에서 가장 오래된 수도원에 속하는 사모스 베네딕트 수도원에 들를 기회도 얻을 수 있다. '센데리스모 데 사리아*Senderismo de Sarria*'라고 적힌 표지판이 있는 구역에서는 지역 보행로와 카미노를 구분하는 데 주의를 기울여야 한다. 두 길 모두 사모스 루트와 연결되는데, '루타스 데 라스 아세냐스*Rutas de las Aceñas*'와 '데 아기아다 아 사모스*de Aguiada a Samos*'이다. 우리는 후자의 일부를 걸어 아기아다에서 대체 루트와 합류하게 된다. 두 루트 모두 매혹적이고 도중에 숙박 시설이 있다.

🚶 트리아카스텔라를 떠나며

> **soul road** 🟢🟢
>
> 굽이쳐 흐르는 강물이 당신에게 자연의 제방을 보여주겠는가? 인간이 만든 제방, 강물을 마을의 물 방앗간으로 돌리는 그 제방은 이 강의 자연미와 어울리지 않는다. 그 입구가 굳어 밤나무에서 떨어진 가지들 밑에 숨어 있는, 조그만 숨막 같은 피난처에서 잠시 쉬어 가겠는가? 곳곳마다 아직 발견하지 못한 탓에, 이 오솔길은 아무것도 더하거나 꾸미지 않은 자연 그대로의 아름다움을 간직하고 있다. 언제까지 이 길이 인간의 손길을 피해 태곳적 자연의 상태를 유지할 수 있을까?

마을 안을 통과하여 쭉 내려가면 마을 끝자락에서 주도로와 마주친다. 잠시 후 선택의 기로에 서게 된다.

0.7km 옵션 *Opción* [?] 추천 루트①(사모스의 수도원 경유)로 가려면 다리를 건너자마자 왼쪽으로 꺾는다. 강변으로 난 길을 따라 산 크리스토보까지 가서 오른쪽으로 방향을 틀면 바로 앞에 마을이 보인다.

5.0km 산 크리스토보 *San Cristobo* 오리비오 강가에 예쁘게 자리한 전통 마을이다. 고대에 지어진 제방과 방앗간 건물이 있다. 숲 속으로 구불구불 난 오솔길을 따라 강을 건너면 강줄기와 나란한 길이 이어진다.

2.5km 렌체 *Renche* 바와 식수대[F]가 있다. 이곳에서 목을 축인 후 다시 오솔길을 따라 걷다가 도로 아래 그라피티로 뒤덮인 터널로 들어간다. 계속 걸으면 사모스 마을이 나온다('사모스 포르 프레이소 *Samos por Freixo*' 표지판은 무시하라. 루트에서 4km 떨어진 다른 마을이다).

3.5km 사모스 *Samos* 아담한 마을 자체가 계곡에 있는 거대한 수도원을 감싼 형상을 하고 있다. 평화로운 이곳에서 갈 길을 바삐 재촉하는 것은 미뇨 강 *río Miño*과 합하기 위해 부단히 흘러가는 오리비오 강물뿐이다. 알베르게 모나스테리오 데 사모스

사모스 수도원과 오르비오 강

Monasterio de Samos (982-546 046)는 베네딕트 수도회가 운영하며 수도원 본당 뒤편에 위치한다. 연중무휴이며 도미토리 안에 침대 90개가 있다.

주방도 라운지도 없고, 기본적인 시설만 갖추고 있다. 소박하고 검소한 분위기가 주위 환경과 퍽 어울린다. 뒷문으로 들어갈 수 있는 예배당에서 하루 종일 정기 예배가 열리고, 오후 7시 30분에는 만종이 울리는 가운데 기도회가 열린다. 낮 동안 정기적으로 수도원 투어가 운영된다. 이곳은 서구 세계를 통틀어 가장 오래된 수도원에 속하며 스페인에서 가장 넓은 부지를 차지하는 수도원이기도 하다. 알베르게 카시냐 데 마데라 *Casiña de Madera* (653 – 824 546)는 새로 생긴 사설 호스텔인데, 마을 바깥쪽에 있는 늙은 사이프레스 나무 옆에 위치한다. 수령(樹齡)이 1천 년 정도나 되는 이 나무의 이름은 '사이프레스 예배당 *La Capilla de Ciprés*'이라 불렸고, 9세기에는 '구세주 예배당 *Capilla del Salvador*'이라 불리기도 했다. 18개의 잠자리가 있는 이 알베르게는 연중무휴로 운영하며 도서관 및 마사지 서비스를 비롯하여 온갖 현대적 편의 시설을 제공한다.

※ **기타 숙박 시설**: 빅토리아 *Victoria HsR* (982 – 546 022, 루아 살바도르 *Rúa Salvador* 4번지, 알베르게 모나스테리오 데 사모스 맞은편), 아 베이가 *A Veiga Hr* (982 – 546 052, 주도로상에 위치)가 있다. 사모스에는 바와 식당이 여러 군데 있다.

마을을 벗어나자마자 주도로를 타고(사리아 방면 표지판이 있음) 테시오스 *Texios* 의 길가 예배당을 지나친다. 길 표지에 주의하며 [!] 오른쪽 오르막길로 들어선다. 여기서부터 사리아까지 쭉 도로를 걸어갈 수도 있지만 추천 루트는 대체 루트상에 있는 아기아다 *Aquiada* (칼보르 *Calvor*)까지 풍광 좋은 강가를 따르도록 되어 있다.

2.0km 카미노 *Camino* 이제 잔잔한 계곡을 따라 약간의 기복이 있는 코스로 들어서게 된다(여기는 현지인들의 산책로이기도 하다). 길 표지는 약간 애매하지만 우리는 기본적으로 강을 따라 급히 꺾이는 지점까지 간다. 여기서 길을 따라 강을 건너는데, 알데아 데 아바호 *Aldea de Abajo* 라는 촌락 바로 아래에서 다시 한 번 강을 건넌다.

3.0km 다리 *Puente* 작은 시내(사리아 강의 지류)를 건넌 다음에는 계속 오르막이다.

3.2km 아기아다 *Aguiada* 산실에서 오는 대체 루트②와 여기서 합류한다.

대체 루트

산실 *San Xil*을 경유하는 대체 루트②인 옵션 포인트(트리아카스텔라의 알베르게①에서 0.7km 거리)에서 우회전하여 주도로로 1.6km를 걸은 후 왼쪽으로 꺾어 0.7km를 가면 발사에 닿는다.

2.3km 발사 *A Balsa* 아담한 '눈의 성모*N.S. de las Nieves*' 예배당을 지나 숲 속으로 난 길을 따라 1.0km를 올라간다. 식수대[F]와 조가비 표시가 있는 도로와 다시 합류하여 0.5km를 더 가면 산실이다.

1.5km 산실 *San Xil* 여기서부터 오르막길인데, 오늘 단계의 최고점인 리오카보*Rio cabo* 봉(910m)을 찍고 계속하여 산길을 걷는다.

3.3km 몬탄 *Montán* 여기서부터 0.8km를 더 가면 폰테아르쿠다 *Fonteacuda*이고(조금만 돌아가면 몬다비에가*Mondavieaga*에 들러 석공예 작품을 감상할 수도 있다), 계속하여 산길을 따라 2.0km 정도 가면 푸렐라에 닿는다.

2.8km 푸렐라 *Furela* [F] 촌락을 통과하여 핀틴*Pintín*까지 0.8km를 쭉 간다. 카사 시네스*Casa Cines*(685 - 010 635)는 7개의 방과 카페 겸 바가 있는 펜션이다. 계속하여 1.5km를 더 가면 칼보르다.

2.3km 칼보르 *Calvor* 알베르게 도로변에 위치한 옛 학교 건물을 개조하여 정부 호스텔로 운영 중이다(982 - 531 266). 1년 내내 운영하고 22개의 침대와 모든 편의 시설을 갖추고 있다. 여기에서 0.5km를 더 가서 아기아다에 닿으면 왼쪽에서 오는 추천 루트와 합류하게 된다.

산 마메드 델 카미노로 이어지는 새 순례자 길이 도로 옆에 생겼다.

1.4km 산 마메드 델 카미노 *San Mamed del Camino* 알베르게 팔로마 이 레냐*Paloma y Léna*는 도로에서 약간 떨어진 곳에 새로 생긴 사설 호스텔(658 - 906 816)이다. 팔로마와 레냐가 운영하는 이 알베르게는 천국처럼 평화로운 곳이다. 연중무휴이고 30개의 잠자리(10개는 2개의 도미토리에 있고, 2인실이 5개)를 갖추고 있다. 훌륭한 현대식 편의 시설이 있고 저녁과 아침 식사가 제공된다. 잔잔한 음악이 항

알베르게-팔로마 이 레냐

상 흐르며 고요한 분위기를 한층 배가시킨다. 이제 길은 도로를 따라 작은 시골 마을인 산 페드로 도 카미뇨*San Pedro Camiño*와 카르바얄*Carballal*을 통과하여 사리아 외곽으로 이어진다.

2.7km 비고 데 사리아 *Vigo de Sarria* 아 페드라*A Pedra*는 사설 네트워크 호스텔(982-530 130)이다. 1년 내내 운영하고 15곳의 잠자리가 있다. 최근 전통 가옥을 복원하여 모든 현대식 편의 시설을 갖추고 있다. 알베르게와 붙어 있는 관광 안내소(982-530

알베르게 아 페드라와 관광 안내소

099)는 마을 지도와 숙박 시설 리스트를 제공하여 순례자들의 편의를 도우며, 이 지역에서 갈 만한 장소와 산책로 정보도 제공하므로 여기서 하루 더 묵을 계획이라면 많은 도움이 될 것이다. 사리아 중앙의 여러 순례자 호스텔과 번잡한 교차로(루아 호세 산체스*Rúa José Sanchez*와 칼보 소텔로 *Calvo Sotelo*)를 건너 루아 도 페레그리노*rúa do Peregrino*로 향하라. 이 길을 따라 완만한 곡선을 그리며 가다가 리베이라 다리*puente Riveira*로 사리아 강 *río Sarria*을 건넌다. 다리를 건너자마자 왼쪽으로 꺾으면 루아 베니그노 키로가*rúa Benigno Quiroga*로 들어서게 된다. 여기에는 스페인 최초의 순례자 전문 상점인 페레그리노테코*PeregrinoTeco*(982-530 1190)가 있는데, 순례자들을 위한 책과 장비들을 갖추고 순례자들이 들어와 마음껏 둘러볼 수 있도록 하고 있다. 페레그리노테코를 끼고 좌회전하여 고대의 화강암 계단을 올라가면 루아 마이오르*rúa Maior*에 닿는다. 이제 온갖 즐길거리가 가득한 사리아 중앙에 거의 다 왔다.

1.0km 사리아 중심가 *Centro de Sarria* 알베르게 루아 마이오르*rúa Maior* 79번지로 구시가지 초입에 위치한 지방 호스텔(660-396 813)이다. 연중무휴이며 전통 가옥을 복원한 건물에 40개의 침대와 모든 편의 시설을 갖추고 있다. 야외 테라스가 없는 것이

알베르게-지방 호스텔

옥의 티이다. 루아 마이오르를 따라 더 올라가면 44번지에 알베르게 오

두르미녠토*O Durmiñento*(982-531 099)라는 사설 네트워크 호스텔이 있다. 연중무휴로 운영하고 44개의 침대(도미토리, 독실)가 있다. 마사지룸*sala de masajes*을 비롯한 현대식 편의 시설을 갖추고 있으며, 주방은 없지만 식사가 제공된다. 57번지는 알베르게 인테르나시오날*Internacional*(982-535 109)이라는 사설 호스텔이다. 2008년에 개장한 알베르게로, 58개의 침대와 현대식 편의 시설을 모두 제공한다. 카페와 식당, 옥상 테라스도 갖추고 있다. 31번지는 알베르게 로스 블라소네스*Los Blasones*(600-512 565)라는 사설 네트워크 호스텔이다. 연중무휴이고 하나의 도미토리 안에 30개의 잠자리가 있다. 뒤뜰을 비롯한 모든 편의 시설이 있다. 알베르게 돈 알바로*Don Álvaro*(982-531 592)는 32개의 침대와 독실을 갖추고 연중무휴로 운영하는 사설 호스텔이다. 벽난로가 있는 순례자 독서실과 야외 가든을 비롯한 모든 편의 시설을 제공한다. 바로 그 뒤의 루아 콘데 데 레모스*rúa Conde de Lemos* 23번지는 알베르게 도스 오이토 마라베디스*Dos Oito Marabedís*라는 사설 네트워크 호스텔(629-461 770)이 있다. 테라스를 갖춘 현대식 건물에 위치하며 20개의 잠자리와 모든 편의 시설을 제공한다.

※ **기타 숙박 시설**: 카사 마티아스*Casa Matías Pr*(982-530 559, 칼보 소텔로*Calvo Sotelo* 39번지)가 있고 메인 쇼핑 거리인 칼보 소텔로의 맨 끝 기차역 옆에 로마*Roma H*(982-530 570, 칼보 소텔로 2번지)가 있다. 근처 루아 호세 안토니오*rúa José Antonio* 39번지는 마르 델 플라타*Mar del Plata*(982-530 724)라는 펜션이다. 도시 반대편 끝에 현대식 고급 호텔인 알폰소 IX*Alfonso IX H*(982-530 005, 루아 도 페레그리노*Rúa do Peregrino* 29번지)가 있다.

순례자 전문 상점-페레그리노 데카

좀 더 저렴한 호텔은 비야 데 사리아*Villa de Sarria H*(982-533 875, 루아 베니그노 키로가*rúa Benigno Quiroga* 49번지)이다. 사리아 내에는 식당과 바가 무척 많은데, 특히 루아 마이오르*rúa Maior* 주변의 식당과 바는 순례자 메뉴를 제공한다. 루아 마이오르 시작점에 위치한 친절한 순례자 전문 상점 페레그리노 테카*Peregrino Teca*는 방대한 장비와 서적, 지도를 보유하고 있다.

한눈에 살피는 지역 정보

사리아

켈트 족 문화에 기원을 두고 있는 이 도시는 중세에 이르러 순례자들의 중심지가 되었다. 이곳에는 여러 성당, 예배당, 수도원과 7개의 알베르게가 있다. 루아 마이오르(중심가)를 따라 고대의 분위기를 그대로 간직한 매혹적인 구시가지를 걸어 올라가면 꼭대기에 지금은 폐허가 되어버린 옛 성 포르탈렌사 데 사리아 *Fortalenza de Sarria*가 나타난다. 고대의 마달레나 수도원 *Mosteiro da Madalena*은 정교한 석고 세공이 돋보이는 외관이 볼 만하다. 여기서 내리막을 따라가면 중세의 돌다리를 통해 셀레이로 강 *río Celeiro*을 건너 시내를 빠져나가게 된다. 19세기 말에 철로가 완공되면서 이곳의 중심가가 동쪽으로 옮겨졌으며, 그 덕분에 고대의 카미노 레알 *camino real* 대부분이 손상되지 않은 상태로 남아 있다. 사리아는 현재 인구 1만 3천 명의 번잡한 현대 도시이다. 시간이 많지 않지만 카미노 순례 여행을 간절히 열망하는 이들이 주로 이곳 사리아를 출발 지점으로 삼는다. 여기서부터 출발할 경우, 순례자 증서를 받을 수 있는 최소한의 요건인 100km 정도만을 걸으면 된다. 버스와 기차를 타고 순례자들이 끊임없이 들어오기 때문에 사리아부터는 카미노가 내내 북적인다. 많은 호스텔이 짐 이동 서비스를 제공한다.

Looking Point 카미노를 침범 당한 것에 대한 분노를 경계하라. 순례자들 대부분이 순례 여행을 앞두고 예민한 상태일 테고, 여행 선배들의 텃세를 경험하고 싶은 조금도 없을 것이다. 사랑을 아는 순례자는 길 위에서 만나는 모든 이들을 환영하는 법이다.

28day note

"내 여행은 점점 깊은 고요 속으로 빠져든다. 강간이 퍼붓는 비와 아름다운 풍경만이 고요를 깬다. 이 모든 것으로 인해 가슴이 터질 듯 행복하다. 나는 완벽히 혼자이나, 내 평생 더 높고 큰 길과 이토록 깊숙이 연결된 느낌을 받은 적이 없다. 바깥 날씨가 점점 무의미해진다. 존재할 수 있는 그 어떤 것보다도 생생한 내면의 현실에 눈을 떴기에, 몸이 젖고 추위에 떨던 나날을 헤아릴 수 없을 정도이지만, 물방울을 뚝뚝 떨어뜨리는 밤나무 아래에 앉아 모든 비이성적인 반응을 가만히 응시하는 나는 내면의 온기로 더없이 따뜻하다. 머릿속에 일상적인 세계가 펀즐로 맴돌기 시작했다. 그리고 문득, 모든 것이 분명해졌다. 마침내 집으로 돌아갈 때가 온 것이다."

29 day

'산티아고 데 콤포스텔라'까지 117.7km(73.1마일)

사리아에서
포르토마린까지 – 22.9km

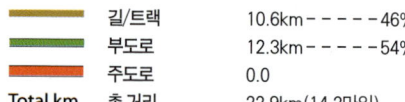

	길/트랙	10.6km	----46%
	부도로	12.3km	----54%
	주도로	0.0	
Total km	총 거리	22.9km(14.2마일)	
	경사로 감안 거리	24.4km(경사로 300m=1.5km로 계산)	
Alto	최고점	세르보 바위 660m	

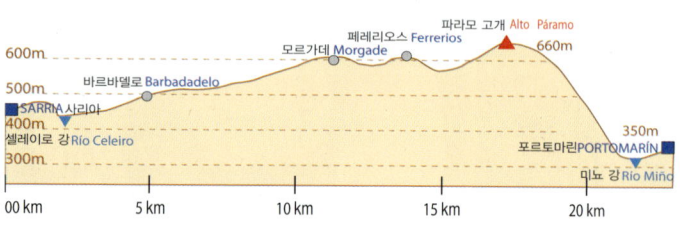

Road Point 어제 걸었던 길처럼, 경치가 아름다운 이번 루트의 대부분(85%)도 쾌적한 오솔길이다. 몬하르딘Monjardín으로 가는 첫 번째 구간은 털가시나무와 소나무 자연림을 통과한다. 그리고 루킨Luquin을 경유하는 우회 루트를 지날 때는 남쪽으로 근사한 경치가 펼쳐진다. 두 루트는 로스 아르코스Los Arcos로 가는 마지막 길에서 만나게 되며, 이 길을 따라가면 포도밭이 펼쳐지는 탁 트인 시골을 지나지만 그늘이나 식수대는 별로 없다. 이때를 대비해서 먹을 것이나 물을 챙겨두도록. 특히 우회 루트를 선택할 때는 더욱 그렇다.

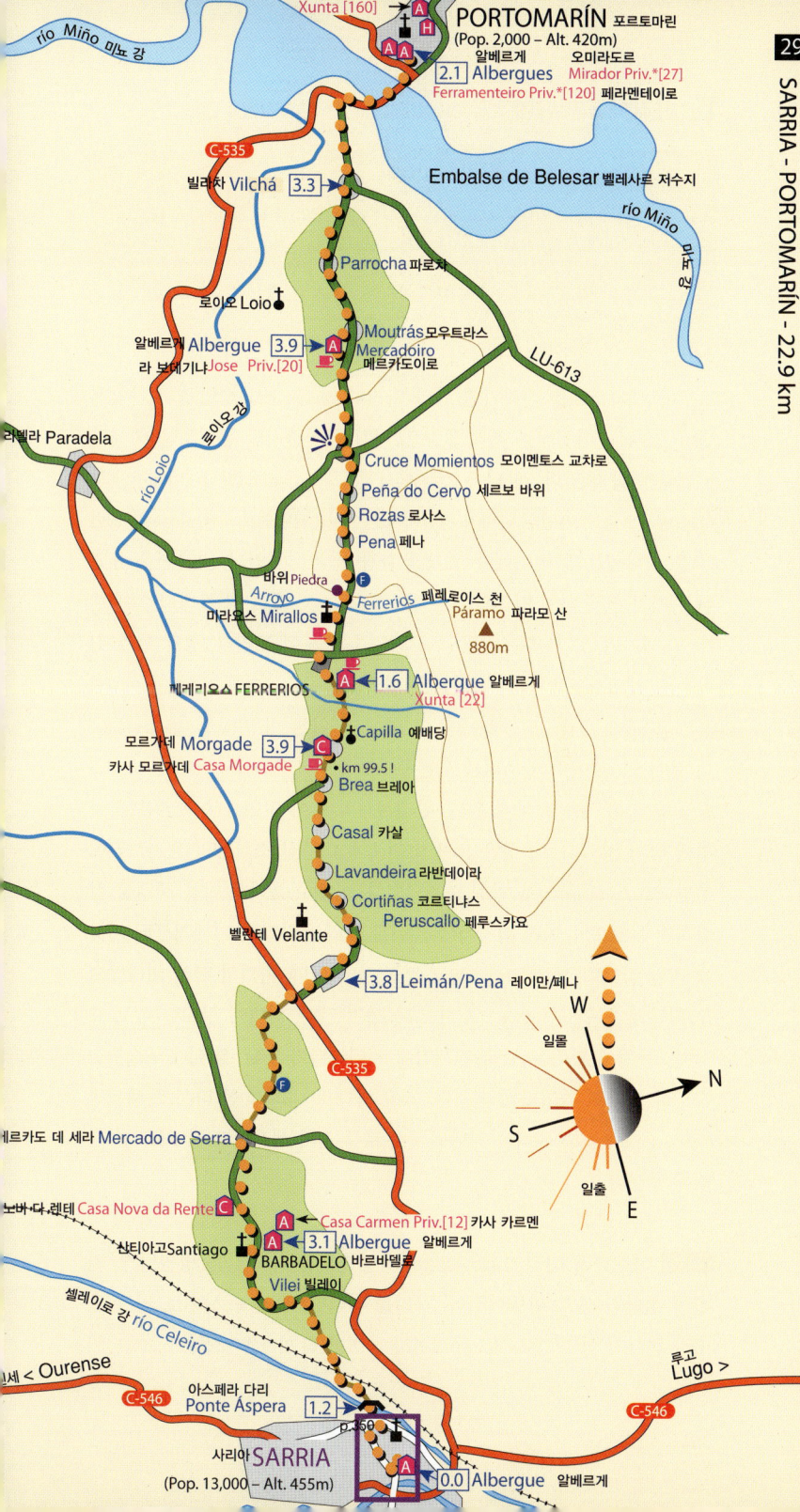

사리아를 떠나며

> **soul road** ●●
> 이 강을 사이에 두고 두 개의 고대 기사단 요새가 마주 보고 있었으나 오래 전에 사라져버렸다. 새로운 세대의 지칠 줄 모르는 수요에 부응하기 위해 건설된 댐 때문에 인공 호수 아래로 영원히 잠겨버린 것이다. 과거에서 살 수 없는 우리는 미래의 황금 시대를 살아가기 위해 헛된 노력을 한다. 우리가 진정으로 거할 수 있는 곳은 오직 현재뿐이다. 내지는 환상일 뿐 — 어떤 것을 고통스럽고, 어떤 것을 즐거우나, 어느 쪽이건 믿을 수 없다.

루아 마이오르를 따라가면 산타 마리냐 *Santa Mariña* 성당을 지나치게 된다(오른쪽). 이곳에는 어떻게 보면 약간 음침하지만 흥미로운 중세의 순례자 벽화가 있다. 그 다음으로는 시청 *Casa do Concello*(갈리시아에서만 통하는 명칭으로, 스페인의 나머지 지방에서는 아이운타미엔토 *ayuntamiento*라 불린다)을 지나치는데, 여기에는 조그만 관광 안내소가 있다. 맞은편은 유명한 순례자 전용 바인 타베르나 로페스 *Taberna López*이고, 길 꼭대기 쪽에(왼쪽) 13세기의 성 구세주 성당 *Igrexa de San Salvador*이 보인다. 성당 현관 위쪽은 로마네스크 양식의 아름다운 팀파눔(*tympanum*: 고대 건축에서 아치형 혹은 삼각형의 공간 – 옮긴이)이다. 그 옆에 산 안톤 병원 *Hospital de San Anton*이 붙어 있고, 여기서 우리는 오른쪽으로 꺾어 13세기 사리아 성 *Fortaleza de Sarria*의 유적을 지나게 된다. 원래 4개의 탑이 있었으나 지금은 하나밖에 남지 않았다. 이 성은 15세기 귀족에 대항한 소작농의 봉기, 즉 이르만디뇨스 *Irmandiños*로 인해 파괴되었다. 이제 아름다운 마을 풍경을 감상하며 돌로 만들어진 십자가(오른쪽)를 지나 올라가면 14세기부터 이곳에 터를 잡았던 시장 *Campo da Feira*(왼쪽)을 만난다. 여기서 다시 내리막으로 막달레나 수도원 *Mosteiro da Madalena*까지 간다. 외벽에 정교한 석고 조각이 된 이 수도원은 원래 13세기에 지어졌다가 훗날 성 아우구스투스 수도회 산하로 들어가게 되었다. 계속 아래로 내려가 산 라사로 예배당 *Capela de San Lázaro* 유적을 지나면 주도로를 건너 셀레이로 강 위로 난 다리에 닿는다.

1.2km 아스페라 다리 *Ponte Áspera* '울퉁불퉁한 다리'라는 명칭답게, 거칠게 절단한 돌로 만들어졌다. 다리를 건너 강과 철로 사이로 난 길을 따라 걷다가 산 미겔 *San Miguel*(갈리시아어로 산티 미카엘리스 *Santi Michaelis*)이

라는 구역에서 철로를 건넌다. 그 다음 작은 시내를 건너고 아름다운 고대의 숲길을 따라 올라가면 빌레이 *Vilei*(2.2km)에서 도로와 만나는데, 여기서 0.9km를 더 가면 바르바델로다.

3.1km 바르바델로*Barbadelo* 알베르게 정부 호스텔(982-530 412, 686-744 048)로, 예전 학교 건물을 개조하여 18개의 침대와 모든 편의 시설을 갖추고 연중무휴로 운영한다. 알베르게 맞은편에는 로마네스크 양식의 산티아고 성당*Igrexa de Santiago*이 있는데,

정부 호스텔

현관 위의 팀파눔이 신기하다. 이 근방에 9세기경에 지어진 수도원이 있어 현지인들은 이곳을 수도원 즉 모스테이로*Mosteiro*라고 부른다. 알베르게 뒤에는 야외 카페가 있고, 길 꼭대기에는 인기 높은 카사 데 카르멘 *Casa de Carmen*(982-532 294)이 10명을 수용할 수 있는 도미토리와 여러 독실을 마련해두고 순례자를 맞이한다. 17세기 농가를 새단장한 이곳에서는 홈메이드 요리를 맛볼 수 있고, 산 실베스트레*San Silvestre* 예배당과 야외 테라스도 붙어 있다.

숲길을 따라 렌테*Rente*까지 가면 6개의 2인실이 있는 카사 노바 데 렌테 *Casa Nove de Rente*(982-187 854)에 닿는다. 고대의 오크나무와 밤나무 숲 사이로 난 아름다운 길을 따라 메르카도 데 세라*Mercado de Serra*로 가면 마을[F] 뒤편을 지나게 되는데, 여기서 쭉 더 가서 사리아*Sarria*에서 포르토마린*Portomarín* 방향으로 난 주도로를 건너면 페루스카요로 들어선다.

3.8km 페루스카요*Peruscallo* 현대화가 전혀 되지 않은 몇 안 되는 마을 중 하나로, 주도로 및 사리아와 가깝고 바 겸 식당이 있다. 루트에서 1km 왼쪽으로 벗어나면 벨란테*Velante*에 또 하나의 로마네스크 양식 성당이 있다. 여기서부터 줄지어 있는 여러 개의 작은 촌락(코르티냐스 *Cortiñas*부터 브레아*Brea*까지)을 통과하여 산티아고까지 99.5km가 남았다는 공식 안내판을 지나면 모르가데에 닿는다.

3.9km 모르가데 *Morgade* 카사 모르가데*Casa Morgade*(982-531 250)는 유

명한 카페 겸 식당인데 숙박이 가능한 객실도 있다. 마을 바로 뒤편에 아주 작은 석조 예배당이 있고(현재 순례자 만남의 장으로 이용된다), 비포장길을 따라 내려가 페레이로스*Ferreiros* 천(川)을 건넌다. 여기는 갈리시아의 시골 풍경을 제대로 감상할 수 있

카사 모르가데

는 곳이다. 젖은 풀밭에서는 달콤한 향이 나고, 여기저기 질퍽한 소똥이 널려 있다. 일반 수위보다 높게 놓인 화강암 징검다리를 하나씩 밟고 시내를 건너면 완만한 오르막 위로 페레이로스가 나온다.

1.6km 페레이로스 *Ferreiros* 알베르게 정부 호스텔(686-744 940)이 있으며, 연중무휴다. 숲속 빈터의 옛 학교 건물을 개조하여 22개의 침대와 모든 편의 시설을 갖추고 있다. 페레이로스는 과거에 대장장이 마을로 유명했고, 마을 이름도 갈리시아어로 대

알베르게-정부 호스텔

장장이를 뜻한다. 인기 있는 순례자 카페가 마을 한켠에 있다. 좁은 계곡을 따라 내려가면 미라요스 *Mirallos*에 닿는데, 로마네스크 성당인 산타 마리아 데 페레이로스*Santa María de Ferreiros*와 카페 겸 식당이 붙어 있고 그 바로 뒤에 오래 된 길 표지가 있다. 길을 따라 앞으로 더 가자. 식수대 [F]와 페나*Pena*, 코우토*Couto*, 로사스*Rozas*[F] 등의 촌락을 지나 오늘의 최고봉인 세르보 바위*Peña do Cervo*(660m-전망 좋음)에 오른다. 그 다음 미뇨강*río Miño*과 저수지로 이어지는 내리막으로 모이멘토스*Moimentos*를 통과하면 메르카도이로에 닿는다.

3.9km 메르카도이로 *Mercadoiro*/ **모우트라스** *Moutras* 알베르게 라 보데기냐*La Boddeguiña*(676-476 260)는 2008년에 개장한 사설 호스텔로, 20개의 잠자리와 모든 편의 시설을 갖추고 있다. 순례자 메뉴를 제공하는 카페 겸 식당의 일부다. 이 아담

알베르게 겸 카페-라 보데기냐

한 마을의 공식 인구 수는, 단 1명이다. 계속하여 모우트라스와 아 파로차A Parrocha 등 연이어 나타나는 조그만 촌락들을 지나면 루트 바깥 왼쪽에 아름답고 외딴 계곡인 로이오Loio를 볼 수 있다. 로이오 계곡에는 12세기 산티아고 기사단이 탄생했던 산타 마리아 데 로이오 수도원 유적이 있다.

3.3km 빌라차 *Vilachá* 이제 도로로 접어들어 현대식 다리를 건너면 포르토마린이다. 로마 시대에 지어진 원래의 다리는 산티아고 기사단과 관련이 있는 산 페드로*San Pedro*의 남쪽 구획과, 성 요한 기사단 본부가 있었던 산 니콜라스*San Nicolás* 북쪽 구획을 연결했다. 미뇨 강이 전략적 주요 경계 역할을 했기에 이 지역은 폭풍 같은 역사를 거쳐야 했다. 앞에 있는 가파른 계단은 기존 다리의 일부다. 계단 아래에는 아치와 '눈의 성모' 예배당을 비롯하여 여러 역사적 기념물들이 있었는데, 1962년 댐을 짓기 위해 벨레사르 저수지*Embalse de Belesar*를 만드는 바람에 포르토마린 주변의 고지대를 제외하고는 모두 물에 잠겼다. 계단을 올라가서 위쪽으로 꺾으면 새로운 알베르게가 있는 루아 찬타다*rúa Chantada*로 들어선다.

2.1km 포르토마린 *Portomarín* 편리한 알베르게 페라멘테이로*Ferram enteiro*(982-545 362)는 신설된 사설 네트워크 호스텔로, 강을 굽어보는 신축 건물에 훌륭한 현대식 시설과 120개의 침대를 갖추었다. 쉽게 찾을 수 있는 알베르게이므로 거리 측정은 이곳을 기준으로 한다.

알베르게 - 페라멘테이로

알베르게 페라멘테이로와 인접한 알베르게 오미라도르*O Mirador*(982-545 323)도 신설 네트워크 호스텔 겸 펜션이다. 강과 저수지가 내려다보여 경관이 훌륭하다. 1년 내내 문을 열고 27개의 잠자리와 전망 좋은 바 겸 식당이 있고 위쪽의 중앙 광장과

알베르게 - 오미라도르

도 가깝다.

마을 중앙은 맨 꼭대기로, 500m 떨어져 있다. 자갈이 깔린 중심가 루아 세랄 프랑코*rúa Xeral Franco*를 따라 쭉 걸어보자. 멋진 돌기둥이 늘어서 있다. 중앙 광장*Praza Conde de Fenosa* 구석에 관광 안내소가 있고, 한가운데에 준엄한 분위기를 풍기는 12세기 로마네스크 양식의 산 니콜라스 성당이 있다. 이 성당은 산 후안*San Juan* 혹은 산 소안*San Xoán* 성당으로도 불린다. 원래 위치

산 니콜라스 성당

는 현재 저수지에 잠겨버려서 어렵게 다시 지어야 했는데, 산티아고의 포르티코 데 글로리아*Portico de Gloria*(영광의 주랑 현관)를 조각한 마테오 장인*Master Mateo*이 건축 지휘를 맡았다. 광장 뒤편에는 근사한 마을 회관 *Casa do Concello*과 우체국*Correos* 건물이 있다.

광장 주변에는 다양한 카페와 식당, 펜션이 있다. 엘 카미난테*El Caminante*(982 545 176)는 루아 산체스 카로*rúa Sánchez Carro*에 위치한 사설 호스텔이다. 부활절부터 10월까지 운영하며 독실을 포함한 48개의 잠자

알베르게-정부 호스텔

리가 있고 편의 시설은 제한적이다(주방 없음). 광장 끝자락에는 정부 호스텔(982-545 143)이 있다. 1년 내내 문을 열고 4개의 방에 160개의 침대가 있다. 이곳에서 가장 오래된 호스텔이지만 개보수를 거쳐 모든 현대식 시설을 갖추고 있다.

펜션 겸 카페-포사다 델 카미노

※ **기타 숙박 시설**: 펜션 겸 카페 포사다 델 카미노*Posada del Cam in o*(982-545 081)는 중앙 광장에 위치하며 식당을 함께 운영한다. 근처에도 여러 숙박 시설이 있다. 타베르나 페레스*Taverna Pérez*(982-545 050), 펜시온 마누엘*Pensión Manuel*(루아 도 미뇨*Rúa do Miño*), 비야하르딘*Villajardín H*(982-545 200, 루아 도 미뇨 14번지), 펜시온 아레나스 *Pensión Arenas Pr*(982-545 386, 중앙 광장 5번지), 포르토미뇨*Portomiño P*(982-547 575, 루아 산체스 카로 23번지)이다. 마을 꼭대기의 고급 숙소로 포사다 데 포르토마린*Posada de Portoomarín H*(982-545 200)이 있는데, 매혹적인 안토니오 산스 공원*Parque Antonio Sanz*과 붙어 있고 근처에 정교한 로마네스크 현관이 돋보이는 산 페드로 성당*Iglesia San Pedro*이 있다.

'산티아고 데 콤포스텔라'까지 95.3km(59.2마일)

포르토마린에서
팔라스 데 레이까지 – 26.1km

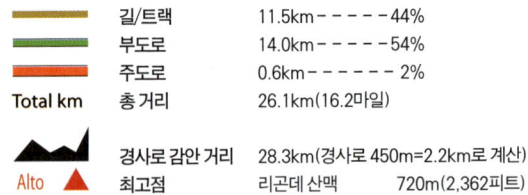

	길/트랙	11.5km – – – – 44%
	부도로	14.0km – – – – 54%
	주도로	0.6km – – – – – 2%
Total km	총 거리	26.1km(16.2마일)
	경사로 감안 거리	28.3km(경사로 450m=2.2km로 계산)
Alto	최고점	리곤데 산맥 720m(2,362피트)

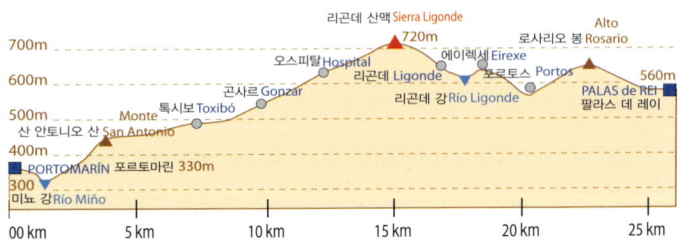

Road Point 다양한 지형을 경험하는 하루가 될 것이다. 벨레사르 저수지*Embalse de Belesar* 바깥쪽에서 출발하여 주도로와 숨바꼭질을 하며 숲길을 오르다가 주도로에서 완전히 벗어나 벤타스 데 나론*Ventas de Narón* 너머에 있는 리곤데 산맥*Sierra Ligonde* 등성이를 오른다. 그 다음으로는 내리막을 따라 포르토스*Portos*로 향하는데, 여기서 빌라르 데 도나스*Vilar de Donas*로 우회하는 루트가 있다. 포르토스에서부터 완만한 경사를 올라 로사리오 봉*Alto Rosario* 정상에 오른 후 다시 내리막으로 내려오면 팔라스 데 레이*Palas de Rei*에 닿는다. 빌라르 데 도나스에 들를 계획이라면 일찍 서둘러 출발해라.

30 PORTOMARÍN – PALAS DE REI – 26.1 km

- 쿠엔 카미노 Buen Camino Priv.*[41]
- 알베르게 Albergue 1.2
- **PALAS DE REI** 팔라스 데 레이 (Pop. 4,500 – Alt. 575m)
- Xunta [60]
- 스포츠 센터 Centro Deportivo
- 알베르게 Albergue 3.9
- 파비욘 오스 차코테스 Pavillón Os Chacotes
- Xunta [80]
- 로사리오 Rosario
- Alto do Rosario 로사리오 봉
- 브레아 Brea
- 마무리아 Mamurria
- 빌라르 데 도나스 Vilar de Donas [2.3 km]
- San Salvador
- 발로스 Valos
- N-547
- 카사 아 칼사다 Casa A Calzada Priv. [10]
- 알베르게 Albergue 2.5
- 포르토스 Portos
- 에이렉세 EIREXE
- Pension Mesón 펜시온 메손
- 0.9 Albergue 알베르게
- Xunta [18]
- 알베르게 Albergue 3.6
- Xunta [20]
- 리곤데 LIGONDE
- 리곤데 산맥 Sierra Ligonde 750m
- Lameiros 레메이로스
- Perrera 개 사육장
- < Monterroso 몬테로소
- N-640
- O Cruceiro Priv.*[25]
- 알베르게 Albergue 1.3
- **VENTAS DE NARÓN** 벤타스 데 나론
- Casa Molar Priv. [20] 카사 몰라르
- Xunta [22]
- 알베르게 Albergue 4.5
- 오스피탈 HOSPITAL
- 루고 Lugo >
- N-540
- 우렌세 < Ourense
- 카스트로마이오르 Castromaior
- Xunta [20]
- 알베르게 Albergue 5.2
- 카사 가르시아 Casa García Priv.*[20]
- **GONZAR** 곤사르
- Toxibó 톡시보
- 도자기 공장 Fábrica 3.0
- **PORTOMARÍN** 포르토마린 (Pop. 2,000 – Alt. 425m)
- 0.0 Albergue 알베르게
- Ferramenteiro*[120] 페라멘테이로
- Mirador*[27] 오미라도르
- 엠발세 데 벨레사르 Embalse de Belesar
- 입구 Pasarela

포르토마린을 떠나며

> **soul road** 🐚🐚
>
> 시간을 내어 선 야고보 기사단이 잠든 신비로운 장소에 데려오겠는가? 선 구세주에게 봉헌된 성전 안에 무장한 기사들의 상이 서 있고 그 곁은 아름다운 벽화로 장식되어 있다. 순례자는 두 가지 길을 동시에 걸어야만 한다. 관광객은 돌로 만든 제단을 찾아 나서지만, 순례자는 마음과 영혼의 변화를 찾아 나선다. 관광객은 성지를 구경하러 하지만, 순례자는 내면을 관찰하러 한다. 당신은 오늘 내면의 미스터리를 둘러볼 시간을 가져보겠는가?

'눈의 성모의 계단 *Escalinate N.S. das Neves*'으로 돌아와서 우회전하여 주유소를 지난 후 다시 왼쪽으로 꺾어서 인도교 *pasarela*로 토레스 강 *río Torres*을 건넌다. 빽빽한 숲길을 통해 산 안토니오 언덕 *Alto San Antonio*을 넘으면 주도로와 합류하여 도자기 공장까지 간다.

3.0km 도자기 공장 *Fabrica cerámica* 여기서 도로를 건너 현대식 센다로 들어선다. 그 다음 다시 한 번 길을 건너 톡시보 *Toxibó* 방향으로 난 오솔길로 가자. 주도로와 나란히 쭉 걸어가다가 식수대[F]가 있는 곳에서 주도로와 합류하여 곤사르로 향한다.

5.2km 곤사르 *Gonzar* 정부 호스텔(982-157 840)은 주도로상에 위치하여 주위 풍경은 황량하지만 최근 재단장을 마쳤다. 1년 내내 운영하고 20개의 침대와 편의 시설을 제공한다. 오스피탈레라가 옆집에 산다.

알베르게-정부 호스텔

알베르게 카사 가르시아 *Casa Garcia*(982-157 842)는 신설 네트워크 호스텔이다. 전통 가옥을 예쁘게 단장한 곳으로, 안뜰에 바 겸 식당도 함께 운영한다. 연중무휴이며 독실을 포함하여 20개의 잠자리가 있다. 주도로에 카페 겸 바가 또 하나 있는데, 우리는 그곳을 지나치자마자 왼쪽으로 꺾

알베르게-카사 가르시아

어 부도로로 접어든 후 우회전하여 보행로를 타다가 카스트로마이오르 *Castromaior*(과거 켈트 족 요새였다)로 이어지는 도로와 합류한다. 카스트로

마이오르에는 로마네스크 양식의 아담한 성당인 산타 마리아 성당과 카페 하나가 있다. 마을을 통과하여 오스피탈까지 계속 전진하자.

4.5km 오스피탈 데 라 크루스 *Hospital de la Cruz* 이 오래된 마을에서 느닷없이 주도로가 뚝 끊긴다. 이곳에 있었던 중세 순례자 병원은 없어졌지만, 현대의 순례자들은 농가를 개조한 숙박 시설(왼쪽)에서 푹 쉴 수 있다. 헌신적인 안주인이 직접 만든 따끈한 수프와 샌드위치*sopa caliente y bocadillos*도 맛볼 수 있다. 바로 그 뒤에 엘 라브라도르*El Labrador*라는 식당이 있고, 그 다음으로 정부 호스텔(982 - 545 232)이 나타난다. 주도로 옆에 지어진 학교 건물을 개조한 곳으로, 연중무휴이고 2개의 방에 22개의 침대가 있다. 모든 편의 시설을 이용할 수 있다. 이 지점에서 주도로 N - 540(오우렌세*Ourense* - 루고*Lugo*)이 뚝 잘리고, 부도로가 다음 마을로 계속 이어진다.

1.3km 벤타스 데 나론 *Ventas de Narón* 알베르게 카사 몰라르*Casa Molar*(696 - 794 507)는 시골집을 개조한 알베르게로, 2개의 독실을 포함하여 20개의 잠자리를 갖추고 있다. 주방이 없지만 식당 겸 바가 있다.

알베르게-카사 몰라르

또다른 알베르게는 새로 생긴 네트워크 호스텔 오크루세이로*O'Cruceiro*(658 - 064 917)인데, 연중무휴이고 25개의 잠자리가 있다. 훌륭한 시설에, 주방이 없는 대신 식당 겸 바가 있다. 이 지역은 840년 무어인과 그리스도교인 사이의 피비린내 나는 전쟁터였지만, 지금은 더없이 평화롭기만 하다. 2

알베르게-오크루세이로

곳의 카페, 돌로 자그맣게 지어진 막달레나 예배당*Capela de Magdalene*, 야외 쉼터에서 순례자들이 대화를 나누는 소리만이 이곳의 적막을 깬다. 여기서부터 리곤데 산맥*Sierra Ligonde*을 오르게 되는데, 개 사육장*perrera*을 지나 오늘 루트의 최고점을 찍은 후에는 가파른 내리막이다.

3.6km 리곤데 *Ligonde* 알베르게 에스쿠엘라 데 리곤데*Escuela de Ligonde*는 세련되게 복원한 정부 호스텔이다. 18개의 잠자리와 모든 편의 시설을 갖추고 있다. 알베르게는 푸엔테 델 페레그리노*Fuente del Peregrino*로 10개의 잠자리와 기본 시설을 갖춘 사설 호스텔이고, 여름에만 문을 연다(982-183 752). 리곤데는 중세에 카미노의 중요한 기착지였다. 샤를마뉴 대제가 이곳에 머문 것으로 유명했으며, 순례자 휴게소를 갖추고 있었다. 산티아고에게 봉헌된 성당에는 로마네스크 양식의 포치가 있다. 이제 길을 따라 내려가다 카사 마리 루즈*Casa Mari Luz*(바 겸 식당만 운영)를 지나며 리곤데 강을 건넌다. 그리고 오르막을 걸으면 에이렉세 마을에 닿는다.

알베르게[1] - 리곤데

0.9km 에이렉세 *Eirexe* 알베르게 마을 교차로의 학교 건물을 개조한 정부 호스텔이다 (982-153 483). 연중무휴이고 18개의 침대와 모든 편의 시설을 갖추고 있다. 열쇠는 관리인 마리아 파스에게 받으면 된다. 마을 공유지에는 펜시온 메손*Pensión Mesón*과 바 겸 식당 콘데 발데마르*Conde Valdemar*가 있다. 한적한 시골길을 따라가다 보면 옹이가 많은 오크나무와 17세기의 길가 십자가를 지나게 된다. 아주 작은 산 마르코스 예배당이 있는 고대의 마을 라메이로스*Lameiros*와 포르토스*Portos*를 지나면 아 칼사다에 닿는다.

알베르게 - 에이렉세

2.5km 아 칼사다 *A Calzada* 알베르게 아 칼사다*A Calzada*(982-183 744)는 새로 생긴 사설 호스텔로, 석조 건물 안에 10개의 잠자리가 있다. 앞쪽은 바 겸 식당이다. 아름답고 평화로운 정원과 쉼터가 있다.

알베르게 - 아 칼사다

우회 루트

빌라르 데 도나스*Vilar de Donas* 국가 지정 기념비와 고대 산티아고 기사단의 본거지를 둘러보는 추천 우회로(왕복 4.4km)이다. 일요일과 공휴일에는 문을 열지 않는다(출발 전에 아 칼사다 알베르게에서 개장 시간을 확인해볼 것). 엘 살바도르 성당은 14세기에 지어진 건물이지만, 그 기원은 10세기에 세워진 수녀원에서 찾을 수 있다(그래서 '도나스(성녀)'라는 명칭이 붙었다). 독특한 벽화와 기사들 석상에서 좀처럼 눈을 뗄 수 없을 것이다.

프레스코 벽화와 기사단 무덤

2.3km 빌라르 데 도나스 – 산 살바도르 성당 *Igrexa San Salvador* 고대의 역사 속에 몸을 맡기고, 총명한 수호성인이 애지중지 지녔던 보물들을 만나보자. 똑같은 길로 돌아간다.

아 칼사다에서 오솔길을 따라 걸어가면 레스테도*Lestedo*, 발로스*Valos*, 마무리아*Mamurria*, 브레아*Brea* 등의 작은 촌락을 지나 로사리오 봉에 닿는다.

3.9km 로사리오 봉 *Alto Rosario* 이곳에서 카미노는 번잡한 N-547 도로와 만난다. 맑은 날이면 산티아고 위로 솟은 '성스러운 봉우리*Pico Sacro*'가 보인다. 순례자들이 마을로 들어서면서 묵주 기도를 올리곤 하는데, 그래서 마을 이름도 로사리오(묵주)다.

알베르게 – 오스 차코테스

도로변에 옛 학교 건물이 있는데, 지금은 폐교되어 초현대식 숙박 시설로 사용되고 있다. 바로 아래에 널따란 야외 휴식 공간도 있다. 알베르게 오스 차코테스*Os Chacotes* 2개의 널찍한 도미토리에 2층 침대가 빽빽이 들어서 있어 80명을 수용할 수 있다. 훌륭한 현대식 시설을 갖추고 있는데, 워낙 최신식 디자인이라 '파비욘 데 페레그리노스*Pavillón de Peregrinos*'라는 새로운 설명서를 마련해두기도 했다.

판재 방갈로를 갖춘 야영장과 호텔 라스 카바나스*Las Cabanas*, 마을의 스포츠 센터를 지나면 팔라스 데 레이에 들어서게 된다.

1.2km 팔라스 데 레이|*Palas de Rei* 알베르게 (982-374 126)은 콘세요 광장*praza Concello*과 주도로가 만나는 지점에 위치한 정부 호스텔이다. 마을 회관 맞은편에 서 있어 눈에 잘 띈다. 1년 내내 문을 열고 6개의 방에 60개의 침대가 있다. 편의 시설은 기본적인 것만 갖추고 있어 다소 관리에 소홀한 느낌이지만 위치가 좋아 인기는 높다.

알베르게-정부 호스텔

알베르게 부엔 카미노*Buen Camino*(982-380 233)는 마을 아래쪽 광장의 전통 가옥을 개조하여 문을 연 네트워크 호스텔이다. 연중 무휴로, 41개의 방과 모든 편의 시설을 갖추고 있다.

알베르게-부엔 카미노

※ **기타 숙박 시설**: 호스텔 카사 쿠로*Casa Curro P*(982-380 044, 오우렌세 애비뉴*Av. Ourence*), 호텔 카사 베닐데*Casa Benilde Hr*(982-380 717, 델 메르카도 카예*c/del Mercado*), 펜션 바 군티나*Guntina Pr*(982-380 080, 순례자 교차로*Travesia do Peregrino*상에 위치)가 있다. 콤포스텔라 애비뉴*Av. de Compostela*에는 펜션과 호텔이 여러 곳 있는데, 빌라리뇨 *Vilariño*(982-380 152)도 그중 하나다.

Looking Point 팔라스 데 레이는 카미노상에 위치하지만, 화려했던 과거를 상기시킬 만한 것은 거의 남아 있지 않다. 산 티르소 성당*Church of San Tirso*은 로마네스크 양식의 현관이 아름답고, 마을 곳곳에 조가비를 모티프로 한 작품들이 보인다. 오늘날 행정 중심지로 자리 잡은 이곳에는 2천 명 주민을 위한 훌륭한 현대식 시설이 갖추어져 있다. 루고와 산티아고를 잇는 정기 버스 노선이 이곳에도 선다. 빌라르 데 도나스 우회로를 걷기 꺼려진다면, 이곳 교차로에서 택시 합승을 시도해보자.

30day note

"일주일간 쉼 없이 비가 퍼붓는다. 나는 한동안 오래된 오크나무 둥치에 앉아 있다가, 나를 든든하게 받쳐주는 나무의 힘을 느끼는 동시에 내 침묵의 시간도 끝났음을 깨달았다. 이렇게 변화한 상태로 얼마나 있었는지 모르겠다. 그리고 그들이 얼마나 오래 그곳에 있었는지 나는 모른다. 그러나 그들은 내 고단한 다리를 이루만져주었고, 우리는 각자가 추구했던 경험에 대한 사랑과 존중을 함께 나누었다. 세 개의 나라에서 온, 세 개의 언어를 쓰는 세 명의 순례자. 그러나 우리는 한 가족의 일원이었다."

'산티아고 데 콤포스텔라'까지　　69.2km(43.0마일)

팔라스 데 레이에서
리바디소(아르수아)까지 - 26.4km

	길/트랙	19.3km	- - - - - 73%
	부도로	5.6km	- - - - 21%
	주도로	1.5km	- - - - - 6%
Total km	총 거리	26.4km(16.4마일)	
	경사로 감안 거리	27.1km(경사로 150m=0.7km로 계산)	
Alto	최고점	팔라스 데 레이 605m(1,984피트)	

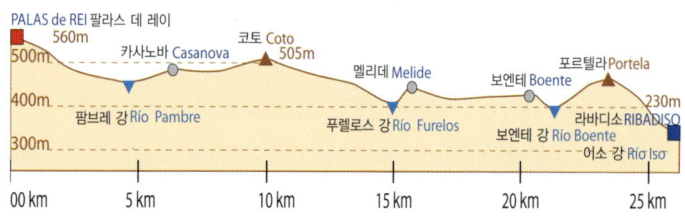

Road Point 오늘은 여섯 개의 얕은 계곡을 건넌다. 70%가 찬란한 숲길이라 자동차 소음에서 벗어나 활기차게 걸을 수 있다. 리바디소Ribadiso로 쭉 갈 계획이라면 멜리데 Melide에서 유명한 문어 요리(pulpu Galega를 점심으로 먹어보자. 우회로를 택하여 장대한 팜프레 성Pambre Castle이나 우요아 궁Pazo Ulloa을 둘러보려면 아침 일찍 출발해야 한다.

팔라스 데 레이 떠나며

> **soul road** 🐚🐚
> 관광 경비행기를 타고 저 아래 조그맣게 보이는 산티아고를 감상해보는 것은 어떤가? 그는 입구와 출구에 나타나 우리를 반기고 우리의 순례 길을 축복해준다. 그는 당신에게 어떤 의미이며, 우리는 왜 그의 길을 따라가는가? 그에게는 많은 이름이 있으나, 그는 진정 누구이며 우리 삶에서 그의 역할은 무엇일까? 무엇이 우리에게 진정한 성인의 길을 따르라고 손짓하였는가? 과연 우리는 어디에서 신을 찾게 될 것인가?

길을 따라 중세 순례자들이 산티아고 여행길에 모여들던 순례자의 들판 *Campo dos Romeiros*과 기념비를 지난다. 계속하여 길은 주도로에서 약간 벗어나다가 다시 주도로와 만나게 되는데, 이렇게 몇 번 주도로를 건너면 산 술리안에 닿는다.

3.6km 산 술리안 도 카미뇨 *San Xulián do Camiño* 자그마한 12세기 교구 성당과 친절한 알베르게 오 아브리가도이로*O Abrigadoiro*(676-596 975)가 있다. 연중무휴이고 12개의 잠자리가 있으며, 주방은 없지만 저녁과 아침 식사를 먹을 수 있다. 길

알베르게-카사 도밍고

은 내리막으로 팜브레 강*río Pambre*까지 이어지는데, 여기서 캄파냐-마토 다리*Ponte Campaña-Mato*(1.6km)를 건너면 알베르게 카사 도밍고*Casa Domingo*(982-163 226)가 나온다. 5월부터 10월까지 운영하는 네트워크 호스텔로, 강가의 평온한 전원 분위기를 만끽할 수 있는 농장 건물을 개조하여 14개의 잠자리를 마련해두고 있다. 주방은 없지만 식사가 제공되며, 편의 시설도 좋은 편이다. 여기서 완만한 오르막을 타고 고대의 오크나무 숲을 지나면 마토-카사노바(1.1km)가 나온다.

2.7km 마토-카사노바 *Mato-Casanova* 루고*Lugo*의 마지막 정부 호스텔이다. 연중무휴로, 20개의 잠자리가 있다. 도로상에 있지만 한적한 시골 분위기가 난다. '황소의 길'이라는 뜻의 포르토 데 보이스*Porto de Bois*(귀족 간의 피비린내 나는 전투가 있었던 곳)를 따라가다가 캄파니야*Campanilla*로 올라간다. 코르닉사*Cornixa*의 고철 하치장을 경계로 주가 나뉜다.

우회 루트

팜브레 성 *Castillo de Pambre*과 우요아 궁 *Pazo de Ulloa*. 고요한 시골 도로로 2km를 걸어가면 인상 깊은 14세기 성인 팜브레 성을 만날 수 있다. 전략적인 이유로 팜브레 강변에 지어진 이 성은 오랜 세월과 이르만디뇨스*Irmandiños*의 반란(귀족들이 소작농들과 벌인 전쟁 중 하나)을 견디고 굳건히 남아 있다. 그러나 지금은 개인 소유로 되어 있어 공공 장소로 개방해야 한다는 논쟁에 휘말린 상태이다. 사리아에도 비슷한 성이 있지만, 팜브레 성은 바깥쪽 탑 네 개와 중심부의 탑까지 그대로 당당하게 서 있다. 여기서 2km를 더 가면 가장 보존이 잘 된 갈리시아 저택 중 하나인 우요아 궁*Palacio Villamayor de Ulloa*이 있다. 에밀리아 파르도 바산이 쓴 스페인 소설 『우요아 궁(*Los Pazos de Ulloa*)』의 배경이 되는 곳이다. 숙박 시설로는 알베르게 아 볼보레타*A Bolboreta*(609 - 124 717)가 있다. 마토 - 카사노바와 성 사이의 카미노에 위치하며, 2층 침대와 독실 중 선택할 수 있고 식사도 제공된다.

코르닉사에서 N - 547 도로와 잠깐 합류했다가 레보레이로로 이어지는 포장 보행로로 빠진다.

3.4km 로브레이로 *Lobreiro* (일명 '토끼 벌판') 알베르게(981 - 507 351) 주도로와 붙어 있는 기초 지자체 호스텔로, 관리인과 열쇠를 찾으려면 현지인에게 물어봐야 한다. 연중무휴이고 매트리스로 된 잠자리가 20개 마련돼 있다. 기본적인 시설이 갖추어져 있으나 화장실은 하나뿐이다. 로브레이로 마을은 조금 더 가야 있는데, 중세의 분위기를 간직하고 있다. 13세기 로마네스크 양식의 산타 마리아 성당은 현관 위의 팀파눔에 성모와 아이 모습이 사랑스럽게 조각돼 있다. 맞은편의 가옥에는 문장을 새긴 방패가 있는데, 이 집은 예전에 마을 유지였던 우요아 가문이 운영하던 순례자 호스텔이었다.

중세풍의 막달레나 다리로 세코 강*río Seco*을 건너면 디시카보*Disicabo*에 이른다. 길을 따라 가다 보면 주도로가 보이는데, 보도교를 지난 후에는 다행히 센다가 산업지구*Parque Empresarial*와 N - 547 사이를 가른다. '성 야고보 길의 기사단과 부인들*Orde de Caballeros y Damas del Camino de Santiago*'이 이곳에 자신들을 기리는 기념비를 세웠다. 여기서 다시 숲길로 접어들어 푸렐로스로 향하자.

`3.8km` **벨라 다리**Ponte Velha–**푸렐로스** Furelos 푸렐로스 강을 가로지르는 화려한 중세풍 다리가 푸렐로스 마을로 이어진다. 마을에는 산 후안 성당과 술집 겸 식당이 하나 있다. 과거 성당과 붙어 있었던 순례자 구호 시설의 흔적은 이제 찾아볼 수 없다(그러나 이를 대체할 호스텔이 생길 예정이다). 여기서부터 오르막이 시작되는데, 정신없는 도시 근교 지역을 통과해야 멜리데에 닿는다. 길은 주도로로 이어지는데 맞은편에 산 페드로&산 로케 성당이 있고 그 옆에는 유명한 14세기 석조 십자가 *Cruceiro do Melide*가 있다. 이 십자가는 갈리시아 지방에서 가장 오래 된 것으로 명성이 높다.

발길을 재촉하여 메인 광장을 지나면 번잡한 교차로 *Ronda de la Coruña*가 나온다. 여기서 길을 건너면 구시가로 접어든다. 이곳의 중앙 광장 *Plaza del Convento* 주변에는 엄숙한 교구 성당인 산티 스피리투스 *Sancti Spiritus*가 있다. 14세기에 지어진 건물로, 예전에는 아우구스티누스회 수도원으로 사용되었다. 맞은편에 산티아고 순례자를 위한 산티 스피리투스 순례자 구호 시설이 있다. 기존 순례자 루트 *camino Primitivo*의 오비에도 *Oviedo*에서 온 순례자들이 프랑스 길 *camino Francés*과 만나는 지점이 바로 이곳이다. 카사 무니시팔 *Casa Municipal*에는 흥미진진한 박물관 *Museo Etnográfico*이 있는데, 갈리시아 지방 중에서도 이 지역의 전통 생활 양식을 전시하고 있다. 여기서 루아 데 산 안토니오 *rúa de San Antonio*를 따라 조금만 걸으면 멜리데에 닿는다.

`1.8km` **멜리데** Melide 매혹적인 지방 호스텔 알베르게(660 – 396 822)가 구시가 끝자락 루아 산 안토니오의 중앙 광장 가까운 곳에 있다. 1년 내내 문을 열고 9개의 도미토리 안에 130개의 잠자리가 있다. 여름철 성수기에는 매트리스를 더 깔 수 있다. 모든 현대식 편의 시설을 갖추고 있으며, 야외 안뜰도 있다.

지방 호스텔

※ **기타 숙박 시설**: 사네리오 1호점 *Xaneiro I* (981 – 505 015, 루아 산 페드로 *rúa San Pedro*)과 이를 현대식으로 확장한 사네리오 2호점(981 – 506 140, 아바나 애비뉴 *Av. de la Habana*)이 멜리데 중앙에 위치한다. 호스텔도 여러 곳 있다. 엘 몰리나 *El Milina* (루아 로

살리아*Rúa Rosalía*) 에스틸로 II*Estilo II*(981-505 153, 루아 델 프로그레소*rúa del Progreso*) 소니*Sony*(981-506 473, 루가르 데 코데세이라*Lugar de Codeseira*)가 있다. 마을의 유일한 호텔 카를로스*Carlos Hr*(981-507 633, 루고 애비뉴*Av. de Lugo* 119번지)는 현대식 건물에 자리해 있다.

여기서부터는 대부분 그늘진 숲길을 구불구불 따라간다. 예전에는 오크나무와 밤나무가 많았지만 요즘은 유칼립투스와 소나무가 대부분을 차지한다. 순례의 막바지에는 숱한 계곡을 건너야 하므로 등고선을 따라 에둘러 가는 루트보다는 다소 힘에 부칠 수도 있다. 힘을 내자! 계속하여 카르바얄*Carballal*과 페냐 다리*Ponte de Pena*를 지나 라이도 강 *río Raído*을 건넌 후 마을을 통과하면 보엔테에 이른다.

5.7km 보엔테 *Boente* 성인의 그림과 조각상이 있는 산티아고 성당*Igrexa Santiago*이 있다. 오스 알베르게 메손*Os Albergue's Mesón*(981-501 853)에는 기본 시설에 10개의 잠자리가 있다. 주도로에 석조 십자가와 식수대[F], 2층짜리 바 겸 식당이 있고, 지하로를 통하여 마을을 벗어나면 가파른 보엔테 계곡으로 접어든다. 그 다음 반대편으로 올라가면 카스타녜다 *Castañeda*로 이어지는 부도로와 합류하게 된다. 카스타녜다에는 산타 마리아 교구 성당이 있다. 중세 순례자들은 산티아고 성당을 짓는 데 필요한 석회암을 트리아카스텔라*Triacastela*에서 구매하여 이곳의 가마터로 날랐다고 한다. 카미노에서 약간 떨어진 곳에 상점과 술집이 있으며, B&B 밀리아*Casa Rural Milía*(981-515 241)도 찾을 수 있다. 여기서부터는 숲이 우거진 언덕을 타고 N-547을 가로질러 오르막을 오른다. 그런 다음 부도로 쪽으로 빠져 이소 강*río Iso* 위로 난 정교한 중세 다리를 건너면 리바디소다.

5.4km 리바디소 *Ribadiso* 알베르게(981-501 185)는 한가로운 이소 강변의 중세 다리와 인접한 정부 호스텔이다. 연중무휴로, 70개의 잠자리와 장애인*minusválidos*을 위한 별실이 있다. 모든 편의 시설을 제공하며(화장실은 별채에 떨어져 있다), 날씨가 허락하는

알베르게와 이소 강

한 강변에서 한가롭게 휴식을 취할 수 있는 공간도 있다. 현존하는 가장 오래된 순례자 병원 중 하나를 근사하게 재건축한 건물로, 환경과 조화를 이루는 건축의 묘미를 경험할 수 있다. 바와 식당이 근처에 있다.

한눈에 살피는 지역 정보

멜리데

번창하는 행정 도시로, 인구는 약 8천 명이다. 중세의 모습을 그대로 간직한 구시가의 구불구불한 좁은 골목길에는 상점과 바, 식당이 많이 있다. 이곳의 특산물인 문어 요리를 꼭 맛보길 바란다. 가장 잘 알려진 식당은 루고 애비뉴에 있는 엑세키엘*Exequiel*이다. 알베르게 뒷골목을 따라 서부 교외지인 산타 마리아 데 멜리데*Santa María de Melide*로 가면 12세기부터 그 자리를 지켰던 로마네스크 양식의 산타 마리아 데 멜리데 성당이 있다. 내부는 제단 위로 영감 가득한 벽화가 감탄을 자아낸다. 복작대는 멜리데를 떠나 N-547 도로(산 마르티뇨*San Martiño* 방향)를 타고 산 라사로 천*arroyo San Lázaro*(오래전에 사라진 나병 환자 구호 시설의 유적이 있다)을 건너자.

31day note

"깨달음은 모래알이 진주로 변할 때처럼 완벽한 타이밍과 절묘하고 세심한 노력이 함께해야 하는 법이다. 모래알 하나는 너무 많은 게 아니지만, 아아, 너무 적은 것도 아니다. 그렇게 나의 천사 같은 수호자가 나를 오시오 앞으로 인도했다. 내면의 길을 잃고 길을 떠난 동기에 대해 혼란스러워하던 그 순간에, 오시오는 내게 세 가지 질문을 던졌다. 질문 하나하나가, 내가 순례를 하는 이유를 일깨워주고 순례를 마치는 데 더없이 귀중한 도움을 주었다. 정말이지 신기하다. 길을 잃은 기독교인의 영혼 앞에 일본인 신도가 나타나게 하다니, 도대체 나의 천사들은 어떻게 그런 생각을 해냈을까?"

32 day

'산티아고 데 콤포스텔라'까지   42.3km(26.3마일)

리바디소에서
아르카 도 피노까지 — 22.2km

	길/트랙	14.7km	66%
	부도로	2.7km	12%
	주도로	4.8km	22%
Total km	총 거리	22.2km(13.8마일)	
	경사로 감안 거리	23.0km(경사로 160m=0.8km로 계산)	
Alto	최고점	팔라스 데 레이 590m(1,935피트)	

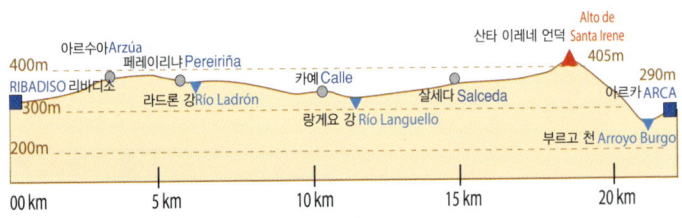

Road Point 오늘 단계의 2/3는 유칼립투스 나무가 풍성하여 그늘이 충분한 자연의 길이다. 아르수아*Arzúa*에 이르는 오르막으로 시작하여 산타 이레네*Santa Irene* 봉 근처에서 끝이 난다. 그 사이는 대부분 평탄한 길이고, 얕은 계곡을 세 번 지나게 된다.

※ 중간 숙박 시설: 아르수아(2.0km) – 산타 이레네(19.1km)

32

RIBADISO – ARCO do PINO – 22.2 km

(PEDROUZO) ARCA O PINO 페드로우소 도 피노 (아르카)
Muíño pensión/bar
Porta de Santiago Priv.* [86] 포르타 데 산티아고
알베르게 Albergue 3.1
Xunta [126]
부르고 Burgo
O Pino 오 피노
rio Burgo 부르고 강
루아 Rua
산타 이레네 SANTA IRENE
5.1 Albergue 알베르게
Xunta [36]
산타 이레네 Santa Irene Priv.* [15] Albergue
오 엠피아메 O Emplame
Alto de 산타 이레네 언덕 Santa Irene
Brea 브레아
라스 Ras
Oxen 옥센
메촌 라 에키파 Mesón La Equipa
Guillermo Watt 기예르모 와트 기념석
2.6 Salceda 살세다
Boavista 보아비스타
N-547
5.3 Calle 카예
Calzada 칼사다
Ponte Ladrón 라드론 다리
Pereiriña 페레이리냐
Cortobe 코르토베
Raído 라이도
브란데소 강 Río Brandeso
터널 Tunél 3.1
아스 바로사스 As Barrosas
Suiza 수이사
비아 락테아 Via Láctea Priv.* [60]
Xunta [48] Albergue 3.0
울트레이아 Ultreia Priv.* [36]
돈키호테 Don Quijote Priv.* [50]
오 레티로 O Retiro
Santiago Apostol Priv.* [84] 산티아고 아포스톨
ARZÚA 아르수아 (Pop. 7,000 - Alt. 390m)
아스 바로사스 강 río As Barrosas
Río Iso 이소 강
N-547
RIBADISO 리바디소
0.0 Albergue   Xunta [70]

일몰 W / S / E 일출 / N

╈╈ 리바디소를 떠나며

> **soul road** 🟤🟤
> 시의적절하게도 기예르모 와트Guillermo Watt(1993저건, 69세의 나이로 순례길을 걷다가 산티아고 도착을 하루 앞두고 이곳에서 죽었다 - 옮긴이)의 예쁜 기념석을 만난다. 과연 우리는 앞으로 남은 여정을 위해 어떤 계획을 세워두었는가? 혹시 현세의 드라마에 지나치게 몰두한 나머지 다음 생을 고려하지 못하는 건 아닐까? 이 땅에서 존재하는 육신의 덧없음을 조용히 응시해보라. 내 안의 무언가가 살아나 나를 떠민다. 깨달음을 향한 구도자의 걸음을 향해, 감사의 노래를 부르는 숨결을 향해, 우리의 영원한 근원과 우리를 떨어뜨리는 미몽에서 깨어날 기회의 순간을 향해.

오르막을 타고 번잡한 N-547 아래를 지나는 터널을 통과한 후 오른쪽으로 꺾어 걷다 보면 주도로와 다시 만난다. 여기서 길을 따라 가면 곧장 아르수아로 이어지는데, 외곽의 카페 겸 호스텔인 엘 레티로*El Retiro*(1.6km)를 지나 조금 더 가면(0.7km) 알베르게 돈키호테*Don Quijote*(981-500 139)에 닿는다. 신축 네트워크 호스텔로, 루고 카예*c/Lugo*를 통해 아르수아로 들어가는 초입의 왼쪽, 테라스가 달린 현대식 건물에 위치한다. 연중무휴이고 2층 침대로 50개의 잠자리를 갖추고 있으며, 훌륭한 시설을 제공한다(주방은 없지만 식사가 가능하다). 인접한 알베르게 울트레이아*Ultreia*(981-500 471)도 같은 현대식 블록에 위치한 신축 네트워크 호스텔이다. 연중무휴이고 36개의 잠자리와 모든 편의 시설을 갖추고 있다. 카페에서 아침 식사를 할 수 있다. 바로 맞은편에 2008년 9월에 문을 연 알베르게 산티아고 아포스톨*Santiago Apostol*(981-500 004)이 자리한다. 1년 내내 문을 열고 84개의 잠자리와 모든 현대식 편의 시설을 제공한다(심지어 전층 운행하는 엘리베이터도 있다!). 식당에서는 순례자 메뉴를 제공한다.

마을 중앙을 향해 전진하여 중앙 광장(0.5km)에 들어서면 왼쪽으로 돌아 루아 도 루가르*rúa do Lugar*에 진입한다. 산티아고 성당과 막달레나 예배당(0.2km) 바로 옆이 아르수아 중심가이다.

3.0km 아르수아 중심 *Arzúa Centro* 알베르게 리오 베요*Río Vello*(981-500 455)로 돌로 지은 전통 가옥을 재단장한 호스텔로, 편리한 위치를 점하고 있다. 연중무휴로 운영하고 48개의 잠자리를 제공하며 훌륭한 현대식 편의 시설을 갖추고 있다. 알베르게 비아 락테아*Vía Láctea*(981-500

581) 역시 마을 중앙에 위치하는데, 호세 안토니오 카예c/Jose Antonio에서 찾으면 된다. 연중무휴이고 60개의 잠자리와 아름다운 테라스를 비롯한 모든 편의 시설을 갖추고 있다.

※ **기타 숙박 시설:** 엘 레티로El Retiro HsR(981-500 554, 루고 애비뉴Av. Lugo 초입)이 있고, 루고 애비뉴에서 조금 더 들어가면 새로 생긴 테오도라Teodora Hs(981-500 083)와 루아Rua HsR(981-500 139)가 있다. 중심가에 위치하면서도 전통의 분위기를 만끽할 수 있는 숙박 시설로는 루아 라몬 프랑코rúa Ramón Franco의 카사 프라데Casa Frade(981-500 019)와 그 옆의 카사 카르바예이라Casa Carballeira (981-500 094)가 있다. 메손 도 페레그리노Mesón do Peregrino Hs(981-500 830) 역시 중심부에 위치하며, 수이사Suiza H(981-500 862)는 중심 거리carratera Santigo 외곽에 있는 현대식 숙박 시설이다.

3.1km N-547 터널 *Tunél* 터널을 통과한 후 라이도 강을 건너 작은 촌락인 라이도*Raído*, 폰데빌라*Fondevila*, 코르토베*Cortobe*, 페레이리냐*Pereiriña*를 지난다. 라드론 천*Arroyo Ladrón*을 건너 폰텔라드론*Ponteladrón*을 통과하고, 힌침 후에 갈사다*Calzada*를 서쳐 카예로 들어서게 된다.

5.3km 카예 *Calle* 전통 석조 가옥과 강가의 카페[F]가 있는 아담한 마을이다. 카미노는 보아비스타*Boavista*로 이어지고 언덕 오르막으로 접어들면서 주도로와 합류한다.

2.6km 살세다*Salceda* 주도로 변으로 길게 뻗은 마을인데, 바와 식료품점이 각각 하나씩 있고 마을 끝자락에 메손 라 에키파*Mesón La Equipa*가 있다. 여기서 길은 오른쪽으로 꺾이고(식당 뒤편) 숲길로 접어든다. 바로 이곳, 오른편에 우리의 동료 순례자였던 기예르모 와트의 감동적인 기념석이 놓여 있다. 그는 지구상에서의 목적지를 단 하루 앞두고 이 지점에서 유명을 달리했다.

여기서부터는 길 표지가 규칙적으로 나타나지 않음을 유의하라. 우리는 숨바꼭질을 하듯 주도로와 만났다 헤어지길 반복하다가 셴*Xen*을 지난 후에야 주도로를 건너 라스*Ras*로 접어든다. 그 후 또 한 번 주도로를 건너 브레아*Brea*를 통과한 후 마침내 엠플라메*Emplame*에 닿게 된다. 교차로에 순례자 메뉴를 제공하는 식당 파우*Pau*가 있다. 여기서 주도로를 따라 산타 이레네까지 쭉 가거나, 아니면 주도로 오른편의 유칼립투스 숲길로 난 오솔길(추천 루트)을 택하여 갈 수도 있다. 산타 이레네 언덕을 뒤덮은 유칼립투스 숲길 중간에는 순례자 쉼터가 있고, 여기를 지나치면 산타 이레네에 닿게 된다.

5.1km 산타 이레네 Santa Irene 알베르게(660-0396 825)는 정부 호스텔이며 연중무휴다. 36개의 잠자리와 모든 편의 시설이 있지만, 시끄러운 주도로와 인접해 있다. 도로 맞은편(파우 식당 쪽으로 300m 거리)에 있는 알베르게 산타 이레네는 네트워크 호스텔이다(981-511 000). 1년 내내 운영하고 15개의 침대와 모든 편의 시설을 갖추고 있다. 주도로에서 꽤 멀리 떨어진 쾌적하고 아담한 휴식처로, 아름다운 뒤뜰도 만끽할 수 있다. 알베르게 이름은 근처에 있는 18세기 예배당인 산타 이레네(초기 기독교 순교자) 예배당에서 유래했다.

알베르게 – 정부 호스텔

알베르게 – 산타 이레네

주도로를 따라 왼쪽으로 꺾으면 아 루아 A Rúa(1.5km)로 접어들게 된다. 이곳에는 B&B인 오 아시브로 O Acivro(981-511 316)가 있는데, 바 겸 카페를 함께 운영하고 식사도 제공한다. 마을 입구에서 옵션 루트가 있다. 오른쪽으로 꺾어 주도로상에 있는 호텔 겸 식당 오피노 O'Pino에 들르는 것이다. 계속하여 아르카로 가려면 아 루아를 통과하여 부르고 천 arroyo Burgo을 건넌 후 유칼립투스 숲길을 올라 N-547로 향한다. 산티아고로 직행하려면 여기서 주도로를 건너 유칼립투스 숲으로 진입한다. 계속하여 산 안톤 San Antón으로 접어들면 아래쪽에서 루트와 다시 만난다. 아니면 알베르게로 가길 원할 경우에는 왼쪽으로 돌아 주도로를 따라 0.6km 더 가면(도로 표지판이 가리키는 것처럼 200m가 아니다) 아르카 도 피노에 닿는다.

3.1km 아르카 도 피노 Arca do Pino(페드로우소 Pedrouzo) 알베르게 정부 호

스텔은(660 - 396 826) 1년 내내 문을 열고 126개의 잠자리가 있으며 모든 종류의 편의 시설을 갖추고 있다. 이 알베르게는 마을 입구의 우체국과 슈퍼마켓 뒤로 다소 숨어 있다. 도로 맞은편에 신축된 알베르게 포르타 데 산티아고*Porta de Santiago*는 동물병원 바로 뒤의 중심가에 위치한 현대식 건물이며, 사설 호스텔이다(981 - 511 103). 연중무휴로 86개의 잠자리가 있고 현대식 편의 시설을 골고루 갖추었다.

알베르게 - 정부 호스텔

알베르게 - 포르타 산티아고

※ **기타 숙박 시설:** 오 피노*O Pino* H(981 - 511 148, 루아 데 아르카*rúa de Arca*)는 위에서 설명한 아 루아의 옵션을 참고해라. 펜션으로는 마리벨*Maribel* PR(981 - 511 404, 루아 오스 모야도스*Rua Os Mollados*)와 그 옆의 아르카*Arca*가 있다. 마리벨과 아르카는 카미노에서 100m 떨어진 루아 데 콘세요*Rua de Concello*에 있는데, 이 길은 산티아고 방향으로 마을을 벗어나게 되어 있다.

한눈에 살피는 지역 정보

아르수아

산티아고로 들어가기 전 마지막으로 만나게 되는 인구 7천 명의 주요 도시이다. 현대식 개발이 깔끔하게 된 편은 아니라서 오래 된 중심가의 복잡한 형태가 연장된 느낌이고 길 표지도 들쑥날쑥하다. 중앙 광장에서 왼편으로 약간 떨어진 곳에 원래 14세기 아우구스티누스 성당이었던 막달레나 예배당*Capilla de La Magdalena*이 있고 그 근처에는 성 야고보에게 봉헌된 현대의 교구 성당이 있다. 교구 성당에는 무어인 처단자이자 순례자로서의 산티아고 상이 서 있다. 카미노는 카르멘 카예*c/del Carmen*(중심거리 왼쪽)를 통해 구시가를 통과한 후 분수대를 지나 작은 시내(산 라사로 구호 시설 부지)를 건너 고대의 오크 숲길로 접어든다. 아스 바로사스*As Barrosas*를 지나는 구불구불한 길이 주도로와 연결되는데(수이사 호텔과 가까운 곳에서), 이곳에서 또 한 번 터널을 지나치게 된다.

아르카 도 피노(페드로우소)

현대에 조성된 산티아고 위성 도시로, 혼잡한 N-547을 가운데 두고 양쪽으로 펼쳐져 있다. 식당과 상점이 많은 곳이기도 하다. 대성당에서 정오에 열리는 순례자 미사에 참석하려면 일찍 출발하는 것이 좋다.

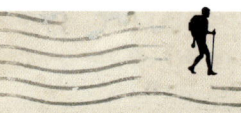

32day note

"그녀는 수피를 신봉하는 이였다. 나는 무슬림 여인이 기독교인의 순례 길을 걷다가 그 길 이면에 숨은 길을 진리를 우리에게 설파하는 아이러니에 웃음을 터뜨렸다. 우리의 딜레마에서 해방되는 유일한 길은, 사랑을 통해 내면으로 들어가는 것뿐이리라."

memo

마침내 산티아고
(D-day)

33 day

'산티아고 데 콤포스텔라'까지 20.1km(12.5마일)

아르카 도 피노에서
산티아고까지 - 20.1km

	길/트랙	8.0km — — — — 40%
	부도로	7.6km — — — — 38%
	주도로	4.4km — — — — 22%
Total km	총 거리	20.1km(12.8마일)
	경사로 감안 거리	20.7km(경사로 120m=0.6km로 계산)
Alto	최고점	고소 산 370m(1,214피트)

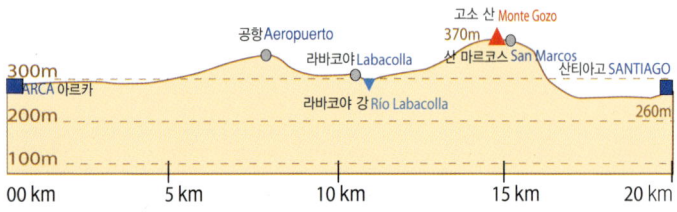

Road Point ▶ 마지막 단계의 첫 구간은 높이 솟은 유칼립투스 숲을 통과하는 것이다. 숲이 자아내는 그늘과 평화로운 분위기를 한껏 만끽하라. 도시에 가까워질수록 숲은 사라지고 아스팔트와 인파가 그 자리를 메운다. 고소 산 *Monte Gozo*을 오르는 긴 하이킹에도 대비해두도록. 아스팔트 포장길이지만 여전히 유칼립투스 숲속을 거닐 수 있다.

Looking Point 어마어마한 수의 순례자들이 모여들 것이다. 하루 일정으로 이 도시만을 둘러보는 단체 여행객과 수많은 버스 인파가 이곳으로 온다. 고소 산을 오르며 밀려드는 환희를 경험한다면, 스스로 뿌듯하게 여겨도 좋다! 각자가 창조하는 경험은 제각각이겠지만, 산을 오르면 유쾌한 고독이 주위를 감싼다. 그렇게 하면 지나친 도취감이나 실망감이 드는 것을 피할 수 있다. 정오의 순례자 미사에 참석할 작정이라면, 엄청난 인파를 각오해야 할 것이다. 산티아고의 인기가 하늘을 찌를 듯하니, 인내심을 발휘하도록. 전통적인 순례자 루트를 따라 대성당으로 들어가려면 분명 기나긴 줄을 서야 할 것이다. 몇 시간이 걸릴지도 모른다. 대안으로 한적한 성당이나 도시 안의 광장을 찾는다면, 잘 곳을 찾아 샤워를 한 후 순례자 사무소로 가서 순례자 증서*compostela*를 발급받을 수 있다. 친구를 사귀고, 축배를 들고, 순례를 기념하는 만찬을 즐겨라. 그런 다음날 아침에 성당을 찾으면 된다. 텅 비어 한없이 고요한 성당을.

ᅲ 아르카를 떠나며

> **soul road** 🌰🌰
>
> 울가시나무 덤불 속에서 잠시 머무르며 물의 산에 빠져보는 건 어떨까? 온통 유칼립투스로 둘러싸인 가운데 이 밤인처럼 텅 그러니 놓인 그 덤불 속에서 말이다. 이 덤불은 역시 이 밤인 취급을 받았던 야고보의 심지어를 떠올리게 한다. 라바코야Labacolla에 들를 생각이 있는가? 그곳의 샘은 성 야고보의 도시로 들어가기에 앞서 순례자들이 의식처럼 몸을 씻는 데 사용했다고 한다. 오늘날 그 샘은 써어버렸지만, 우리가 그곳을 찾을 것은 정화의 상징을 추구하기 때문이다. 그리스도의 순백 색빛으로 광채를 내기 위하여.

주도로에서 왼쪽으로 돌아 마을로 접어든 후 다시 오른쪽으로 꺾어 카사 콘세요*Casa Concello*와 스포츠 센터를 지난다. 빽빽한 유칼립투스 숲으로 직행하여 산 안톤 마을을 통과하면 직선 루트(아르카 호스텔을 에둘러 가는 길)로 합류하게 되고, 마을을 관통하여 아메날*Amenal* 계곡을 향해 내려가면 교차로와 만나게 된다.

4.2km 네거리|*Cruce–X* N–547을 건너[!] 시마데빌라*Cimadevila*를 통하는 언덕길로 향한다. 여기서는 산티아고 공항 주변의 복잡한 도로망을 뚫고 길을 찾아가야 한다. 순례자를 위한 보행로는 활주로 끝자락에서 깊숙이 내려가다가 공항 진입로 아래를 가로지르게 되어 있다.

3.7km 터널 *Túnel* 그 다음으로는 오래된 마을인 산 파이오*San Paio*를 지나게 된다. 이곳에서는 중세 카미노 레알*Camino Real*의 마지막 구간을 걸어볼 수 있다. 오르막을 향해 오른쪽으로 꺾으면 자연의 오솔길로 접어든다. 한때는 천연 낙엽수 숲이 뒤덮였던 이곳은 이제 펄프 산업 유칼립투스 삼림지로 바뀌었다. 다시 내리막으로 향하면 라바코야*Labacolla*의 교차로에 닿는다.

3.4km 성당 *Iglesia*/ 교차로 *Cruce–X* 라바코야는 공항으로도 유명하지만, 중세 순례자들이 산티아고로 입성하기에 앞서 이곳에서 빨래를 하고 몸을 깨끗이 한 것으로 더욱 잘 알려져 있다. 현대의 라바코야는 순례자보다는 비즈니스 여행자들에게 더 익숙한 곳으로, 수많은 식당과 바, 상업 호텔이 있다. 산 파이오*San Paio P*(981–888 205)는 루가르 데 라바코야

*Lugar de Labacolla*에 있고, 조용한 고급 숙소로는 17세기 대저택을 복원한 파소 산 소르도*Pazo Xan Xordo*(981 - 888 259)가 있다(루트에서 벗어남).

교구 성당을 돌아간 후 공항 진입로 위를 건넌다. 그 다음 조그만 시내를 건너고 가파른 언덕을 올라 비야마이오르*Villamaior*를 통과하면 평지를 걷게 된다. 갈리시아 TV 방송국 본부를 지난 후 널찍한 야영지(스페인 TV 방송국 맞은편)에서 왼쪽으로 꺾으면 다시 지루한 아스팔트 길이 나온다. 이 길은 바와 카페가 있는 산 마르코스*San Marcos*로 이어진다. 포장된 보행로를 잠깐 걸으면 숲속 빈터에 예쁜 산 마르코스 예배당이 나타나고 곧 고소 산 정상에 오르게 된다.

5.6km 고소 산 *Monte del Gozo* 비가 오지 않을 때는 산티아고 대성당의 탑들이 보인다 하여 중세 순례자들이 '기쁨의 산'이라 이름 붙인 곳이다 ('*gozo*'는 갈리시아어로 '기쁨'을 뜻함). 교황 요한 바오로 2세 방문 기념비가 정상에 우뚝 서 있으며, 이곳의 전망은 대부분 산티아고 스포츠 센터가 치지힌다. 신 지체를 불도지로 뛰어 길 아래에 500명의 순례자를 수용할 수 있는 병참 형태의 숙소를 만들었다. 유유히 자리 잡은 도미토리 겸 레크리에이션 건물들은 한없이 높아만 가는 숙박 시설 수요를 충당하기 위한 것이다. 아담한 산 마르코스 예배당은 이름만 로맨틱한 이곳의 역사를 감지할 수 있게 하는 유일한 건물이다. 알베르게 산 마르코스(981 - 558 942)는 정부 호스텔로, 산티아고 시를 굽어보는 고지에 위치하여 쉽게 찾을 수 있다. 연중무휴이고 20개의 분리된 콘크리트 건물에 총 500개의 침대가 있다. 각 건물의 방마다 8개의 침대가 놓여 있다. 현대식 시설을 훌륭히 갖추고 있는데, 바 겸 식당은 물론이고 중앙 휴게실에는 널찍한 간이 오락장도 있다.

고소 산 왼편으로 내려가는 대체 루트(더 긴 루트임)는 교외 지역을 빙 둘러 산 라사로에서 기존 루트와 합류한다. 추천 루트로 가려면 산 아래로 곧장 내려가 루아 도 페레그리노*Rua do Peregrino*의 계단을 내려오면 그 끝에서 곧 A-9 고속 도로와 철로를 가로지르는 자동차 도로로 접어들게 된다. 그 다음으로 널찍한 N-634와 합류하여 현대식인 도시 동쪽 외곽을 관통한다. 이곳에는 의회당 겸 전시회장이 있고 도로 맞은편에(오른쪽 - 길 표지는 잘 되어 있지 않다) 알베르게 레시덴시아 데 페레그리노스

Residencia de Peregrinos(981 - 571 488, 루아 데 산 라사로*rúa de San Lázaro*)가 있다. 연중무휴이며 6개 방에 80개의 침대를 갖추고 있다. 뒤뜰을 비롯하여 모든 편의 시설을 제공한다. 주도로를 따라 산 라사로 방향으로 쭉 가자.

2.1km 산 라사로 산티아고 *San Láza ro Santiago* 12세기부터 이곳에 있었던 나병원과 함께 작은 예배당이 있다. 전염병이 번지지 않도록 중세의 도시 방벽에서 멀찍이 떨어져 있음을 확인할 수 있다. 중심부를 향해 쭉 가다가 왼편으로 꺾어 루아 도 발리뇨*rúa do Valiño*로 접어든 후 루아 에스토콜모*rúa Estocolmo*와 만나는 지점으로 가면 또 하나의 알베르게(왼쪽)가 나온다.

알베르게 아쿠아리오*Acuario*는 산 라사로의 발리뇨 2번지로, 루아 에스토콜모와 만나는 지점에 있다(981 - 575 438). '어부 야고보 협회*Asociación Xacovea Acuario*'가 운영하는 사설 호스텔이다. 1년 내내 운영하고(12월과 1월 제외) 하나의 도미토리에 50개의 잠자리가 있다. 세탁 및 건조기를 비롯하여 현대식 시설을 잘 갖춰놓았다(주방은 없으나 근방에 식당이 많다). 루아 다스 폰티냐스*rúa das Fontiñas*를 따라 계속 가서 콘체이로 샘*Fonte do Concheiros*을 지나 환형 도로인 루고 애비뉴*Av. de Lugo*를 건넌다. 오른쪽에 버스 정류장이 있다. 그 다음으로는 순례자들에게 조가비*conchas*를 팔았던 노점상에서 이름이 유래된 루아 도스 콘체이로스*rúa dos Concheiros*로 들어선다. 길 끝에는 성 페테르 십자가*Cruceiro de San Pedro*가 있어, 우리가 드디어 옛 도시로 들어섰음을 알려준다. 대성당의 첨탑들이 눈앞에 확실히 모습을 드러내기 시작하면, 루아 데 산 페드로*rúa de San Pedro*의 자갈길을 걸어 산 페드로 광장*Praza San Pedro*에 다다른다.

이 지점에서 세미나리오 메노르 데 벨비스*Seminario Menor de Belvis*의 순례자 호스텔로 직행하는 방법을 선택할 수도 있지만, 이곳의 메인 알베르게가 불과 800m 왼쪽에 위치해 있다. 도착 시간과 하루 계획에 따라 이 알베르게로 직행하는 것을 고려해보자 (배낭을 맡길 수 있는 사물함이 있으며 오후 1시에 문을 연다). 왼쪽으로 꺾어 칼사다 산 페드로*Calzada San Pedro*로

산티아고 메인 호스텔

진입해 벨비스 수도원 벽을 돌아 거대한 대저택인 세미나리오 메노르로 향한다. 이곳에 산티아고의 메인 호스텔이 있다.

그대로 직진하여 유명한 '카미노의 입구 Porta do Camiño'로 향한다. 이곳을 통해 멋진 중세 도시로 들어가게 된다. 오른쪽 위에 '산토 도밍고 데 보나발 수녀원 Convento de Santo Domingo de Bonaval'이 이 도시의 입구를 굽어보고 있다. 이 수녀원 안에는 로마 시대의 신전과 갈리시아 박물관이 있고, 그 맞은편에 갈리시아 현대 미술관이 자리해 있다. 수녀원 건물 뒤편에는 꽤 한적한 공원이 있어 번잡한 도시 생활을 벗어나 마음과 영혼을 정화하는 데 도움이 된다(이 지역의 관광 명소를 찾아가고 싶다면 도시 지도를 참고하라). 이제 카사스 레아이스 Casa Reais와 루아 다스 아니마스 Rúa das Ánimas를 지나 세르반테스 광장 Praza de Cevantes(이 작가의 동상이 있다)으로 들어선다. 그리고 오른편에 늘어선 흑옥 azabache 보석상을 구경하며 루아 다 아사바체리아 Rúa da Azabachería를 걷다 보면 인마쿨라다 광장 Praza da Inmaculada(아사바체리아 광장으로도 불린다)에 닿는다. 셀미레스 궁 Pazo do Xelmírez이 아치 아래(0.9km)를 지나면 유명한 대성당이 나타난다.

2.5km 오브라도이로 광장 Praza Obradoiro

과 대성당 Cathedral 그저 도착하는 데만 시간을 투자하라. 대성당으로 들어가는 감회는 저마다 다른데, 엄청난 만족감과 실망까지 천차만별이다. 개인적인 감회에 상관없이 있는 그대로 존중하고 받아들여라. 무사히 도착했다는 데 감사하는 것이 일반적인 반응이지만 어마어마한

대성당에 도착한 순례자들

인파에 주눅이 든다면 좀 더 안정감을 느끼는 때, 그리고 대성당이 더 조용할 때(매일 오전 7시부터 오후 9시까지 문을 연다)에 돌아와도 괜찮다. 지금이나 나중이나, 어느 문을 통해 들어가건 상관없이, 다음과 같은 일반적인 순례자 의식을 따르고 싶은 마음이 들 것이다.

장인 마테오 Master Mateo의 역작인 '영광의 문 Portice de Gloria' 중앙 기둥인 '이새의 나무 Tree of Jesse'에 손을 얹는 것은 이제 금지 사항이 되었다. 그러나 여기에서 발걸음을 멈추고 1166~1188년에 조각된 내부 주랑 현관

의 비견할 데 없는 아름다움에 찬탄하는 여유를 가져보자(외관의 조각은 1750년에 완성되었다). 성경과 그 주인공들이 돌로 만들어진 이 놀라운 이야기책 속에 생생하게 살아 숨 쉬는 듯하다. 중앙 기둥에는 12사도를 양옆에 둔 '영광의 그리스도Christ in Glory'가 부조로 새겨져 있고, 바로 아래에 성 야고보가 그리스도와 순례자를 잇는 중재자로서 앉아 있다. 무사히 도착한 데 감사하는 의미로 수세기에 걸쳐 수백만 순례자들이 이 조각상을 어루만져, 단단한 대리석이 닳아 손자국마저 나 있다(그래서 현재 경계선을 긋고 보호하는 것이다). 반대편으로 전진하여 중앙 기둥 뒤편(제단을 마주보고 있다)에 조각된 장인 마테오의 작품 앞에서 성호를 긋고, '성인Santo d'os Croques에게 이마 대기'로 알려진 의식을 취하며 장인의 예술적 재능의 기를 받아보자. 조각상에 이마를 맞대고 영감을 받는 것이다. 주제단(오른쪽) 앞으로 가서 계단을 올라 사도 야고보를 껴안아보라. 그의 널찍한 어깨에 머리를 기대고 이곳에 온 이유를 조근조근 이야기하는 것도 좋겠다. 안쪽의 계단을 내려가 지하실로 가면 제단 아래에 성 야고보의 유골함이 있다. 이곳에서, 위대한 성인의 유물이 담긴 함 앞에 무릎을 꿇고 기도를 올리는 건 어떨까?

Looking Point 순례자 미사가 매일 정오에 열리는데, 사람이 특히 많이 몰리는 날이면 5분 전에 문을 닫는다. 줄에 매단 거대한 향로Botafumeiro는 원래 땀에 전(혹은 질병에 시달리는) 순례자들에게 향기로운 연기를 쏘이게 하는 데 사용되었다. 이 의식에는 여섯 명의 수행원tiraboleiros이 필요하기 때문에 보기 드문 이벤트가 되었으나, 최근에는 예배의 한 순서로 거의 자리 잡았다. 기존에는 자리에 앉을 수 있는 수용 인원이 7백 명이었는데 2004년에 천 명이 되도록 확장했다. 어딘가 앉을 자리를 찾을 수도 있지만 큰 기대는 금물이다. 그리고 기억할 것 하나가 있다. 바로 시간 그 자체가 여행이라는 사실 말이다.

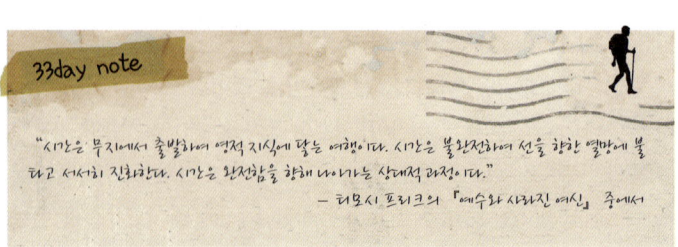

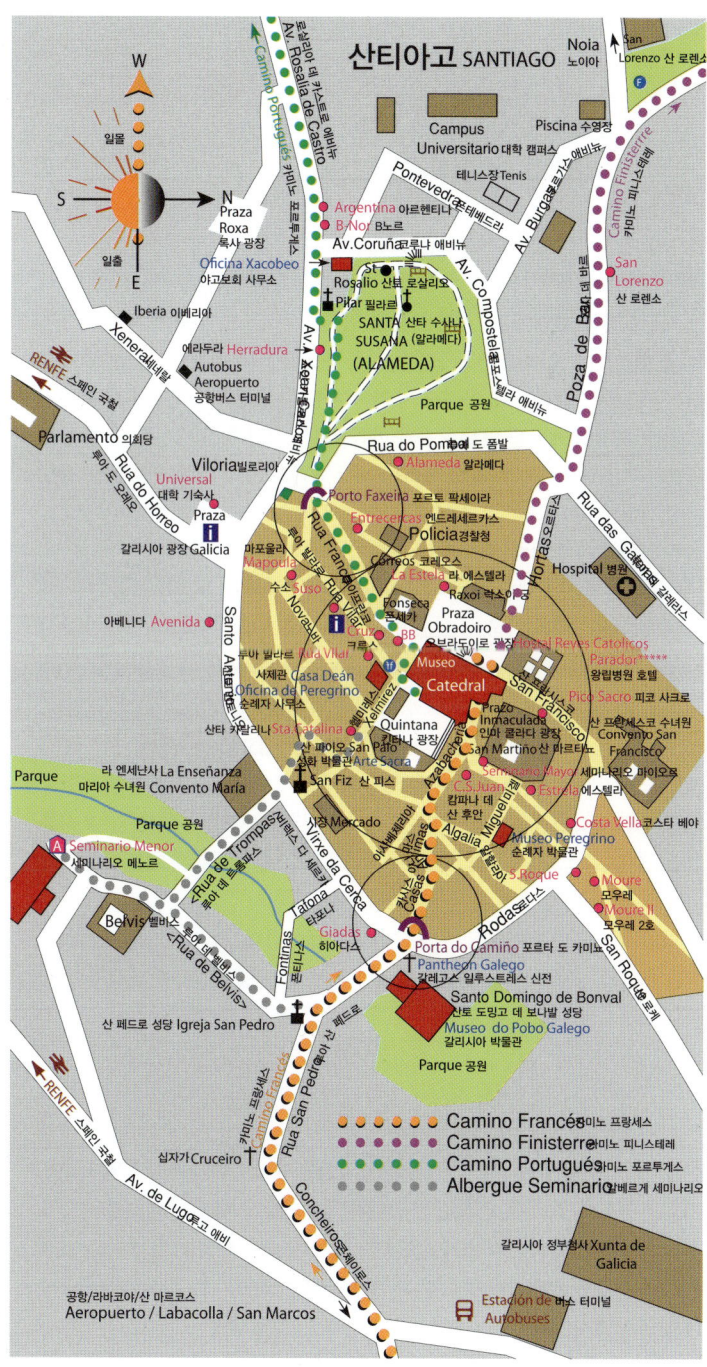

Epilogue

집으로 돌아오며

오랫동안 집을 떠나 있으면 친구들과 가족이 "넌 전혀 변하지 않았어."라고 말하곤 한다. 그것은 그들의 눈이 멀었거나 그들이 무의미한 세상의 가치를 따르기 때문일 것이다. 나는 지난 20년 동안 내 삶의 우선 순위를 '변화'로 삼았다. 순례가 좋은 이유 중 하나는 익숙한 것에서 한동안 떨어져 지낼 수 있는 시간이라는 점이다. 이 시간은 우리 영혼의 연금술이 변화의 과정을 시작할 수 있는 기회를 제공한다. 무거운 짐을 지고 걷느라 온몸이 땀으로 범벅이 되는 과정만을 말하는 게 아니다. 우리의 마음 역시 정화의 과정이 필요하다. 혼돈 그 자체인 세상을 똑같은 몸과 마음으로는 고칠 수 없다. 새로운 방식과 마음가짐이 필요하다. 이렇게 우리는 세상을 다시 보게 된다. 카미노를 걸으며 얻는 교훈에 마음을 열고 인생 그 자체가 배움과 깨달음의 터전이라는 사실을 깨닫기 시작할 때, 세상은 더욱 빨리 변화할 것이다.

순례의 목적은 오래된 신념 체계와 낡아빠진 '믿음'을 떨쳐버릴 시간을 가지는 것이다. 그렇게 하여 새롭고 더 높은 시각이 자란다. 우리가 삶을 새로운 시각으로 바라보게 되면 배우자나 직장 동료들이 달가워하지 않을 수도 있다. 그동안 당연히 여겨왔던 습관을 깨고, 원래의 상태에 도전하고, 모두가 '진리'라 믿는 것에 의문을 제기하는 것은 일반적으로 위협으로 간주된다. '부적절한' 태도로 여겨지는 건 그나마 다행이고, 최악의 경우 '이단'으로 몰릴 위험도 있다. 순례로 깨달음을 얻는 것만이 능사가 아니다. 여기서 더 나아가, 우리를 사랑한다고 주장하는 이들의 반대에 직면해서도 '언행일치'의 태도를 견지하고 '새로운' 진리에 맞게 살아가야 한다.

이 안내서는 인간의 의식을 깨우기 위해 존재한다. 이러한 자각은 개인의 실존적 위기 상황에서 일어난다. 인생의 목적과 그 방향에 대해 숙고할 만한 공간과 시간이 필요할 때 말이다. 우리 모두는 영적으로 진공인 상태로 살아간다. 영성과 신성이 기만 혹은 현실도피로 치부되는 이 세상은, 바로 우리가 만든 것이다. 그렇게 3차원 세상에서 사는 우리는 더 고차원적인 현실로 향하는 문을 열기를 거부한다. 그 과정에서 우리는 스스로를 고갈시키며, 자신의 잠재력을 심각하게 한계에 가두고 있다. 자신을 감싼 혼돈의 세상에 압도되어, 어두운 현실의 틀 안에 꼼짝없이 갇혀버린 우리들. 이렇게 두려움에 사로잡힌 모습에 어느덧 익숙해져, 스스로 만든 감옥의 문을 여는 열쇠가 바로 자신의 손에 있음을 인지하지 못한다. 하지만 우리는, 언제든 마음만 먹으면 당당히 걸어 나갈 수 있다.

카미노를 걸으며 어떤 경험을 하건 간에, 아마 세상을 더욱 민감하게 바라

보게 될 것이다. 일정을 너무 빡빡하게 잡지 않길 바란다. 돌아가자마자 일터로 뛰어가야 한다거나, 평소의 생활로 빨리 돌아가야 한다는 압박감에 시달리는 건 정말이지 바람직하지 않다. 집으로 돌아가는 길은 결정적인 순간이다. 나의 심원한 변화가 주위 사람들에겐 두려움과 의심의 대상이 되어 결국 시작점 – 평상시의 자신으로 돌아가고 말았던 적이 얼마나 많았던가. 순례의 경험을 공유한 사람들에 대한 관심의 끈을 놓지 말고 계속 연락을 주고받아 새로운 깨달음과 방향을 잃지 않도록 하라. 자아를 발견하는 끊임없는 여정에 용기와 격려를 아끼지 않는 사람을 만나고 그런 활동을 지속하라.

나에게 보내는 이메일도 언제든 환영한다. 도움이 될 것 같다면, *jb@caminoguides.com*으로 언제든 부담 없이 이메일을 보내라. 모든 메일에 일일이 회신 메일을 작성할 수는 없을지도 모르지만, 빠짐없이 읽고 축복의 마음이 담긴 회신 메일을 보내리라 약속하겠다. 의문의 길에 제 발로 걸어 들어온 동료 순례자들을, 나는 100% 공감하고 또 존중한다. 우리는 진정한 자신의 본질을 재발견하는 여정에 함께 올랐고, 더 높은 세상을 알기 위해 마음을 열었다. 우리 모두는 오랫동안 잠들어 있었기에 변화를 경험하기까지 고통스럽고 오랜 과정이 필요하다고 여겨왔다. 그러나 변화는 눈 깜짝할 사이에 일어날 수 있다.

당신이 어떤 선택을 하건, 지금 당신에겐 분명 그 선택이 정당하다. 진리를 찾고 무사히 집으로 돌아가길 바란다. 그리고 나의 소박한 축복을 길 위의 동료 순례자들에게도 퍼뜨려주길. 여행은 끝나지 않는다. 당신이 세속적인 생활에 헌신하건 영성에 몰두하건, 깨어 있건 자고 있건, 이 여행은 계속된다. 순례자의 본질을 잊지 않도록.

『산티아고 가이드북』 도우미

지도 보는 법

유용한 주소

추천 도서

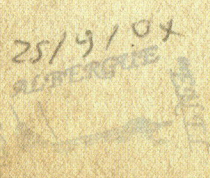

지도 보는 법

이 안내서는 간단명료한 형식으로 필수적인 정보를 제공한다. 여기에 실린 지도들은 당신이 다음 카페나 원하는 장소까지 얼마나 남았는지 즉시 볼 수 있도록 고안되었다. 모든 알베르게가 명확하게 표기되었고(괄호 안에 객실 수도 명시됨) 그 밖의 숙박 시설 위치도 나타냈다. 지도상의 거리는 텍스트상의 거리와 일치하며, 일반적인 속도로 걸을 경우 약 1시간 거리에 해당하는 3km 간격으로 공간을 두었다. 정확성을 기하기 위해 각 단계의 시작점과 종착지를 특정 알베르게의 정문으로 정했다.

표지판

① 여러 협회와 '카미노의 친구들'의 자발적인 도움으로, 우리가 길을 따라 각 단계의 종착지에 안전하게 닿는 데 필요한 모든 정보가 담긴 지도가 완성되었다. 만에 하나 길을 잃는다면, 그 이유는 항상 같다. 바로 정처 없이 마음 가는 대로 발도 따라갔기 때문! 그러니 정신을 놓지 말고 특히 지도에 느낌표[!]로 표시된 지점에선 더욱 주의하라. 어쩌다 곁길로 빠진 사실을 알았다면 방향을 물을 때 주의해야 한다. 현지인들은 대개 도로표지판에 익숙하므로 공공도로가 난 길을 가르쳐줄 가능성이 높다. 길을 잃었을 때는 길을 되짚어 지도에 표시된 지점까지 돌아가는 것이 상책이다. 각 지도마다 방위 표시를 하여 방향 잡기에 도움이 되도록 했다. 대체 루트가 존재할 경우에는 '사람들이 덜 다니는 길'을 택하길 권한다. 내가 길을 택하는 기준은, 발바닥에 부담을 주고 피로를 더하는 아스팔트 위에서 머무는 시간을 최소화하는 쪽이다.

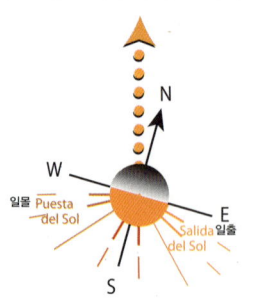

② 길을 잃을 경우, 지도의 '태양 나침반'을 보고 방향을 잡도록 하라. 아무리 날씨가 나빠도 웬만하면 태양의 위치 정도는 알 수 있다. 예를 들어, 생 장에서 론세스바예스로 향하는 길이라면 남서 방향으로 걸어

야 하므로 아침 해가 자신의 왼편(동쪽)에 있어야 한다. 한낮에는 태양이 머리 위 정면(남쪽)에 있을 것이고 오후가 되면 오른편(서쪽)으로 넘어가 있을 것이다. 오후에 태양이 자신의 왼편에 있다면, 그 자리에서 멈추고 생 장으로 돌아가는 다른 길을 따르고 있는지 재확인해봐야 한다. 손목시계를 집에 두고 오기로 작정한 사람에게는 태양이 천연 시계 역할을 해줄 것이다. 우리는 그림자의 길이로 시간대를 알아내는 방법을 놀랍도록 빨리 익힐 수 있다. 게다가 소위 '배꼽시계'라 일컫는 우리 신체의 반응도 먹거나 마실 시간을 정확히 알려준다. 또한 태양은 세상의 중심을 자기 자신으로 놓는 우리 인간의 오만함을 겸허함으로 바꾸는 데 일조하기도 한다. 태양 앞에서 우리의 물리적 존재는 하찮고 미미한 것에 불과하다는 사실을 깨닫게 되기 때문이다. 우리는 자기 자신을 우주의 중심이라 여기며, 따라서 태양은 '나의 동쪽'에서 뜬다고 말한다. 그러나 이런 생각은 완전히 잘못된 것이다. 지구가 자전축을 중심으로 돌기에 아침이 되면 태양이 뜨고 밤이 되면 지는 것이다. 이것은 문장 자체가 지닌 의미 이상의 의미가 있다. 갈릴레오가 지동설의 증거를 발견하기 전에는 태양계의 중심이 태양이라는 아이디어도 이단이었다.

③ 지도 기호를 숙지하고 다음을 명심하라.
㉠ 추천 루트는 항상 자연이 가장 잘 보존된 길을 따르며 노란 점선으로 표시되어 있다. 노란색 화살표가 이 여정을 통틀어 친절한 안내를 담당할 것이다. 추천 루트에 있는 장소명은 파란색으로 표기했고 루트 밖에 있는 장소명은 검은색으로 표기했다.
㉡ 대체 루트는 대부분 도로이며 아스팔트를 상징하는 회색 점선으로 표기되었다. 장소명 역시 회색으로 표기했으며 회색 배경에 텍스트를 적었다.
㉢ 도로 외의 대체 루트는 좀 더 다채로운 자연을 가리키는 보라색 점선으로 나타냈으며 텍스트는 연보라색 패널 위에 적었다.
㉣ 우회로는 청록색 점선으로 표기했고 텍스트 역시 청록색 패널 위에 적었다.

④ 하루하루의 단계는 각 알베르게의 정문 사이의 거리로 나타난다.

즉 하루 동안 걸을 거리는 숙소 사이의 거리인 셈이다. 중간에 있는 알베르게나 호텔도 표기했는데, 루트 내에 있는 것은 파란색 박스로, 루트 밖에 있는 것은 회색 박스로 표기했다. 사용 가능한 침대 수도 괄호 안에 적혀 있다. 지도에 실질적으로 중요한 정보를 담는 데 주력했기 때문에, 척도는 엄격히 적용하지 않았다. 대신 지도에 표시된 지점 사이의 정확한 거리를 명시하였고 참고하기 쉽도록 텍스트로도 표기했다.

⑤ [?]는 옵션을 가리킨다. 추천 루트는 사람들이 덜 다니고 아스팔트 위를 가장 적게 걷는 길을 따른다. 주도로(N-국도)는 차가 다니는 위험한 길이라는 뜻에서 붉은색으로 표기했다. '붉은색' 루트를 따라야 할 일을 최소한으로 줄이기 위해 많은 노력을 기울였지만, 어쩔 수 없는 경우가 있으므로 이곳을 지날 때는 특별한 주의를 요한다. [!]는 사고 위험이 있는 도로, 가파른 비탈길, 혹은 표지판이 명확하지 않은 지역을 가리킨다. '태양 나침반'을 이용하면 도시를 지날 때나 표지판 체계가 엉성한 지역을 지날 때 방향을 잡기에 수월할 것이다.

⑥ 지도에 나타난 텍스트와 장소명엔 스페인어 *Castellano*를 추가했다. 그러나 갈리시아로 들어가면 스페인어가 통용되지 않고 갈리시아어 *Galego*로 표기된다. 따라서 성 요한 교회는 현지에서 이그레하 산 후안 *Igreja San Juan* 혹은 이그렉사 산 소안*Igrexa San Xoán*으로 통할 것이다. 스페인의 마을들, 특히 갈리시아 지방의 마을들은 특별히 규정된 중심가 없이 집들이 뿔뿔이 흩어져 있는 경향이 있고 지방의 교회조차 실제 마을에서 벗어나 있는 경우가 많다. 거리는 대개 알베르게를 기준으로 측정되었고, 때로는 식수대[F]와 같은 다른 특정 구조물을 기준으로 하기도 했다.

⑦ 매일의 걷기에 따른 고도도 표시했다. 하루 동안 걸을 지역의 지형을 대략적으로 파악하여 오르막과 내리막을 대비하는 데 도움이 될 것이다. 가파른 비탈을 강조하기 위해 과장된 척도로 그렸다.

⑧ 100m를 오르는 데 10분이 걸리며 1km당 20분씩 속도를 늦춘다

고 가정하고 각 단계의 거리를 같게 책정하였다. 예를 들어 하루 동안 총 600m의 경사로를 걸었다면 그에 들어간 시간과 에너지를 감안하여 3km를 더한다. 계산하면 다음과 같다.

600(m)÷10=60(분)

60÷20(분/km)=3(km)

아래의 표를 기준으로 보면, 아주 건강한(빠른) 사람의 경우 8일간 최대 40km를 완주할 수 있다. 일반인으로 따지면 35km로 줄어들고 천천히 느긋하게 걸을 경우 25km로 더 줄어든다.

신체 수준	km/h	분/km	25km	30km	35km	40km
			위의 거리(km)를 걷는 데 아래의 시간(h)이 걸린다.			
빠른 속도	5km/h	12분/km	5.0	6.0	7.0	8.0
일반 속도	4km/h	15분/km	6.3	7.5	8.6	-
느린 속도	3km/h	20분/km	8.3	-	-	-

일반적인 속도는 경사 외에 다른 요인에도 영향을 받는다. 다음의 추가 요인들을 숙지해두면 여행 계획을 짜는 데 도움이 될 것이다.

낮의 길이: 걷는 속도와 인내력에 영향을 끼치는 요인이다. 매일 아침 일찍 출발하여 점심 시간 즈음 끝내거나(플랜 A), 한낮에 멈추고 그늘에서 쉬다가 더위가 어느 정도 가시면 발걸음을 다시 옮기는 것(플랜 B)이 가장 이상적이다.

하루 여정을 마칠 무렵의 속도: 아주 다양한 변수로 작용할 수 있다. 평소보다 오래 걸었거나 특히 무더위가 유난히 기승을 부린 날이면 걷는 속도가 현저하게 줄어들기 마련이다. 이럴 때는 평소 속도의 반으로 계산하여 앞으로 얼마나 더 갈지 결정해야 한다.

루트 내 도시 관통: 조용한 지역에서 지내는 기간이 길수록 도시의 소음과 번잡함에 취약해지기 쉽다. 홀로 명상하며 순례하길 원한다면 도시를 지나는 구간은 비교적 덜 번잡한 일요일이나 시에스타 시간대에 가도록 계획을 세워라. 도시의 표지판은 상업광고판, 교통신호등 같은 다른 구조물과 뒤섞여 있으므로, 잘못된 길로 들어섰을 경우 되돌아 나

오기까지 충분한 시간을 할애해야 할 것이다.

교통: 스페인의 차로는 매우 위험하여 보행자들이 각별한 주의를 기울여야 한다. 자동차 특히 농업용 대형 트럭의 경적 소리와 엔진 소음, 먼지 바람에 시달려 에너지가 소진되기 쉬우므로, 에너지의 역학을 이해하는 게 중요하다. 한 가지 방법으로, 자동차가 소음을 내며 지나갈 때 '노래'를 불러보라. 자동차가 다가오는 소리가 들리면 자신이 좋아하는 선율을 콧노래로 부른다. 자동차가 가까워지면 노랫소리도 함께 드높인다. 당신이 내지르는 노랫소리가 자동차 엔진 소리와 맞먹도록 말이다. 내면과 외부의 부정적인 진동을 분산시킬 수 있는, 아주 간단하고도 효과적인 방법이다! 갑자기 짖어대는 개나 갑자기 울리는 알람 소리처럼, 자동차가 지나가는 순간에 꽥 고함을 지르는 방법도 있다. 당신이 순례길에 서 있는 이유를, 벼락처럼 순식간에 일깨우는 것이다. 어떤 방식을 택하건 간에 집중력을 잃지 말고, 분노 등의 부정적인 반응이 나타날라치면 즉시 떨쳐버리도록 하라.

센다(*senda*): '자갈길'을 일컫는 스페인어로, 현대에 조성된 보행자 전용 도로를 가리킨다. 센다는 보도(步道)와 차로가 뒤섞인 형태이면서 둘 중 아무것에도 속하지 않으므로 지도상에는 사각형 기호로 나타냈다.

향후 시나리오: 몇 년 전부터 '순례' 버스를 타고 온 관광객들이 모습을 드러내기 시작했다. 분명 좋은 의도로 조직된 일부 자선 단체들도 버스투어를 운영하기 시작하면서 카미노의 기품을 해치게 되었다. 내가 산티아고에 갔을 때도 영국의 모험 전문 여행사가 운영하는 4륜 구동 '순례 사파리' 때문에 길에서 벗어나야 했다. 겸손해지기는 했을지언정 특별히 교화되는 경험은 아니었다! 악영향을 가장 많이 받은 지역에 속하는 사아군에는 순례자 복장을 한 미키마우스가 스태프들을 대동하고 나타나기도 했다. 레온에는 순례자를 테마로 한 놀이공원이 생긴다던데, 아이러니하게도 카미노 순례자의 수는 더 줄어들 것 같다. 우리는 지역 정부, 관련 단체에 건의하고, 주지시켜야 한다. 중세 시대에 카미노는 오늘날 연례 순례자 수의 두 배에 해당하는 순례자들을 감당해냈다는 사실을 말이다.

지도 기호 *Símbolos utilizados en los mapas de esta guía*

Total km	실제 총 거리 *real distancia*
	경사로를 감안한 거리(경사로 100m=0.5km로 계산함)
	Distancia ajustada a la subida acumulada^100m=0.5km
Alto ▲	최고점 *Alto*
(Pop. – Alt. m)	인구 – 고도(m) *Población - Altura(metros)*
	보도(步道) *Sendero*
●●●●●	추천 루트 *Camino recomendado*
●●●●●	대체 루트(도로) *Ruta alternativa*
●●●●●	대체 루트(기타) *Ruta alternativa*
●●●●●	우회 옵션 *Desvío opcional*
❓	옵션 포인트 *Punto opcional*
❗	주의 *Cuidado especial*
X-	교차로 *Cruse*
	고속 도로 *Autopista*
	주도로 *Carretera principal*
	부도로 *Carretera secundaria*
++++++++	철로 *Ferrocarril*
	경계 *Frontera*
	강 *Rio*
	시내 *Arroyo*
	호수/ 댐 *Lago/ Presa*
850m	등고선 고도 *Desnivel*
	숲 *Bosque*
☕	바/ 카페/ 식당 *Bar/ Cafetería/ Restaurante*
Ⓕ	식수대 *Fuente(de agua potable)*
🛈	관광 안내소 *Oficina de Turismo*
✝ ✝ †	교회/ 예배당/ 길가 십자가 *Iglesia/ Capilla/ Cruz de caminos*
🍇	유적 *Monumento histórico*
	전망대 *Vista Panorámica*
✚	병원 *Hospital*
⊕ 🚌 ✈	공항/ 버스 정류장/ 기차 *Aeropuerto/ Estación de autobuses/ Tren*
Ⓐ	알베르게 *Albergue de Peregrinos*
Ⓙ	유스호스텔 *Albergue de Juvenil*
Ⓗ	호텔/ 숙박 *Hotel/ Alojamiento*
Ⓒ	B&B *Casa Rural*
Ⓐ Ⓙ Ⓗ Ⓒ	(길에서 벗어난 곳) *(fuera de ruta)*
[32]	침대 수 *Número de Camas*
Xunta	갈리시아 정부 호스텔 *Albergues Xunta de Galicia*
Muni.	지자체 호스텔 *Albergue Municipal*
Conv.	수도회/ 수녀회 호스텔 *Albergue Convento*
Par.	교구 호스텔 *Albergue Parroquia*
Asoc.	협회 호스텔 *Albergue de Asociación*
Priv. (*)	사설 호스텔(네트워크*) *Privado(Red de Albergues*)*

루트(33개 주 요약)

생 장 피드포르St. Jean Pied Port - 산티아고 데 콤포스텔라Santiago de Compostela 798.6km						
페이지	지도	km	출발지	도착지	마을 세부 지도
나바르NAVARRA						
73	01	24.8	생 장St. Jean	론세스바예스	생 장 p.66
83	02	27.7	론세스바예스Roncesvalles	라라소아냐	
91	03	21.2	라라소아냐Larrasoña	시수르 메노르	팜플로나Pamplona p.99
105	04	19.6	시수르 메노르Cizur Menor	푸엔테 라 레이나	푸엔테 라 레이나 p.113
115	05	21.1	푸엔테 라 레이나Puente la Reina	에스테야	에스테야 p. 123
127	06	21.7	에스테야Estella	로스아르코스	아르코스 p. 133
135	07	27.8	로스 아르코스Los Arcos	로그로뇨	로그로뇨 p.143
라리오하RA RIOJA						
145	08	29.4	로그로뇨Logroño	나헤라	
155	09	21.0	나헤라Nájera	산토 도밍고	
163	10	23.9	산토 도밍고Santo Domingo	벨로라도	
카스티야 이 레온CASTILLA Y LEON(부르고스BURGOS)						
173	11	24.1	벨로라도Belorado	산 후안 오르테가	
183	12	25.6	산 후안 오르테가St. Juan Ortega	부르고스	부르고스 p.195
197	13	20.5	부르고스Burgos	오르니요스	
205	14	21.2	오르니요스Hornillos	카스트로헤리스	
카스티야 이 레온(팔렌시아PALENCIA)						
213	15	25.5	카스트로헤리스Castrojeriz	프로미스타	
221	16	20.1	프로미스타Frómista	카리온 콘데스	사아군 p.240
229	17	26.8	카리온 콘데스Carrion 'Condes	테라디요스	
235	18	26.9	테라디요스Terradillos	에르마니요스	
카스티야 이 레온(레온León)						
247	19	24.5	에르마니요스Hermanillos	론세스바에스	만시야 p.252
255	20	18.6	만시야Mansilla	라라소아냐	레온 p.262
265	21	23.1	레온León	시수르 메노르	
275	22	30.1	마사리페Mazarife	푸엔테 라 레이나	아스토르가 p.285
291	23	21.4	아스토르가Astorga	에스테야	
299	24	26.5	라바날Rabanal	로스아르코스	
307	25	30.7	몰리나세카Molinaseca	로그로뇨	폰페라다 p.311
323	26	30.9	비야프랑카 비에르소Villafranca Bierzo	비야프랑카 비에르소	비야프랑카 p.321
갈리시아GALICIA(루고LUGO)						

337	27	20.7	오세브레이로 O'CCebreiro	트리아카스텔라	
343	28	25.0	트리아카스텔라 Triacastela	사리아	
353	29	22.9	사리아 Sarria	포르토마린	사리아 p.350
361	30	26.1	포르토마린 Portomarín	팔라스 도 레이	
369	31	26.4	팔라스 도 레이 Palas do Rei	리바디소/아르주아	
갈리시아(라 코루냐 La CORUÑA)					
377	32	22.2	리바디소 Ribadiso	오피노/아르카	산티아고 p.393
387	33	20.6	아르카/페드로우소 Arca/Pedrouzo	산티아고	

유용한 주소

지도 및 마을을 소개하는 기관의 회원으로 등록하면 순례 여행 루트와 순례자 여권, 순례자 증서 등에 관한 더욱 자세한 정보를 얻을 수 있다. 모두 영어로 소통하는 곳이며, 우편으로 처리할 경우 몇 주가 걸린다는 사실을 감안해야 하다

영국: 성 야고보 신자회 The Confraternity of St. James/주소: 27 Blackfriars Road, London SE1 8NY, UK/ 전화: 0044 - [0]2079 289 988/ 이메일: office@csj.org.uk/ 웹사이트: www.csj.org.uk, 온라인 서점을 겸하여 훌륭한 정보를 담고 있는 영어 사이트이다.

아일랜드: 성 야고보의 친구들 아일랜드 지부 The Irish Society of the Friends of St. James/ 웹사이트: www.stjamesirl.com

미국: 미국 카미노 순례자 협회 American Pilgrims on the Camino, www.americanpilgrims.com/ 산티아고 길의 친구들 Friends of the Road to Santiago, www.geocities.com/friends_usa_santiago

캐나다: 순례자의 캐나다 친구 Canadian Company of Pilgrims Canada, www.santiago.ca

남아프리카: 성 야고보 신자회 남아프리카 지부, www.geocities.com/csjofsa

산티아고 카미노와 관련이 있거나 순례라는 영적 여행을 주제로 한

영어 웹사이트가 무척 많은데, 찾아보면 모두 도움이 될 것이다. 다른 관련 기관의 웹사이트로 링크로 연결된 곳도 많으니 즐거운 인터넷 항해를 통해 자신의 마음을 울리는 정보를 찾게 되길 바란다.

성 야고보의 대안*Alternatives of St. James*: www.alternatives.org.uk, 영적인 전통을 모두 명예롭게 지키며 살아가는 방식을 탐구할 수 있다. 영국 런던의 성 야고보 성당에 본부가 있다.

사랑의 공동체*The Beloved Community*: www.emissaryoflight.com, 온라인 코스를 따라 평화의 순례 과정을 밟는 미국의 단체이다.

파인드혼 파운데이션*Findhorn Foundation*: www.findhorn.org, 개인과 지구의 변화를 다루며, 명상을 유도하는 '내면의 문 열기'라는 코너가 있다.

파수꾼 트러스트*The Gatekeeper Trust*: www.gatekeeper.org, 순례를 통한 개인과 지구의 치유를 추구한다.

루시스 트러스트*Lucis Trust*: www.alicebailey.org, 영적 훈련과 명상을 교육하는 기관인 아케인 스쿨*Arcane School*과 선의를 통한 관계를 중점적으로 다루는 월드굿윌*World Goodwill*이 함께 만든 단체.

파울로 코엘료*Paulo Coelho*: www.paulocoelho.com, www.warriorofthelight.com, 『순례자』를 쓴 브라질 소설가의 웹사이트로, 그의 근황과 그가 성찰한 결과물이 잘 담겨 있다.

평화의 순례자*Peace Pilgrim*: www.peacepilgrim.com, '평화의 순례자' 밀드레드 노먼 라이더*Mildred Norman Ryder*의 삶과 작품 세계에 대한 시청각 자료가 있다.

산티아고와 카미노에 관한 최신 소식은 www.santiago-today.com에서 찾아볼 수 있다.

추천 도서

내면의 여행길에 표지판이 되어줄 만한 책들을 소개한다.

『성스러운 여행, 순례 이야기』 필 쿠지노 지음, 황보석 옮김, 문학동네
『영혼의 동반자』 존 오도나휴 지음, 류시화 옮김, 이끌리오
『NOW - 행성의 미래를 상상하는 사람들에게』 에크하르트 톨레 지음, 류시화 옮김, 조화로운삶
『모든 것의 역사』 켄 윌버 지음, 조효남 옮김, 대원출판사
『신과 나눈 이야기 1, 2, 3』 닐 도날드 월쉬 지음, 조경숙 옮김, 아름드리미디어
『귀향』 틱낫한 지음, 오강남 옮김, 모색
『네 가지 질문』 바이런 케이티 지음, 김윤 옮김, 침묵의향기
『따뜻한 영혼을 가진 사람이 아름답다』 리처드 칼슨 지음, 이창식 옮김, 창해
『천의 얼굴을 가진 영웅』 조지프 캠벨 지음, 이윤기 옮김, 민음사
『녹색성자 사티시 쿠마르의 끝없는 여정』 사티시 쿠마르 지음, 서계인 옮김, 해토
『순례 - 영혼의 고향을 찾아 떠난 사람들』 게리 카미야 외 지음, 숀 오라일리&제임스 오라일리 엮음, 김영미 옮김, 산해
『순례자』 파울로 코엘료 지음, 박명숙 옮김, 문학동네
『지금 이 순간을 살아라』 에크하르트 톨레 지음, 노혜숙, 유영일 옮김, 양문
『이른 아침 나를 기억하라』 틱낫한 지음, 서보경 옮김, 지혜의나무
『아직도 가야 할 길』 M 스캇 펙 지음, 신승철 옮김, 열음사
『예언자』 칼릴 지브란 지음, 정창영 옮김, 물병자리
『걷기의 역사』 레베카 솔닛 지음, 김정아 옮김, 민음사

Camino de Santiago